La conspiración de los 12 golpes

Thays Peñalver (Caracas, 1961) es abogada, profesora universitaria y una de las articulistas de prensa más leídas y respetadas de Venezuela. Especializada en derecho Parlamentario y Constitucional, participó en la redacción de tres códigos, 18 leyes y más de 70 investigaciones parlamentarias en el extinto Congreso Bicameral de Venezuela. Luego del cierre del Congreso democrático, se dedicó a la vida académica y es columnista de los medios más importantes de su país, El Universal y El Nacional, tanto como NTN24 en Colombia y El Mundo de España. Irrumpe al género de ensayo con esta profunda investigación, que es parte de una trilogía sobre la historia contemporánea de un país que aún no se sabe si se suicidió o por el contrario sigue siendo pionero de la democracia y fue el primero en contagiarse de idiotez, en el siglo XXI.

thays peñalver

La conspiración de los 12 golpes

LA HOJA DEL NORTE

A mi padre, Fernando Peñalver

La conspiración de los 12 golpes
Primera edición, 2015
Segunda edición, 2016
Tercera edición, 2017

© Editorial Dahbar
© Cyngular Asesoría 357, CA

DISEÑO DE CUBIERTA
Jaime Cruz

CORRECCIÓN DE TEXTOS
Carlos González Nieto

Depósito legal: lf1902015320730
ISBN: 978-980-425-009-5

ÍNDICE

CAPÍTULO III

CAPÍTULO IV

PRÓLOGO

Rara vez he encontrado en nuestro ámbito continental una periodista capaz de cumplir la tarea que Thays Peñalver se ha propuesto en este libro: seguir paso a paso la vida de un personaje como Hugo Chávez, quebrando los mitos creados en torno a su figura para mostrarnos la cruda realidad de su trayectoria. Todo esto lo hace sin furia ni pasión, más bien con la fría y delicada precisión de quien maneja un escalpelo.

¿Cuál es la conspiración de los doce golpes que anuncia el título de la obra? No es, como podría uno suponerlo a primera vista, doce golpes de estado promovidos por Chávez para cumplir con los propósitos revolucionarios que tenía desde antes de ingresar a las Fuerzas Armadas. Tal es una de las leyendas que él mismo ha tejido y que incluso ha sido aceptada por sus propios adversarios. Pero no es así; lo demuestra Thays Peñalver cuando examina, una tras otra, a lo largo de los años, las amenazas conspirativas que se urdieron en el establecimiento militar contra los sucesivos regímenes democráticos que ocuparon el poder desde la caída de Pérez Jiménez. La paradoja que uno descubre leyendo estas páginas es que tales golpes no estuvieron a cargo solo de oficiales influidos por Castro y el marxismo. Había conspiradores de extrema izquierda y de izquierda nacionalista, como también de un generalato o de militares de derecha que solo buscaban repartirse los beneficios del poder. Su unión en el proyecto de golpe era provisoria y no excluía más tarde feroces retaliaciones.

Para explicar este fenómeno de las reiteradas amenazas conspirativas sufridas siempre por la democracia y también la dura realidad de las dictaduras militares que aparecen en la historia de Venezuela, Thays inicia el libro con un minucioso y detenido estudio de lo que ocurrió en sus primeros tiempos con la Armada y con la Aviación, descuidadas hasta el punto de dejar al país desprotegido mientras sus altos mandos se repartían buena parte de los recursos destinados para mejorar sus dotaciones. "Las Fuerzas Armadas –escribe Thays– en general representaban a una nación cuyo presupuesto se gastaba en ellos [sus comandantes], mientras que el 80% de la población no sabía leer ni escribir".

Quienes amamos y conocemos bien a este país, sabemos lo dura y heroica que ha sido la lucha por la democracia cada vez que esta ha sido amenazada. Lo vemos hoy. Cárcel o exilio, para no hablar de los riesgos de muerte, constituyen el duro precio que deben pagar quienes afrontan tal combate. El llamado Socialismo del Siglo XXI, con todos sus sueños y promesas, ha sido derrotado por la realidad. Nunca Venezuela ha conocido un desastre tan grande y terrible como el producido por este desvarío, triste resurrección en nuestro continente del comunismo y del castrismo, con las argucias engañosas de un populismo asistencial. Detrás está el mito que tras la muerte de Hugo Chávez se propone, con sacramental respeto, recordarlo como un segundo Bolívar. Era necesario que una detenida investigación, como la que recorre las páginas de este libro, nos mostrara con una fría objetividad su real perfil biográfico, sin pisar los linderos de la leyenda.

Ningún rasgo de tal leyenda lo pasa por alto este libro. Por ejemplo: siempre se ha dicho que Chávez, catequizado desde muy joven por dos devotos del marxismo –su hermano Adán y José Esteban Ruiz, su profesor en Barinas–, había conseguido entrar en la Academia Militar gracias a sus méritos deportivos para cumplir tareas políticas clandestinas. Sin embargo, cuando uno se sumerge en las páginas de este libro, encuentra que su pasión por el béisbol y sus dotes de pítcher no les consta a ninguno de sus compañeros de entonces. Lo recuerdan más bien como un muchacho aficionado al arpa, al cuatro y las maracas.

No tenía tampoco una verdadera vocación militar ni se distinguió en los batallones a los cuales fue asignado. Su propia abuela le decía "Usted no sirve pa' eso". "Jamás había comandado realmente fuerza militar importante –escribe Thays–. No se había destacado por nada". Expulsado del pelotón donde debía prestar reales servicios militares, su carrera como capitán podría reducirse a tareas de bombero, cocinero, oficial de personal, presentador de espectáculos folclóricos, profesor de historia, jefe de cultura y artes plásticas. Jamás se vio sujeto a disparar un arma, ni comandar una escuadra.

Tampoco es cierto que desde su ingreso a la carrera militar, como se ha dicho, haya adelantado labores de adoctrinamiento ideológico para propagar entre los oficiales su credo marxista, a fin de llegar al poder por la vía insurreccional y abrirle paso a la revolución bolivariana. Como bien lo recuerda Thays Peñalver, todos sus compañeros, en diferentes entrevistas, coinciden en manifestar que Hugo no era realmente importante dentro del movimiento conspirativo y lo que producía más bien era miedo de que no respondiera a las expectativas ni a las tareas encomendadas. De modo que siempre le sacaban el cuerpo.

La única vez en que las circunstancias le asignaron un papel decisivo para tomarse el Palacio de Miraflores fue el cuatro de febrero de 1992, cuando Carlos Andrés Pérez estuvo a punto de ser derrocado. El golpe, leemos en este libro, había obtenido un rotundo éxito a nivel nacional, pero el único de los comandantes que falló fue Hugo Chávez. Se hallaba a solo 700 metros del palacio, en el Museo Militar, pero se limitó a presenciar con binóculos todo lo que estaba ocurriendo en aquellos parajes sin atreverse a enviar sus tropas al combate. Sin duda, en ello jugó su escasa experiencia militar.

Fue el primer comandante en rendirse y ello de mucho le serviría, pues para no verse implicados en el frustrado golpe, los generales decidieron presentarlo como el jefe supremo de aquella frustrada insurrección. Una vez capturado, Chávez no tuvo inconveniente en asumir gloriosamente tal papel. Lo demostró ante las cámaras de televisión cuando declaró: "Compañeros, lamentablemente, por ahora, los objetivos que nos planteamos no fueron logrados en la ciudad capital". Su "por ahora" pasó a la historia.

Las últimas páginas de este libro nos revelan la pasmosa conversión del irrelevante militar en el personaje que astutamente, con la bandera de una revolución bolivariana y el total apoyo de Fidel Castro, llegaría al poder para nunca dejarlo hasta morir.

La conspiración de los doce golpes es un libro destinado a convertirse en una pieza esencial para comprender el origen de un desastre llamado Socialismo del Siglo XXI.

Plinio Apuleyo Mendoza

INTRODUCCIÓN

Fidel Castro se encontraba nervioso y emocionado mientras recorría apresurado los últimos metros que lo alejaban del salón de recepciones en la residencia presidencial de Venezuela. Cincuenta años exactos le había costado entrar a las habitaciones privadas de un presidente venezolano de la mano de una revolución, pero con el tiempo había aprendido a ser cauteloso. Mientras esperaba el arribo de Hugo Chávez, se detuvo en el salón donde se encuentra ubicado el cuadro *Diana Cazadora*. Allí contempló por unos momentos la maestría de Arturo Michelena que retrataba a una imponente Diana. Le había encantado desde que Carlos Andrés Pérez se la enseñó unos años atrás, mientras conspiraba contra él, y la escena no podía ser más apropiada para la ocasión: la diosa era la figura principal y parecía flotar sobre nueve sabuesos que rodeaban y sometían a mordiscos a un aterrado cervatillo. De este recuerdo lo despertó el pensamiento de que la situación de Cuba era intolerable y que, como él mismo había explicado en un discurso histórico que dio luego del derrumbe del campo socialista y la industria cubana cuando los soviéticos se marcharon, "(...) la desmoralización, el desaliento en muchos, la falta de fe y de confianza" estaban logrando que por primera vez su liderazgo comenzara a verse en aprietos[1].

Fidel había sido golpeado por sus propios socios ideológicos hasta tal punto que ahora la isla se consumía por completo en la inactividad y lo único que prosperaba era la doble moral y el mercado negro. Los tres símbolos del campo cubano se habían hecho añicos: de ochenta mil toneladas de azúcar, apenas producían quince mil; lo mismo ocurrió con el ron y el tabaco, que quedaron reducidos en un 52%; para colmo habían tenido que ceder a los franceses el control de estos rubros. La producción de leche había caído en un 47%, la de pollo en un 63%[2]. Entonces llegó el hambre, haciendo que Fidel terminara explicando que, al marcharse los rusos, "(...) las proteínas y calorías se redujeron

13

aproximadamente un 40 por ciento", mientras sus expertos admitieron que en realidad se trataba de más de un 50%. Así fue como la pobre isla entendió que hasta las calorías eran soviéticas. "¿Por qué ningún economista se dio cuenta de esto?", se lamentaba Castro en sus memorias... "¿Por qué no descubrimos que sostener esa producción era ruinoso?".

Por eso había llegado a acuerdos impensables con la Unión Europea, había llevado al Papa el año anterior a Cuba, por primera vez en la historia, para darle esperanzas al pueblo cubano. Pero además todo se le había complicado internamente y había tenido que reducir su ejército a más de la mitad, mandando a muchos oficiales a sus casas, no sin antes fusilar a unos cuantos y enviar a prisión a aquellos en quienes ya no confiaba, mientras sus equipos militares ahora estaban canibalizados por falta de repuestos[3]. Para colmo de males la Fuerza Aérea estaba completamente en el suelo, con la salvedad de un par de pilotos que dejaron, por el temor de que ocurrieran más deserciones como la del famoso avión MIG-21 que se fugó a Miami, justo en el momento en que por primera vez solo el 44% del pueblo estadounidense rechazaría una intervención armada en Cuba si los cubanos iniciaban una lucha contra Castro[4].

Ante semejante crisis se había iniciado el peor éxodo de balseros en la historia cubana, cuando apenas en un par de meses 36 mil cubanos se echaron al mar, incluso nadando. Por si no bastara, ahora las universidades se planteaban la idea de una perestroika cubana y no pocos estudiantes fueron encarcelados. Así que cada paso que daba Fidel hacia el salón de recepciones en Venezuela le recordaba el hambre que estaba pasando su gente. Ya no se trataba de ideología, sino de pragmatismo del más puro y simple. Sin Venezuela y sus recursos económicos, las posibilidades de que la Revolución subsistiera eran nulas. Por eso había puesto en este país todo su empeño y el poco dinero con el que aún contaba.

Venezuela significaba para él la salvación, pero los nervios no impidieron que pensara en el pasado. Como *flashes* recordaba la única vez que entró a un palacio de gobierno en semejantes condiciones. Noviembre de 1971 le parecía lejano mientras evocaba que en aquel Palacio de La Moneda de Chile le había dicho a Allende: "El imperialismo no va a intervenir materialmente", pero, en caso de que lo intentara, había afirmado a su amigo: "Tengo la seguridad y la certeza absoluta de la respuesta implacable y dura del pueblo"[5].

Fidel sabía que había pagado caro aquel comentario ante las cámaras, cuando sus palabras resonaron apenas dos años más tarde, al enterarse de que Allende se había suicidado junto con el periodista que las grabó. Por eso cuando llegó a la recepción lo hizo de forma cautelosa, se detuvo ante las puertas y pasó revista en el reflejo de su impecable uniforme verde oliva. Sabía muy bien que la primera impresión era la definitiva y que al momento de entrar, como siempre, todo el mundo haría silencio. Fidel dio dos pasos adelante asomándose a las puertas de la inmensa sala de recepción en la que se celebraba el triunfo de la Asamblea Constituyente de Venezuela, y acto seguido dio dos pasos hacia atrás, vacilante, escondiéndose detrás de la puerta.

Castro hizo un gesto como si no pudiera creer lo que había visto. Por primera vez en la historia titubeó, como si no supiera reaccionar ante lo que notó dentro de la sala de recepción. Cualquiera habría pensado que Fidel, pálido, había visto a la muerte o algo peor, al mismísimo presidente Bush. Aunque de aquella visión tan solo lo separaba una puerta de madera del siglo xix, poco a poco volvió en sí, al punto de que algunos edecanes pensaron que se trataba de un mareo, pero Fidel se encontraba perfectamente bien de salud y su médico ni siquiera se inmutó.

Vuelto a la compostura, aún agazapado tras la puerta, preguntó por el presidente Chávez, a lo que uno de los ministros respondió: "El Presidente no ha llegado, se está cambiando". Antes de dar media vuelta, Fidel se asomó al salón tímidamente, como el niño que espía a sus padres en una fiesta, tratando de entender lo que sucedía, pero por más que miraba no lograba dar crédito a sus ojos, hasta que exclamó en voz alta: "¿Y esta es la Quinta República?". Acto seguido les ordenó a sus guardaespaldas que lo llevaran al hotel.

Fidel exclamó tan alto y fuerte aquel comentario que algunas personas del entorno cercano de Hugo Chávez lo escucharon. Así que cuando el Presidente llegó y saludó a los presentes, tratando infructuosamente de encontrar con su mirada, entre los cientos de invitados, al líder cubano, preguntó por él. Los que escucharon lo sucedido se lo contaron de inmediato.

Fue Hugo Chávez quien cercano a la muerte nos contó este episodio en una de sus alocuciones: "Fidel dijo el día de la toma de posesión, ya un poco tarde, porque yo venía de Fuerte Tiuna y había una gente allá, y unos eventos... y entonces Fidel, yo no lo vi, pero después me contaron que él se asomó, nada más, a la puerta, entró, vio aquel mar de gente, preguntó por mí y le dijeron: 'El Presidente no ha llegado, se está cambiando'; y entonces y que él echó una mirada, nada más la mirada, y dijo: '¿Y esta es la Quinta República?' y se fue"[6].

¿Dónde estaba toda su gente, dónde los cientos de cuadros políticos de venezolanos formados en Cuba?, se preguntaba Fidel aún sin dar crédito a lo vivido. Las decenas de oficiales de la Armada, de la Aviación y del Ejército venezolanos que él había adoctrinado en la isla. Recordó que lo había arriesgado todo, que se había puesto en evidencia con sus pares de los servicios soviéticos que le proporcionaban la cobertura en Praga y en Madrid, para que los militares venezolanos viajaran a Cuba a formarse.

Todo había sido perfecto, todo había salido bien, pero, ¿dónde estaba toda esa gente? Lo que había visto eran centenares de ricachones, funcionarios de poca monta y oficiales militares en su mayoría de la derecha. Todos reían bulliciosamente y se frotaban las manos como quien hubiera entrado a la cueva de Alí Babá. "Al menos los de Alí Babá eran solo cuarenta", habrá pensado Fidel, pero, ¿cómo Hugo Chávez llevaría una revolución con miles de seguidores sin formación de ningún tipo? ¿Lo había engañado Hugo Chávez? ¿De dónde salieron todos esos nuevos revolucionarios?

Fidel sabía perfectamente que Hugo había sido formado políticamente en el exterior durante los años ochenta. Si bien no lo había conocido personalmente antes de 1994, sus servicios de inteligencia lo habían convertido en un *fellow traveller* y él se había apresurado a ayudarlo. Sabía que Hugo Chávez se había hecho del movimiento que él mismo había impulsado, pero lo que nunca sospechó es que había excluido a todos los hombres formados para instaurar un modelo revolucionario. ¿Qué pasó con sus cincuenta años de esfuerzos? ¿Qué sucedió con aquellos hombres que eran los verdaderamente adoctrinados para llegar al poder? ¿Cómo había terminado tan mal la mayor conspiración en la historia de Venezuela? ¿Dónde estaban los hombres y las mujeres de Fidel?

Así decidió volver al hotel y comenzar con su plan B, que ya había preparado desde 1997. La historia apenas comenzaba...

CAPÍTULO I

La Marina tiene un barco...

"En el puerto puede visitarse el majestuoso crucero de guerra Mariscal Sucre"... Esa era la noticia que hizo que miles de venezolanos en 1913 se agolparan en las orillas del puerto de La Guaira para recibirlo emocionados; pero detrás del "poderoso crucero" existía otra realidad. Se trataba más bien de un crucero de segunda clase, desvencijado y oxidado, que había sido construido casi treinta años antes, en 1886, y había sido hundido en la Batalla de Manila, en Filipinas, durante las guerras entre España y Estados Unidos. El barco fue reflotado y utilizado como buque escuela hasta que, desfasado y en condiciones ruinosas, fue vendido a Venezuela por un precio francamente escandaloso.

Aquella era la tradición de un país dominado y gobernado no por los militares, sino por la deformación de estos mismos, convertidos en políticos armados a los que no les interesaba para nada la competencia ni tampoco el mundo militar, porque lo de ellos era sencillamente gobernar a los civiles. En la teoría el Ejército era el forjador de libertades, pero en la práctica se había convertido en un ejército de ocupación, en un partido político que dirimía sus actuaciones por la vía de las armas y en el que se gastaba el 40% del presupuesto de la República.

Por eso para 1916 la prensa volvería a titular en primera plana: "Arribaron a Venezuela los poderosos buques cañoneros de primera línea", pero nuevamente y luego de una comisión desproporcionada, lo que recibió Venezuela como "poderosos buques" eran en realidad unas chatarras de cañoneras de segunda clase construidas en 1889; también un material secuestrado a España en las guerras de Cuba y Filipinas con un aspecto que lucía desconsolador. Venezuela pagaría por aquella chatarra la cuantiosa cifra de 83.000 dólares de la época[7] y las reparaciones costarían otros 11 mil, por lo que aquellos desechos de veinticinco años, que habían sido también hundidos, terminarían costando más de los 90.808,68 dólares que era exactamente lo que valía una nueva cañonera[8]. Para colmo de males las "poderosas cañoneras" no solo nunca funcionaron, sino que terminaron a los pocos meses en dique seco, porque no se sabía cuándo podían estallarles las calderas.

La desgracia continuaría repitiéndose con la destrucción, una y otra vez, del aparato militar, cuando los venezolanos volvieron a leer: "Venezuela recibe de Italia los cruceros más modernos del mundo", entre 1937 y 1938, junto con la llegada de "4 de los más modernos guardacostas", los cuales terminarían de la misma manera, siendo relegados en el puerto a los pocos meses porque no habían sido construidos para nuestro mar, y operarlos en aguas venezolanas era sencillamente imposible. En este caso la Marina rogaría al coronel Medina Angarita, del Ejército, que no comprara aquellos trastos porque no era posible mantenerlos ni las condiciones del mar eran las idóneas, pero la "comisión" en metálico de los armatostes para el generalato pudo mucho más. El acto de recibimiento de los guardacostas se realizaría en enero de 1938 en presencia del general del Ejército y Presidente, Eleazar López Contreras, y en agosto de 1939, luego de pasar más tiempo en dique seco reparándose, fueron discretamente sacados de servicio para nunca más tocar las aguas del Caribe.

Esta situación de enorme corrupción y despropósito fue aprovechada por el Partido Comunista y comenzó a gestarse un movimiento insurgente en la Armada y el Ejército llamado "Movimiento Militar Patriótico", que tenía como finalidad propinarle un golpe de Estado cívico-militar al general Eleazar López Contreras. Un grupo importante de oficiales infiltrados por los partidos de izquierda, principalmente por los comunistas, procuraría crear un movimiento revolucionario, el cual llegaría al poder a través de un derrocamiento militar, lo que en efecto se llevaría a cabo más adelante.

Por eso cuando llegó el año de 1936, todo estaba listo para dar el golpe: los panfletos en los cuarteles llamando a actuar y las conspiraciones en la Academia Militar eran una realidad imposibles de obviar; buena parte de los medios de comunicación infiltrados –también por los comunistas– habían desarrollado campañas radicales contra el Gobierno, a tal punto que el día 14 de febrero el Gobierno suspendió la libertad de prensa y los artículos considerados como "subversivos y comunistas"[9]. Y así, el día 15 de febrero o 15-F ocurrió el primer "caracazo" de la historia, cuando una huelga planificada por el Partido Comunista se tornó violenta y las fuerzas militares abrieron fuego contra cientos de manifestantes, asesinando a cuatro de ellos e hiriendo a otros catorce.

Aquello fue el acabose. Centenares de locales fueron saqueados en una ciudad aún provinciana, los mercados fueron arrasados bajo la consigna de "¡saqueos populares ya!" y, para la tarde, las ciudades de Caracas, Maracay, La Guaira y Puerto Cabello eran escenarios de una violencia callejera desbocada nunca antes vista, que tuvo un saldo de decenas de muertos y cientos de heridos de bala[10].

La conspiración continuó en 1936 y llevó a unos días de mayores disturbios, propiciándose un segundo caracazo del 8 al 16 de junio, cuando una huelga general llevó a veinticinco mil manifestantes "liderados por izquierdistas" a enfrentarse contra los militares, teniendo nuevamente un saldo de centenares de heridos y muertos[11]. Es en este momento cuando los políticos de izquierda (comunistas) que habían infiltrado el mundo militar venezolano deciden darle un golpe de Estado a Eleazar López Contreras con unos cien oficiales; sin embargo, son delatados por grupos militares anticomunistas y la mayoría de los conspiradores fueron enjuiciados, detenidos o exiliados.

Las Fuerzas Armadas en general representaban a una nación cuyo 40% del presupuesto se gastaba en ellas, mientras que el 80% de la población no sabía leer ni escribir. El personal del Ejército marchaba a caballo y la situación interna era calamitosa. Por eso, al estallar la Segunda Guerra Mundial, Venezuela apenas tenía un crucero llamado Mariscal Sucre –que se encontraba en dique seco–, una reliquia construida en 1886 que no saldría en toda la guerra porque fue desguazado al año siguiente del estallido bélico. Así que la realidad era que solo estaba activo un crucero auxiliar ligero construido en 1884 que funcionaba a duras penas, junto a los cañoneros General Urdaneta y General Soublette, intercambiados a Italia por petróleo y de los que en realidad solo uno funcionaba cabalmente (el Urdaneta). De resto y muy a lo venezolano, nuestro país contaba con los lentos remolcadores a los que les habían puesto a toda prisa un cañón, por lo que no teníamos cómo enfrentar un problema serio como el que sucedía frente a nuestras costas, atestadas de submarinos alemanes.

El memo inaugural para nuestros "militares" vino con el primer barco que hundieron al inicio de la Segunda Guerra Mundial. Se trató nada más y nada menos que del Simón Bolívar. Desde allí siguieron diecisiete barcos hundidos más, hasta el último, que fue el venezolano Monagas, de 6.650 toneladas. Los barcos venezolanos que llevaban petróleo y los alquilados para su transporte eran presa fácil de los submarinos alemanes, sin que las Fuerzas Armadas Venezolanas pudieran hacer algo al respecto[12].

Mientras el mundo se encontraba en guerra y Venezuela era prácticamente invadida por los Estados Unidos para proteger sus propios envíos de petróleo, lo único que progresaba en el seno de la Marina de Guerra era la conspiración, la cual cada día alcanzaba niveles mayores. Un grupo de altos oficiales involucrados en el golpe convence al Presidente de que perdone a los conspiradores comunistas, como ocurriría mucho tiempo después en 1992. De esta manera Eleazar López Contreras permitiría que la mayoría de los oficiales involucrados volvieran a dirigir sus batallones, un error que le costaría un golpe de Estado al siguiente Presidente, justo al final de la Segunda Guerra Mundial.

Y así, después de esa segunda intentona, llegaron al poder los comandantes de batallones, motivados por los comunistas y amparados por una supuesta lucha contra la corrupción, haciendo exactamente lo mismo que los primeros golpistas. Esta nueva y "sana juventud" que exigía un cambio en el modelo corrupto anterior llevaría a un nuevo intento de rearmar a la Marina de Guerra, dando como resultado la contratación de nuevas unidades que resultaron en 1945 ser peores que las chatarras anteriores. Ejemplos sobran: tal es el caso de la contratación de unas famosas corbetas (Constitución, Independencia y Carabobo). Cuando nuestros marinos fueron a buscarlas aquello fue una auténtica locura, su estado era semirruinoso, todas chocaron y encallaron por distintos problemas técnicos durante su travesía.

De acuerdo a distintos testimonios, el arribo a Venezuela fue entristecedor, las calderas no funcionaban, el armamento había sido eliminado y el costo era sencillamente abrumador para unos barcos que ahora necesitaban de mayores presupuestos para operar: "Toda la parte interior había sido destrozada", explicó el contraalmirante Enrique Domínguez García, quien recién graduado participó en el golpe de 1945. "Estaban quemadas, no había cómo alojarse en ellas, tuvimos que construirle a la tripulación su alojamiento completo, no tenían aire acondicionado, realmente era un infierno; los camarotes de los oficiales estaban al lado de la caldera, eso era horrible meterse allí". Aquel desastre de las Fuerzas Armadas nunca se corrigió sino hasta finales de los años cincuenta, con dos nuevos golpes de Estado que también surgieron "para imponer el honor y la lucha anticorrupción".

Es precisamente en julio de 1957 cuando a las puertas de la Academia Militar de Venezuela se presentaron dos de los protagonistas más importantes de lo que acontecería en 1992, los hermanos Roberto y Hernán Grüber Odremán, quienes solicitaron su ingreso para convertirse en oficiales del Ejército. Roberto sería admitido, quedando entre los primeros diez y finalmente optaría por la rama de la Aviación, alcanzando los mayores puestos de comando y jamás se desviaría del camino democrático; mientras que Hernán sería rechazado por el Ejército al no "poder con la competencia"[13], de acuerdo a sus palabras, y terminaría liderando una parte de la conspiración que llevaría a Hugo Chávez al poder. Los hermanos Grüber Odremán tocarían las puertas de una academia en plena actividad conspirativa y Hernán volvería a intentar que lo aceptaran el año del golpe de 1958, pero en la Academia de Aviación, donde también sería rechazado, esta vez por ser demasiado alto.

Las opciones del joven Grüber Odremán eran intentarlo nuevamente en el Ejército, marcharse a la Guardia Nacional o ingresar a la Academia Naval, recién separada de la escuela básica, la cual estaba profundamente infiltrada por el comunismo y presta a dar sus primeros golpes de Estado masivamente. Buena parte de los comunistas implicados en los golpes de 1945 y 1948 habían sido perdonados y reingresados a las Fuerzas Armadas, así que la conjura siguió su curso incorporando al joven Hernán en la "cultura de la conspiración".

En el patio en plena formación conocería a Luis Cabrera Aguirre, quien se ganaría el apodo de "El Tigre" por los suyos y más adelante será conocido como "El Marino", y a muchos otros.

La Aviación tiene un avión

Al general y dictador Juan Vicente Gómez se le atribuye que introdujo la aviación en Venezuela en 1921 (con los afamados aviones franceses Caudron G.3) y la creación de la primera escuela de aviación que, según algunos historiadores, se debió principalmente al "interés del general por la modernidad".

Nada podía estar más alejado de la realidad. Revisando la historia regional, la verdad es que Venezuela entró en la aviación militar de última, porque al general no le parecía correcto que la gente volara. Por eso los colombianos habían comenzado el 15 de septiembre de 1916 y su aviación militar se inició legalmente mediante decreto en 1919. Brasil había comenzado en 1913 y creado su academia al año siguiente; Argentina había creado ya su academia militar en 1912 y tenía tres promociones graduadas –de las veinte que se habrían de graduar– cuando salió la primera promoción venezolana de nuestra academia, y Chile fue la pionera en 1911, habiendo roto para 1919 varios récords a través de hazañas increíbles como la de un vuelo de mayor altura, en un concurso en el que participaba junto con Brasil, Argentina y Colombia.

El general Gómez y los militares de la época tenían realmente "los pies en el suelo" y aquello era literal, porque a ninguno le interesaba para nada volar y jamás tuvieron esa visión de futuro que les fue imputada por algunos historiadores adulantes, sino todo lo contrario: tenían un verdadero desapego de la aviación y de todo lo que no fuera un caballo. La realidad es que, pese a muchos intentos, nuestro país estaba rezagado con respecto a los demás. De esta forma y casi de últimos, sería el 15 de abril de 1921 cuando el subteniente Manuel Ríos Hernández, nacido en Altagracia de Orituco, pese a las protestas de su español padre, se convirtió en el primer piloto de guerra venezolano.

De hecho no fueron los políticos armados venezolanos los que se interesaron en crear la Fuerza Aérea sino más bien un chico de 12 años llamado Florencio Gómez, el hijo del general, quien convenció a su padre con un famoso "¡cómpralos, papá!" en una exhibición aérea, que llevaría al dictador a comprar posteriormente veinte aviones de guerra y a contratar personal francés. Pero durante las primeras exhibiciones que harían para demostrarle al dictador el buen uso de la guerra aérea, los primeros tres pilotos se estrellaron, cosa que no le hizo nada de gracia al Benemérito, quien vio de reojo a su hijo con cara de pocos amigos. Para colmo de males, un par de semanas más tarde el entrenador francés salió a volar desconociendo el mecanismo de un nuevo avión.

A los pocos minutos de despegar intentó aterrizar, chocando contra siete aviones que se encontraban en la rampa, luego contra los muros del hangar y terminó por arrasar con todo lo que estaba a su paso en un incendio de proporciones históricas. Gómez con una furia tremenda despidió a todos los franceses y acabó por muchos años, lógicamente, con la aviación militar venezolana.

Por eso la situación militar de Venezuela al momento de estallar la Segunda Guerra Mundial presentaba un panorama desconsolador. Si en la Armada casi nada flotaba, en la Aviación definitivamente nada volaba. La Armada venezolana era del siglo xix, con vapores y cañoneras en estado de semiabandono, y el Ejército todavía se movilizaba mayoritariamente a caballo, destacando el Cuartel Páez de Caballería de Maracay, al que ingresaría posteriormente Hugo Chávez, recinto militar que al comenzar la Segunda Guerra Mundial contaba con mil hombres a caballo, buena parte de ellos armados de rifles de cerrojo de 1930 y el resto de las guarniciones con rifles de 1889.

La realidad es que hasta llegar el año de 1941 e involucrarse Estados Unidos, Cuba y Centroamérica en la Segunda Guerra Mundial, la situación de los militares venezolanos era francamente catastrófica y no había fuerza aérea porque todos los aviones estaban destruidos: los seis Breguet que había comprado Gómez para sustituir la hecatombe anterior habían caído a tierra o estaban dañados; el único bombardero que tenía Venezuela, con apenas cincuenta y cuatro horas de vuelo, se estrelló a los meses; de los nueve aviones Fiat CR.32 solo quedaban tres, que serían dados de baja en el 43, y los tres únicos cazas Dewoitine D.500 se habían estrellado en el 36, el 39 y el 40, respectivamente.

A partir de ese momento la situación internacional nos impone nuevas necesidades. Más de una docena de submarinos alemanes arrasarían con la comercialización petrolera e incluso hundirían casi toda nuestra flota mercante, en su mayoría alquilada, generando notas de protesta que eran todo lo que humanamente podíamos hacer. Venezuela no podía unirse al conflicto bélico en los años de los portaaviones y submarinos, contando con cañoneras decimonónicas y remolcadores desarmados, sin aviones y con tropas más decimonónicas aún, que solo disponían de dos cañones útiles y muchos hombres a caballo.

La imposibilidad de conseguir material bélico de importancia hace que las fuerzas militares venezolanas solo tengan equipamiento precario, varias patrulleras de vapor y aviones de entrenamiento cuasi obsoletos. El día que los poderosos interceptores Zero japoneses y los Messerschmitt Bf 109 alemanes surcaron masivamente los cielos de Asia o Europa, y tres aviones jet se encontraban en fase de prototipo, a Venezuela le entregaron biplanos Stearman con tecnología de la Primera Guerra Mundial en calidad de préstamo y luego de ser dados de baja en 1940. Luego compraron algunos biplanos Waco de uso civil para la aspersión de pesticidas, mientras que los estadounidenses cedieron un pequeño grupo de aviones de entrenamiento AT-6 Texan entregados durante la guerra.

En un país dirigido ciento diez años por supuestos "militares" y que además se llevaban el 40% del presupuesto nacional, era una vergüenza que las Fuerzas Armadas fueran lo único que precisamente no funcionaba en Venezuela. Funcionaba el campo, funcionaba la industria petrolera y todo lo civil, pero lo único verdaderamente desastroso era el mundo militar, el atraso del cual, más allá de actos heroicos individuales, obligó prácticamente a la intervención estadounidense, que dominó con su séptima flota campos de aviación enteros en Puerto Cabello, Margarita y Los Roques, para ignominia de todos los venezolanos.

Los militares del país, con la salvedad del famoso y heroico caso del cañonero Urdaneta, capitaneado por Wolfgang Larrazábal al punto del suicidio, no participaron en la defensa de nuestras costas. A los venezolanos nos hundieron una flota de mercantes y el único buque que había carecía de equipamiento para la guerra antisubmarina. Para desgracia de nuestra historia, los barcos de guerra y la aviación norteamericanos eran los que protegían la soberanía, mientras el ejército venezolano y las otras fuerzas coqueteaban con los comunistas.

Por eso Venezuela llega a 1960 luego de un intento importante de modernización producto de dos aspectos fundamentales: el primero es el fin de la Segunda Guerra Mundial, que permitió se liberaran excedentes de material de guerra significativos, con lo cual las primeras máquinas modernas llegaron a Venezuela a partir de aquel momento. El segundo es que la llegada de la democracia obliga a reformar el pensamiento decimonónico, comenzando precariamente a asentar las bases de una educación militar real. Fue en el año 1963 cuando tocaron las puertas de la Academia de Aviación dos muchachos: el primero, nacido en el campo, tuvo que falsificar la firma de sus padres para poder ingresar al recinto educativo con el nombre de Francisco Efraín Visconti; el segundo era William Izarra.

Ambos se conocieron en el patio de formación a las 5:15 de la mañana de un caluroso día de junio de 1963, en la Base Aérea Mariscal Sucre de Boca de Río, Maracay, donde se concentraron cerca de ochocientos aspirantes a cadetes. De estos apenas fueron aceptados setenta y nueve para ingresar al programa de entrenamiento de la Fuerza Aérea, del que apenas egresarían veintinueve cadetes de primer año.

Visconti e Izarra no tendrían más de cinco años de graduados cuando un grupo de subtenientes comenzaron a formar alianzas con los comunistas para tomar el control del Gobierno y muchos otros estaban encantados con la idea de que los militares volvieran a gobernar. No lo sabían en ese momento, pero los subversivos también estaban en contacto con varios más en la Armada, cuyos nombres eran Hernán Grüber Odremán y Luis Enrique Cabrera Aguirre.

Los cadetes tienen sable

"Para universidades, colegios, escuelas, etc. etc., según su renta presupuestada, 2.500.000 bolívares", rezaba literalmente el presupuesto de Venezuela para el año de 1905[14]. "Para el Fomento de Obras Públicas, 4.400.000 bolívares". Para que funcionaran la justicia, la sanidad, las relaciones exteriores y todo el resto de los estados en Venezuela, el presupuesto había adjudicado la cifra de 10 millones de bolívares, y para el Ejército de Venezuela... 12.500.000 bolívares[15].

El presupuesto del Ejército no solo representaba el 42% del total de lo presupuestado como gastos de Estado, sino que representaba el triple de los gastos de educación y salud para los otros cinco millones de venezolanos. Aquella era una Venezuela completamente surrealista en la que los mal llamados militares (políticos armados) no llevaban con bien al país; simplemente lo tenían secuestrado y apenas unos quinientos hombres que también gobernaban los estados disponían de la mitad del dinero que les correspondería a millones de venezolanos.

Treinta y cinco años más tarde, los "militares" seguían gastando en ellos buena parte del presupuesto nacional sin importarles nada. De los doscientos dispensarios con los que contaba Venezuela para 1942, casi un 40% carecía de médicos y presupuesto. Los gastos de educación y salud para millones de habitantes no alcanzaban el 20% de los gastos de las Fuerzas Armadas y a los militares les había llegado el momento de justificar semejante inversión, porque la flota venezolana y toda la economía estaban siendo hundidas por los submarinos alemanes.

Un solo submarino alemán, el U-502 capitaneado por Jürgen von Rosenstiel, logró borrar del mapa en 1942 a catorce tanqueros en apenas un mes. Aquel fue el reloj despertador para una Venezuela que debió reaccionar francamente disgustada ante la vergüenza militar por quedar fuera de los famosos acuerdos de cooperación con Estados Unidos y de defensa de las Antillas con Holanda. El Gobierno no tenía cómo garantizar la soberanía de Venezuela y eso poco importaba en aquel momento, porque los generales sencillamente eran políticos armados y lo único que necesitaban eran rifles y caballos para mantener sometidos a los civiles.

El planeta observaba cómo el famoso mito de que Venezuela era un cuartel era falso. Venezuela era una montonera, con un solo partido político y este, además, estaba armado. Los barcos casi no flotaban, los aviones no volaban y donde la cosa estaba peor era en el Ejército. Rifles de cerrojo Mauser del siglo XIX de muchos modelos competían con el rifle FN-30 de reciente adquisición, las municiones eran escasas y lo que más tenían era uniformes, que junto a caballos y mulas eran el grueso de la dotación de un ejército anticuado en plena mitad del siglo XX. No existía ningún vehículo blindado pues los únicos dos tanques Fiat comprados en 1938 para su revisión eran inútiles, ya que al comenzar la guerra en Europa toda venta de material bélico y repuestos estaba limitada.

Así que Venezuela no tenía blindados y en el arsenal de artillería tan solo había material del siglo XIX con algunos aditamentos, acondicionados para los desfiles. En algún rincón olvidados estaban un par de nuevos cañones italianos, que nadie sabía cómo disparar bien, pues en Venezuela no había tal cosa como instructores o expertos[16].

Fue por esto que en el marco de esos acuerdos suscritos enviaron a una academia en Perú a varios oficiales, para que cuando llegara la guerra supieran de artillería moderna. Entre los oficiales que voluntariamente alzaron su mano se encontraba uno llamado Marcos Pérez Jiménez, quien llegaría a ser presidente de Venezuela y dictador, marchando pues a aprender las nuevas técnicas de una artillería que no existía en el país. Mientras los norteamericanos, holandeses y brasileños cuidaban nuestros mares en plena Segunda Guerra Mundial, las mayores partidas del presupuesto del Ejército venezolano eran las de material de guerra, las cuales representaban unos 758.851 bolívares de la época, mientras que las de haras, remonta y veterinaria eran de 440.001 bolívares; es decir que el caballo de guerra para 1944 representaba casi el 36% del costo del material militar[17]... mientras militares foráneos cuidaban la plataforma continental de Venezuela.

Aunado a esto, el presupuesto de la República en materia de construcciones era invertido proporcionalmente para ocultar aún más el gasto militar, así la cifra de 17,7 millones de bolívares fue asignada a edificaciones militares mientras que 18 millones se destinaron a la construcción de todos los planteles educativos de la República durante el período 1936-1941[18]. Como bien lo escribió Rómulo Betancourt en 1939: "Interiores, Obras Públicas y Guerra absorben lo mayor de los egresos" para ser invertidos en "clientela burocrática (...) y un hipertrofiado aparato represivo en pie de guerra" contra los propios venezolanos[19].

Para mayor vergüenza militar, la economía venezolana se hizo pizcas durante la guerra mundial. Al no tener una fuerza armada efectiva, al no tener la posibilidad de contar con convoyes para proteger los envíos de petróleo, los pocos buques que salían eran protegidos por Estados Unidos hacia sus reservas de guerra. Así que Venezuela sufriría un recorte presupuestario radical de un tercio en 1943 y de un 44% con respecto a los años de la preguerra[20].

Finalizada la Segunda Guerra Mundial, ocurrió algo en el país muy conocido por nosotros hoy: el barril de petróleo, que se había mantenido promediando un dólar con once centavos por barril, de pronto dobló su precio y las compañías petroleras duplicaron la producción con respeto a la década anterior, lo que sumado al aumento de los impuestos para compensar la baja comercialización sorprendió súbitamente a una Venezuela que, de pronto, se encontró con una inmensa riqueza fácil.

El país había aprendido bien su lección, al menos por ahora, y comenzó con un plan de reestructuración de sus Fuerzas Armadas bajo el mando de Marcos Pérez Jiménez, quien había dado un golpe de Estado en 1948. De esta manera Venezuela pudo adquirir muchos aparatos excedentes de la Segunda Guerra Mundial y otros nuevos que heredaría la democracia venezolana en 1960, fecha en la que dos jóvenes presentaron sus pruebas de aptitud para ingresar a la Academia Militar.

Los dos se habían graduado juntos en el liceo y tocaban las puertas de aquel mundo castrense que había recién dado un golpe de Estado y que se disponía justo a dar un segundo en muy poco tiempo. Sus nombres: Carlos Rodolfo Santiago Ramírez y Ramón Santeliz Ruiz, quienes se graduarían dos años después en la promoción Ambrosio Plaza. En el patio de formación se encontraban también nombres que serían muy conocidos en el futuro, como Fernando Ochoa Antich, Ítalo del Valle Alliegro, Alexis Sánchez o Emilio Arévalo Braasch. Un año antes habían ingresado los cadetes Manuel Heinz Azpúrua, Herminio Fuenmayor y Carlos Julio Peñaloza, dos promociones que terminarían enfrentadas y enfrascadas en una gesta sin precedentes, una para dar un golpe de Estado y la otra para tratar de impedirlo.

Y todos dispararon su cañón

Cuando todos estos muchachos ingresaron a las respectivas academias, las Fuerzas Armadas estaban en pie de guerra contra la recién nacida democracia, principalmente porque los militares venezolanos nunca habían vivido, ni entendido, ni respetado la democracia, y, en segundo lugar, porque el Partido Comunista se había infiltrado allí hasta la médula. Desconocían lógica y completamente la democracia porque Venezuela siempre estuvo gobernada por un militar, con muy escasas y breves presidencias civiles. Así que el golpe de Estado estaba planteado para el sábado 2 de junio de 1962 de la misma manera que otros conspiradores proyectarían un derrocamiento en 1992. Un grupo de tenientes coroneles a las 5:00 horas de aquel sábado se repartirían los objetivos militares. Un teniente coronel con un batallón de infantería (paracaidistas) marcharía sobre Caracas, la cual sería tomada por buena parte de la tercera división. El Batallón Blindado Bermúdez, el Grupo de Artillería Rivas y el Grupo de Artillería Ayacucho tomarían Miraflores, mientras que las sedes del Ministerio de la Defensa y del Destacamento de la Guardia Nacional serían tomadas por su propio personal. Un batallón de ingenieros cerraría el fuerte para impedir cualquier contragolpe[21] y en la Academia Militar varios tenientes junto a los civiles tomarían la sede, en la que se encontraban estudiando Carlos Santiago Ramírez, Ramón Santeliz y Fernando Ochoa Antich.

En La Guaira, un puerto cercano a la capital de Venezuela, toda la Guardia Nacional estaba sublevada en el Destacamento 99, así como en el Batallón Bolívar de la Infantería de Marina, que marcharía sobre Caracas, en tanto que los bombarderos B-40 estaban prestos a volar aquella mañana en contra del presidente electo Rómulo Betancourt. En Maracay, una ciudad a 100 kilómetros de la capital, otro teniente coronel de infantería controlaría los espacios, mientras el Batallón Blindado Bravos de Apure sacaría sus tanques junto con otros grupos de artillería y la Fuerza Aérea, que también estaba comprometida.

Cerraba el orden de operaciones del golpe de Estado la Infantería de Marina con el Batallón Gran Mariscal de Ayacucho, que rendiría las unidades de combate, junto con otras unidades más. Los conjurados del Ejército habían logrado la promesa de muchas otras unidades de que no contraatacarían en defensa del Gobierno, como en el caso de la guarnición del Zulia. De esta forma todo estaba listo para dar uno de los golpes de Estado más grandes de la historia de Venezuela, propiciado principalmente por los comunistas.

Pero de pronto ocurrió la primera delación. Uno de los tenientes coroneles implicados en la toma de Caracas se dio cuenta de que se pretendía no solo la toma del poder, sino la constitución de un gobierno de corte comunista y se negó a participar en el golpe. Aquello que comenzó como una discusión culminó en una pelea entre las fuerzas del Ejército y la Armada, influenciada sobremanera por el Partido Comunista. Llegado ese momento, la toma de Caracas era imposible porque este oficial logró conjurar a la mayoría de los implicados en la ciudad capital, lo que obligó rápidamente a definir un plan B.

Al quedarse sin tres de los comandantes de batallones del Ejército en Caracas, optaron porque el Batallón Bravos de Apure y el Batallón de Infantería de Maracay, junto con los grupos de artillería, fueran enviados a Puerto Cabello, donde serían embarcados rumbo a La Guaira para unirse al Batallón de Infantería Bolívar y marchar sobre la capital. Pero uno de los tenientes coroneles llamó a sus compañeros comandantes del Batallón Bravos de Apure y –de acuerdo a lo narrado por los propios involucrados– ocurrió lo siguiente: "El teniente coronel, hoy general de brigada de alta responsabilidad dentro del movimiento, ordenó que no se plegaran al movimiento porque era de inspiración comunista", explica quizás el mayor de los líderes de la Armada, Víctor Hugo Morales, expresando después que "así los batallones del Ejército se negaron a acompañar el golpe de Estado y estos tenientes coroneles fueron los responsables de la pérdida del movimiento"[22].

Lo que ocurriría a continuación sería una verdadera desgracia. Sin el apoyo de la mayoría de las fuerzas involucradas, la minoría de oficiales comunistas pretendió ejecutar el golpe con los civiles comunistas. De esta manera los buques Zulia, Morán y Clemente empezaron a disparar contra las edificaciones, entre las que se encontraban los oficiales pro Gobierno que habían sido detenidos y estaban desarmados, asesinando a tres e hiriendo a siete. "Los destructores Morán y Clemente dieron curso a una de las acciones más imprudentes de la batalla", explica Morales, "no porque nos dispararan –al fin y al cabo estábamos en campo adversario– sino porque estaban los detenidos y en uno de los almacenes se encontraban depositados altos explosivos que no solo hubieran volado la base, sino puesto en peligro a toda la ciudad".

Allí se presentaron entonces los estudiantes y jefes del Partido Comunista. Todos los militares y civiles "llevaban puesto un brazalete tricolor"[23] (que volvería a verse en los brazos de los golpistas de 1992) y a estos se les entregaron las armas del parque, mientras liberaron a treinta guerrilleros detenidos en el cuartel. Aquí comenzamos a desmontar el mito de que Chávez y su gente forjaron cosas novedosas, cuando lo que en realidad hicieron fue copiarse burdamente de los órdenes de batalla, brazaletes y hasta de las consignas de los golpes de Estado que ocurrieron en la Venezuela del siglo xx.

El golpe había fracasado y un reducto de comunistas armados pretendía instaurar una revolución en Puerto Cabello que pasaría a la historia como el Porteñazo. Una fábula espantosa, una mentira que repetida mil veces sería convertida por los administradores de la mitología popular como un levantamiento cívico-militar en defensa del pueblo, pero que en realidad fue planificado por civiles, entre quienes figuró Manuel Quijada –exconstituyentista y uno de los conjurados en el golpe de Estado de 1992–, quien sería el presidente de la Comisión de Funcionamiento y Estructuración del Poder Judicial y el encargado de construir la justicia bolivariana de Hugo Chávez.

El Carupanazo, el Porteñazo, el Guairazo y todos los golpes comunistas no fueron sino el producto decantado de una inmensa conspiración militar que había comenzado en la década de los cuarenta y principios de los cincuenta. Mientras esto ocurría, en la Academia Militar se presentaron los tenientes junto a un grupo de civiles comunistas y la tomaron. Este sería el primer baño conspirativo que tendría la "tercera compañía de cadetes" integrada por los alféreces Carlos Santiago Ramírez, Ramón Santeliz Ruiz, Julio Moreno Sarmiento y Fernando Ochoa Antich, quienes tuvieron "una importante participación". Lo que más le sorprendió a Ochoa fue "observar que la mayoría de los cadetes eran partidarios del alzamiento. En general existía una tendencia muy importante por lograr el restablecimiento de un gobierno militar"[24].

Mientras esto ocurría en la academia, en la Armada y particularmente en la Compañía Delta del Batallón Bolívar de Infantería de Marina, que según Víctor Hugo Morales estaba implicado en la acción armada, los jefes de pelotón estaban preparados para el llamado de sus superiores y sus nombres eran Luis Cabrera Aguirre y Hernán Grüber Odremán. Nombres que reaparecerán treinta años más tarde durante intentos de golpes parecidos, ya siendo el primero general de división y el segundo contraalmirante de las Fuerzas Armadas.

Y así pasó el tiempo...

Hugo Chávez entró al Fuerte Tabacare para el proceso de inscripciones entre febrero y marzo de 1971, donde presentó su primer examen.

Si nos ponemos a ver, Hugo llegó apenas nueve años después del último gran episodio de golpe de Estado en 1962, justo cuando todos los tenientes y capitanes que allí participaron habían alcanzado grados de mayores y coroneles. Así que cuando Hugo se plantó en el patio de la Academia Militar de Venezuela, ese lugar ya estaba atestado de viejas conspiraciones y de muchos conspiradores.

La autorización firmada por los padres de Hugo consta en el prospecto de admisión del día 19 de mayo de 1971, por lo que aquello de que él llegó a Caracas sin permiso de sus padres es falso. Por otra parte ingresó bastante antes de que le dieran sus notas del último examen de Química, siendo aceptado mediante carta veintidós días más tarde, por lo que ni él ni las Fuerzas Armadas sabían si tenía o no una materia aplazada. Todo indica que Hugo nunca entró a la academia sin que sus padres supieran y tampoco gracias al deporte, ni mucho menos por aquel juego de pelota famoso que le construyó la propaganda chavista, en el que, por cierto, falló estrepitosamente.

Las razones menos sufridas y divulgadas por las que le permitieron ingresar con una materia aplazada fueron las mismas que facilitaron la entrada de otros 372 bachilleres. Los aspirantes ingresaron a la academia el 8 de agosto en un proceso de selección o filtro de tres meses, lo que le daba a Hugo el tiempo suficiente para ir a presentar el examen de la materia aplazada a Barinas, graduarse de bachiller por secretaría y culminar su proceso de selección. Así que Hugo en realidad no entraría a la Academia Militar formalmente sino hasta que le entregaron su daga el 8 de noviembre de 1971, fecha en la que solo quedaron 174 aspirantes; el restante 53% abandonó el proceso de selección.

A estas alturas debemos entender que la Academia Militar de Venezuela en la actualidad dista mucho de aquella de 1971, porque fue en ese año cuando daba sus primeros pasos como academia más o menos moderna. Los intentos de construir una academia militar en 1903[25] y en 1910 habían sido, cuando mucho, proyectos que tardarían veinte años en hacerse de alguna forma viables, ya que el primer grupo de profesores, entre ellos de Geografía, Historia, Castellano, Matemáticas e Inglés, apenas llegaría ocho años más tarde de esa fecha[26]. En 1928 estuvo cerrada por actividades conspirativas y se reabrió después en

1930, año en el cual Marcos Pérez Jiménez, el famoso dictador y presidente de facto, ingresó como estudiante.

Habían transcurrido exactamente cien años desde que el primer decreto constituyente de 1830 implantara que "no es posible establecer desde luego una academia militar, en toda la extensión que abraza la memoria presentada por el secretario de Guerra, por falta de profesores y por escasez de fondos[27]". En 1930 la escuela de Matemáticas, que tenía dos profesores, sería la encargada de reiniciar las actividades, y se les darían al primer profesor 125 pesos y al segundo 52 pesos para enseñar. Esta cifra nos permite imaginar el poco grado de importancia en la enseñanza militar, cuando el portero de la Secretaría de Guerra o el de la Secretaría del Tesoro cobraban entre 140 y 200 pesos[28].

Así que cumplidos cien años de aquel decreto, la escuela era en realidad una escuelita con un programa de apenas dos años, en la que les enseñaban a los montoneros con escasa educación primaria (muchas veces rural) materias de bachillerato normales. Por supuesto que aporta cierta prestancia decir, por ejemplo, que Pérez Jiménez sacó las mejores notas en la Academia Militar, hasta que descubrimos que Pérez Jiménez había estudiado bachillerato y por eso entró directamente a la parte práctica del curso de dos años[29]. De hecho el propio Pérez Jiménez confesó en sus memorias que "los conocimientos que se impartían eran muy elementales (...) incluso era posible encontrar en las filas de aquel ejército oficiales analfabetos", por eso "no había que hacer un gran esfuerzo para salir bien en los exámenes", y cercano a su graduación le explicaron: "Hijo, no sé si lo sabes, pero quedaste de primero. Y quiero decirte una cosa: no es que tú seas muy bueno. Es que todos los que tienes a tu lado no sirven para nada"[30]. De modo que, ¿cómo no iba a ser el mejor del salón? Era pues el mejor entre los que ni siquiera habían aprendido a leer y así se graduó de primero entre apenas veintidós aspirantes a oficiales, en la promoción Coronel José E. Becerra de 1933.

De esta manera, con altibajos, la Academia Militar fue mejorando un poco con el paso del tiempo, sin poder hacer demasiado. En 1958 comenzó la revisión del pénsum para profesionalizar más la carrera y se esforzaron para que, llegado el año 1968, los alumnos egresaran como ingenieros. Así el graduando saldría como subteniente y con el tercer semestre del ciclo básico de Ingeniería, reconocido por la Universidad Central de Venezuela. Si posteriormente hacía los cursos básico, medio y avanzado en la Escuela de Ingeniería Militar, tendría los créditos suficientes para optar a la equivalencia del título de ingeniero civil en la UCV. Aquello fue la locura, porque cuando comenzaron a obtener los respectivos títulos universitarios no quedó prácticamente nadie de aquella promoción, debido a que se dieron de baja buena parte de los militares para ejercer en el mundo civil.

Y fue en ese preciso momento cuando nuestro joven y futuro presidente tocó las puertas de la academia. Buena parte de las promociones de "ingenieros" recién graduados habían pedido su baja y en las puertas no se agolpaban precisamente los candidatos, ya que eran los tiempos en los que el país tenía la mejor calidad de vida de América Latina, en medio de "La Gran Venezuela". Un país que gracias a un súbito *boom* petrolero se entregó nuevamente, como en la posguerra, al despilfarro y la vida bohemia, por lo que pocos eran los jóvenes interesados en cursar la carrera militar. De allí la necesidad de ir escuela por escuela a explicar las ventajas de ese mundo y de allí también que ingresaran los "jóvenes vegueros" –como dijo el Presidente–, en su mayoría extraídos del ambiente rural o de sectores humildes, pero no marginales. Las Fuerzas Armadas necesitaban la "mano de obra" que se podía conseguir en aquel momento, incluyendo aquellos con materias aplazadas y vegueros, aunque –como confesó el propio Chávez– la mayoría de ellos tuvieran "un poco de muelas dañadas"[31].

De esta forma fue como Hugo sería aceptado en el "programa de ingreso", superando el filtro de tres meses y amparado por la Ley de Universidades de 1969 en lo que se refiere a la "inscripción condicional", una excepción otorgada al alumno cuando tiene una sola materia aplazada. Las Fuerzas Armadas necesitaban a todos esos muchachos y él no tenía nada que perder, pues si no se graduaba antes del ingreso en noviembre, sería rechazado. Pero aquello de ingresar, a diferencia del resto, con una materia aplazada y graduarse por secretaría, no era propio de un líder revolucionario. Por lo tanto la historia debía tener un giro dramático para hacerlo por "mérito deportivo", lanzándolo al terreno del juego de béisbol, lo cual, además de enaltecerlo y acercarlo más al pueblo, lavaba un poco el asunto de la asignatura aplazada.

Fue en este momento cuando se escuchó la atronadora voz de uno de los oficiales: "¿Y usted, zurdo, qué hace?", fue la pregunta que le espetó al joven. "Yo pitcheo", contestó un aterrado Hugo que apenas había cumplido los 17 años. "Móntese en la lomita", rugió el hombre. Pero Hugo falló al momento de lanzar sus primeras rectas, "descontrolado" por culpa de "un brazo ya adolorido" a tan corta edad. El resultado fue sencillamente desastroso, cuando oyó al entrenador gritarle: "¡Bájese de ahí! ¡Ah! Salga, salga". En pocos minutos la carrera de pelotero de Hugo Chávez había fracasado pues lo eliminaron como pítcher[32]; aun así le pusieron el sello de aprobado para entrar, pero al equipo de béisbol, del que muy pronto saldría por no jugar del todo bien.

Hasta aquí y como dijimos con anterioridad, Hugo Chávez jamás entró a la Academia Militar escondido de sus padres ni tampoco por algún mérito deportivo, tal y como él quiso pasar a la historia; por eso los que más lo conocieron y vivieron a su lado durante todos aquellos años sostienen que lo de sus cualidades fue sencillamente un invento suyo cuando llegó a ser Presidente. "Él se metió a pítcher después de ser Presidente", sostiene su excompañero de promoción en la academia y conjurado en el golpe de Estado Yoel Acosta Chirinos. "Entonces él inventó que era pítcher y que tenía una tal 'rabo'e cochino' que nunca le fallaba"[33]. "¿Pítcher?", se pregunta por otra parte y con sorpresa su excompañero de promoción y equipo Luis Pineda Castellanos. "Será en el liceo".

Los primeros pasos en la academia

Uno de los inmensos problemas de Venezuela, a su vez creados por el proceso de masificación de la educación durante la era democrática, fue el de los cupos universitarios, que estalló en 1974. Para ese momento, cerca de 10 mil aspirantes esperaban a las puertas de la Universidad Central de Venezuela; todavía no había podido ingresar el 20% de los aspirantes de 1970, el 50% de los de 1971 y el 80% de 1972[34] y la situación era inmanejable para las autoridades.

Al mismo tiempo existía otra realidad. El barril de petróleo, que había promediado los 3 dólares en la década anterior, ahora se encontraba en 9 dólares. En medio de un *boom* económico sin precedentes, salvo la región andina, muy acostumbrada a enviar a sus hijos al mundo castrense, en las grandes ciudades la clase media no quería ingresar a la Academia Militar, por lo que tuvieron que recurrir a buscar a estos jóvenes de extracción profundamente humilde. El comandante Yoel Acosta Chirinos nos comenta sobre sus problemas de la siguiente manera: "Yo por ejemplo no sabía comer (...) Yo comía con la mano, como el campesino".

El año anterior al ingreso de Hugo Chávez, a los militares se les aceptaba con tercer año de bachillerato, culminaban sus materias en dos años dentro de la academia, hacían cinco saltos en paracaídas, varios cursos más y se les enviaba a los cuarteles. Como su abuela le había dicho, Hugo de entrada sintió que no servía para eso; sencillamente aquello no le gustaba. Pero el problema de ser "de los primeros" en un nuevo experimento académico tenía un componente aún peor que explica muy bien otro de los que lo vivieron, el comandante Jesús Urdaneta Hernández: "Mis primeros tiempos sentía que no tenía vocación". Para colmo de males, "(...) yo venía de graduarme de bachiller y la Academia Militar se transforma en aquel momento en academia con nosotros... Eran jóvenes que entraban con tercer año y terminaban el bachillerato [en la academia] y muchos de los que eran mis superiores eran menores en años a nosotros (...) Entonces aquella inmadurez que yo notaba en los que iban por delante de nosotros fue un gran choque para mí y siempre quise irme de baja (...) Mis superiores, cada vez que pedía la baja, en vez de dármela me castigaban y así me fueron llevando. Incluso en el último año me quise dar de baja, en cuarto año, pero bueno, me gradué".

No bastando con ello, entraron en la época en la que los generales eran del tiempo del general López Contreras, la generación que había conspirado y derrocado al general Medina y al primer presidente democráticamente electo, Rómulo Gallegos. Por eso Chávez, a la hora de tomar la decisión de entrar a la academia, aún veía a los militares de forma poco cordial: "Yo no quería porque incluso uno veía a los militares así, desde lejos".

A Hugo no se le permitió conspirar como muchos piensan. Hugo conspiró porque todos estaban conspirando. Los generales que supuestamente permitieron la célebre conspiración fueron los que vivieron el Porteñazo, el Carupanazo y todos los "azos". Los cadetes del golpe del general Pérez Jiménez, los subtenientes del golpe de Wolfgang Larrazábal, los capitanes de los dos golpes que propinaron a Betancourt y los mayores de Leoni, es decir las generaciones participantes y sobrevivientes de las conjuras de cinco golpes de Estado. Por eso cuando llegó el momento conspiraron como el resto de las generaciones pasadas. La conspiración no era pues un "movimiento", sino una forma de vida lógica y normal en el mundo militar venezolano.

Y es que todo el mundo piensa que el Pacto de Punto Fijo, el célebre acuerdo entre los partidos políticos que creó la democracia, trajo la paz a Venezuela. Nada más alejado de la realidad. La paz apenas duró ocho años de los cuarenta de democracia, porque a Betancourt y a Leoni les propinaron varios golpes de Estado. El único Gobierno exento de conspiración "conocida" fue el primero de Rafael Caldera, siendo el de Carlos Andrés Pérez en su primer período de nuevo presa de la conspiración cívico-militar, con un relativo intento de golpe de Estado y en el que volvieron a iniciar con fuerza las presiones desde el estamento militar para volver al Gobierno.

Los jóvenes tenientes y comandantes que empezaron la conspiración en serio se iniciaron a partir de 1982 (previo al Viernes Negro) con los graves rumores y llamados a ¡golpe ya! de los civiles conspiradores. Estos también quisieron darle un golpe de Estado a Luis Herrera Campins. Fueron también ellos los que intentaron el golpe de Estado en 1988 contra Lusinchi, dentro de lo que era ya una gigantesca confabulación cívico-militar en la que un variopinto número de grupos buscaba finalmente el poder, y de donde por una serie de eventos desafortunados, solo uno saldría airoso porque se capacitó en el West Point venezolano de la conspiración.

Por eso, volviendo a la Escuela Militar, desde el punto de vista académico, si bien se optó por graduarlos en lo que hasta hoy es una carrera bastante discutida, la licenciatura en Ciencias y Artes Militares, es necesario entender cómo fue el asunto de Hugo Chávez y cómo fue la forma en la que Chávez recuerda su educación.

Hugo en más de ochenta alocuciones recuerda a todos sus profesores de preescolar y de primaria, en más de cuarenta a distintos profesores de bachillerato y solo en unas diez alocuciones nombra, sin contar a sus profesores de béisbol, a sus instructores y profesores de la academia, entre los que destaca a ocho profesores y un maestro: su profesor de Geopolítica, el general Prieto[35]; el general Prudencio Méndez en Didáctica Militar[36]; su maestro Carrizález[37]; el general Rincón; el general Esqueda en Historia Militar y varios profesores civiles, entre los que se encuentran Luis Felipe Quintanilla Ponce, que era su instructor de Artes Plásticas[38], y el profesor de Análisis, de apellido Cugler, que según Chávez "era un pirata en el aula y nos raspaba a casi todos"[39].

Todo esto, así como el cuento de que Pérez Jiménez fue el mejor de su salón, suena muy bonito, hasta que entendemos que aquellos generales de los que habla son el general Prieto, que era para la época un teniente recién graduado (en apenas dos años) y que terminó siendo su ministro de Defensa; el coronel Prudencio Méndez, que debe tener unos años más que Hugo (también graduado en dos años) y quien le dio un "librito, *Didáctica militar especial*, yo ya era brigadier con dos rayitas acá"; Ramón Carrizález, que nació un año antes, y Lucas Rincón, que le llevaba cuatro años. De hecho Hugo incluso recibía clases de sus pares que sabían mecánica y esas cosas, como "Navarro Chacón [que] era el alférez mayor"[40] y el general Esqueda, graduado apenas cinco años atrás de su entrada a la academia. Así que Hugo ingresaría a un experimento que aún no tenía una planta ni un grupo de profesores especializados como los que deben existir hoy, con la excepción de uno o dos talentos. Por no mencionar que "durante el año de 1974 se realizaron sendas tandas de cursos breves de Formación Moral para los Alféreces de la Academia Militar[41]", como informó el ministro de la Defensa al Congreso.

Cualquiera se preguntaría si Hugo, en vez de entrar a la Academia Militar, hubiera podido ingresar a West Point, por ejemplo, o si hubiera tenido mucho tiempo para la política al tener que enfrentarse a su odiada Química con la estructura curricular del MIT o a Planificación Estratégica como la de Harvard y el resto de las materias rigurosas que hicieron que West Point, en materia de exigencia académica, superara a Harvard, a Stanford y al MIT[42]. Hugo entró a la primera promoción de cuatro años, un nuevo método experimental que prometía mejores resultados con unos dos años académicos llenos de materias adaptadas a las condiciones de educación de los muchachos que llegaban, muchos de ellos con escasa enseñanza rural y cuyos profesores titulares no podían darse mayores lujos a la hora de aplicar sus conocimientos. Por lo tanto, los únicos profesores a los que Chávez guardó algún cariño en sus alocuciones, sencillamente, fueron los alumnos más aventajados graduados en el modelo anterior.

Esa es la fórmula para entender que Hugo Chávez Frías salió del bachillerato, hizo los dos años de teoría, lo mandaron a las montañas y regresó con esa formación a ser el "profesor de Historia" y el "profesor de Ética" para los estudiantes de la academia. Un muchacho al que, como tantas veces nos dijo, únicamente le interesaban el arpa, el cuatro y las maracas o pasársela en "una discoteca" y que no había estudiado en su vida Historia de Venezuela más allá del bachillerato, pero que era para ese momento, a sus escasos veinte años, el profesor de Historia de la Academia Militar. Por no hablar de ser profesor de "Ética", materia de la que podemos estar seguros en esos pasillos no se escuchó jamás comentar algún fundamento real sobre Aristóteles o Kant.

Por eso el ambiente era distendido, porque un muchacho sin preparación... ¿qué fundamentos de Historia les podía enseñar a los nuevos? Por otra parte, en el sentido estrictamente militar, si Hugo hubiera estudiado en West Point la historia sería distinta, porque una vez graduado lo habrían mandado unos buenos años a administrar en Europa y Asia. Él era de la generación a la que le hubiese tocado, por ejemplo, el Séptimo Ejército en Alemania y habría estado obligado a participar directamente en el Escudo y la Tormenta del Desierto o ayudado a planificar Afganistán y Libia. Es paradójico, porque si Hugo hubiese ingresado en la academia española, la francesa o la inglesa, habría tenido que hacer lo mismo en Irak. De hecho, si Hugo hubiese entrado en la academia argentina en 1971, también le habría tocado irse al exterior e igualmente participar en la Tormenta del Desierto, luego de haber tenido su bautizo de fuego en el frío de las Malvinas. Si hubiera entrado en Australia, Japón, Portugal o Egipto, le habría tocado exactamente lo mismo.

De hecho, si Hugo hubiera entrado en la academia de Honduras, de El Salvador o de República Dominicana, también habría terminado en Irak. Por no hablar de Colombia, país en el que habría tenido tiempo para todo menos para conspirar, cuidándose de no formar parte de las estadísticas que indican que Colombia tiene más oficiales muertos que Estados Unidos en Irak, y en vez de profesores expertos en conspiraciones, habría tenido a militares que fueron a la guerra de Corea, en la que murieron o desaparecieron en acción doscientos oficiales, suboficiales y soldados colombianos.

También pudo haber terminado en un lugar con menos experiencia en las guerras como Brasil, que ha dedicado todo su empeño a industrializar su ejército, y así Hugo, en vez de conspirar, habría tenido que desarrollar aviones, tanques o hasta cohetes espaciales, que es la forma como se cuentan los oficiales brasileños para sus promociones. Si Hugo hubiese entrado en la academia de Brasil, habría recibido clases de cualquiera de los 25 mil veteranos que batallaron en la Segunda Guerra Mundial en la campaña de Italia o de las fuerzas de invasión de República Dominicana a mediados de los sesenta y habría tenido que ayudar a enviar su primer satélite, diseñado por las Fuerzas Armadas, con lo cual estaría en este momento en la carrera espacial.

De haber nacido en cualquier país de la OPEP del Medio Oriente, Hugo habría tenido que ir también al combate en el Golfo Pérsico. Pero como entró a la academia venezolana fue enviado más bien al Perú, donde aprendió su primera lección de golpismo internacional, pues cayó en manos del general Juan Velasco. Así aprendió Hugo que el asunto de que los militares mandaran en el Tercer Mundo no era exclusividad de sus generales venezolanos, siempre prestos a la conspiración, sino que le parecía que era una tendencia normal en todas partes, pues todos los cuarteles tenían el golpismo como modelo.

"Tenía 21 años, estaba en el último año de academia y ya andaba con una clara motivación política. Para mí fue una experiencia emocionante vivir como muchacho militar la Revolución Nacional Peruana. Conocí personalmente a Juan Velasco Alvarado. Una noche nos recibió en el palacio [Casa de Pizarro] a los militares de la delegación venezolana y nos regaló un librito [*La Revolución Nacional Peruana*]. Yo lo guardé toda la vida hasta el día de la rebelión del 4 de febrero, cuando me quitaron todo. El manifiesto revolucionario, los discursos de aquel hombre, el Plan Inca [plan de gobierno], me los leí durante años. Y, en aquel viaje, conversé sobre todo con la juventud militar peruana, allí entre las muchachas, la fiesta, el desfile de Ayacucho"[43].

Hugo había nacido y crecido en dictadura y una de las cosas más naturales era hablar de los acontecimientos en pleno desarrollo. Mientras Hugo recibía "sendas clases de moralidad" en Brasil, gobernaba en este país una junta de militares, es decir su gente. En los medios de comunicación aparecían los militares tomando el poder desde la Patagonia en Argentina, pasando por Chile, Uruguay y Bolivia, hasta llegar a Perú. En Nicaragua estaba Anastasio Somoza y en Honduras, Guatemala, Panamá y El Salvador también gobernaba "su gente de verde". A donde Hugo volteaba, salían reseñados en la prensa como algo natural nuevos líderes que eran apenas coroneles como Muamar Gadafi, Idi Amin, Anwar el-Sadat o Saddam Hussein.

Plantéese, amigo lector, la forma en la que en 1971 el mundo educó al futuro presidente. Cuando Hugo cumplió ocho años, Estados Unidos estaba gobernado por un militar. En España gobernaba Francisco Franco, en Francia Charles de Gaulle acababa de terminar su mandato poco antes de entrar Hugo a la academia y en buena parte de Europa gobernaban los tanques o estaban bajo su yugo. Lo verdaderamente extraño era lo que pasaba en Venezuela, es decir que gobernaran sin permiso de los militares un grupo de atrevidos y a la vez desprevenidos civiles.

Así fue como en el esquema mental de Hugo estaba claro que su cuartel era como el mundo. Es decir que no era un error aquello de la conspiración sino parte de una formación universal y, por eso, estaba ocurriendo en todas partes. Todos los generales venezolanos, menos uno que otro distraído, enseñaban en el Círculo Militar Conspiración I, II y III o Complot Militar Internacional, pero Hugo en realidad no se interesaría en todo aquello, hasta años más tarde.

CAPÍTULO II

El subteniente oficial de comunicaciones
(1975-76)

Como aprenderemos a través de las palabras de Hugo, una parte importante de su personalidad es que todo lo que le hizo daño, la gente que él pensó lo había tratado mal o los episodios que no le gustaron, una vez que llegó al poder se dedicó a consumar una venganza contra cada uno. Por eso una de las primeras cosas que hizo al llegar a Presidente fue eliminar el rango de "subteniente": "Ya aquí no hay subtenientes, ya se acabaron esos especímenes llamados 'subtenientes'"[44]. De un plumazo acabó con lo que consideraba una vida indigna para un militar: "(...) pariendo por allá unos uniformitos... Uno iba para Caracas, lo mandaban los comandantes: 'Vaya, subteniente, para Caracas'... Yo andaba merodeando, buscando unas boticas de campaña, unos uniformitos, a ver si me cambiaban una cocinita que ya no servía para nada, de esas de campaña. Eran tiempos duros aquellos"[45].

Su vida como subteniente lo hizo renegar de las Fuerzas Armadas e incluso pensar en darse de baja, porque los subtenientes eran una especie de muchachos de mandado que terminaban sin hacer algo útil. Dejemos que nos lo explique mejor él: "Cuando yo salí de subteniente, salí egresado como licenciado en Ciencias Militares, mención Ingeniería, y la rama militar era Comunicaciones. Cuando me entregaron el diploma y la medalla del curso básico en Escuela de Comunicaciones y Electrónica de la Fuerza Armada Nacional, yo no estaba satisfecho de lo que había sido el curso, pues, mucha teoría".

"Así llegué al Batallón Manuel Cedeño como oficial de comunicaciones, de un batallón de cazadores, en operaciones, y apenas habíamos visto dos horas [teoría] de los radios 13-10, que eran los que había. Los teléfonos PA-312-PT apenas los tocamos; una tarde que nos llevaron por allá a hacer unas redes, la central telefónica SD-993-GP; luego, el otro radio, el GRC-9, un radio aquel de generador a mano; la RC-292, la pata de gallina... En fin, me enseñaron las teorías de las comunicaciones, pero yo no quedé conforme con lo que vimos en ese curso.

"Salí con algo de teoría y algo de práctica, pero cuando llegué al batallón tuve que aprender con los soldados, mis sargentos y mis cabos que me enseñaron. Un soldado me enseñó cómo se instalaban las antenas RC-292 para que los radios pudieran duplicar su alcance. Bueno, uno estaba aprendiendo todos los días[46]. (...) El primer puesto que me dieron fue ahí, La Marqueseña, por casualidad de la vida, y la principal tarea del pelotón era custodiar unos equipos de transmisión gigantescos, con unas antenas gigantescas"[47].

Así transcurrió ese primer año en el que no faltaron juegos de pelota y este episodio para él fantástico: "La única emoción fue Adrián Frías, un primo hermano mío que quería ser torero[48] [hijo de su tía Joaquina y que nunca salió de Sabaneta][49] (...) él me metió en más de un lío a mí. Una vez me llegó al Tabacare: 'Hugo, tengo listo un caso, la cocaína en Sabaneta'. '¡Cómo! ¿La cocaína en Sabaneta?'. Andaba Adrián investigando, él hizo un curso y entonces yo me vine una vez con la pistolita mía nada más, una madrugada acostado en un gamelotal esperando una avioneta que iba a llegar con una cocaína. Nunca llegó, la información era falsa, pero nunca se me olvida que yo vigilé esa pista varias noches esperando un avión que traía cocaína, pero parece que no llegó aquí"[50].

Así fue como la vida del joven subteniente transcurriría entre juegos de pelota y nada que cuidar, porque las antenas instaladas en la hacienda La Marqueseña no eran siquiera importantes y tampoco se irían a ninguna parte. En su única acción de patrullaje fuera de allí, en el cerro de El Cutufí, lo sacaron porque se enfermó de paludismo el veintisiete de diciembre de 1976[51].

Es por esto que sus superiores consideraron al muchacho para pasárselo, "de comisión en comisión", y su primer puesto de comando fue cuando lo nombraron comandante de la escuadra de bomberos: "¡Yo sí apagué candela en verano, compadre!, cerro arriba..."[52]. Así fue que para matar el tiempo también hizo "un curso de locutor y me dieron mi título. Tenía un programa de radio en Barinas y escribía en el diario *El Espacio*, una columna llamada 'Columna Patriótica Cultural Cedeño', y hacía programas de radio. No había televisión y no se hacía nada, pero teníamos unos programas de comunicación permanente"[53]. Allí, precisamente, comenzó su carrera hacia el estrellato.

El subteniente oficial de comunicaciones (1977)

Aquí es cuando el Batallón Cedeño, con sede en Barinas, es transferido a Oriente y con ellos se marcha el subteniente Hugo Chávez. De cuidar las antenas de la hacienda La Marqueseña, como él mismo dice, y efectuar un curso de locutor, lo llevan a su estación de radio en el hato Las Flores, "en las afueras de Barcelona, en la autopista que va hacia el kilómetro 52. A mano izquierda, bajando por esa... ahí estábamos nosotros acampados"[54]. Más allá de sus cuentos sobre acciones heroicas, de persecuciones y enfrentamientos con la guerrilla, el subteniente Chávez jamás vio acción alguna. De hecho él mismo establece claramente que la primera vez que estuvo en operaciones de guerrilla fue el 22 de octubre de 1977. Por eso todos los episodios bélicos que él narra (y él mismo lo dice) fueron los mensajes de radio que "copiaba" y "descifraba": "Nunca se me olvida porque yo anotaba todo eso y yo tenía que pasar la novedad a mi jefe, el comandante Torrealba Jiménez, que era comandante del Batallón de Cazadores Manuel Cedeño"[55].

Mientras tanto, su vida militar transcurría en un pequeño cerro con trece soldados pasando novedades, oyendo la radio o jugando pelota. Y recibió según dijo muchas amonestaciones: "Me amonestaron varias veces y a veces por cosas que no se interpretaron bien". Vale la pena citar el ejemplo de un curso que él le debía dar a su pelotón y, cuando el capitán llegó, narra Chávez con gracia el episodio: "El capitán cumpliendo su obligación de pasar revista de instrucción y no vio el pelotón en el sitio... porque tú sabes que en los cuarteles eso es así, estricto, el pelotón de Hugo Chávez tiene que estar en la matica de mango entre ocho y nueve de la noche recibiendo clase de las estrellas... El capitán pasó y no había nadie"[56].

Lo que vio el capitán fue que el pelotón estaba en el casino, "que estaban allá oyendo música y [tomándose] un refresco, qué se yo"[57]. El subteniente Chávez, viendo que el día estaba nublado, había decidido suspender el curso y enviar a su gente al casino sin avisar o reportarle al capitán de instrucción la novedad. Lo cumbre de este cuento es que el capitán tuvo que retirar la amonestación porque Chávez hábilmente pidió un informe meteorológico y llevó testigos: "(...) y por fin se demostró que sí, que ese día estuvo nublado en Barinas y no pude yo dar la clase"[58].

Hugo Chávez, luego de aquellas amonestaciones, fue sencillamente bajado de la montaña y le quitaron el pelotón, lo nombraron jefe de la escuadra de bomberos y así fue transferido a Cumaná, eliminándole cualquier mando de tropas, incluido su puesto en la radio. Eran tiempos, como él expresa, de muchas dudas. Tenía veintidós años cuando mudaron al batallón y entonces tomó la decisión "machista", según sus propias palabras, de llevarse a una mujer sin casarse: "Yo me saqué a la muchacha, me la llevé de Barinas pa' Cumaná... Me la llevé, como dicen"[59].

A partir de allí tuvo que viajar porque lo mandaban a todas partes, según su relato, de todero "a buscar uniformes", "a buscar comida" y "enseres"[60]. Hasta que finalmente lo colocaron como jefe de logística en la cocina del cuartel: "Mi negra, mi negra, ¿está por ahí, Juliana? Allá está mi negra, ya te voy a dar un beso más grande que esta tierra, ¡cómo te quiero! A esa negra sí la quiero yo, la amo, la amo. Me regañaba mucho, ella me regañaba. Me tocaba comprar pescado ahí en Puerto Sucre, ¿no es? A las cinco de la mañana yo con la negra comprando pescado ahí", cuando le tocó administrar el rancho[61] o cuando tenía que acudir a las gobernaciones para que los hombres del batallón "no durmieran en el piso" durante sus asignaciones electorales o visitas a la ciudad.

Es en este clima lleno de ocio sin mucho que hacer, de juegos de pelota y de ánimo de darse de baja por estar "lleno de dudas"[62], administrando una cocina o apagando fuego como bombero, que se le hacía difícil perseguir su sueño de jugar a la pelota profesional en las Grandes Ligas. Y es allí precisamente cuando Hugo Chávez, de veintitrés años, crea a finales de octubre de 1977 un "Ejército de Liberación del Pueblo de Venezuela". Sea fábula o no, escribió en su diario el veinticinco de octubre de 1977: "Vietnam, I y II Vietnam en América Latina"[63]. "(...) Ese ejército, conformado por dos sargentos, un cabo primero, un recluta y el propio subteniente Chávez (...) duró apenas un mes, porque al mes me cambiaron, tuve un lío allá y entonces me cambiaron, me mandaron a la guarnición de Cumaná. (...) por fin que me sacaron de ahí, del puesto aquel, y se acabó aquel ejército"[64].

La realidad es que Chávez, quien se encontraba ya a esas alturas siendo investigado, no precisamente por conspirador y fuera de toda posibilidad de seguir en el batallón de cazadores, fue incluso amenazado con un juicio militar y enviado a otro batallón, llamado Bravos de Apure, en Maracay.

Mientras esto ocurría, un grupo de tenientes coroneles recién ascendidos de sus cursos de Estado Mayor se disponían a efectuar un golpe de Estado con la premisa de secuestrar al presidente Carlos Andrés Pérez y sacar sus batallones a las calles. Aún faltarían quince años para que nuestro joven subteniente hiciera lo mismo, al mismo Presidente.

Hugo y la ética del vaquero que quería ser indio

Si hay algo que siempre me pareció oprobioso es ese comentario de "yo quería irme a la guerrilla" de Hugo Chávez. No vayan a creer que no puedo entender las razones de que guerrilleros como Teodoro Petkoff o Douglas Bravo se hayan ido a la guerrilla; esas las entiendo perfectamente. Me refiero únicamente a la contradicción de Hugo Chávez.

Mi problema con el comentario es que no solo indica que carecía de espíritu de cuerpo, sino que es difícil de entender que alguien quiera cambiarse de bando para asesinar y emboscar a sus propios compañeros. ¿Quién querría irse a matar a la gente con la que ha convivido años, con los que ha ido a las discotecas, de quienes conoce a sus familias, hermanas, novias o con los que ha jugado cientos de juegos de pelota? La verdad es que nunca entendí comentarios de Chávez como este: "Menos mal y fallaron unos contactos que íbamos a hacer por allá por Bergantín, no sé dónde más, que no se presentó nadie; menos mal que no me fui para la guerrilla con unos diez soldados, que era lo que podía comandar en ese tiempo"[65].

¡Menos mal!, podríamos pensar, que no se le dio la oportunidad para que Hugo emboscara y asesinara a sus propios hombres, que es en esencia lo que hacía la guerrilla lugareña (porque no hacía otra cosa). Y es que hay que tener, digamos, una "sangre especial" para ver cómo incendian un hospital cercano lleno de niños (14 de julio de 1976) y querer ser de la guerrilla. Hay que tener "sangre especial" para ver morir a soldados de su propio batallón en el lugar en el que estaba llevando las comunicaciones (emboscada del Hato Las Flores el 19 de diciembre de

1976) y querer ser guerrillero. O ver cómo se dedican a fusilar civiles y a todo aquel que no quiera contribuir al impuesto de guerra (veintisiete casos) y querer ser como ellos.

Pero se necesita tener aún más "sangre especial" para, al ver que emboscaron y asesinaron a siete de sus compañeros y los guerrilleros se dieron a la fuga, siendo detenidos por una alcabala de su propia gente (22 de febrero de 1977), llamarlos "pobres campesinos". O que uno de sus propios soldados se muriera en sus brazos mientras lo miraba a los ojos y le imploraba "no me deje morir, mi teniente", para a los pocos días marcharse a buscar contactos con la guerrilla porque quería cambiarse de bando. Igual de escalofriante sería el ver cómo masacran a la entrada de su cuartel, en la alcabala, a varios soldados (14 de octubre de 1977) y una semana después estar juramentando a su propio grupo de soldados para irse a matar a compañeros porque, como confesó: "Yo estaba en el Ejército y yo era antiguerrillero. Pero, ya yo andaba de guerrillero. Yo era soldado, pero ya andaba subversivo. (...) después, empezamos a trabajar y a formar la primera célula del movimiento revolucionario en el Ejército"[66].

Y así nos contó también que lo mandaban supuestamente a montar guardia en unos funerales para capturar a una guerrillera, ante lo cual temerariamente reconoció: "Yo ligando que no viniera porque ya mi corazón y mi alma andaban dudando"[67]. Y también: "Salimos a buscar guerrilleros", dice alguien que nunca salió a combatirlos. "Salimos a buscarlos. Lo que pasa es que cuando los conseguimos nos dimos un abrazo de patriotas[68]. A Douglas Bravo, buen amigo y compañero[69]. Te queremos, Douglas, te queremos, viejo"[70].

Finalmente, la ética "subvertida" del Presidente termina con algo tan espantoso como lo primero: "No me fui a la guerrilla porque me enamoré. Si me voy, ¡ay, y qué hago yo con esta negra!"[71]. Sostiene el propio subteniente que ni siquiera tenía convicción suficiente para irse a la guerrilla y, de acuerdo a su historia, sus compañeros se salvaron gracias a esa falta de convicción. Y así terminó explicando a sus propios compañeros de armas, a los oficiales que perdieron a sus hombres y a sus soldados semejante retórica subvertida, que sus compañeros asesinables no solo le aplaudieron a rabiar, sino que le otorgaron la distinción de ser nada menos y nada más que el nuevo "profesor de Ética" de la Academia Militar.

En realidad, y de haber sido así, que no lo creo, tendría que haber tenido una deformación muy particular para cortejar a aquellos a los que tarde o temprano iba a asesinar. Pero la peor índole la tenían aquellos que aplaudían y aplauden a rabiar al posible asesino, quizás porque no los asesinaron. Digo, de haber sido así, porque también conocimos otra historia menos importante en su autobiografía pero que es quizás la más ajustada a la realidad: "Yo incluso cuando era nuevo estaba una vez pensando, estaba muy enamorado, tú sabes, en Barinas, y entonces pensaba pedir la baja, pero no; son cosas que a uno le pasan y después seguimos en la carrera[72]. (...) Yo quería pedir la baja del Ejército porque me sentía un poco defraudado, cosas... algunas las he hablado"[73].

En esta historia Hugo arrastra la incomodidad en el mundo castrense, que nunca le gustó y al cual nunca se adaptó, en especial a la disciplina. Lo habían amonestado varias veces y expulsado de su primer mando, por lo que quería marcharse. Simplemente sentía que no encajaba en nada y la soledad se lo estaba comiendo en la montaña, hasta que la historia se entrecruzó con otra, que muy probablemente sea la verdadera: "Entonces ya había comenzado el 78, llegué a Maracay, estaba Reyes Reyes en la escuela por ahí en la base aérea, empezamos a reunirnos en Maracay los paracaidistas, ya no andaba yo solo por allá en una montaña, no, estaba en Maracay, en la base aérea, el batallón de tanques, los paracaidistas"[74].

Es aquí, precisamente en este batallón, donde comenzaría una historia contraria a la del héroe mítico que construyó su primer ejército de liberación: queriéndose dar de baja y enamorado de la negra.

El subteniente y la emboscada a los cazadores

A estas alturas del relato, a finales de los años setenta, algunos biógrafos sostienen que Hugo era un infiltrado del comunismo castrista, pero esto dista mucho de ser posible. Eliminando las diversas versiones, Hugo estaba recién superando la adolescencia y aún no sabía bien lo que quería, era en extremo insubordinado y había considerado pedir la baja varias veces durante y después de su época de estudiante.

Por otra parte, convertirse en un infiltrado presupone pasar desapercibido, ganarse la confianza y llegar lo más lejos posible, hacer exactamente lo contrario de lo que él hacía: exponerse para que te delaten y te expulsen. Según las palabras de Hugo, apenas habían pasado los primeros dos años de su carrera militar en las montañas cuidando las antenas sin observar alguna acción militar, cuando para la fecha ya contaba con una gran cantidad de amonestaciones en su expediente que lo llevaron a ser destituido de todos sus cargos de comunicaciones y comando de tropas, siendo designado como comandante de la escuadra de bomberos y posteriormente relegado a la cocina, mientras el resto de sus compañeros de curso ya llevaban pelotones de combate a la guerrilla e incluso algunos sostenían enfrentamientos.

De acuerdo a las propias palabras de Chávez, su carrera se encontraba "estancada" y quería "darse de baja". Nancy, su novia, estaba embarazada, y aunque no se habían casado, relató que ambos vivían en un ranchito que era de su pariente Chicho Romero –el mismo con quien había vivido en Caracas–, quien según narró Hugo: "Vivía con su esposa ahí, dos hijos... y yo lo que hice fue poner un cartón ahí y ahí vivíamos en una cama"[75]. Para colmo de males lo sacaron del batallón en Maracay, como también lo comentó: "Y bueno, entonces me amenazaron con un juicio militar, qué se yo, por fin que me sacaron de ahí"[76].

¿Qué pasó en ese momento? ¿Cuál es la verdad de lo ocurrido? Los enemigos de Chávez sacan a relucir el expediente en el cual la inteligencia militar sospechaba, sin tener pruebas de ello, que había sido él quien filtró la información a la guerrilla durante la emboscada del Hato Las Flores, lo que se convirtió en uno de los peores ataques y masacres en la historia del Ejército hasta ese momento. Hugo Chávez, por su parte, sostiene que lo botaron del batallón porque se enfrentó con el comandante porque era "un torturador"[77]. De ser cierto este último comentario, su conducta contestataria hace imposible que se trate de un infiltrado en las filas.

Digo que de ser cierto porque la historia por él mismo narrada varió años más tarde y ya no eran oficiales los torturadores, sino simples soldados. Así que la información que se dispone sobre esta expulsión en la propia voz de Hugo Chávez nos da interpretaciones que cambian continuamente. La primera es la "versión biográfica", la del héroe mítico que tenía contactos con grupos de la extrema izquierda, gracias a lo cual se reunió varias veces en septiembre de 1977 con algunos guerrilleros durante las fechas en las que ocurrió la masacre. La otra es la historia en la que el joven subteniente recién graduado tuvo una enorme discusión con un coronel de inteligencia porque torturaba a campesinos.

En la primera versión de los acontecimientos, expuesta por sus enemigos en función de sus alocuciones públicas, estos avalan tal teoría para demostrar fehacientemente que Hugo, ya para ese momento, es un proyecto satánico de Fidel Castro y del comunismo mundial; sostienen que filtró a aquellos contactos la información que propició la masacre de sus propios compañeros y que la inteligencia militar sospechaba de él desde un principio. Para respaldar esta versión, él mismo nos informó de sus contactos con la guerrilla local y su disposición de pasarse al bando guerrillero con un grupo de soldados, juramentándolos como "Ejército Nacional de Liberación" para acudir a la guerrilla en la zona de Bergantín y pasarse a esta, apenas tres semanas antes de la emboscada[78].

Luego tenemos otra versión menos heroica de los acontecimientos, en la que un Hugo recién superada la adolescencia tenía muchas amonestaciones por insubordinación. En aquellos días de combate abandonó el cuartel para marcharse a otro y su situación en la Fuerza Armada era terrible: estaba frustrado, se sentía solo, lo habían sacado de los puestos de comando y relegado a tareas sin importancia en la cocina del cuartel. En este caso, como en los intentos de darse de baja de 1971-72 y 75, lo habían reprendido gravemente por indisciplinado.

¿Podría haber ocurrido la delación por parte de Hugo Chávez, que causó aquella emboscada y de lo cual fue culpado años más tarde? Es posible, porque la operación militar que se desarrolló fue justo para buscar el frente guerrillero con el que Hugo supuestamente se estaba reuniendo. Era una tarea conjunta del batallón de Chávez (Cedeño) y del Batallón José Laurencio Silva N° 72. La operación culminaría el día 17 y el batallón, en caso de no dar con los guerrilleros, pernoctaría en el Hato La Esperanza para al día siguiente volver a Aragua de Barcelona. Los únicos que sabían esto eran los muertos de la masacre y los del viejo pelotón de comunicaciones de Hugo Chávez. Los guerrilleros contaron con veinticuatro horas y toda la información para llevar adelante la emboscada.

El informe posterior a la masacre explicaba: "Los bandoleros prepararon la emboscada por lo menos con un día de anticipación, se observaron arreglos que se hacen normalmente para pernoctar en área boscosa. Igualmente, el sitio fue acondicionado de manera tal de no delatar la presencia del grupo emboscado. Utilizaron FAL 7,62 mm., fusiles AK-47 desde donde dispararon a las tropas". Cuando se hizo el informe, los únicos hombres que faltaban y que no estaban en el frente de operaciones en el batallón eran los subtenientes Hugo Chávez y Wilmer Moreno; el segundo logró salir bien parado de la investigación e incluso llegó a ser el segundo comandante del batallón emboscado[79]. No así el subteniente Chávez, quien para peor desgracia se encontraba por casualidad en la sede del batallón emboscado, desde el día anterior.

Chávez alegó que él estaba allí, pero "buscando logística, raciones de combate, abastecimiento clase uno. Ahí estaba yo porque quedaba la proveeduría, no sé si queda todavía. De repente estaba pintoneándome a una bonita muchacha que atendía ahí la carnicería, conversando con ella ahí, algún piropo le estaba lanzando seguramente, cuando oímos unos helicópteros... Venían los soldados de la emboscada"[80]. En fin que, si bien es cierto que nunca hubo evidencias de que aquello hubiera pasado, también es cierto que sus superiores jamás le creyeron y, como él mismo lo dijo, lo amenazaron con un juicio militar, transfiriéndolo del batallón de forma inmediata.

El propio Chávez manifestó que algún día escribiría "cosas que no se pueden decir", pero se las llevó a la tumba. Y la otra persona que podía hablar, el otro subteniente devenido años más tarde en general de división, Wilmer Moreno[81], fue asesinado de diez disparos y, mientras escribo estas líneas, aún no se ha hallado al culpable[82]. Lo que sí sabemos es que al llegar a la Presidencia, Hugo Chávez eliminó el rango de subteniente y cambió el nombre de "cazadores" por el de "caribes", para más tarde eliminarlos por completo, transformándolos en brigada blindada (Brigada #25). Si Hugo "tiró el soplo" (informó a la guerrilla), como lo acusaron la inteligencia y muchos de sus enemigos, esto quedará enterrado para la historia.

El subteniente oficial de blindados (1978)

Cualquiera que sea la versión verdadera, era diciembre de 1977 cuando el subteniente Hugo Chávez fue expulsado del batallón de cazadores y en las paredes del cuartel posiblemente le resonarían las palabras de la abuela: "Usted no sirve pa' eso". Entró transferido de batallón con su carpeta bajo el brazo y, como bien nos dice, con un montón de amonestaciones "por inventor". "Yo llegué al Bravos de Apure en diciembre del 77"[83]. De inmediato el comandante que lo recibió le dijo: "Usted va para un pelotón de tanques". Y Chávez le respondió: "Mi comandante, mire que yo soy de comunicaciones, yo era de los radios y las antenas y todo eso...". Ante lo que el comandante dijo: "No, negativo. Usted va para el pelotón de tanques, me faltan tenientes, reciba el pelotón"[84].

"¡Pero mi comandante, yo no sé nada de tanques!", insistió Chávez. Pero su superior alegó: "¿Y quién le preguntó si usted sabía o no sabía de tanques, subteniente? Yo no le pregunté eso. Vaya y se le presenta al capitán Alvarado". Al día siguiente ya estaba recibiendo los tanques. El asunto fue zanjado con la famosa frase: "Entendido, mi comandante"[85]. Sin embargo, este cambio significaba un castigo de los más severos, con el que le habían propinado un duro golpe a su carrera[86].

Adicionalmente a esto y de la misma manera que le ocurrió a Jesús Urdaneta, hay que recordar que los dos primeros años de academia estuvieron llenos de inconvenientes para Hugo, cuando su rendimiento académico bajó y tuvo muchos problemas de los cuales comenzó a recuperarse al final de su segundo año[87]. Pero no fue sino hasta este conflicto que en 1978, a los veinticuatro años, estalla su gran crisis y le vuelve a implorar a su hermano que le encuentre un cupo para estudiar en la Universidad de los Andes en la carrera de Ingeniería, a lo que su hermano le respondió que no[88].

A estas alturas Hugo no tenía ni la menor idea de qué hacer con su vida, se había llevado a una muchacha que ya estaba embarazada y vivía en un rancho de cartón, su carrera militar no le gustaba, había tenido un grave problema de insubordinación y fue expulsado de un batallón a otro distinto que adicionalmente representaba un serio retraso en su carrera. Para colmo de males, llegaba a un batallón en el que no tenía muchas posibilidades de progresar, porque todos los tenientes ya estaban completos, al mando de sus respectivos pelotones.

Para que el lector entienda un poco este período y, sobre todo, cómo era posible que el comandante le advirtiera que no había tenientes en el batallón, es necesario explicar que en 1977, si bien existía el Batallón Bravos de Apure, este se encontraba en transición. Hasta ese momento había tenido tanques de guerra sobrevivientes de la Segunda Guerra Mundial y un lote de unidades de 1955 (AMX-13) que contaban con veintitrés años de servicio. Estos últimos tanques, que habían visto "batalla" en los golpes de Estado de Carúpano y de Puerto Cabello, fueron la primera dotación desde su creación en los años sesenta y habían sido transferidos al Grupo de Caballería Mecanizada General de Brigada Ambrosio Plaza N° 1[89] para recibir los nuevos tanques AMX-30, los cuales terminaron de llegar justo en el momento en que el joven subteniente entraba por la puerta del cuartel.

No había suficientes tenientes, ni capitanes, ni mayores y tampoco sargentos, porque en su mayoría se habían marchado con los equipos anteriores (AMX-13) y los nuevos estaban regresando de Francia de cursos especializados de blindados o enfocados en la conformación del Centro de Mantenimiento de Blindados. Lo único cierto es que el nuevo e inexperto subteniente fue a ver al comandante de esos pelotones que en realidad nunca recibió, porque sus respectivos tenientes estaban de entrenamiento. Por eso Hugo Chávez tuvo la impresión de entrar a un nuevo batallón "de reciente creación"[90]. Así prosigue Chávez: "Yo no sabía ni por dónde encaramarme en un bicho de esos. ¡Ah!, entonces, recuerdo (...), apareció Pedro Alastre en ese momento", quien era subteniente como él[91]. Hugo continúa: "Alastre López venía llegando de Francia, hizo un posgrado allá no sé qué, de tanques y de mecánica de tanques y los sistemas eléctricos, toda la base científica técnica. Bueno, yo recuerdo que Alastre fue uno de mis profesores, y otro sargento técnico que había venido de Francia. Me ponía yo: 'Mira, explícame esto'. Agarré un librito: 'Explícame cómo es que funciona el circuito de la torre. ¿Cómo es que circuita, cómo es que funciona el Sulzer?'. O los siete pasos para el tiro. '¿Cómo es que funciona el telémetro?', para entender mejor"[92].

Todo indica lógicamente que al principio recelaban del "nuevo" porque no era de su arma y no fue demasiado bien recibido en los blindados: "Alastre estudió en Francia, se especializó en tanques AMX-30 en Francia. Cuando yo lo conocí andaba con unos bigotes tipo Salvador Dalí [en otros testimonios lo describe como Pancho Villa] y estaba recién llegado de Francia y ahí nos conocimos, y debo decirte que me caíste muy pesado la primera vez, yo dije 'este pretencioso, este subteniente que viene de Francia y que sé yo'"[93]. Pero, finalmente, le terminó cayendo bastante bien[94].

No era que Alastre fuera pretencioso, el asunto es que era un hombre que pertenecía a los blindados y Hugo no. El primero se había especializado en Francia y Hugo era de comunicaciones, pero, como en los pequeños pueblos, todos sabían que había sido relegado a la escuadra de bomberos y luego a la cocina. Todos en las Fuerzas Armadas saben que una transferencia de un batallón a otro a esas alturas supone inconvenientes en el anterior, y el verdadero problema de Hugo vendría justamente luego de que los tenientes de blindados ya ascendidos, y a los que les correspondían los pelotones, fueron llegando y desplazándolo. No sería nombrado comandante de pelotón o compañía hasta no ser ascendido a teniente y hacer su "Curso Medio de Blindados", y eso era un retraso importante porque para eso tendría que esperar el período del año siguiente (1979).

Chávez ascendió "...a teniente el 5 de julio de 1978, Rosa Virginia nació el 6 de septiembre de aquel año, y sí era 1978"[95], pero aún no tenía comando alguno de tropa. Así que, como bien lo relata en varios episodios, pasaba sus días haciendo mantenimiento a los tanques, hasta que a los pocos meses fue relegado a labores administrativas en el fuerte, cuando el resto de los "franceses" tomaron posesión de sus pelotones.

Hugo pasaría casi un año entero como oficial de personal del batallón y así lo reconoció: "Fui nombrado oficial de personal... [el] comandante era severo en la disciplina, muy severo. Todos los meses había la reunión de los cumpleañeros. Empieza la reunión en el casino de oficiales con las esposas, los que estaban casados, y vengo yo, el oficial, teniente Chávez... comenzamos el acto... una musiquita ahí y tal, yo animando la cosa: '¡Los cumpleañeros del mes: capitán...!' tal, un regalito.

'¡El teniente Alastre López, de Humocaro, cumplió años...!', y Alastre López tal, y que siga la fiesta. Y el comandante dijo: '¡Alto, teniente!' [risas]. Yo anuncié los regalos [risas], les di regalos –bueno, no yo, el batallón– y se me olvidó uno: ¡el comandante había cumplido años! [risas]. Ese día era el cumpleaños del comandante. Yo me dije: '¡Trágame tierra! Este me va a fusilar'"[96].

Como quedó demostrado, sobrevivió milagrosamente a no haber estado siquiera informado del cumpleaños del comandante, no lo fusilaron ni se lo tragó la tierra. Pero sobrevendría su próxima gran tragedia: no logró despuntar en el béisbol. Su famoso lanzamiento "rabo'e cochino" no era suficientemente bueno para quedarse en el equipo y sus entrenadores lo mandaron recién cumplidos los veinticuatro años al softbol: "Por allá en el 78 participé en los primeros [juegos] en béisbol, en Cumaná; luego fuimos a Barquisimeto en béisbol y ahí me pasaron a softbol obligado. Yo no quería pasar a softbol, pero entonces ya era teniente y estaban haciendo la lista del softbol y me pasaron de béisbol a softbol y, desde entonces, asistí a los Juegos Interfuerza como integrante del equipo de softbol del Ejército"[97].

Lo habían expulsado de su primer pelotón, en el segundo era del personal administrativo, no tenía comando alguno y ahora recibía su peor noticia: no era suficientemente bueno para continuar en el equipo de béisbol del Ejército, mucho menos para las ligas menores de béisbol profesional venezolano, y ya ni hablar del único sueño que supuestamente había perseguido hasta ese momento, llegar a las Grandes Ligas de los Estados Unidos. La depresión lo llevó a volver a considerar salirse de las Fuerzas Armadas, porque aquello tampoco era lo suyo: "Aquel 'Bachaco' o 'Tribilín' llegó a la Academia Militar, en Caracas, con la ilusión de ser pelotero de Grandes Ligas"[98] y a los tres años de salir de aquella academia habían truncado su sueño: relegado a la cocina, recomendado para amenizar las fiestas y ahora condenado al softbol.

Aquello fue lo último que podía esperar Hugo y estalló con mas fuerza implorándole a su hermano que le consiguiera el cupo en Ingeniería. Adán Chávez en ese momento, siendo profesor, le comentaría que sería bueno que se quedara y, más que ingeniero, se dedicara mejor a conspirar junto con el grupo de la extrema izquierda a la que pertenecía.

Pero como él cuenta la historia cuando está entre los suyos es increíble: "El último año de subteniente estaba en un batallón antiguerrillero y yo andaba cazando a los guerrilleros, yo era un cazador, pues, andaba cazando Adán... y entonces el cazador se convirtió en guerrillero[99]. (...) entonces decía: 'No, el Che tenía razón', y decía: 'Me equivoqué'. Entonces dije: 'Bueno, lo que me toca es brincar para allá, ahora que ya estoy entrenado en guerra irregular'. Ya era soldado cazador, paracaidista, explosivista, ya uno estaba formado para el combate y estaba en mi plenitud física"[100]. Pero la verdad es que sus propias palabras nos indican que Hugo en su último año había sido un muy fantasioso oficial de la escuadra de bomberos, de la cocina y de la oficina de personal en el batallón de blindados, mientras le imploraba a su hermano que quería ser ingeniero.

1977-79: últimos años de la democracia

A la incipiente democracia que nació a punta de golpes (años 45, 48, 58, 61 y 62[101]) le había llegado su fin en 1973, decretado otra vez por los militares (los políticos armados). Mientras Chávez se encuentra regentando personal en el cuartel, comienzan a reunirse las logias del Ejército, Armada y Aviación para tomar el poder y hacerse del Gobierno, como era costumbre, a través de un golpe militar. Es necesario detenerse aquí porque es precisamente en esta década, entre 1973 y 1982, cuando toda la conspiración y los conspiradores se organizaron, hasta el punto de jurar acabar con la democracia[102]. Es importante situarnos en la realidad política y económica del país entre 1970 y 1979, que es cuando se retoma en serio la conspiración.

En ese momento, Venezuela era un país cuya economía había crecido el 50% en una década[103], por eso se encontraba entre las mayores 20 economías del planeta y entre las 10 con mejor calidad de vida. Apenas el 3,22% de la población estaba desempleada, principalmente extranjeros, y los niveles de pobreza habían descendido del 14,36% de la población en 1976 al 9,53% en 1979[104], siendo la pobreza extrema apenas el 2,21% y el índice de privación absoluta de un exiguo 0,53%, el menor porcentaje de todo el continente americano junto con Canadá y el 90% de Europa[105].

La democracia había llegado a su fin luego de apenas doce años de vida civil y no por las razones de pobreza o corrupción que argumentaron con posterioridad, sino simplemente por la toma del poder para ejercer un proyecto político liderado por militares. Tampoco lo hicieron porque se tratara de un gobierno proclive a las transnacionales, capitalista o pronorteamericano, porque el gobierno de Carlos Andrés Pérez fue profundamente antiestadounidense en su concepción y en la ejecución de sus políticas. Fue precisamente en su gobierno cuando sucedió la nacionalización del petróleo, el hierro y algo menos conocido, la regulación de las transnacionales.

Corren tiempos en los que comienzan a escucharse nombres que conoceremos más adelante ya como generales o altos oficiales, como Santeliz, Izarra, Ramírez, Visconti, Crespo, Torrealba, Fernández, Garrido[106] y algunos otros activos hasta el 2000, quienes preparaban un golpe de Estado y la víctima del movimiento organizado era Carlos Andrés Pérez en su primer gobierno y posteriormente Herrera Campins[107].

Fernán Altuve Febres, el hombre que sacó junto con el general Santeliz a Hugo Chávez de La Planicie luego de su rendición, aclara en la prensa: "Ochoa Antich, Santeliz Ruiz y Yánez Fernández habían sido cadetes nuevos en la Escuela Básica de Pérez Jiménez, cuando yo, más antiguo que ellos por ya estar en la Academia Militar, gané su amistad por tratarlos bien y defenderlos, por lo que desde 1958 tuve un buen ascendiente sobre ellos", nos explica.

Es decir, estos hombres que presenciaron como cadetes y en primera fila los golpes del 58, así como los del 61 y 62, ahora conspiraban con su propio movimiento[108]. En su libro *Así se rindió Chávez*, el general Ochoa nos comenta literalmente que durante el primer alzamiento de 1961 lo que más le sorprendió fue observar que la mayoría de los cadetes eran partidarios del alzamiento y que en general existía una tendencia muy importante por lograr el restablecimiento de un gobierno militar[109].

La razón por la que ya la conspiración es un hecho en 1977 es que –como en el caso posterior con Hugo Chávez– los mayores habían realizado sus cursos de Estado Mayor y ya eran tenientes coroneles con mando de batallones. Continúa Ochoa: "Fernando, esta es tu oportunidad", le dijeron Izarra y Ramírez a Ochoa Antich, quien era el jefe del batallón de custodia del presidente Pérez. "¿Por qué no detienes al presidente Pérez? El resto sería muy fácil"[110]. Otro que sería contactado fue el futuro general Ítalo del Valle Alliegro, a quien se le presentaron los planes del golpe de Estado y también los rechazó, pero nadie se enteraría de lo que estaba pasando[111].

En octubre de 1981 ocurrió un evento en Egipto que transformaría la vida militar local, el asesinato del presidente Anwar el-Sadat durante un desfile militar. Nueve meses más tarde, "en julio de 1982, hubo un intento de insurrección militar en contra del gobierno del presidente Herrera Campins durante los actos del 5 de Julio". Según Ochoa no ocurrió "el alzamiento por [la] indecisión del teniente coronel Santiago Ramírez para insurreccionar al Batallón Blindado Pedro León Torres durante el desfile militar". Prosigue relatándonos el general Ochoa Antich que, al reclamarles a los participantes (Santeliz entre ellos), le informarían: "Pensábamos designarte canciller después del triunfo de la insurrección"[112]. Otros militares como Francisco Visconti sostienen que "William Izarra había hecho contactos con una persona que trataba de insurgir contra el gobierno de Luis Herrera; ese grupo estaba liderizado por Ochoa Antich, Santiago Ramírez y Santeliz"[113].

Mientras este grupo de tenientes coroneles, capitanes de navío de las tres fuerzas conspiraban con pasaportes entregados por la inteligencia soviética en Praga, los hijos de los guerrilleros y líderes del Partido Comunista que habían participado en las insurrecciones y golpes de Estado de la década de los sesenta habían decidido que, al no poder tomar el Gobierno por las armas estando en la guerrilla, lo harían penetrando la Academia Militar de Venezuela sin que a nadie le importara: "José Vicente [Rangel] le permitió a su hijo que entrara a la Academia Militar. A mí me tocó afeitarlo, llegó con una melena y le cortamos el cabello. Llegó flaquito y le pusimos las pilas. Ahí está el actual alcalde del municipio Sucre, José Vicente Rangel Ávalos, Pepe Rangel. Era cadete desde aquellos años, lo recuerdo con claridad desde 1973"[114], relata Hugo Chávez.

Pocos años después continuaba revelando Chávez episodios de la conspiración y sus participantes: "Pedro Alastre López, su papá fue guerrillero"[115]. "Pedro Alastre –nos aclara Teodoro Petkoff– era hijo de un dirigente campesino, miembro del Partido Comunista, un apellido no muy común, de manera que cuando visité más adelante a estos presos, en Yare, le pregunté al mayor Pedro Alastre: '¿Tú eres el hijo de Pedro Alastre?', y respondió que sí. El papá de Alastre fue guerrillero, de los hombres de Argimiro Gabaldón". Para quienes lo ignoran, Yare es el centro penitenciario donde estuvieron recluidos los militares que participaron en el golpe de 1992 y donde se daban cita figuras importantes del acontecer nacional para visitar a los "héroes golpistas". Continúa narrando Chávez las hazañas conspirativas: "Ahí comenzó a crecer la célula del Ejército Bolivariano y así fue avanzando lo que luego se convirtió en el Ejército Bolivariano Revolucionario 200, que insurgió el 4 de febrero de 1992"[116].

Teodoro Petkoff nos relata: "Y el mayor o capitán Díaz al verme en Yare me dijo: '¿No te acuerdas de mí, Teodoro? Yo soy el hijo del zapatero Díaz Freites'. ¿Quién era el zapatero Díaz Freites? Un dirigente comunista de Los Teques, uno de los 2 o 3 comunistas que había en Los Teques cuando cayó Pérez Jiménez"[117]. Se trataba del padre del mayor Díaz Reyes, les dijo Chávez: "El viejo Reyes murió ya. Lo recuerdo mucho. ¿Tú sabes cómo yo le decía al viejo? Le decía 'El Gallo Rojo', de allí de Los Teques de La Matica"[118].

Reconocía Hugo Chávez que con el transcurrir del tiempo ayudaría a futuros aspirantes a la academia y a la carrera conspirativa a no colocar en la planilla de inscripción que sus padres pertenecían al Partido Comunista. No sabemos si de la mano de Chávez, pero también podemos encontrar a familiares de Domingo Alberto Rangel o Simón Sáez Mérida, la casta más substancial de la guerrilla, enviando a sus familiares al Ejército, mientras en el Palacio de Miraflores, sede del alto gobierno de Venezuela, se realizaban escandalosas bacanales en una suite japonesa, seguidas de pleitos maritales y conyugales por todos conocidos mientras presidentes y algunos políticos consultaban a famosas brujas que les predijeran su futuro.

En fin, corrían los últimos tres años de los setenta y en aquel país, favorecido por la naturaleza por su ubicación geopolítica al norte de América del Sur, todo estaba absolutamente perdido a nivel económico, financiero y militar. La democracia apenas había durado 15 años en la historia de Venezuela y ya se encontraba herida de muerte.

El teniente oficial de blindados (1979)

Mientras dentro de las Fuerzas Armadas se tramaba el plan de aprehender al presidente Carlos Andrés Pérez y la idea de acabar con el gobierno democrático cada día tomaba más forma en la mente de los tenientes coroneles involucrados en la conjura, el teniente Hugo Chávez, como él mismo nos ha venido narrando, pasó sus primeros tres años en labores administrativas (pelotones de mantenimiento, suministros, "el rancho" y como auxiliar de la plana mayor, hasta alcanzar la dirección de personal del cuartel). Había realizado el curso de paracaidista nada más con cinco saltos y el curso básico de comunicaciones, en los que, según él mismo reconoció, no aprendió casi nada. Y aunque sostuvo en reiteradas oportunidades que comandó nada menos que dos pelotones de tanques siendo oficial de comunicaciones, pudimos determinar que lógicamente no fue así.

Chávez era "el nuevo". Un oficial de comunicaciones recién transferido y sin experiencia en blindados con una gran cantidad de amonestaciones. Aquellas afirmaciones suyas, "me asignaron de inmediato dos pelotones" o "tenía seis tanques a mi disposición", fueron más bien y lógicamente, de acuerdo a su testimonio: "Aquellos bichos no me dejaban dormir. No había repuestos. Uno tenía que esconder debajo de la cama los fusibles de repuestos, las tapitas de los fusibles, que eran de colores; o los repuestos, una cajita chiquitica así donde estaban los repuestos de la ametralladora. Uno tenía que esconder aquello porque si se le perdía un repuesto, bueno... una vez vino un comandante: 'El que bote un repuesto se va para Francia, paga sus gastos y [lo] compra allá. Tiene que traerme el repuesto'"[119].

Dejando muy mal situada la logística militar de las Fuerzas Armadas Venezolanas, el subteniente Chávez aseveraba: "Todas las noches le quitaba los fusibles al tanque, y una cajita debajo de la cama del teniente, había que guardar la cajita. Los repuestos de la ametralladora, en una cajita, el percutor de la punto 50, de la otra, no se conseguían repuestos. Si se dañaba un fusible, había que esperar que vinieran de Francia.

La zapata de las orugas igual"[120]. Esta explicación sobre guardar los repuestos debajo de la cama de "el teniente" indica que quien comandaba en realidad el pelotón no era él, sino el otro teniente que era de blindados, lo que nos define una situación más ajustada a la realidad y a la dignidad del batallón.

En medio de esta situación irregular fue anunciado, en 1979, el "Curso Medio de Blindados". Pocos aspiraban realizar dicho curso, en total veinticinco mostraron interés, pero se encontraban destinados en distintos fuertes, así que el curso tuvieron que dictarlo "por correspondencia". En unas palabras inaugurales del curso de Comando y Estado Mayor Conjunto, Chávez les narró a los presentes: "[el curso medio] lo hice de blindados. Fue a distancia, pusieron a los capitanes a darnos clases y a los sargentos técnicos y maestros técnicos, que sabían mucho y nos ponían a leer. Leíamos experiencias de las guerras del Medio Oriente, de la guerra árabe-israelí; el comandante [del batallón] consiguió unas películas, yo quedé satisfecho de ese curso"[121]. En otro momento y en otro lugar, Hugo se refirió al curso a distancia y relató que leyeron y vieron películas sobre "el mariscal Rommel (...) Erwin von Rommel, lo llamaban 'El Zorro del Desierto', era un general de tanques. Nosotros estudiamos mucho las batallas del norte de África, que son grandes desiertos. Bengasi, Trípoli hasta allá hasta El Cairo, toda esa África del Norte la recorrieron los tanques alemanes y para allá mandaron a Rommel"[122].

La práctica del curso la hizo en el Fuerte Mara con un tanque M-18 Hellcat de la Segunda Guerra Mundial construido en 1944 y que había sido dado de baja en 1952 por el Ejército estadounidense, así que cuando treinta y cinco años más tarde el teniente Chávez se subió en aquella reliquia era, de acuerdo a sus palabras: "Un viejo tanque, un pequeño tanque"[123]. Hasta ese momento (1979) Hugo admitía: "Yo no conocía el material blindado, así que tuve que poner un esfuerzo mayor que mis compañeros para estar a la altura"[124]. Es muy importante recordar y tener en cuenta que, para este momento, Hugo se encontraba retrasado en su nivel y estaba haciendo un curso medio de blindados con los nuevos subtenientes.

Y así continúa relatando: "Había hecho mi curso ahí, no tuve que ir a Francia, y sabía tanto como ellos, o más o menos como ellos. Además, tenía que saber porque tenía que enseñar a los soldados, yo tenía que explicarles a ellos cómo funcionaba el motor, la caja, todo, la granada, la descarga hueca, por qué carga hueca, la explosiva, etc. O sea que eso se aprende también"[125]. En sus discursos Hugo no desperdiciaba tiempo y oportunidad para narrar y reconocer las peripecias que tenía que hacer, según él, para que los soldados aprendieran un curso que ya de por sí era mediocre: "(...) muchos que eran analfabetas y había que enseñarlos a manejar un tanque de guerra y no sabían ni manejar bicicleta; había que inventar"[126]. Y continúa sin pudor, reconociendo el bajo nivel, el propio y el de los soldados que tenía que formar: "(...) con bastantes dificultades en esa época, porque a veces uno tenía 20 soldados, soldados que tenían sexto grado, entonces había que enseñarlos a todo lo que es el telémetro, la medición de distancia, el cálculo de distancia, la corrección de la fórmula del paralaje, etcétera. Bueno, había que hacer trampas, pero aprendían los muchachos"[127].

La compilación de largas e interminables horas de discursos de Chávez en sus alocuciones nos obligan a reflexionar, analizar seriamente y preguntarnos: ¿qué pasaría si a Venezuela algún país le declarara la guerra? Y esta pregunta la hago por aquella dramática afirmación donde Hugo reconoce que hacían trampas, pero discurrir sobre la organización de aquellas Fuerzas Armadas en un supuesto encuentro bélico con otra nación no es la razón de este escrito.

En sus interminables programas en cadena y en vivo, cuando interactuaba con la audiencia que sus productores, previa investigación de cada uno, colocaba como utilería para que Hugo se sintiera como la estrella de televisión que siempre quiso ser, no perdió la oportunidad para preguntarles: "¿Ustedes saben quién me enseñó a mí a conducir un tanque?". Y se respondía él mismo: "Un teniente compañero mío. Ese muchacho me enseñó a manejar un tanque M-18. Era por 1979, 1980. Era el Curso Medio de Blindados, de la Escuela de Blindados del Ejército"[128]. La verdad es que por ironías del destino su curso teórico fue por correspondencia, algunos capitanes le ponían películas de Betamax y quien le enseñó a manejar el tanque fue un teniente de su misma edad, en un tanque que prácticamente no encendía y que, de haberlo disparado, habría volado por los aires.

Lo que sí podemos determinar es que todo terminó para él en ese batallón a finales de 1978, cuando lo pararon firme y tuvo que redactar un informe pormenorizado de los hechos donde acusaba a los partidos Acción Democrática y Copei de haber hecho trampa en las elecciones para perjudicar al Partido Comunista. Al menos esta es su versión de la historia: "Yo lo vi, una vez tuve un lío, me pararon firme, tuve que hacer un informe, en unas elecciones en 1978, porque por allá por San Carlos de Cojedes hacia arriba, hacia la sierra... Entonces, a mí me indignó, recuerdo, entonces salía el gallo rojo, entonces se mamaban el gallo y me dio una indignación y entré en acción y dije: '¡Y bueno! ¿Ustedes qué están haciendo aquí? Esto es ilegal, dije yo'"[129].

Posiblemente esta también fue una exageración extemporánea, para congraciarse con los comunistas y sobre todo para profundizar en el odio a los partidos de la 4ta Republica, porque la verdad, es que en las elecciones de 1978 el petróleo que había cotizado en 3 dólares, había llegado a casi 20, los partidos tradicionales obtuvieron el 90% de los votos y en Cojedes el PCV solo obtuvo el 0,26% de los votos, así que robárselos no tenia absolutamente ningún sentido.

Para cuando narra este nuevo cuento ya había conocido al padre de Pedro Alastre y el comandante del batallón se disponía a consignar una denuncia en su contra: "Me acusaron de comunista, que estaba defendiendo al comunismo, y no, mi comandante, yo no estoy defendiendo al comunismo ni nada, sino la honestidad". Estaba por llegar 1980 y Hugo Chávez tuvo que abandonar el batallón para regresar al punto de partida y donde todo había comenzado: la Academia Militar.

Fue despedido del batallón de comunicaciones, despedido de la cocina, de los blindados y ahora lo sacaban de la dirección de personal del cuartel.

Hugo y su ataque al Cuartel Moncada

Es en este período cuando el joven teniente Chávez admite que tenía planificado un asalto a su propio cuartel. Esta es su escalofriante confesión: "Yo tenía un plan con varios compañeros, entre ellos Alastre López, Reyes Reyes... éramos subtenientes, allá en Maracay, de tomar por asalto, el mismo plan más o menos de Fidel, en el asalto al Moncada, tomar por asalto un cuartel o varios cuarteles y llevarnos miles de fusiles para armar una guerrilla en las montañas de Aragua arriba, o por aquí por Miranda porque esto se comunica, es la misma montaña, ¿cómo se llama? Guatopo. Todo eso, teníamos hasta mapa, teníamos el plan listo en Maracay"[130].

Este episodio trágico para Venezuela, que además Chávez narraba emocionado, lo contó en varias oportunidades demostrando una efusividad escandalosa: "Teníamos un plan nosotros, locos, locos de amor por la patria, para irnos a la guerrilla, si no podíamos lanzar el Movimiento Bolivariano, desde los cuarteles irnos, desde Valencia, desde Maracay irnos. Siempre dijimos 'no, pero, no nos vamos a ir para allá lejos, para la Sierra de Falcón otra vez, o para El Bachiller, ¡nooo!, vámonos cerca de las ciudades'. Una nueva etapa, locos de amor andábamos"[131].

El destino protegió de nuevo a sus compañeros, aquellos oficiales que inocentes y ajenos a los planes de los sediciosos pernoctaban en el cuartel que Chávez había planeado asaltar. Se salvaron, paradójicamente, porque los guerrilleros le recomendaron que no lo hiciera. De acuerdo a su versión, fue Alfredo Maneiro[132] quien le dijo: "Chávez, no te olvides, yo te veo a ti pero muy impulsivo –me dijo–. Calma. Calma, que esto es para largo –me dijo–. ¡No!, no te vuelvas loco. Yo vengo de la guerrilla, allá no hay camino, yo vengo de allá. No te equivoques"[133].

El plan era el mismo que había ejecutado Fidel Castro, tomar por asalto los cuarteles Moncada y Céspedes, robar las armas que allí se encontraban y llevárselas a la guerrilla. Analizando los acontecimientos, es comprensible que Castro llevara a cabo semejante acción porque él era un civil que planeaba derrocar un régimen militar. Pero quienes acompañaban a Fidel eran muchachos de clase media, no eran militares en funciones como sí lo era Hugo Chávez cuando se le ocurrió atacar y asesinar a oficiales, compañeros suyos pertenecientes a las Fuerzas Armadas, compañeros con quienes habría jugado a la pelota en alguna oportunidad o coincidido en eventos o rutinas diarias. A sabiendas de todo esto, es difícil entender cómo podía planificar este hombre, Chávez, un sangriento asalto como el del Moncada. Este cruel episodio ha sido quizás la patología más estudiada por los psiquiatras venezolanos para diagnosticar el narcisismo maligno que siempre le han arrogado a Hugo Chávez.

En ningún caso es justificable un asalto a un cuartel donde hay hombres –muchos de ellos– que al salir en defensa del fortín no saldrán con vida, pero en el caso cubano que Hugo pretendía imitar los planificadores eran civiles, entre quienes se encontraban los hermanos Castro, los hermanos Ferraz, los González, los Gómez Reyes, los Matheu o los Martínez Arará. Algunos de estos civiles cayeron en el ataque y hasta los convirtieron en mártires por haberse enfrentado contra soldados. Intentaron justificar el hecho como respuesta a la represión del régimen e incluso para desagraviar la tortura de esos militares contra muchos cubanos civiles. Ahora bien, que Hugo pasara por alto que varios de los que se encontraban adentro eran sus propios compañeros y que no le importara que probablemente eran aquellos a los que veía en el casino, con los que salía e iba a las discotecas y hasta incluso podría conocer a sus madres, nos indica claramente la estructura mental y nos confiere elementos claves y suficientes para determinar la verdadera personalidad del para entonces joven teniente.

El teniente vuelve a la academia (1980-81) o "Chávez el Urogallo"

Para esta fecha, 1980-1981, Hugo Chávez ya es teniente. Sin vergüenza alguna nos ha explicado de viva voz y en varias entregas que, tras haber aprobado el curso de comunicaciones fue expulsado por insubordinación y lo enviaron a los blindados, donde permaneció al cuidado de los tanques hasta que los tenientes llegaron de Francia y lo nombraron jefe de personal del cuartel. También narró que lo expulsaron de nuevo de este por problemas con sus superiores y que su periplo académico culmina en un campeonato internacional de softbol en República Dominicana. Estando allá decide solicitar sus vacaciones para conocer esa isla del Caribe en un Volkswagen que alquilaría para ese fin. Hugo se esmera en conocer las entrañas dominicanas y elige como hospedaje un rancho en los sectores marginados de Los Mina y Los Tres Ojos[134] y se enamora de una mujer con la que mantuvo una relación de dos años, entre una escapada y otra[135].

Sabemos que vuelve a la Academia Militar a principios de 1980[136] y al llegar a esta fecha valdría la pena hacer un resumen de cómo va su carrera, pero tomando en cuenta sus propias palabras: curso de paracaidista con 5 saltos, curso en el que no le enseñaron nada de comunicaciones, lo expulsan de su primer pelotón, lo envían directo a la escuadra de bomberos y posteriormente a la cocina. Lo expulsan de su primer batallón, lo llenan de amonestaciones y en su segundo batallón pasa todo un año relegado a tareas secundarias, hace el "curso a distancia" de blindados y lo nombran primero "oficial de personal"[137] y luego jefe de personal del cuartel y sale también de ese segundo batallón directo a ser, de acuerdo a su propio relato, "presentador de espectáculos folklóricos" en la academia[138].

A estas alturas muy poco podría sorprendernos, pero no. ¿Qué creen que fue a hacer a la academia de nuevo el joven Chávez? Pues a este muchacho de 26 años, inexperto en todo sentido, le otorgan el nombramiento de profesor en la Academia Militar en dos materias. La primera era la cátedra de Liderazgo, como él mismo señaló: "Daba clases de Liderazgo en la Academia Militar y estudiábamos, pues, el arte del liderazgo"[139]. Y la segunda cátedra nada menos que de Historia Militar, como también muy orgulloso nos informó: "Mira, la firma mía: Academia Militar, 1981 (...) Yo era teniente y les daba clases a los cadetes de Historia Militar"[140].

Este es el motivo por el que ya siendo Presidente de la República le pidieron que continuara con una de sus antiguas cátedras y él de lo más contento lo anunció: "Voy a dar clases en la Academia Militar, me pidieron que diera unas clases, vamos a ver si de Historia Militar, una hora a la semana aunque sea, al quinto año"[141]. De lo más contento fue en busca de los libros con los que enseñaba y nos los mencionó uno por uno: "Conseguí mi libro de nuevo, este libro siempre lo he recomendado, desde aquellos años en los que tuve el honor de ser profesor de Historia Militar, en la Academia Militar: *Historia de la rebelión popular de 1814*, de Juan Uslar Pietri[142], *Tiempo de Ezequiel Zamora*, de Federico Brito Figueroa, y *Guerra Federal*, de Jacinto Pérez Arcay"[143].

Al parecer en la Academia Militar había escasez de profesores que dieran clases verdaderas de Historia Militar. Lo que esperamos de un pénsum de esa naturaleza es que comience desde los sumerios hasta las guerras de Troya, los orígenes de la caballería hasta los romanos y de allí pase después a la historia militar moderna, con unos libros de verdadera Historia Militar, hasta la Segunda Guerra Mundial. Pero el profesor de Historia Militar era un mancebo de 26 años y en la sección de al lado también se encontraba dando clases de Historia Felipe Acosta Carles, de 24 años[144], cátedra que también ocupaba Ronald Blanco la Cruz, otro joven de 26 años[145]. Así fue como se formaron, pues, con estos profesores y esos libros, los cadetes de 1981.

Según el criterio de Hugo Chávez, la Historia Militar no era una materia importante que debiera ser impartida en la Academia Militar, pero dejemos que él nos diga por qué: "Nosotros no vamos a operar en África... ¿Qué hacemos nosotros con estar estudiando esa doctrina militar estadounidense de las grandes guerras blindadas, por ejemplo? ¡Es inútil! Podemos saber un poco de historia militar, de cómo Rommel desplegaba, y cómo los ejércitos aliados y los alemanes desplegaban, los ejércitos de tanques, eso podemos revisarlo, pero esa no va a ser nuestra guerra"[146]. No podíamos esperar menos de un hombre que fue "formado" en un curso de blindados por correspondencia y viendo películas de la Segunda Guerra Mundial. Esa no es precisamente la mejor forma de aprender las grandes guerras de blindados, pero, como hemos comprobado, para Chávez sí lo era.

¿A qué se debe este desinterés de Chávez por la historia militar? ¿Por qué la deja en un segundo plano, si el origen y fuente de toda carrera es su historia? Pues parece que el pénsum de la academia fue el motivo de su apatía: "La historia militar que hemos visto ha sido una historia militar fragmentada", nos explicó Hugo sobre las lecciones que recibió. "El Paso de los Andes, nos limitábamos lo poco que estudiamos de aquello, a estudiar sobre el mapa la ruta que siguió Bolívar, la batalla, el paso del Páramo de Pisba, el pantano de Vargas, Boyacá, pero todo el contexto histórico, social, económico de la guerra jamás lo hemos estudiado"[147].

El pénsum de la academia en relación con la Historia era inadecuado de acuerdo a su parecer, así que Hugo decidió cambiarlo e incluir el primer libro de historia militar "según Hugo" y para ello buscó uno con el que se identificó profundamente: *Historia de la rebelión popular de 1814*. Este texto se refiere a un militar, proveniente de un hogar de padres en extremo pobres y pueblerinos, que logra llegar a la Academia Militar y tiene problemas para ingresar. Se hace eco de la rebelión popular causada por las luchas de clases existentes, se subleva y pasa a convertirse, de acuerdo a como es descrito en el mencionado libro, en el "primer caudillo popular de la democracia venezolana" y además añade que era el único que "tenía de su lado al pueblo (...) contra la oligarquía dominante" y cuyo programa político no era otro que dar "armas a los esclavos para que pelearan contra sus amos". Luego de la avanzada popular iniciada por el "caudillo", quedaron los dos bandos, el primero conformado por "ilustres señores, educados en Europa, conocedores de las buenas reglas, observando en la batalla la disciplina del arte y del honor militar" y el otro por el héroe, "sin maneras y sin uniforme, medio desnudo, no hablando a sus hombres de libertades teóricas de difícil comprensión, sino en su propio lenguaje, predicando el odio hacia los blancos y ricos, repartiendo las riquezas y permitiendo el desenfreno más total"[148].

Los restantes libros sugeridos para estudiar la materia son exactamente del mismo estilo, pero 50 años más tarde con otro héroe popular, otra rebelión pero con el mismo odio hacia los ricos, blancos y todos aquellos que "supieran leer y escribir". Paradójicamente, estos nuevos "perseguidos" eran los herederos de la revolución popular anterior, que se habían calzado, vestido y adquirido buenas costumbres. Ante lo que cuenta Hugo Chávez sobre su formación académica y la preparación que luego le impartió, solo quedaría exclamar las palabras del general Wellington cuando leyó sobre la falta de calificación de sus oficiales: "No sé qué efecto tengan estos hombres sobre el enemigo, pero por Dios, que a mí me aterrorizan"[149]. Porque la historia del muchacho humilde que se revela contra la oligarquía ha sido la excusa de todos los golpistas, en todas las épocas de Venezuela. Y hay que tomar en cuenta que el "oligarca" simplemente es el muchacho humilde que dio el golpe anterior.

El teniente y la academia (1980-81): la conspiración

El espíritu conspirativo recorría el cuerpo y la mente de la gran mayoría de los oficiales venezolanos; por cosas del destino se iban encontrando unos y otros para compartir sus "inquietudes sobre posibles conjuras". Uno de estos conjurados narra: "Nosotros ascendimos de subtenientes a tenientes en 1978. El 17 de diciembre de ese año nos vimos junto a unas palmeras que había frente a mi casa. Le conté un incidente que me había ocurrido"[150], relata Reyes Reyes sobre su primer encuentro con Hugo Chávez. De acuerdo a lo que nos dice Tariq Alí –el encargado de promocionar a Hugo Chávez en Hollywood y biógrafo del movimiento internacional–, William Izarra se había aproximado a Reyes Reyes, "quien ofreció ponerlo en contacto con sus amigos"[151], es decir con Chávez.

Las fechas y las citas de este encuentro que relata Reyes Reyes coinciden con las que Chávez ha señalado como el momento cuando comienzan a conspirar, formalmente, Pedro Alastre, Reyes Reyes y él. Si bien es cierto que pudieron tener reuniones en 1977 con sectores de la izquierda, estas fueron solo eso, reuniones esporádicas que no representaban compromisos serios con la confabulación, el momento preciso en el que acuerdan la conjura, como grupo, dentro de la gran conspiración contra la democracia conformada por tenientes coroneles y coroneles.

En el año 1980 todo cambia porque es cuando William Izarra, un oficial comunista convencido y altamente adoctrinado, capta a Reyes Reyes: "[Izarra] acababa de regresar de Estados Unidos. Había estudiado Educación en Harvard y me invitó a tener una reunión para mostrarme algunos documentos (...) Por alguna razón, no nos vimos entonces. Regresé a Barquisimeto –ya me había casado con Milagros– y en 1980 a Izarra lo enviaron a trabajar aquí en el estado Lara (...) Accidentalmente nos volvemos a encontrar (...) me dijo: 'No, no es accidentalmente. No olvide que yo quería escuchar sus planteamientos'. Poco después, en su apartamento, me mostró sus papeles y me presentó todo un proyecto político"[152].

En el siguiente relato de Chávez queda confirmada la fecha en la que Chávez comienza la conspiración con el grupo comunista: "Esta carta que apareció hace poco también de ese baúl mágico que se abrió y me traen papeles... y agradezco mucho a los que me están enviando estos papeles. Y yo le escribo una carta a mi madre el 1° de diciembre de 1980. Yo le escribo, porque ya estaba comenzando esto, desde el campo de entrenamiento de allá de El Pao, Los Caribes, 1° de diciembre, otra vez diciembre. Andaba yo con unos soldados y unos tanques (...) 1980 (...) ya en el 78 habíamos comenzado (...) llegué a Maracay, estaba Reyes Reyes en la escuela por ahí en la base aérea, empezamos a reunirnos en Maracay los paracaidistas. Ya no andaba yo solo por allá en una montaña"[153].

Es necesario explicar con detalle la fecha exacta para que el lector comprenda que lo que pretendía al fin y al cabo el militarismo no era rescatar absolutamente nada, sino simplemente volver a usurpar la democracia con sus botas, y un sector importante era comunista. Hablamos de un barril de petróleo que estaba en 4,35 dólares al comienzo del primer gobierno de Carlos Andrés Pérez y que había alcanzado, al momento de sentarse Izarra con Reyes y Chávez, los 35,75 dólares o unos 108 dólares de hoy por la inflación. Venezuela exportaba 2,3 millones de barriles, a 100 dólares (de hoy), para atender a una población de apenas 12,5 millones de habitantes. De acuerdo a la Cepal, Venezuela tenía la menor pobreza de América Latina[154] y nada menos que la economía per cápita más alta de América Latina junto a México (Banco Mundial). De hecho, el bienestar era tal que el per cápita venezolano sumaba el de Colombia, Perú y Chile combinados. Por eso los militares lo único que querían era volver al poder y a muchos no les importaba matar para lograrlo.

Pero la clase militar podía hacer francamente lo que le diera la gana. El *boom* petrolero había en apenas 5 años destruido toda posibilidad de coherencia hasta el punto de que Arturo Uslar Pietri, el célebre escritor y pensador venezolano, escribiría que si "un torrente de riqueza de esa magnitud hubiera causado desajustes graves y deformaciones peligrosas en cualquier país, (...) tenía que provocarlos de mucha mayor magnitud en un país tradicionalmente pobre, no preparado para dirigir, y mucho menos para digerir útilmente, semejante diluvio de dólares". "Todo perdió sentido", escribía. "La abundancia monetaria creó una inflación imposible de contener, que engendró a su vez una paradoja económica. Lo único barato era el dólar. (...) En el corto lapso de una generación se transformó la composición y la mentalidad de la población. De un país de escasos recursos se pasó a otro que parecía creer que contaba con recursos ilimitados. (...) Ya el parásito no se conformaba con devorar estérilmente la sangre del petróleo, sino que comenzó a buscar sangre prestada, creando un insoportable pasivo que el país no podía pagar. (...) Los venezolanos, en su inmensa mayoría, participamos, en una u otra forma, en ese trágico carnaval. La burocracia parásita, los empresarios que encontraron lucrativo y fácil vivir de favores del Estado, los que contrataban con el sector público, todos los que, en una u otra forma, se beneficiaron de ayudas, dádivas, préstamos sin base, subsidios de toda índole y de la varita mágica del dólar barato".

Por esa razón, Hugo no había conspirado hasta ese momento, por más que sus biógrafos digan que se reunió con gente de la izquierda de manera previa, porque humanamente no habría podido. Luego de salir de la academia estuvo en un cerro aislado en Barinas y en Barcelona, poco después estuvo prácticamente solo en el cuartel porque a "los de blindados", como él los llamaba, no les caía bien el recién llegado de comunicaciones. Reyes Reyes era quien venía reuniéndose con William Izarra y es el hombre que verdaderamente introduce a Hugo al movimiento conspirativo. El nombre del segundo en sumarse a la confabulación fue Pedro Alastre.

Por eso fue exactamente en 1980 que Chávez comenzó su carrera política y lo haría en La Causa Radical, de Alfredo Maneiro, a quien Chávez conoce el 18 de mayo de 1978[155]. Cuando Hugo se refirió a Maneiro en una alocución presidencial, mencionó el cargo que desempeñaba en su partido: "Pertenecí al directorio de La Causa R por la parte militar desde 1980, por ahí"[156]. Para esta fecha, Hugo se reunía, pero también lo hacían cientos de hombres armados con los principales cabecillas de la izquierda radical de Venezuela, que pretendían tomar el poder por la vía militar para imponer una revolución marxista. Pero antes de ese momento, Hugo no conspiraba porque, para conspirar, siempre se necesitan dos.

Quienes sí estaban conspirando y muy en serio serían aquellos jóvenes tenientes coroneles cuyo movimiento ya se encontraba enriquecido por las tres fuerzas militares y, con el plan completamente concebido, pretendían llevar a cabo un golpe de Estado contra la democracia venezolana.

El teniente de dos estrellas (1982)
(con la ayuda de un experto en inteligencia exterior)

Llega el muy famoso año de 1982 para esta historia de conspiraciones militares y de izquierdas. En este período Hugo Chávez es conmovido por la muerte repentina de Alfredo Maneiro y Reyes Reyes lleva finalmente a Chávez a la casa de William Izarra en Los Palos Grandes, una zona acomodada del este de Caracas. A los efectos Reyes Reyes nos relata: "Un barrio adinerado, en Caracas. Lo que ese señor nos expuso entonces fue la idea de un gran movimiento cívico-militar. (...) Era como una cola de los movimientos conspirativos de los años sesenta (Porteñazo, Carupanazo, etc.), que fueron reprimidos de manera muy violenta. Quizás el comandante William Izarra tuvo alguna relación con estos, cuando era subteniente. En esos grupos estaban [entre otros] Hugo Trejo... Después de esa reunión fuimos ascendidos (...) fue el año del juramento en el Samán de Güere. Ya habíamos convenido en que [Hugo] organizaría a sus compañeros del Ejército y yo a los míos de la Fuerza Aérea"[157].

A estas alturas dentro de las Fuerzas Armadas la conspiración es masiva. Cuando Hugo entra, ya Francisco Arias Cárdenas lleva un año en el movimiento, también captado por Izarra, y diversos grupos desean tomar el poder. Entre ellos está un grupo importante claramente de inclinación comunista que pretende dar un golpe de Estado en 1983. Para esto están claramente apoyados por Cuba y Moscú y comienzan a generar los "cursos de formación política" a los cuadros que insurgirán a continuación. Uno de los primeros en ser invitado sería Francisco Arias Cárdenas en 1980. Al respecto comenta: "Me plantearon en algunas ocasiones un viaje a Libia relacionado con algunos militares latinoamericanos. Eran actividades políticas clandestinas. Si tomaba unos 30 días de vacaciones, salía por España o hacía un toque en Europa y llegaba a esos talleres de formación política. En esa ocasión me plantearon ir con alguien de la Armada".

Para que el lector entienda el contexto en el que ocurrieron estos acontecimientos, recurrí a un amigo experto en estos menesteres, el cual me solicitó conservar el anonimato de su identidad por motivos de seguridad. A continuación transcribo literalmente la conversación que sostuvimos al preguntarle sobre ese movimiento del año 1983:

"Es imposible no entender lo que sucedía en Venezuela sin incluirlo en el contexto mundial", me dijo. "En la historia de los países latinoamericanos y posiblemente la venezolana, siempre presentamos nuestros sucesos aislados de su relación con la región y el mundo. Vivimos en nuestra pequeña aldea informativa y creemos que nuestras crisis económicas, financieras o políticas son en verdad 'nuestras' y no están relacionadas con las crisis del mundo. Todo lo tratamos como algo propio y 1983 no puede ser entendido sin tomar en cuenta lo que sucedía en el mundo".

TP.– ¿Hablamos de un golpe más en el contexto de la Guerra Fría?

R.– Exacto. En esos cinco años entre el 79 y el 84 ocurrió de todo. La invasión a Afganistán, del Líbano, el terrorismo desatado y el acuerdo para colocar misiles de alcance medio entre Reagan y Margaret Thatcher, que puso hasta el día de hoy a los soviéticos entre la espada y la pared. Nuestra parte del continente ardía en manos de los castristas en Belice, El Salvador y Nicaragua, mientras la contención para evitar la caída de Panamá se llevaba en Guatemala y Honduras, sin olvidar que Colombia ardía en llamas por los soviéticos, Castro y su gente.

TP.– En ese año Venezuela estaba ya rodeada por los conflictos comunistas...

R.– Como le ocurría a Panamá, que era el objetivo primario[158], Venezuela ya estaba rodeada: al este, en Surinam y en Guyana dos golpes de Estado comunistas; al oeste, Colombia ardía con 30 mil hombres en armas tratando de tomar por la fuerza el poder, y frente a sus puertos se estaba construyendo un portaaviones soviético llamado Grenada. Es en este contexto en el que las Fuerzas Armadas Venezolanas pro Castro se encontraban a punto de dar un golpe de Estado.

TP.– ¿Puede explicarnos más sobre este golpe?

R.– Por supuesto. El GRU soviético (inteligencia militar) a través del G2 Cubano ya había reclutado a numerosos agentes de penetración de diversos rangos dentro de las Fuerzas Armadas en la década de los cincuenta y los sesenta. Uno de sus principales hombres fue un general llamado Rafael Arráez Morles. Los sucesos del Carupanazo, el Porteñazo y el Guairazo fueron una escuela para los soviéticos y cubanos de lo que no se debería jamás repetir, y esa fue la orden. Así que ya entre el 78 y el 79 había un plan perfectamente ideado por los rusos y cubanos, estaba organizado por el famoso general de inteligencia Semonov y contaba con numerosos hombres de las Fuerzas Armadas Venezolanas.

TP.– ¿Para finales de esa década contaban con una fuerza bastante importante?

R.– El problema de las Fuerzas Armadas y de la guerrilla siempre fueron las tribus o más bien la discusión sobre el jefe de las tribus. Ese exceso de líderes siempre salvó a Venezuela de los golpes de Estado porque todos querían ser Fidel. Pero la más significativa era la de Izarra-Bravo que devino en ARMA, un importante brazo político procomunista bajo el mando del coronel William Izarra, quien era uno de los líderes indiscutibles, con Emilio Arvelo, Ramón Santeliz y Sánchez Paz, quien para mí siempre fue de la derecha. Después este grupo se escindió en dos con el surgimiento del Movimiento 5 de Julio de Francisco Visconti, que era parte del primer grupo.

TP.– También estaba la Armada...

R.– Lógicamente. Estaba el Movimiento Naval, a cargo de los líderes principales Luis Enrique Cabrera Aguirre y Grüber Odremán; luego se inscribieron o fueron cortejados varios grupos pequeños como el A1, liderado por Lucas Rincón Romero, y, por último, el no menos importante y muy complejo Movimiento MBR-200, con tres secciones, una de ellas liderada por Hugo Chávez, que habría que aclarar era la más pequeña e insignificante de todas. Todos tenían relación con distintas ramas de la inteligencia cubana y estaban separados en anillos a la manera que les enseñaron los soviéticos, contando también con grandes operadores como Simón Sáez Mérida y Douglas Bravo.

TP.– En otras palabras, ¿al mismo tiempo en que la inteligencia estratégica –el KGB y la DGI–, en plena Guerra Fría, había tomado Grenada y Surinam dotándolos de decenas de miles de armas, todos esos grupos habían estado infiltrados en Venezuela y pretendían dar un golpe comunista?

R.– Ya son situaciones de las que se puede hablar porque en parte son conocidas. Y vinieron con la ascensión de Hugo Chávez al poder. El propio Izarra recalcó que el Movimiento M-83 era en el que estaban presentes y confirmó la tesis de la inteligencia estadounidense: ese golpe "tenía" que darse en el año 83[159].

TP.– ¿Y cómo se dio ese movimiento?

R.– Para entender esta penetración y lo que estaba por suceder, podemos usar las palabras de estos mismo agentes de infiltración y de quienes intentaron captar. El general Visconti Osorio (líder del M-5) expresó: "Se hicieron grupos de trabajo, unos estuvieron en Libia. Yo fui a Cuba, ellos estaban en disposición de darnos toda la ayuda"[160]. El jefe de todo aquello, Izarra, también dijo: "El primer punto de contacto fue Irak".

TP.– Es la primera vez que alguien me habla de los soviéticos, porque siempre se había mencionado a Libia, Cuba e Irak...

R.– Bueno, en principio porque es un tema económico. Cuba no tenía ni un centavo para realizar maniobras a escalas generales; tenía decenas de miles de hombres en Angola y Etiopía. ¿Quién cree usted que pagaba por todo ese proceso logístico a escala global, Nicaragua? Nicaragua estaba en parte sostenida por Libia, creándose el famoso eje Libia-Nicaragua que pasó a la historia de la inteligencia como la Conexión Libia[161]. Hoy se sabe por las filtraciones del director de operaciones del Estikhbarat (la inteligencia militar iraquí[162]), justo al momento en el que llegó Izarra, que Irak era el epicentro del KGB y el GRU desde 1973 hasta entrados los ochenta. Un acuerdo secreto entre Saddam Hussein y Andropov selló el destino del aparato de inteligencia iraquí, como en los setenta lo había sellado en Cuba. La reorganización corrió a cargo del KGB y todos sus cuadros fueron formados en Moscú[163]. Saddam estaba preparándose para la guerra contra Irán y el KGB pensó en ayudar a desestabilizar los planes de expansión venezolanos con las petroleras estadounidenses; por eso envió armas y ofreció su ayuda a los golpistas. Izarra o no conocía esto o lo conocía muy bien.

TP.– Y mientras eso ocurría, ¿qué hacía la inteligencia venezolana?

¿Se puede hablar de que había inteligencia? Disculpe mi sarcasmo, pero, ¿eso existió?

R.– Todo parece indicar hoy que no tenían ni la más remota idea de lo que estaba ocurriendo a escala global. Mientras eso sucedía, las fuerzas de tarea conjunta de la inteligencia venezolana bombardearon y aniquilaron el único frente guerrillero que quedaba en lo que se conoció como la masacre de Cantaura. Eso siempre ha sido una constante, porque también ocurrió en el 88, antes del primer golpe de Estado de la era Chávez; mientras la conspiración comunista era inmensa, a dos estaciones de metro de Miraflores, la "inteligencia" acribillaba a un grupo de pescadores en El Amparo.

TP.– ¿Y qué sucedía en Venezuela y sus alrededores?

R.– Bien, imagínese que en ese momento tenemos al jefe del GRU de las Naciones Unidas, junto al jefe del KGB de Washington, el jefe del Caribe del G2 junto al de la DGI de Nueva York en Surinam, ambos bajo el mando de un general del KGB que gestionó los sucesos de Chile con Pinochet y el general del KGB que lo ejecutó en Grenada. En Caracas tenemos al jefe de la [del Directorio de] Inteligencia Ilegal de Cuba, al jefe del Departamento de Frentes Populares y al de Fuerzas Especiales Cubanas, más de 20 mil armas a punto de ser embarcadas desde Grenada (enviadas por asesores libios, iraquíes y cubanos a 30 millas náuticas de Venezuela), mientras los responsables del Ejército, la Marina y la Aviación estaban en Cuba, Irak y Libia representando a buena parte de las Fuerzas Armadas para dar un golpe comunista con la ayuda cubana en 1983.

TP.– Solo puedo pensar en el grado de indefensión de nuestra democracia, dan ganas de llorar. ¿Es decir que todos en Venezuela estaban en la luna y más aún la inteligencia? ¿Cómo se salvó Venezuela de esto?

R.– Por suerte y por uno que otro "patriota". Por un lado Luis Herrera se salvó gracias a la acción directa de Ronald Reagan, así de simple; y por la otra, porque un grupo de conspiradores importantes dentro de ese movimiento, viendo lo que sucedía con los comunistas, decidieron desmontar el golpe.

TP.– ¿Podría explicarnos lo de Reagan?

R.– Si Jimmy Carter hubiera ganado a Reagan en las elecciones del 80, Venezuela hubiera ardido por los cuatro costados en 1983. Hoy sabemos lo que pasó por los secretos filtrados después de la guerra y sus propios protagonistas. William Izarra expresó que volaban permanentemente, con cobertura de identidades y bajo medidas de seguridad extremas entre 1980 y 1985[164]. Fue a Irak y tres veces a Libia. Izarra explica al respecto: "En este período estuve dos veces en Libia con oficiales que no puedo revelar". Más tarde se supo que habían ido mas de una decena de oficiales. Y se supo que también fueron Douglas Bravo y varios civiles comunistas más. Nada de eso se pudo dar sin tener al KGB y sus hombres cubanos detrás.

TP.– ¿Y cómo eran los viajes?

R.– Sobre el viaje a Cuba ellos mismos lo dejaron claro. Visconti expresó que voló a Cuba y para despistar se fue a Estados Unidos, de allí a Alemania y finalmente a Praga[165]. Él mismo lo contó: "Cuando aterrizamos en Praga, antes de pasar por el chequeo, entregamos una foto, nos llevan a un recibito, y cuando pasamos lo hicimos con otro pasaporte, ahí hubo el cambio y nos llamábamos diferente y teníamos otra nacionalidad"[166].

TP.– ¿Por qué todos se agrupaban en Praga?

R.– Es importante entender que Cuba había sido bloqueada duramente desde 1958. Con la llegada de Carter al poder ese bloqueo fue siendo eliminado poco a poco. Pero cuando Reagan fue nombrado Presidente reinstauró el embargo comercial el 19 de abril de 1982 y de inmediato las líneas aéreas dejaron de operar. Durante esos años de reinstauración del bloqueo la única manera de llegar a Cuba era en un avión Ilyushin de los rusos, cedido a Cubana de Aviación desde Praga o desde Madrid, y algunos años después únicamente desde Praga.

TP.– Deja poco lugar a la duda de que el KGB no conociera y respaldara la operación...

R.– Llegar al aeropuerto Ruzyne (hoy Vaclav Havel) y presentarse ante los servicios secretos checos entrados los ochenta, sin que esa información la compartieran, era prácticamente imposible. Pero ese vínculo viene desde que en 1962 los cubanos, producto del bloqueo, les pidieran a los servicios secretos checoslovacos ayuda para movilizar a todos los guerrilleros venezolanos; así fue como se amplió aún más después de la Tercera Conferencia Tricontinental en 1966, en la que el delegado soviético[167] le declaró prácticamente la guerra a Venezuela diciendo que los venezolanos eran "marionetas y cachorros del imperio" y que apoyarían la lucha armada. Fíjese bien los epítetos utilizados por el KGB, que Chávez utilizó hasta el cansancio. Para 1980 Checoslovaquia era el epicentro de la ayuda logística a Cuba, en la que todos los servicios de la URSS y sus satélites canalizaban los apoyos. Era como un embudo producto del bloqueo.

TP.– ¿Y el resto de los conjurados?

R.– En ese mismo viaje Izarra explicó que voló a Londres y luego a Praga, en donde le dieron los mismos pasaportes e identidades falsas[168]. Francisco Arias Cárdenas llegó a revelar lo siguiente: "Se tomaba uno treinta días de vacaciones, salía por España o hacía algún toque por Europa –posiblemente Praga– y se llegaba a esos talleres de formación política". Hablamos de que solo el KGB, a través de la inteligencia checa y la DGI, era el único que podía proporcionar ese tipo de "servicios". Luego se dispersaron e Izarra voló a Toronto, otros a distintos puntos de Europa y Visconti a Praga. Todos llegaron a Cuba, a Libia o a Irak desde distintas rutas, seguidos muy de cerca por la inteligencia soviética.

TP.– Más bien protegidos...

R.– En efecto.

TP.– ¿Se conoce algo de cómo eran los cursos de "formación política"?

R.– Volvemos al contexto de la Guerra Fría. En aquel momento en Libia se encontraban trabajando en su "formación política", en los campos "cercanos a Trípoli", los grupos separatistas de Indonesia[169], los militares y civiles golpistas de Nigeria, Chad, Liberia y Burkina Faso[170]. Absolutamente todos los frentes de liberación africanos y buena parte de los asiáticos, como el movimiento Moro filipino, hicieron su entrenamiento en Libia. Es imposible revisar las palabras de Francisco Arias Cárdenas sin destacar que los informes de inteligencia filtrados daban cuenta de que en el mismo año que él supuestamente viajaría a Libia a través de España, la gente de Sendero Luminoso del Perú lo haría "pasando por París y Bruselas en su viaje rumbo a Libia", cuando en realidad se sabe que, en el momento en el que Arias viajaría, al menos seis miembros del movimiento guerrillero ecuatoriano estuvieron en un campo de entrenamiento libio en 1983 y que integrantes del Frente Occidental del M-19 de Colombia –quienes asaltaron el Palacio de Justicia– estuvieron entre septiembre de 1983 y enero de 1984[171], así que Arias y el resto fueron invitados a viajar al epicentro de la Internacional Comunista Revolucionaria.

TP.– Podríamos entender que terminaron por asesinar a Gadafi en represalia por todo lo que hizo.

R.– Gadafi, Hussein, Fidel y compañía fueron vendidos por la URSS sobre una mesa de negociaciones literalmente por dinero. Ese es el destino de todos estos idiotas latinoamericanos que gritaban que todos los demócratas eran títeres del imperio y no se daban cuenta de lo que estaban haciendo con ellos. El heroicismo de Fidel o Gadafi terminaba justo en el lugar en el que comenzaba la mano que los movía.

TP.– Volviendo a nuestros golpistas, en palabras sencillas todos esos militares venezolanos y civiles comunistas estaban arribando a Cuba y a Libia al mismo momento que todos los guerrilleros del planeta. Luce poco probable que el KGB no supiera que estaban pasando por sus narices en Praga. Pero, ¿por qué sostienen que eran los nicaragüenses los que financiaban la operación venezolana?

R.– Fue Francisco Visconti quien explicó que en 1982 formaron dos grupos: "Ya está la revolución sandinista, ya está Izarra en el gobierno sandinista; después supe que quien había financiado estos viajes había sido la gente de Nicaragua. A mí me toca en el grupo que va a Cuba, otro grupo fue a Libia"[172]. Entre 1980 y 1986 salió un vuelo desde Praga hasta Trípoli; al menos la mitad de sus pasajeros eran revolucionarios latinoamericanos y europeos. En un avión de esos no solo iban Izarra, Visconti o decenas de militares venezolanos, sino que al lado iban los sandinistas y en la primera clase viajaban los terroristas de la ETA de España, el Baader-Meinhof de Alemania, las Brigadas Rojas de Italia y el Ejército Republicano Irlandés.

TP.– Así que no, no hay manera de que los nicaragüenses financiaran aquello...

R.– Por supuesto que no. No tenían dinero, logística, etc.

TP.– Ni que el KGB desconociera que en una de sus zonas de influencia más importantes se agruparan todos los radicales del mundo...

R.– Claro. Eso fue lo que el historiador Stephen Ellis, sobre esa Libia de los años ochenta, denominó como "el Yale y el Harvard de toda una generación de revolucionarios".

TP.– ¿Y qué pasó con el grupo de venezolanos que marchó a Cuba?

R.– Buena parte de ellos llegaron a Cuba con pasaportes entregados por el KGB, que dominaba completamente la DGI cubana. En esos momentos era imposible desde el punto de vista estructural que el general Semonov no fuera en todo caso el jefe de todo aquello o en su defecto que lo supiera y financiara todo. Llegaron, como dijo Izarra, a "discutir" con la gente del Departamento de América[173], con la inteligencia exterior cubana, y quienes organizaron el movimiento en Cuba fueron las más altas autoridades. Es decir que se encontraron con las personas que conformaban ese *summit* de espías del que hablamos y también estaban los jefes de todas las Fuerzas Armadas de Venezuela: Aviación, Ejército y Marina. Allí, como bien lo explica Visconti, en el Departamento de América les ofrecieron "todo el apoyo material que necesitábamos para fortalecernos"[174]. A Izarra lo llevaron a instalaciones secretas por órdenes de Raúl Castro para que viera los nuevos aviones de combate MIG-23[175].

TP.– Todo el apoyo material que necesitaban para dar el golpe de 1983...

R.– Exacto.

TP.– ¿Y qué sucedió? ¿Por qué no se dio el golpe contra Luis Herrera?

R.– Fueron dos golpes, el primero el intento de asesinato a lo Anwar el-Sadat en el desfile del 5 de Julio del año anterior, que no se dio porque algunos oficiales se negaron a aquella barbaridad y por casualidad el batallón implicado no actuó en el desfile. En el segundo, que ya era un movimiento más grande, fallaron por varios aspectos muy importantes. El mayor de ellos fue la ruptura interna de los grupos: la figura de Visconti y un grupo importante de ellos que pudiéramos llamar "patriotas nacionalistas", que deberían ser revisados por la historia, se dieron cuenta de lo que estaba sucediendo. Al principio eran socialistas radicales, pero la rama de Visconti era muy patriota y se impresionaron por los planes cubano-soviéticos. El mismo Visconti declararía posteriormente que aquello era una trampa y que no cambiarían a un amo por otro[176], en lo que muchos de ellos coincidieron. Por eso Izarra explica que en ese momento el grupo se divide, porque unos no quieren un cambio revolucionario comunista[177].

TP.– ¡Entonces ocurrió la famosa delación a Izarra!

R.– Uno de ellos o quizás todos optaron por esa salida. Una cosa era dar un golpe de Estado de tinte socialista y otra muy distinta avalar una invasión soviético-cubana en Venezuela. Ya Chávez estaba en la escena y en 1981 conocía a Izarra, coincidiendo con él en efectuar una revolución comunista[178] con la ayuda de Cuba.

TP.– ¿Y a ellos no les importaba, como a Visconti, ser títeres de los soviéticos o los cubanos?

R.– No solo no les importaba a los radicales y a algunos otros, sino que consideraban el apoyo soviético-cubano como algo vital para contrarrestar a los norteamericanos. Ellos tenían ese pensamiento romántico de la revolución popularizada por Castro, porque la imagen de este último era la de la libertad, sin entender que Fidel era el hombre menos libre del planeta, un hombre secuestrado por los rusos. De hecho Izarra fue juzgado por "conspiración marxista" en 1981, lo que nos puede decir mucho, y fue castigado en las FAN de Venezuela no por intentar dar un golpe de Estado sino por "enarbolar la bandera del marxismo-leninismo en los cuarteles". Para los oficiales superiores, principalmente los generales, según sus propias palabras, él era un oficial que estaba marcado con esto[179].

TP.– ¿Dónde se encuentra Hugo Chávez a estas alturas?

R.– Este golpe era de pocos coroneles y muchos tenientes coroneles; evidentemente sumaron a muchos oficiales de bajo rango, tenientes como Francisco Arias Cárdenas, pero en ese momento eran peones individuales. Los nombres clave de Chávez como "Caridad" para un grupo de comunistas, "Luz" para otro importante y "José María" para otro grupo, son realmente pseudónimos que comienzan a escucharse entre el 85 y el 86, ya con el grado de mayores.

TP.– Lo que sugiere que Chávez no era muy importante.

R.– Izarra a quien conoce es a un joven teniente llamado Hugo Chávez presentado a él por Luis Reyes Reyes, pero en ese momento con lo que en realidad se encuentra es con un presentador de "espectáculos folklóricos" que estaba a punto de ser nombrado jefe de deportes. Hugo, para Izarra en aquel momento, solo era útil para captar más afectos a la conspiración, era una pieza completamente menor y además muy peligroso porque Chávez era un hombre extremadamente indiscreto, un conspirador a gritos.

TP.– ¿Y el rol de la inteligencia en esa conspiración generalizada?

R.– En 1982, a través de la embajada, Reagan le envía un mensaje al presidente Herrera, a quien le informa todo lo que está pasando en la isla de Grenada y en Surinam e incluso en Venezuela a través de Nicaragua. Pero en 1983, el 8 de abril, ocurre un evento histórico: el propio director de la CIA, William Casey, viajó en secreto a Venezuela y a Brasil para explicar la situación, el alcance de los acontecimientos y la necesidad de crear una fuerza multinacional encabezada por Venezuela y Brasil[180] con la finalidad de eliminar la amenaza soviético-cubana junto a la Conexión Libia.

TP.– ¿Y qué hizo Luis Herrera?

R.– Pocas cosas. Principalmente en el terreno de lo táctico, muy poco en el de inteligencia de Estado. Mientras Venezuela se comprometió a aportar recursos a Grenada (que finalmente fueron empleados para construir con cubanos la pista), invertía sus escasos recursos de inteligencia en operaciones de poco valor estratégico en El Salvador y Nicaragua. Nunca se dieron cuenta de que estaba emergiendo una enorme conspiración cívico-militar con alto contenido comunista y que avanzaba indetenible. Mientras eso pasó, Herrera se negó a integrar la coalición con Brasil como si no fuera con él. Perdonó a Izarra, teniendo todos los expedientes de los conspiradores los reintegró a todos, no vigiló a los golpistas anteriores pese a unos informes de inteligencia que consideró exagerados y la conspiración siguió su curso.

TP.– Bueno, el asunto es tan pasmoso que hoy sabemos que todos conspiraron en las propias casas de los líderes comunistas, que incluso habían escrito y publicado libros que daban cuenta de la estrategia.

R.– Los golpistas fueron hasta en uniforme a hablar con los líderes de la lucha clandestina y armada sin que nadie siquiera los identificara y al poco tiempo darían un golpe contra otro presidente que también los perdonaría. Jaime Lusinchi heredó más de 50 participantes de esa conspiración que llegaron a generales y 14 a coroneles. Herrera sencillamente no tenía ni idea de la magnitud de lo que estaba sucediendo a nivel estratégico.

TP.– ¿Qué sucedió con Izarra?

R.– Izarra había sido relegado por los civiles y por sus compañeros de armas, porque era un hombre marcado luego de la delación. Cedió el testigo a los "jóvenes mejor formados ideológicamente", que continuarían con la dinámica conspirativa para dar el golpe cuando las fuerzas lograran reagruparse; ya se veía mucha asesoría extranjera de alto nivel incluso en la planificación. El fracaso de la revolución de 1983 fue un gran aprendizaje.

TP.– ¿Todo quedó así?

R.– En realidad todo continuó su rumbo. Pero esa ya es otra historia.

TP.– Gracias. Ahora me gustaría hacerle la pregunta mágica: ¿cree usted que Chávez participó en estos viajes?

R.– Por supuesto que sí participó y, junto a él, aunque no se conocían, un joven llamado Nicolás Maduro.

El capitán (1982-83)

Uno de los aspectos más importantes es que los golpistas habían adoptado como estrategia tomar los cargos de educación y de inteligencia para poder conspirar. Evidentemente, al estar en inteligencia militar, evitaban que los informes llegaran a las manos inadecuadas, y en educación se cercioraban de que los jóvenes escogidos para el golpe siempre pasaran entre los primeros de su promoción, a sabiendas de que solo los primeros comandarían batallones.

Con quien se entrevista William Izarra, quien ha sido designado para un cargo de recursos humanos en el Ministerio de la Defensa[181], es con un joven carismático llamado Hugo Chávez, de 28 años de edad. Es en ese momento cuando la dupla Izarra-Bravo agrupa y presenta a buena parte de los implicados, quienes pasaron a la historia el 17 de diciembre siendo capitanes de honor en el natalicio del Libertador, y que en Maracay se juramentaron bajo el más famoso aún Samán de Güere.

La historia de la primera gran delación fue mucho más simple de lo que se cuenta. Hugo Chávez se metió en tremendo lío porque no podía contener su lengua y pronunció un discurso que alteró los ánimos de todos los oficiales superiores presentes, a tal punto que se suspendieron los actos del resto del día[182]. Acosta Carles le propuso salir a trotar para calmar los ánimos y evaluar las consecuencias de su impertinencia y el problema en el que Hugo estaba metido. Así fue como llegaron al samán, un árbol milenario que se pudrió inexplicablemente luego del juramento[183].

De esta forma, luego de suspendidos los actos por la trifulca, se fueron a correr los 20 kilómetros ida y vuelta que separan el Cuartel Páez del Monumento del Samán de Güere y, como Chávez no tenía botas, lo hizo con "zapatos de softbol de tacos"[184]. Los adversarios presentes sostienen que ese día 17 jugaron softbol al menos con uno de ellos (Acosta Carles) hasta altas horas de la noche y "bebieron aguardiente" hasta pedir permiso para retirarse del casino, por lo que al menos uno, de acuerdo a los testigos, no habría participado en el juramento. Jesús Urdaneta Hernández no recuerda de quién fue la idea del juramento, ni tampoco de quién fue la de irse a trotar[185], mientras que Baduel, como dijimos, recuerda que la idea nunca fue de Chávez, sino de Acosta Carles.

El juramento fue un "acto simbólico que jamás fue visto como un inicio al golpe", explica Urdaneta Hernández. "Lo asumí como un hombre digno en función de que se profundizara la democracia"[186]. Esto mismo lo definió otro de los juramentados cuando, imitando el juramento en el Monte Sacro del Libertador con su maestro Simón Rodríguez, juraron lo siguiente: "No dar descanso a nuestros brazos y reposo a nuestras almas hasta no ver instaurada en nuestro país una democracia sólida y profunda, con alto contenido social y especial atención a los menos favorecidos"[187].

Pero volvamos pues a sus responsabilidades: "A mí me dio pena –narra Hugo– porque yo llegaba de permiso de primer turno, yo nunca he tenido buena suerte para el juego ni el azar, así que no me gusta nada de eso, pero cuando –por obligación– participaba en esos sorteos para salir de permiso, entonces uno agarraba un papelito, yo casi siempre agarraba libre el primer turno, o sea que tenía guardia el 31, ya me hacía a la idea, y no me importaba en verdad, nunca me importó de manera extraordinaria no estar en casa el 31, claro que es bonito, pero cuando uno se hace soldado... ¡soldado es soldado!".

Y continúa Hugo: "A mí me dio pena porque llegó mi coronel el primero de enero, me dio pena pero lo hice, le dije: 'Mi coronel, yo necesito un permiso, tan pronto regresen los que están de permiso de segundo turno, es decir como el 6 de enero o el 4'. Y le expliqué: 'Mire, mi abuela, que es mi mamá vieja, está muy mal y no le quedan muchos días de vida, yo me acabo de despedir de ella hace dos días', un abrazo y las lágrimas y recuerdo que me dijo: 'Ay, Huguito, no llores, que quizás con tanta pastilla me voy a curar'. Entonces le dije: 'Mi coronel, yo necesito ir a pasar unos días allá con ella porque se está yendo, no son muchos los días que le quedan'. Y el buen coronel me dijo: 'Chávez, vaya, vaya'. Yo era jefe de deportes y no había en ese momento ningún gran compromiso deportivo, empezando el año, y todo funcionaba ahí... uno era el coordinador, el de jefe, los equipos deportivos". Pero en lugar de atender a "Mama Vieja", Hugo se había ido a hablar con Izarra y con Hugo Trejo.

Uno debe imaginarse la frustración de William Izarra, un hombre preparado en Harvard, culto y muy preparado políticamente en el gobierno de Chávez. En su grupo de conspiradores estaba por ejemplo Luis Reyes Reyes, que tenía una carrera meteórica, salió del escuadrón Escuela de Combate No. 36 Jaguares y se entrenó en los nuevos aviones de combate Canadair CF-5D, que llevaban dos años en el país. Era ya instructor y jefe de escuadra en el Escuadrón de Caza No. 35 Panteras. Recién habían comprado los F-16 nuevos y había sido escogido entre los mejores para entrenarse en ellos.

Si William Izarra hubiese investigado el currículo de conjurados como Baduel, Urdaneta y compañía, se hubiese enterado de la constancia, el esfuerzo y el avance de cada uno de ellos y de su desempeño en los pelotones que comandaban. Así estaban muchos que habían progresado, aunque no formaran parte de los movimientos como Contreras Maza, que después de la academia fue seleccionado para irse a Michigan a estudiar Ingeniería Nuclear[188], o Guaicaipuro Lameda, que fuera el primero de la academia y quien dejó el mejor récord en su historia: el primero en cada curso, el primero en ascender y llevar una carrera brillante, y enviado a estudiar Ingeniería a Estados Unidos para ser "nominado durante tres años consecutivos en la lista nacional de los decanos de Estados Unidos por ubicarse en el diez por ciento de los más destacados de las universidades norteamericanas"[189]. Pero esos dos currículos no estaban conspirando.

La frustración ha de ser terrible para William Izarra ya que quien llegó a Presidente fue el dueño del comentario de la abuela: "Usted no sirve pa' eso". Porque Hugo arrastraba graves problemas de indisciplina y falta de constancia. Jamás había comandado realmente fuerza importante alguna, ni destacado absolutamente por nada. Lo habían expulsado de su pelotón, lo mandaron a ser bombero, luego lo sacaron del cuartel y lo pusieron en la cocina hasta que finalmente lo sacaron del batallón. Había durado muy poco siendo oficial de comunicaciones y lo enviaron a otra dependencia donde hizo un curso por correspondencia en la rama de blindados, saliendo del comando de tropas y nombrándolo jefe de personal. Hugo también nos contó que lo amonestaron muchísimas veces hasta que lo sacaron también del otro batallón y ahora estaba de vuelta en la academia, en la que era presentador de espectáculos folklóricos, daba clases de Historia Militar y recientemente lo acababan de nombrar coordinador de los equipos deportivos. Es necesario recordar que todo esto es un resumen hecho de acuerdo a los testimonios y alocuciones del propio Chávez.

Y así, bajo la sombra de un milenario árbol, que había cobijado al Libertador y que había sido nombrado patrimonio de la República, ocurrió el famoso juramento que, valga decir, era en extremo parecido al de los juramentados treinta años antes por los capitanes Manuel Ponte Rodríguez y Víctor Hugo Morales antes del golpe de Estado de 1962, quienes habían inventado el brazalete tricolor junto a los civiles comunistas. La suerte que tuvieron los nuevos conspiradores fue que la mayoría de los periodistas que habían cubierto aquellos sucesos estaban muertos o ancianos porque, si no, los habrían acusado de plagio y de copiar la misma historia, sin ninguna originalidad.

Un capitán histórico, deportivo, cultural y de las bellas artes (1983-84)

Hugo no se pone del todo de acuerdo en si ascendió a capitán en 1982 o

1983. En su biografía hay una fecha, 1982, pero en varios *Aló Presidente* él mismo dice que lo ascendieron a capitán en 1983. Suponemos que fue en julio del 83, que es el lapso mínimo que indica la ley, pero lo que sabemos es que ya era capitán al año siguiente, en el cual, siendo "coordinador de los equipos deportivos", no asiste a los actos de la academia por el bicentenario del nacimiento de Bolívar, debido a que tuvo que marcharse a hacer el curso avanzado de blindados, pero quiso la historia que lo enviaran a un batallón de paracaidistas[190].

Para comprender esto es necesario que el lector sepa que en las Fuerzas Armadas, a la hora de ascender a cualquier rango, es necesario aprobar un curso previo. En el caso de un subteniente que aspira a ascender a teniente, debe cumplir con el procedimiento de ascensos que le exige consignar el curso básico de teniente a capitán; además, debe haber completado el curso medio, y de capitán a mayor debe entregar las notas certificadas del curso integral o avanzado[191]. Dicho esto, Hugo Chávez fue seleccionado para hacer el curso avanzado de blindados y separado durante 8 meses de la Academia Militar. Por eso cuando Hugo le preguntó a Jesse Chacón en qué año entró a la academia, este le contestó: "En 1983". Y Chávez añadió: "Claro, ustedes entraron en 1983, en agosto, yo estaba era en los paracaidistas, me mandaron a los paracaidistas. Cosa que no era del todo cierta porque en realidad se encontraba con un grupo de estudiantes del curso de blindados y luego a los 8 meses regresó a la academia a dirigir el departamento de cultura"[192].

Así que si bien eso fue lo que les indicó siempre a los nuevos alumnos, que había estado en los paracaidistas, la realidad es que ciertamente se encontraba ahí, pero realizando el curso integral de blindados. Esa es la razón por la que no estuvo presente cuando nació su hijo y en alguna ocasión lo narró: "Y entonces Nancy, tercera barriga, estaba en Barinas y yo no podía estar allá porque llegué a Caracas el 13 de octubre de Carora, donde hicimos un tiro de tanque y un examen, una evaluación final de los muchachos"[193]. Luego del curso avanzado, al parecer se quedó para enseñar a los subtenientes recién ingresados lo que había aprendido en el curso de blindados.

Entonces llegó el nuevo cargo para el currículo de Hugo Chávez y de nuevo hacemos el resumen de su vida militar: de los bomberos a la cocina, a jefe de personal, a profesor de Historia, a jefe de deportes y a director de cultura. Su vida en la convulsionada Caracas luego del Viernes Negro transcurre en la organización de diferentes actos folklóricos. Uno de ellos fue en 1984, con la participación de los cantantes de música venezolana Reina Lucero y Cristóbal Jiménez, a quien incluso le regaló un libro, según relata este último[194]. Este también es el año en el que, como pintor que siempre quiso ser, le asignan el departamento de artes plásticas[195].

El director de la Academia Militar de la época era Luis Castellanos Hurtado y recuerda el episodio así: "Cuando recibí la dirección de la academia, como maestro de ceremonias en el coctel de bienvenida en el casino de oficiales actuaba un capitán larguirucho y desgarbado. Andaba con un conjunto de arpa, cuatro y maracas. Acto seguido recitó muy bien 'Florentino y el diablo'. A mí me llamó la atención lo engolado de su voz y lo afectado de sus manierismos, que no es común en los militares. Me pareció que quería imitar a Renny Ottolina (...) Me dije para mis adentros: 'Este muchacho es un gran animador, algo que hace falta'. Al terminar lo felicité"[196].

Como director de actos culturales, Chávez recuerda haber tenido de asistente a un cadete: "Lo tenían obstinado los brigadieres porque no le gustaba la vida militar, no iba a orden cerrado, se escondía a la hora de Educación Física y entonces yo lo ponía a diseñar y organizar cosas... ¡no, no!... [risas] lo ponía a escribir en la computadora, hacía tarjeticas de invitaciones"[197]. Aun cuando se encontraba realizando labores que no demandaban grandes compromisos, ni ahí Hugo estuvo exento de problemas y de amonestaciones; aun así narra complacido un episodio del que más bien debió sentir vergüenza: "Metido en un tremendo lío por culpa de un acto cultural en el que los actores, militares todos, dijeron groserías, frente a las familias y hasta yo aplaudí, lo único fue una grosería ahí (...) El director de la academia preguntó: ¿Quién inventó esto?'... 'Bueno, Chávez' (...) Era el acto de fin de año cultural de 1984 [julio]"[198]. Ese acto fue también su fin como directivo de la academia, porque en julio lo nombraron jefe, "comandante del curso militar"[199].

El capitán de los centauros (1985)

Llegó el año 1985, fecha en la que la conjura de Izarra había sido prácticamente descubierta y en las filas castrenses se sentían muchos ruidos. Este es el año en el que le adjudican a Chávez el comando de sus famosos "centauros". También es el año en el que junto a su alférez mayor realizó varias obras de teatro. "Las escribíamos entre los dos y hacíamos luego de actores porque no teníamos mucho repertorio. Él [el alférez mayor] hizo el papel de Bolívar en una obra que escribimos entre los dos y ganó el tercer premio a nivel nacional y yo hice de Páez. Él Bolívar y yo Páez, el genio y el centauro en cañafístula. Fue una obra de teatro histórico"[200], nos contó un Hugo exaltado.

En otro discurso –siempre rodeado de aquel o aquellos a quienes iba a increpar ante el público y en vivo por televisión– Chávez recordó a la audiencia: "Florencio Porras Echezuría llegó de Guarenas de muchachito, de 16 años, y empezó a destacarse. ¿Tú pertenecías a los Caribitos? Los Caribitos era la compañía de nuevos que yo tenía. Yo les puse Los Caribitos, aunque en unos juegos intercompañías (...) yo sufría mucho porque era un equipo malo"[201].

En una entrevista para el diario *La Razón* de Venezuela, el alférez mayor citado por Hugo recuerda el mencionado episodio de otra forma: "El año 82, cuando se da la guerra de las Malvinas, recuerdo que un domingo nos da un plantón, al batallón de cadetes, cosas en él que no eran nada raro. Entonces comienza a criticar la actitud de los Estados Unidos en la guerra de las Malvinas. Prácticamente nos dio una conferencia antiimperialista. Yo era un muchacho de diecisiete años, y nos decíamos: 'Bueno, este teniente se volvió loco, diciendo estas cosas y exponiéndose a que le llamen la atención'. Y es así como conozco a Chávez"[202].

Queda claro de las palabras de Florencio Porras y del propio Chávez que, además de dirigir a un grupo de muchachitos recién salidos de bachillerato, también conspiraba con ellos en las habitaciones: "En 1985 teníamos noches de discusiones en la habitación de Florencio Porras"[203]. Cuando esto ocurría, faltaban apenas unos años para que comenzara el despropósito que tomó a Venezuela por sorpresa y ese grupo de jóvenes se montaran en tanquetas para protagonizar una aventura que los llevaría a tomar por asalto Caracas, dejando más de cien muertos aquella madrugada. Entre tanto, el resto de los comandantes y sus respectivas unidades profesionales se aprestaban a avanzar sobre la ciudad, mientras el profesor de Historia y jefe de cultura sin ninguna experiencia en asuntos de combate, y siguiendo sus propios miedos y designios, intentaba controlar a "su muchachera".

Y es precisamente en ese momento cuando llegó a oídos del director de la academia para ese entonces, el general Carlos Julio Peñaloza, la información y luego su verificación de que esas conspiraciones estudiantiles se estaban realizando en los pasillos, habitaciones y en cada rincón de la institución que formaba a los futuros militares de Venezuela. El señalado como protagonista de la intriga fue el flamante profesor Chávez. El general Peñaloza pudo demostrar que este hombre era el artífice de la siembra de ideas conspirativas en los cadetes a su mando. Los demás conspiradores tenían una forma de captar a los cadetes; la táctica era ir captándolos uno por uno, en secreto, hablando en voz baja, con discreción. En cambio Hugo daba largas peroratas antiimperialistas en el propio patio de la academia, todos lo escuchaban, era imposible que la "información" no llegara por los gritos a los cadetes y a otros que, evidentemente, se hicieron los locos. Como era de esperarse, conociendo ya el trayecto del impetuoso Hugo en todos sus cargos anteriores, fue expulsado de la Academia Militar, pero esta vez con una seria investigación de sus actos conspirativos. Fue en este momento cuando Hugo Chávez quedó señalado oficialmente como un insidioso, cuenta el general Peñaloza en una entrevista y luego me lo ratifica a mí personalmente: "Cuando detecté sus actividades en la Academia Militar en 1984, lo saqué del instituto"[204], sentenció el exdirector de la academia.

Chávez en efecto confirmó que lo expulsaron, pero como era su costumbre, toda simplicidad la convertía en un hecho heroico: "El general Heinz Azpúrua era más policía que general. Él me interrogó a mí a lo largo de esos ocho años desde 1985: 'Vas a cometer algún día un pecadillo, algún pecadillo, Chávez, pero yo te agarro'. Y yo siempre: '¡Mi general!' (...) Por supuesto que allí sí, por obligación suprema, yo tenía que andar simulando"[205].

El general Heinz recuerda el episodio de otra manera: "En verdad, no estuve cinco años siguiéndolo –esta actividad hubiera correspondido a la DIM– y la única vez que lo interrogué informalmente no proferí esa amenaza cursi, que parece extraída de una novelita policial barata, ni mucho menos usé esa palabra, de muy poco uso en nuestra manera criolla de expresarnos, 'pecadillo', tal como recuerda el aludido".

De acuerdo a una entrevista de prensa, la primera vez que el general Heinz tuvo conocimiento de la existencia de Chávez fue en octubre de 1986, cuando este era director de inteligencia del Ejército. El general explica que fue en esa época cuando lograron comprobar la actividad conspirativa de Hugo al frente de un pequeño grupo de oficiales subalternos en Guárico y Apure. En esa oportunidad, el presidente Lusinchi fue informado de la grave irregularidad y de inmediato dio la orden a la Dirección de Inteligencia Militar (DIM), a cargo del almirante Rodríguez Citraro, de realizar las investigaciones del caso.

Si la conspiración tenía un enemigo no eran precisamente los cuerpos de inteligencia de Venezuela; el peor adversario de la conjura era el propio Chávez con su particular temperamento. Mientras los conjurados procuraban llevar adelante un movimiento conspirativo de forma discreta, Hugo sin disimulo alguno conspiraba abiertamente en los patios de la academia, exponiéndose con lo que hoy conocemos: largas peroratas antiimperialistas que hacían que los líderes del movimiento le llamaran la atención constantemente. Esto lo repetía cada vez que podía: "Maneiro siempre me dijo: 'Chávez, yo lo veo a usted muy impulsivo, usted parece un caballito'"[206]. No pocos de sus compañeros le pedían que no pusiera en riesgo lo alcanzado y era lo que decían sus propios cadetes: "Este teniente se volvió loco, diciendo estas cosas y exponiéndose a que le llamen la atención".

La conspiración para derrocar la democracia "a lo Hugo", con muchachos de diecisiete años recién ingresados, era una gesta bastante irresponsable, pero a él le gustaba narrar ensalzándola con sumo orgullo: "En una ocasión Pedro Carreño organizó 'La Sagrada de Maisanta' para los que no iban a las reuniones. Eran cosas de muchachos. Pedro Carreño decidió y me pidió permiso y le dije: 'Bueno –le dije–, con cuidadito'". Es decir, para los que no iban a las reuniones una o dos veces, justificaba Chávez: "De repente el carro le aparecía rayado por todos lados (...) el escaparate volteado o empezaban a pasarle cosas (...) se le perdía el sable, se lo escondían, cosas así (...) Éramos unos muchachos, pues, éramos unos muchachos. Hay chistes y chistes y cuentos y cuentos. Nos disfrazábamos, inventábamos cosas, teníamos unas claves que hasta nosotros mismos nos confundíamos; por tanto, los que nos perseguían se confundían mucho más"[207].

Las anécdotas que Chávez narraba como episodios chistosos, al final resultaron imposibles de ocultar; la irresponsabilidad de la rebelión "a lo Hugo" logró que estas no lograran pasar desapercibidas y el resultado fue su expulsión de la academia. Puertas adentro, los insurrectos contenían la respiración temiendo que en cualquier momento, por culpa de Hugo, los superiores desmantelaran la verdadera conspiración.

El capitán y su reconocimiento meritocrático (1985)

Si bien es cierto que Hugo Chávez no pudo convencer a casi nadie de los centauros y que este es el alcance real del liderazgo de Hugo Chávez en aquella época, la realidad es que el director de la Academia Militar de Venezuela lo expulsó. Chávez, sin empacho, lo reconoció varias veces en esa densa y pintoresca biografía que nos recitó en cadena nacional a lo largo de 14 años y muchas horas de TV. En una de tantas, reconoció: "Decían algunos generales de aquel entonces que cuando yo llegué a Elorza en 1985 iba castigado, que a mí me sacaron de la Academia Militar castigado porque yo andaba conspirando. Ciertamente, ya andaba conspirando, pero no fue que salí castigado, no; de verdad que no. Comandar una unidad del Ejército aislada era más bien un reconocimiento al mérito, modestia aparte; no tenía yo más mérito que los capitanes de mi tiempo"[208].

El general Peñaloza, convencido de la participación de Hugo Chávez en una conspiración dentro de la Academia Militar, lo remitió con una amonestación a la Dirección de Inteligencia Militar, pero por casualidad un amigo suyo que estaba en la conspiración fue ascendido a mayor y tenía que abandonar el comando donde se encontraba. Así que con la complicidad interna de la inteligencia lograron burlar la orden del general Peñaloza y lo mandaron al escuadrón Farfán, un pequeño comando de unos 100 hombres en un lugar inhóspito.

De no haber ocurrido esto, seguramente Hugo hubiese salido del

Ejército en ese momento. El problema de aquel Chávez era el mismo de ese hombre impulsivo que todos conocimos como presidente, llevó una conspiración de megáfono y una presidencia de televisión, con un micrófono y en vivo, llegando a ser él su propio "productor". El general Peñaloza me relató que las conspiraciones en las Fuerzas Armadas de la época eran un asunto más bien "cultural" y hasta resultaba normal que pequeños grupos se unieran para confabular. En aquellas FAN, muchos sospechaban que se efectuaban, pero la de Chávez era en realidad anómala porque una conspiración se lleva soterradamente, no con el descaro con el que Hugo lo hacía, en las narices de todo el mundo.

La de Hugo era una extraña forma de conspirar que no solo lo metía en líos a él, sino que ponía en riesgo a los demás conspiradores. Uno de sus vicepresidentes en la aventura presidencial fue el recién ascendido a mayor en aquella época Ramón Carrizález, quien lo salvó de ser expulsado del Ejército cuando el general Peñaloza lo envío a la DIM por conspirador y, quién sabe con cuáles artilugios, convenció al general Martínez Cafasso para que enviaran a Hugo al escuadrón Farfán, bien lejos de las miradas que ya lo acusaban. Ramón Carrizález recordó quién era el general Cafasso: "Era comandante de la división, y tenía fuerza, tenía peso; tuvo que fajarse para poderse traer a Hugo Chávez para acá"[209].

Gracias a esto Hugo Chávez llegó a Elorza a un cuartel profundamente aislado en los confines de Venezuela, y por primera vez con algún mando de tropas. Las aventuras de Hugo comenzaron con un gran accidente y terminaron con otro peor. Algunos recuerdan que fue en pleno invierno después del mediodía, a mitad del mes de agosto de 1985, y que uno de los vehículos del pequeño convoy cayó desde la rampa de la chalana a las aguas del Arauca y se hundió sin dejar rastro alguno[210]. Semejante catástrofe fue su tarjeta de presentación.

Hugo narraría en uno de las tantas agotadoras e interminables cadenas su arribo a Elorza y las condiciones en las que encontró aquello: "No había ni teléfonos. No había. Uno para llamar tenía que ir al comando de la Guardia Nacional. Uno iba allá a pedir prestado el teléfono, el único teléfono que había, y nos comunicábamos era por radio desde el escuadrón hacia Caracas, San Juan de los Morros..."[211]. La descripción que Chávez hace del lugar a donde lo mandaron nos ayuda a comprender la insistencia del mayor Carrizález al gestionar por todos los medios que lo mandaran bien lejos: querían sacarlo, incomunicarlo y "congelarlo" en un olvidado pueblo. Pero el histriónico Chávez una vez más le puso fantasía a la realidad y esta vez le tocó al destierro: "Yo recuerdo a Rosa la cocinera allá en Elorza; había que buscarla a la mañanita en caballo"[212].

Con esto entendemos a qué se refería Chávez cuando mencionaba el "escuadrón de caballería" del que nos habló, era literalmente de caballería, pues este era el medio principal de transporte que Chávez usó durante siete meses, que fue el tiempo exacto que duró en ese comando. Esto lo recordó a lo largo de doce alocuciones públicas, reconociendo que no había vehículos disponibles y añadió que cada vez que iba el avión a entregar provisiones al remoto cuartel, solo había una forma de llegar a recoger las provisiones: "A caballo. De Elorza al escuadrón, uno echaba hasta tres horas, bueno, a caballo menos, pero en carro no se podía en invierno, era un infierno el terraplén ese. La tropa salía de permiso a pie"[213], contaba desde el estado Apure en abril del año 2010.

Esta historia la cuenta en uno de sus programas muy cerca del pueblo olvidado a donde lo confinaron. Sus equipos de televisión llegaron hasta Mantecal, el escenario perfecto para narrar sus peripecias: "Llegaba el pando[214] (...) le decían los llaneros 'el pando' (...) es el avión Hércules (...) todos los meses, tenía que pasar bajitico primero, espantando los burros de la pista, y uno estaba ahí con unos soldados y unos sargentos (...) ¡Cuidado con aquella vaca! (...) ¡Cuidado con esa burra que viene allá! Era como una Venezuela del siglo XVIII aquello, pero con un avión. Aterrizaba el pando y sacábamos los sacos de arroz, azúcar, etc. (...) Bueno, compadre, ¡en invierno era a lomo!, a lomo porque los caballitos que teníamos ni siquiera alcanzaban para llevar toda la logística"[215].

A partir de esta etapa Hugo reunifica a su familia y la lleva a Elorza a vivir con él, según la narrativa que hace en un consejo de ministros: "Yo viví alquilado allá, en la casa del árabe Rafael, y yo le pagaba todos los meses. Bueno, una casita, tata, ta, ta, allá en el patio, las muchachas jugaban". Las muchachas a las que se refiere son sus hijas y el hogar fue constituido en una vivienda que él describe como "una casita muy modesta que allá está en Elorza, entonces, yo... todos los meses un cheque"[216].

En su estadía en Elorza, además de la familia, Hugo contó con el apoyo de un joven, para la época, de apellido Sulbarán. Se trataba de uno de los subtenientes a quienes había dado el curso básico de blindados el año anterior. Sulbarán, quien llegó a ser general durante su mandato presidencial, se convirtió como subteniente en su oficial administrativo y, como era costumbre, lo tenía en una de sus alocuciones para preguntarle ante todos: "¿Te acuerdas de esos años? Sulbarán tenía una motico, una Chapi, ¿no?, y vivía por allá en una casita y un día le dije: 'Te voy a visitar con mi mujer y los muchachos'. Él tenía allá la mujer y los niños también. Bueno, entonces, uno iba a visitarlo en una canoíta, se inundaba todo aquello, en el barrio"[217].

Por primera vez, después de muchos años solo y de su cuenta, Hugo tenía constituida una familia. Este hecho puede hacernos creer que viviendo por primera vez con su esposa e hijos frenaría ese loco afán fiestero, pero en una de sus peroratas televisivas dejó escapar una infidencia que corresponde a los años en los que vivía con la mujer en Elorza. Según él, este cuento a millones de personas le causó un lío familiar enorme: "A veces parrandeaba (...) las fiestas patronales (...) a veces uno seguía corrido y de repente uno estaba en la manga de toros coleados en la tarde con el sol allá... y una bebida de agua de aquellas (...) uno se daba cuenta de que uno no había dormido nada y a veces llegaba el tercer día, y arpa, cuatro y maracas, bueno, la parranda, eran otros tiempos, uno podía parrandear, yo ahora no puedo"[218].

Se encontraba en otro programa, esta vez transmitido en vivo desde El Cajón del Arauca, llano adentro, en el estado Apure, donde también queda el pueblo de Elorza. Un ministro indiscreto comentó frente a una de sus hijas, ya mayores, que lo habían llevado a conocer a la novia de Chávez de Elorza de aquella época. Este comentario hizo que una de sus hijas se pusiera furiosa y Hugo también contó aquel episodio a toda Venezuela en cadena nacional: "Por ahí me dijo un ministro que vino para acá y me dijo: 'Mire, me llevaron a ver a la novia suya'. ¿La novia mía? Yo estaba casado aquí, así que no tuve novia. Por ahí está mi hija María, que estuvo aquí varios años, y me dice: ¿Cómo es eso de que tú tenías novia aquí?'". No tenía novia aquí, ahora inventaron un cuento aquí. Pero yo sí tenía una novia y tengo una novia que se llama Elorza. ¡Esa es mi novia! ¡Elorza es mi novia!"[219].

No se puede negar que Hugo Chávez era un genio del escapismo.

El capitán marcha a la India (1986)

Los días de Hugo transcurrían andando por aquellos parajes y conociendo el lugar; lo acompañaban unos seis soldados. Uno de ellos en otro programa de televisión, desde Las Queseras del Medio, también en el estado Apure, recuerda a la audiencia con el beneplácito del presentador las acciones emprendidas por aquellos días: "Sí, mi Presidente, el día 12 de enero usted me dio la orden de venir con un Fiat y una camioneta 715 con seis soldados y el mocho que usted nombró fue el guía desde el Hato La Manga". Chávez continúa la historia: "Nosotros, el sargento fue el que dirigió, pero teníamos allá un soldado que era un artista y hacía unas figuras con concreto, porque no había más nada y él hizo la cara de Páez con concreto. Aquí está la foto de los soldados". A lo que el sargento González Martínez agregó: "Este soldado aparece en la foto e hicimos los dos la cara de Páez, de un libro, de una autobiografía que usted nos dio. Hicimos la foto y el soldado... Nada más recuerdo el nombre que le decían, que era Juan del Diablo"[220].

Hugo Chávez fue aislado completamente de la civilización y en este retiro obligado fue emergiendo en el joven capitán una peculiar personalidad, que podemos determinar de sus dichos y de los comentarios que hizo a los soldados, como por ejemplo este: "Como en la India –le decía a uno de sus comandantes–, le pasan las vacas a uno así, pero en Elorza nadie puede comer vacas", señaló Chávez en otro programa de televisión, pero esta vez desde la hacienda La Marqueseña[221], un ícono de las expropiaciones del Gobierno revolucionario. El personal que se encontraba en aquellos confines tenía que complementar su dieta proteica comiendo "babo[222] o chigüire[223] cuando había oportunidad, y en ocasiones pollo"[224].

Aquí comienza a despertar el resentimiento de Hugo Chávez contra todo lo que signifique esfuerzo, sacrificio y productividad. De su necesidad en aquel momento nace este comentario que sería unos años más tarde el fundamento de la destrucción del agro y la ganadería en

Venezuela por parte de su gobierno: "Y es que para conseguir una vaca allá había que prácticamente rogarles a los ganaderos, a los productores. Nadie quería matar una vaca en el pueblo para vendérsela al pueblo. No era regalada, no andábamos pidiendo nada, era para comprarla. ¿Por qué? Porque ellos sacaban cuenta y ganaban más dinero con esa ganadería extensiva que no invierte casi nada, casi nada porque es montar el ganado en unos camiones, llevárselo y venderlo en Maracay o en el centro del país; en Barquisimeto lo venden mucho más caro porque le inflan los costos de transporte, inflan los costos, pues. Entonces el pueblo de Elorza no comía carne (...) Ese era el capitalismo salvaje, siempre se está pensando en la máxima ganancia y no le importa a este o a aquel que la gente se alimente, que los niños coman, se alimenten bien de proteínas y de todo lo que requiere un ser humano"[225].

Chávez hace un análisis "a lo Hugo" de los costos de los ganaderos cuando afirma "con esa ganadería extensiva que no invierte casi nada", y uno, que tampoco sabe nada de ganadería, se pregunta: ¿y de qué se alimentan las vacas? ¿Del aire? Pero lo que nos queda en el recuerdo es la mención de los niños y la manipulación que Hugo hace sobre la carne que supuestamente les ha sido negada por los ganaderos. Pobres niños, pensaría cualquier lector, hasta que luego de un rato pensando mejor el asunto comenzamos a ponerle realidad al comentario. Nos planteamos por ejemplo que una vaca, para 25 mil personas, no es suficiente para alimentar al pueblo entero, por muy equitativos que sean al momento de repartirla. Pero como en todos los cuentos de Chávez, al final siempre sale a relucir la verdad y nos enteramos por él mismo, y como casi siempre en un programa de televisión, de que la vaca no era para el pueblo, ni para los niños. Desde el Complejo Agroindustrial El Sombrero, una de las tantas farsas de su gobierno que ofreció producir unas 62 mil 335 toneladas de alimentos, ubicado en el estado Guárico, relató o más bien confesó que cada vez que llegaba un comandante, sucedían maniobras o arribaba un visitante, cada batallón pedía vacas: "Uno de los coroneles y su grupo tenían allá un mes y no se conseguía carne para los soldados. Los ganaderos no querían venderle carne al Ejército"[226]. Pero la peor confesión vendría unos minutos después cuando reveló lo siguiente: "Sulbarán, ¿tú te acuerdas? (...) ¿Cuánto nos costaba a nosotros conseguir una vaca semanal, para el escuadrón?"[227].

Entonces era una vaca semanal lo que necesitaba Chávez y no precisamente para alimentar a los niños del pueblo sino para "su escuadrón", para los visitantes o los coroneles. La monserga del capitalismo salvaje no era precisamente un asunto para ocuparse del pueblo, ni para manifestar su preocupación por el hambre de los niños, sino que el fin de semana hacían una fiesta y necesitaban la carne en vara para su escuadrón. Podemos imaginar que los ganaderos de la zona habrán sacado estas cuentas: 56 vacas al año solo para uno de los escuadrones, ¿cuántas reses necesitaban los militares para la totalidad del batallón y las maniobras del Ejército durante todo un año?

Aquí viene una realidad dramática y es que en las cercanías a la zona militar donde se encontraba Hugo no existían "los productores" de la ganadería que él señalaba, porque solo había un hato en el que recayó toda la presión del capitán Chávez. En el año 2006 habló por primera vez de la dueña de las reses que él pretendía para su escuadrón, en una mención poco menos que escalofriante: "Doña Delfina Fuentes, hija de Manuel Fuentes (...) dueños de medio estado Apure". Se refería a una señora mayor que pertenecía a una familia que llevaba más de un siglo trabajando en su hacienda y cuyas tierras útiles eran menos del 0,2% del estado. De nada valía el comentario de Doña Delfina de que les robaban 700 vacas al año, asunto que era cierto y hasta llegó a los medios de comunicación de la época (el 50% de sus ventas), teniendo el cuartel del capitán Chávez a pocos kilómetros, mientras que los indígenas estaban en guerra armada porque querían sembrar en las únicas tierras de pasto que no se anegaban durante los 6 meses de invierno.

Doña Delfina contó que le explicaba al capitán Chávez que no podía regalarle las pocas vacas que producía, ya que era víctima del abigeato, nadie la protegía ni le brindaba seguridad, mientras le robaban las 700 vacas. Aun así Hugo pretendía que le regalara otro 20% de la producción que le quedaba, para atender las necesidades de su escuadrón. Las cuentas de la administración de la hacienda revelan que la economía se había ido a pique y lo poco que se podía sacar de las vacas era para pagar a los 135 peones de la hacienda e invertir en esta. Chávez reconocería años después que: "En 1979 (...) vean ustedes, aquí está colocada esta flecha, cabalgando sobre los picos de esos años. Luego hubo un bajón grande aquí, un bajón grande en los años 80. Un frenazo y un bajón, caímos en una fosa, pero durante varios años. Vean ustedes. Desde el año 1979 hasta el año 1987 prácticamente en una fosa"[228]. Se refería precisamente a los años en los que Doña Delfina le explicaba, pero él no entendía, que su producción estaba en caída libre y por eso no podía regalarle las vacas que le exigía.

Doña Delfina intentaba infructuosamente explicarle al capitán Chávez que "las pestes" y las inclemencias del verano o el invierno aniquilaban más de 250 reses al año y le imploraba, así como le regalaba a veces algunas vacas al joven capitán, con la esperanza de que la ayudara. Corrían tiempos en los que el Gobierno había devaluado la moneda tras el famoso Viernes Negro, eliminando todos los subsidios a los alimentos y medicinas para el ganado. El Ministerio de Agricultura declaró ese mismo año a Apure como estado "altamente afectado" por la brucelosis en el ganado[229] y se seguía a un 12% del ganado infectado que había sido enviado a Apure[230]. El alto costo del forraje, sumado a la falta de medicinas, causó que el estado fuera catalogado, también ese mismo año, como endémico primario en fiebre aftosa y se anunciaba que, por primera vez en años, decenas de rebaños serían diezmados por la plaga[231]. Doña Delfina no le mentía al joven capitán, quien la culpaba de no poder satisfacer los pedidos de sus superiores.

En aquel momento en Venezuela la paridad cambiaria pasó de 7,5 a 14,5 bolívares por dólar, se habían acabado los insumos y medicinas y para colmo de males se liberaron los precios de los alimentos para el ganado, colocándose una tasa preferencial para la importación de alimentos[232]. Todos los años, la queja recurrente y justificada de Doña Delfina era que se importaban legalmente cincuenta mil cabezas de ganado de las fincas colombianas, asunto que era completamente cierto[233], y en los periódicos de la época había noticias del inmenso contrabando de ganado en pie que cruzaba la frontera y que era más barato que el criado en Venezuela. Pese a la prohibición, el contrabando era de tal magnitud que miles de camiones de contrabando pasaban frente a las narices de los comandantes y los cuarteles de los militares venezolanos, quienes se quejaban de que los ganaderos no les regalaban la carne.

¿Mentía Doña Delfina? En lo absoluto. Los informes del Ministerio de Agricultura colombiano de los años ochenta dan cuenta de aquel promedio de cincuenta mil cabezas de venta legal de ganado colombiano y el propio ministerio advertía de un contrabando anual de ciento cincuenta mil cabezas en pie[234]. Para colmo de males y luego de semejante panorama, Doña Delfina solo podía vender setecientas cabezas, porque las otras setecientas se las robaban frente a las narices del batallón, aunque ella siempre sospechó otra cosa.

No era mentira que camiones cargados con su ganado desaparecían en la única carretera que pasaba y que cortaba la alcabala en la que se encontraba el puesto de comando. El propio capitán, devenido luego en Presidente de Venezuela, llegaría a confirmar en una cadena nacional lo dicho por Doña Delfina sobre el robo de esos cientos de cabezas de ganado. Claro está, luego de que el hato de Doña Delfina fuera una de las primeras expropiaciones de su gobierno. Esta expropiación fue tema de uno de sus programas y se realizó en el Hato Callejas, en el estado Barinas. Los ministros de Chávez narran los detalles: "Fueron aproximadamente 42 mil hectáreas y ya en las cifras iniciales había como cinco mil unidades, de casi 8.000 unidades. Estaban disponibles aproximadamente 1.000, y estuve hablando con el ministro Jaua, están a la expectativa para llevarlos al sistema de frigoríficos y de mataderos que se está preparando aquí en Barinas. El abigeato, que eran casi 700 reses, había disminuido a 70 nada más"[235].

En el mismo programa el ministro de Planificación confirmó que a él también le habían robado 700 cabezas de ganado el primer año, pero que al tomar el control el Ejército bajó a 70 y la respuesta de Hugo ante millones de televidentes fue: "Bajó el abigeato, bajó en un 90% aproximadamente (...) claro, porque hay seguridad ahora, van helicópteros, van patrullas, llegó el Estado, pues"[236]. Pero tiempo atrás la respuesta de aquel capitán, que necesitaba con desespero aquellas vacas para congraciarse con cada comandante y cada general o coronel, era simple: el capitalismo salvaje y Doña Delfina eran los responsables por vender las reses que él necesitaba a un precio superior. En Hugo fue creciendo una animadversión incontrolada contra Doña Delfina, muy parecida a la que desparramó sobre otra familia de ganaderos expropiados, los Mazzei en Barinas, una hostilidad que terminó en peleas con el hijo y con uno de los familiares de Doña Delfina, quien llegó a llamarlo "comunista"[237].

Hay que explicar que el hato de Doña Delfina fue, luego de la hacienda de los Mazzei, la segunda expropiación televisada de Chávez para crear según sus palabras la primera unidad productiva de ganado. El día en el que decenas de militares entraban a la fuerza a la hacienda, un deleitado Hugo Chávez dijo en cadena nacional de radio y TV: "Tengo ganas de llamarla por teléfono para saludarla (...) a Doña Delfina Fuentes (...) Doña Delfina tendrá ya casi unos 90 años, su familia está aquí, aquí viven algunos de ellos, otros en Caracas, yo los respeto a todos, con algunos de sus hijos yo discutí en alguna ocasión"[238]. De esta forma Hugo Chávez eliminaba a sus enemigos, esos desafectos que llevaba bien guardados en su memoria y en su agrio corazón; era recurrente que lo hiciera en cadena nacional y a la vista de todos. Nunca nadie sospechó que aquello se trataba de una venganza personal.

Nunca supimos la otra parte de la historia ni la respuesta a aquel desafortunado comentario de Hugo, porque al momento de ordenar a los miembros de su gobierno a tomar por la fuerza su hacienda ya Doña Delfina había fallecido, apenas el año anterior. Hubiese sido interesante que ella escuchara al antiguo capitán reconocer que a él también como nuevo propietario le robaban la mitad de su producción, como a ella, y que ahora siendo Presidente había hecho lo que Doña Delfina tanto le imploraba: brindar un poco de seguridad a la zona. Pero más interesante hubiese sido imaginar la reacción de Doña Delfina al enterarse de que los revolucionarios también se llevarían las reses para venderlas en Barinas, la tierra del capitán y el lugar donde ordenó construir los mataderos, pero para alimentar a los niños de ese Estado y no los del pueblo de Elorza, donde aquellos niños pobres a los que se refería en su arenga anticapitalista aún siguen sin comer carne.

Mientras los niños de Elorza, según las historias de Chávez, buscaban babo y chigüire para comer, surge el quinto informe de inteligencia militar. Parece ser, de acuerdo al relato del general Ochoa Antich en su libro *Así se rindió Chávez*, que todo subteniente que llegaba al remoto escuadrón era captado por Hugo Chávez y en este caso uno de ellos, el teniente Varela Querales, quien había llegado al Escamoto Francisco Farfán, fue denunciado cuando trataba de captar a otros de sus compañeros de promoción en el estado Guárico[239].

Hugo Chávez reflexiona sobre ese momento explicando que el subteniente "nervioso, temeroso, se fue a hablar con el comandante y lo confesó todo (...) Al día siguiente llegó la DIM [Dirección de Inteligencia Militar] en una avioneta y lo registraron todo. (...) No encontraron nada, pero (...) me quitaron el comando"[240].

Chávez: el último hombre a caballo
(II semestre de 1986 - II semestre de 1987)

Llegada esta fecha Hugo había pasado 16 años en el mundo militar y su carrera siendo capitán podría reducirse a la escuadra de bomberos, la cocina, el suboficial de personal, el oficial de personal del batallón, el presentador de espectáculos folklóricos, el profesor de Historia, el jefe de deportes, el jefe de cultura y artes plásticas. De la misma forma lo habían expulsado de su primer pelotón, de su primer cuartel, de su primer batallón, lo sacaron de su segundo batallón y lo expulsaron de la Academia Militar; fue relegado a un puesto donde no tenía ni teléfono y los pilotos de los aviones que llevaban las provisiones tenían que espantar a las vacas de la pista para aterrizar. El propio Hugo nos cuenta que en apenas 7 meses también fue sacado del tercer batallón porque le levantaron, por órdenes superiores, para ese momento un quinto informe de inteligencia. Sorpresivamente, y aun cuando fue expulsado de cada batallón al que permaneció y sin tener un rostro visible que lo controlara, Hugo Chávez fue ubicado de primero en la lista de ascensos. Alguien que movía los hilos internamente no solo le borró de su expediente todo lo que Hugo confesó años después en cadena nacional ante millones de espectadores, sino que además le suministró unas calificaciones óptimas, necesarias para guiar nada menos que un batallón.

En una de sus cadenas televisadas en el año 2011 Hugo reconocía: "Yo ascendí a mayor en Elorza y entonces comenzaron a señalarme como bolivariano". Chávez conspiraba públicamente sin importar a quien captaba. Este proceder inconsistente con el comportamiento de un conjurado hizo que lo delataran por primera vez, pero él se victimiza ante todos: "Comenzó contra mí una persecución, dentro del Ejército, que duró todos esos años (...) El comandante del batallón me defendió también de acusaciones, y tal (...) Martínez Cafasso, que en paz descanse"[241]. Continúa: "Todo comenzó porque yo andaba con un grupo de cuibas y yaruros –indígenas–; desde entonces comenzaron a acusarme de que yo y que andaba con la guerrilla colombiana". Lo cierto es que se unieron dos investigaciones en su contra, la primera de la Dirección de Inteligencia Militar por la delación ocurrida meses atrás en el estado Guárico, y la segunda, un informe de la Disip (la policía política) que sería su sexto informe de inteligencia.

En aquel momento el problema de los indígenas había estado parcialmente controlado en el país porque los indios cuibas o wamonaes de la zona del Capanaparo, que siempre habían sido recolectores y cazadores, a partir de esos años comenzaron a aparecer en los medios de comunicación regionales cada vez más. La noticia señalaba que se estaba desplegando con los indígenas un proceso de desculturización y militarización que estalló en 1990, cuando las tensiones fueron de tal magnitud que la propia Guardia Nacional y el Ejército tuvieron que armar a los productores[242]. A tales efectos, la Fundación para el Desarrollo Integral de la Frontera (Fundafrontera) elaboró un informe en el que señalaba que: "Cerca de 350 indígenas pertenecientes a la etnia cuiba, radicados en las adyacencias de la población de Elorza, en el estado Apure, están armados y han asumido una posición beligerante contra los ganaderos y los pobladores de la zona"[243].

En otro informe se lee: "Diputados de la Comisión Permanente de Política Interior de la Cámara de Diputados constataron la presencia de elementos del ELN en las etnias cuiba y yaruro del estado Apure. Se reveló que unos 350 indígenas cuibas habrían sido dotados de armamento por la guerrilla colombiana, que se organizaba siguiendo los lineamientos del EZLN/Chiapas, y que su zona de concentración era la población de Elorza"[244].

El mayor de aquel entonces y ahora presidente Chávez, en el año 2001 desde Zaraza, "aclaró" el incidente con los indígenas: "Yo tenía un grupo de indígenas y me los llevaba, claro que no había ninguna orden, yo lo hacía por mi propia cuenta y eso me causó algún problema, pero yo les daba entrenamiento allá en el cuartel, a disparar un fusil y a movimientos militares; de ahí surgió la información sesgada de que yo andaba preparando guerrillas con los cuibas"[245].

Y reconoce unos años después, en el 2003, que organizó una compañía del escuadrón sin permiso de nadie: "Yo organicé mis indios, mis hermanos, y entonces los enseñé a disparar. Bueno, cuando el alto mando aquí se enteraron, empezaron a decir que yo estaba haciendo labores subversivas, no sé qué más, que cómo yo iba a meter esos indios al Ejército así sin permiso de nadie. Claro, he debido pedir permiso, pero yo sabía que no me lo iban a dar. Me ordenaron que eliminara al pelotón de indios y yo lo eliminé, pero en el fondo no lo eliminé"[246].

Si en cadena nacional ante millones de espectadores admitió haber armado a los indios sin permiso de Caracas y reconoció que desobedeció la orden de desarticular aquella locura, en uno de tantos centros "productivos" que inventaba para hacer sus programas de TV se defendió mintiendo descaradamente: "A mí me acusó la Disip de que yo andaba con los indios asaltando haciendas –ustedes se acuerdan– y, después, me acusaron de que yo andaba con la guerrilla. Eso es viejo, el cuento de la guerrilla conmigo. Incluso algún plan para matarme en estas soledades hubo y simularon un accidente, un encuentro con una fuerza extraña guerrillera colombiana, qué sé yo"[247]. Lo cierto es que Hugo Chávez en cadena nacional reconoció haber organizado, entrenado y armado a los indígenas cuibas, quienes apenas unos años más tarde sembrarían el terror en las haciendas y hatos de la zona.

En los años posteriores se armó tal lío con los indios cuibas de Elorza que el Gobierno tuvo que generar un plan contingente del Estado venezolano para calmarlos a punta de dinero. El líder alzado en armas durante esos años terminaría diciéndole a un periodista de CNN que: "Si la ayuda no se materializa, se arman de nuevo para hacer valer sus derechos"[248].

La irresponsabilidad confesada en cadena nacional por el mayor Chávez fue tan aterradora que creó un monstruo que, como buen monstruo, más tarde se le volteó al mayor siendo Presidente y se vio obligado a reaccionar y los increpó: "Aquí en Apure yo sé que hay, hay grupos violentos e incluso entonces hay venezolanos que se valen de esa situación para sumarse a ese camino de violencia. Por ejemplo, este grupo que llaman el FBL (...) Yo lo vuelvo a repetir: ellos se llaman Fuerza Bolivariana de Liberación... iEs mentira! Nadie aquí puede estar reconociendo a esa tal llamada Fuerza Bolivariana de Liberación. iAquí la fuerza bolivariana es el pueblo, es el Gobierno revolucionario! [ovación]"[249].

Tarde comprendió el mayor que cuando se les entregan armas a civiles y se les enseña que armados es como deben lograr sus objetivos, llegan a pensar que son infalibles y que ya nada los frenará. Y así fue como esta nueva irresponsabilidad acabaría con una "compañía" de indígenas armados asaltando fincas, que terminaron por entregar sus armas una década más tarde[250] y con la expulsión del mayor Chávez de su tercer batallón. Hay que reconocer que Chávez fue sin lugar a dudas el último hombre a caballo.

El "subcomandante" Chávez (1987)

Fue en 1987 el punto de partida de un Chávez que ya se perfilaba políticamente y se identificaba con las "luchas sociales". Nos atrevemos a asegurar que es este el punto de no retorno, del Hugo Chávez comunista. Llegado a este punto el tema exige recurrir a otra conversación inteligente con nuestro experto en inteligencia:

TP.– Hugo reconoce que armó y organizó en 1987 a los indígenas.

R.– Los soviéticos tenían en 1960 un grave problema étnico que llevó a los primeros conflictos separatistas realmente importantes. Pronto aprendieron que su problema podía ser el problema de su enemigo y decidieron explotarlo tras las fronteras. Este es el origen de buena parte del separatismo europeo y de la infiltración de los movimientos étnicos a escala planetaria.

TP.– Esa es una explicación bastante lógica. Siempre me he preguntado por qué los indígenas, en vez de ser indígenas con un pensamiento indígena, terminan alienados por el marxismo. El marxismo es un contrasentido al pensamiento indígena.

R.– Y lo es. Un indígena hablando de plusvalía, de organización sindical y de competencia, como es el caso de Bolivia o de Chiapas, es un total contrasentido. La realidad es que fueron alienados por el hombre blanco comunista y terminaron siendo un ariete contra la sociedad blanca capitalista. Si alguien explotó a los indios, en contra de los indios, esos fueron los comunistas.

TP.– Y Hugo Chávez trató entonces de organizarlos.

R.– Esa fue una labor que comenzó en los setenta, cuando a los comunistas de las guerrillas les llegó la orden en forma de ideas para explotar los movimientos indígenas. Y comenzaron los grandes conflictos en Chiapas, Colombia y Bolivia, así como en menor grado en otras naciones. Todo el mundo cree que Chiapas comenzó en el 94 porque el hombre blanco apareció en televisión, pero el subcomandante Marcos en realidad se encontró con un movimiento que venía infiltrado por muchos blancos antes que él. Entre 1974 y 1984 las guerras indígenas en Chiapas fueron incluso catastróficas en muertos.

TP.– 1986 es más o menos el año en el que Hugo llega a establecer contacto formal con los cuibas y yaruros.

R.– Y es en 1985 cuando Marcos llega de su preparación en Cuba y Nicaragua a encontrarse con una organización sólida y llena de mayas guatemaltecos. Lo que pocos saben es que la lucha en Chiapas es en realidad una prolongación del conflicto guatemalteco y una consecuencia del genocidio guatemalteco, pues la zona de alivio para buena parte de los jefes guerrilleros no era otra que Chiapas. Cuando Marcos llegó en 1985, llegó a ser parte de una estructura en la que no le quedó más remedio que hacerse subcomandante.

TP.– Lo que hace una diferencia enorme con los indígenas locales de Hugo.

R.– Con los cuibas y yaruros nos hemos topado, Sancho. En Guatemala la organización guerrillera llegó a ser de unos 6.000 hombres y, cuando caía uno, otro lo reemplazaba porque la cantera era muy grande. Así las fuerzas que si se quiere tenían el tamaño de una división de infantería de selva, pudo sostener por décadas la lucha armada. En cambio los cuibas para 1970 no pasaban entre hombres, mujeres y niños de unos 2.000 atomizados. Aquello fue una completa estupidez de los comunistas locales de Colombia y Venezuela porque si había trescientos organizados en pequeñas cuadrillas de veinte o treinta, la lucha era absurda. Cuando moría un hombre, el resto dejaba de combatir porque todos eran familia.

TP.– Entonces se convertía en una tragedia familiar.

R.– Cuando en 1972 comenzaron a matar colonos y los colonos se organizaron para asesinarlos, aquello diezmó a la pequeña población. Venían los indígenas completamente alienados por los hombres blancos comunistas, secuestraban a una familia de colonos de 5 o 6 personas y los cortaban literalmente en pedazos, exhibiéndolos en palos. Luego venían los colonos organizados y los cazaban como animales. Aquello fue un verdadero drama y una irresponsabilidad tremenda de los comunistas locales.

TP.– Pero de esto que habla Hugo demuestra que ya era comunista en aquella época.

R.– Hugo Chávez era comunista formalmente desde 1981.

TP.– ¿Pero no era una irresponsabilidad gigantesca como todo lo que hacía hasta ese momento?

R.– Tienes que tratar de buscar al Hugo detrás de Hugo. No tenía tropas y andaba con unos quince o veinte indígenas a los que llegó a entrenar un par de veces, en la propia sede del escuadrón. El subcomandante Marcos era parte de un ejército de unos 10 mil hombres, con unas bases de apoyo de otros 30 mil.

TP.– Mientras que Hugo Chávez era el "subcomandante" Chávez, pero con un puñado.

R.– Exacto. Hay que recordar que Hugo siempre buscó enaltecer unos orígenes comunistas que más bien le llegaron a él un poco más tarde que al resto.

Y al mayor lo expulsan de la India

Aún no se sabe a ciencia cierta si los indígenas a los que había adiestrado, y a los cuales organizó y confesó haberles entregado armas, fueron los que volvieron para arrasar con los hacendados del lugar. De acuerdo a la versión de Hugo en uno de sus programas en los Valles del Tuy, las razones por las que fue expulsado de su tercer batallón fueron: "Me hicieron un informe (...) el mayor Chávez allá en Apure le faltó el respeto a un gobernador (...) el gobernador en Apure nos regañó, quiso regañar a unos oficiales porque no le tenían una bienvenida con carne en vara. Tuve yo que pelear por la dignidad y salir al frente y decirle:

'Usted está equivocado, caballero. Usted está equivocado, usted tiene que respetar –así le dije–, usted tiene que respetar la dignidad de estos oficiales que están aquí y de estas tropas del Ejército Libertador de Venezuela' [aplausos] (...) Y después inventaron hasta que yo andaba con la guerrilla por allá en Apure"[251].

Lo cierto es que el informe de la Disip daba cuenta de lo mismo que Hugo confesó posteriormente, que estaba armando y enseñando a disparar armas de guerra a los indígenas. Pero otro problema cambiaría el destino de Hugo Chávez, una segunda delación en septiembre de 1987, en la que se le acusó directamente de ser comunista y que terminó por poner en alerta a todo el movimiento e incluso algunos miembros, como Jesús Urdaneta, se negarían a volver a las reuniones.

Todo terminó a los 10 meses, cuando Hugo se fue de vacaciones y en vez de irse a ver a su familia se fue a Caracas, bajo la excusa de una operación en el ojo. Pero lo seguía de cerca la Dirección de Inteligencia Militar (DIM). Aquella movida de los conjurados para tratar de rescatar a Hugo les costó mucho más de lo que suponían; bastó con unir varios cabos sueltos y seguir el rastro de la "conspiración a gritos" de Hugo para dar con todo el movimiento. Chávez no había ido a operarse y el primer golpe de los generales contra la democracia venezolana estaba en plena ejecución, y ya había sido develada una buena parte.

Estando Chávez "de vacaciones" en Caracas, la DIM había descubierto el complot de unos mayores. Lo que desconocían es que estos mayores habían sido colocados por los generales, quienes en puestos claves habían movido los hilos para colocar a cerca de veinte oficiales en puestos de subcomandantes. Hugo recibió una llamada a las 11 de la noche: "Soy Aurelio, te siguen la Disip y la DIM, te buscan a ti, a los capitanes y a los tenientes"...

Chávez contó la historia de sus conspiraciones y del golpe en un libro que titularon *Todo Chávez: de Sabaneta al golpe de abril*. En este relata: "El informe de inteligencia contenía un plan para matar al presidente Carlos Andrés Pérez y este ya lo sabía (...) Los documentos del movimiento fueron quemados, me quité el parche en el ojo y me fui (...) Me fui manejando a Maracay y les pedí que me buscaran al mayor Ramón Carrizález, le digo lo que pasa: 'No sé si caigo preso, lo que quiero es que asuman lo que pasa, que alerten a San Juan de los Morros a dos mayores más"[252]. En otro libro continúa su relato de este episodio: "Llegué a Barinas para avisar a uno de los oficiales que estaba delatado, para que quemara los documentos y el teniente lo hizo, y apenas terminó de hacerlo llegó un general a buscarlo"[253]. Cuando Hugo llegó a su puesto, a los pocos días llegaron funcionarios de inteligencia, estuvieron dos días registrando su habitación y de nuevo se lo llevaron detenido.

En el 2006, desde Elorza, Hugo reconoció que sí estaba conspirando y que las acusaciones en su contra eran ciertas: "Quisieron marginarme porque alguien decía por allá que yo andaba en un movimiento revolucionario –lo cual era cierto–. Me mandaron para acá (...) aquí estuve yo (...) por eso miraba (...) en esa casa ahí, estuve yo. Allá, debajo de aquellas matas, más de dos años de mi vida, botado aquí"[254]. Es importante detenerse en este episodio para entender una realidad: Hugo no era para aquel momento el líder del movimiento insurreccional; el grupo de conspiradores lo conformaban un conjunto de mayores que estaban en puestos de comando, de los cuales algunos fueron dados de baja. Hugo fue a presentarse a Caracas porque sabía del inminente golpe de Estado, nada más. Este es el motivo por el cual no lo dieron de baja, junto a los mayores, porque su implicación en la conjura y su posición en la fuerza no eran importantes.

Chávez relató cómo fue su aislamiento de la conspiración en una alocución desde El Hato Calleja: "Me mandaron a una unidad fronteriza de desarrollo y todo terminó siendo una farsa (...) no, que el ministro tal (...) que mandaron a un viceministro, que iban a hacer una carretera, eso fue hace ya veinte años, se cumplen por estos días, y al final se quedó el mayor Chávez con diez soldados comiendo pescado allá, que teníamos que ir a pescar para una laguna, en un ranchón viejo"[255].

Mientras los mayores que estaban realmente comprometidos con el movimiento fueron dados de baja en el Ejército, Hugo le daba un toque de heroísmo a su confinamiento, como siempre en TV: "Me habían dejado por allá en una frontera cumpliendo lo que uno pudiera llamar una misión imposible. A mí me dijeron de Caracas, un general me dijo: 'Mira, Chávez, la misión que te da el Ejército es crear una unidad de desarrollo fronteriza'. El que me lo comunicó era un buen hombre [risas] y me dijo: 'Pero te advierto que en verdad, Chávez, yo me he puesto a evaluar y es una misión imposible' [risas]. ¿Y por qué, mi general?' (...) 'Imposible porque no hay apoyo, no tiene apoyo de nada'. Yo le dije: 'Mire, mi general, para mí no hay misión imposible, para mis soldados no hay'... 'Es que no tiene soldados tampoco'. ¿Cómo?' [risas] No tenía ni un oficial, ni un soldado, ¡nada!".

Esta historia fue contada por retazos en varias alocuciones, como todas. Pero esta vez desde Caracas, y en Consejo de Ministros, relató: "El comando del Ejército trató de aislarme, me dejaron solito por allá sin tropas, bueno, creían ellos que yo no tenía tropa y teníamos el Movimiento Bolivariano [risa]. Teníamos era otro ejército, pues, dentro del Ejército otro ejército, y ellos creían que yo estaba sin tropa, bueno, pero no tenía cargo, no tenía nada"[256].

Si a Hugo no lo dieron de baja, lo que sí hicieron con él fue mandarlo a pasar calamidades. Sus relatos de aquellos días de "infortunio" que lamentablemente no le formaron el carácter, sino que por el contrario acrecentaron su resentimiento, los narra desde diferentes escenarios y en TV: "Un buen amigo capitán, Ramón Carrizález[257], arriesgándose, me asignó un grupito de soldados, una escuadra (...) 5 soldados, un sargento –Silverio– y un Toyota de aquellos del Ejército y ya". Desde Las Queseras del Medio recuerda que: "A caballo desfilamos en Carabobo, un 24 de junio, bajo un palo de agua". Chávez llevó a un desfile militar a su "unidad de desarrollo", en la que entre otras cosas: "Sembramos maíz y tenían cuatro cochinos que mi padre me regaló"[258]. A esto hay que sumarle un baquiano de nombre Martín Rávago, que trabajaba en uno de los hatos y se fue con él, además de reconocer: "Esos eran los recursos, sabana adentro, y era pleno invierno, seis de noviembre 1987".

"Así que logré –continúa explicando Hugo– conseguir por Caracas que le dieran a ese grupito de soldados unos créditos. Pero resulta que sembramos maíz, pero no teníamos un tractor, una rastra, tierra muy ácida. Además nos cayó agua como nunca ese invierno, ¡perdimos el maíz! Las mazorcas de maíz eran como el tamaño de 'El Vergatario' [risas], se perdió casi todo el maíz, entonces quedamos endeudados (...) En el medio de aquel maremágnum, de cosas de mi vida, yo le escribo a mi hermano Adán esta carta: 'Elorza, seis de noviembre 1987. Señor

Adán Chávez F. Barinas. Acudo a ti una vez más y seguramente no será la última, para pedir tu ayuda ante la avalancha que se me quiere lanzar para que ruede con ella hasta el abismo. Ha habido estremecimientos en Santa Rita...". Hugo le pedía auxilio a su hermano porque lo habían sacado del batallón aislado y lo mandaron tierra adentro.

Contó que le había mandado la carta a su hermano con el sargento Silverio y continúa leyendo el texto: "Yo estaba desesperado, vale (...) Estábamos quebrados en esa unidad de producción: 'Estoy en emergencia ante la situación planteada, la única manera es conseguir regaladas todas esas especies y traerlas para su reproducción. No tengo más tiempo ni más alternativa, tú conoces mi situación, no permitas que Silverio vaya a llegar aquí desmoralizado, ayúdalo a conseguir todo lo que sea posible allí en Barinas, en La Chavera, en la universidad, con tus amigos en Sabaneta, en Santa Rita, los rastrojos".

Volvamos a la carta que contenía instrucciones precisas y en la que involucró a su familia en Barinas para exigirle que vendieran su carro porque tenía que pagar un crédito que había tenido que pedir para pagar unas consultas médicas. El final de su carta demuestra su estado de ánimo, que era de una absoluta desesperación: "Estoy muy cerca del tremedal del palmar de La Chusmita, aquel que se tragó a Lorenzo Barquero en *Doña Bárbara*".

Es esta etapa en la que todos sus compañeros en diferentes libros y entrevistas coinciden en manifestar y señalar que Hugo no era alguien realmente importante dentro del movimiento; su forma de conspirar incluso lograba que todos le tuvieran miedo y le sacaran el cuerpo. Como ejemplo para este momento exacto de la historia, ya el comandante Arias Cárdenas contaba con una maestría y estaba comenzando su segunda, mientras dirigía desde hacía varios años a dos tercios de un batallón y era el líder indiscutido de su grupo de lanzamiento de cohetes múltiples. Todo el resto de los comandantes llevaba una vida disciplinada desde el punto de vista militar y habían alcanzado los primeros puestos de honor.

El historial de Hugo Chávez a estas alturas de su vida no era para nada alentador: lo habían expulsado de todos los cuarteles, de todos los pelotones, había llevado a la ruina a la unidad de producción y los 5 soldados que se embarcaron en el primer proyecto de desarrollo de Hugo estaban endeudados. Ya no serían los ecos de la abuela únicamente los que le retumbaban en los oídos, "Usted no sirve pa' eso", sino también resonarían posiblemente los de Doña Delfina tratando de explicarle al joven capitán por qué no se podía sembrar maíz en aquellas tierras.

El mayor problema

El arte de glorificar sus derrotas, esa era una de las tantas particularidades de Hugo cuando fue presidente de Venezuela: "Así que yo estaba en el medio de un tremedal, jugándome el todo por el todo porque era militar activo, enfrentado incluso a militares de alto rango que eran terratenientes por allá; enfrentado a los altos mandos de la zona que estaban aliados, sin duda, con los terratenientes; enfrentado al gobierno de la región, el gobernador, un adeco muy corrupto, lo cual es una gran redundancia decir adeco y muy corrupto, pero bueno [risas], borracho además, ¿eh?, con el cual tuve varios enfrentamientos, hasta personales con aquel caballero gobernador"[259].

Si hay algo que no se podrá negar jamás es la extraordinaria habilidad de Hugo para convertir sus arrebatos irresponsables en gestas heroicas. Siempre se presentó como una figura antisistema que luchaba contra las adversidades. Esa actitud que llegó a sembrar pánico por sus arranques emocionales hacía imposible que alguien siquiera pensara en que aquello era mentira. La realidad es que Hugo nunca tuvo problemas con la alta oficialidad, sino que se metía en problemas por sus actos impulsivos. En una oportunidad le dijo a toda la plana mayor que venía de visita, que él había entrenado a sus hombres para el manejo invernal en barro y les quiso hacer una demostración, que narró como un gran acontecimiento a sus espectadores de TV: "Me metí en tremendo lío [risas], yo mandé arbitrariamente, lo reconozco (...) Aquella vez vinieron unos generales y en invierno. Le dije al soldado: 'Mételos por lo más desastroso del camino'. Iba ese Pinzgauer irrrruuuu! Bueno, se pegaron [más risas]. Tuvimos que llegar caminando al pueblo. Íbamos a inaugurar una estatua en el escamoto, de José María Carreño"[260]. El Presidente remató su relato admitiendo que aquel episodio lo propició para demostrarles a los generales que la corrupción había impedido la construcción de la carretera.

Años más tarde, ya con la terrible enfermedad a cuestas, nos contó en cadena casi todas las verdades: "¿Tú sabes con quién yo peleaba mucho? Con el gobernador de Apure. Peleé no sé cuántas veces. Bueno, discutíamos, pues. En Elorza discutimos una vez. Una vez yo le quité la avioneta prestada y no se la devolví sino hasta el otro día; era para buscar a Reina Lucero y a Eneas Perdomo en San Juan, para las fiestas en Elorza, y aquel gobernador bravísimo: 'Mayor, ¿dónde está mi avioneta?'. Se quedó por allá en San Fernando. No pudo volar en la noche. Estaba bien bravo"[261].

Aquí cabe la pregunta: ¿entonces cómo queda aquella historia en la que Hugo le había plantado cara al gobernador para proteger a sus hombres? A Hugo no lo nombran presidente de las Fiestas Patronales de Elorza por ser antisistema, sino exactamente por lo contrario. Como él mismo dijo, les caía bien a todos y les pedía dinero a todos, "las vacas", como él los llamaba[262]. Hugo Chávez era todo menos antisistema pues hasta los dueños de los hatos lo llamaban para que animara las fiestas y hasta llegaron a salvarlo porque consideraban imposible que ese animador estuviera conspirando. Uno de ellos llegó a exclamar cuando se develó su conspiración: "¿Quién, Tribilín? ¡No, chico!". Hugo se metía en líos, como ponderaban sus propios compañeros, más por insensato que por conspirador, y lo cierto es que lo que logró, además de la ira del gobernador y su respectivo informe describiendo la novedad, fue que sus invitados regresaran caminando.

La segunda pelea de Chávez, y esto fue un complemento a su accidentada carrera, ocurrió cuando estaba en la unidad de desarrollo. Hugo observó que se levantaba cerca del lugar donde se encontraba una obra que consistía en la construcción de una carretera. La primera historia que contó sobre este episodio, en el año 2001, fue así: "Resulta que el dueño de la máquina parece que era amigo del gobernador, le habían dado la cosa, tú sabes, el manejo, y voy allá y pongo la queja y mando un informe por escrito con fotos y todo al comando. Yo vi aquel terraplén y dije lo que tenía ganas era de tumbarlo, pero si lo tumbo me arrestan, por supuesto, Dios mío, pero cómo van a tapar este caño (...) ¿Qué pasó en el invierno? Lo que tenía que pasar, el caño se llevó las alcantarillas, el agua no se para así, se llevó las alcantarillas, se llevó la tierra y después vino una tragedia, recuerdo, porque yo pasé la novedad, nos quedamos aislados allá al sur de ese caño"[263].

Esta historia del caño la cuenta de nuevo 10 años más tarde, ya casi enfrentando la muerte, cuando nos contó la verdad: "Le dije al ingeniero: 'Mire, usted está tapando hasta los caños, ustedes no saben lo que es el invierno aquí, usted va a dejar esa tierra así floja, no aplanaíta'. Arriba se veía dura, pero por debajo eso no aguantaba el paso de un camión de ganado, entonces se iban a llevar las máquinas, el ingeniero ni me hizo caso (...) 'No, no, yo tengo esto, el contrato', respondió el ingeniero. Bueno, entonces cuando yo le dije a la guardia: 'Mira, si se van a llevar las máquinas, avísenme', y se las iban a llevar (...) no, yo mandé a parar las máquinas y entonces agarré unos soldados que sabían medio manejar máquinas de esas y las puse a trabajar a romper el terraplén".

Chávez jamás había construido algo en su vida, pero se atrevió a desacatar las órdenes de los ingenieros que construyeron la carretera –que por cierto aún está allí y no se ha caído en 25 años–, pero él insistía en que no podían usar las máquinas, además de sabotear la obra destruyendo lo que ya se había construido. Chávez había roto una carretera por completo, hecho que causó la indignación del gobernador, a tal punto que llamó a sus superiores para plantearles una queja. Él prosigue con su cuento: "Bueno, me mandaron a buscar de San Juan de Los Morros. Yo, bueno, hice un informe. El gobernador era un adeco echando chispa allá (...) compadre, llegó el invierno"[264].

Esto que narró demuestra la inmensa irresponsabilidad de Hugo Chávez: destruir nada menos que una carretera y lo que eso significa en recursos económicos para la nación. Veamos qué ocurrió cuando llegó el invierno: "Recuerdo que entonces llamé urgentemente, mandaron a unos muchachos de ingenieros a hacer un puente [donde él había destruido la carretera], pero en pleno invierno y sin embargo los muchachos fueron, un teniente con unos soldados y ellos montaron el puente y estaba bien montado el puente, pero ¿qué pasa? La tierra estaba... las bases muy flojas. Y por imprudencia de alguien, entonces, cuando montan el puente van a cruzar con un camión para ver cómo quedó y el puente se va y murieron dos muchachos ahí"[265]. Si durante la llegada de Chávez a Apure había ocurrido un accidente en el que por negligencia cayeron al río vehículos militares, su salida llevaría como signo fatal otro accidente en el que de nuevo otros vehículos terminarían en el río, pero esta vez con consecuencias fatales: dos muertos.

Y así terminó Hugo Chávez su "aventura militar", porque a esto no se le puede llamar carrera militar, con cuatro nuevos informes en apenas dos años: el primero por desafiar la autoridad del Estado al "robarle su avioneta"; el segundo, por la destrucción de una carretera; el tercero de la inteligencia civil, en el que quedaba demostrado que estaba adiestrando militarmente a los indígenas, y el cuarto, de la inteligencia militar, por un intento de golpe de Estado en el año 1987. Todos esos informes que narraban la conducta indisciplinada de Hugo Chávez, junto con otros más que ya se encontraban en su expediente, fueron eliminados en la dirección de personal. Para la fecha en la que ocurren estos hechos, de acuerdo al general Ochoa Antich en su libro, los generales que habían intentado varias veces dar el golpe de Estado llegarían a los puestos claves del Ejército. El propio Ochoa Antich sería el ministro de la Defensa, Carlos Santiago sería el director general del ministerio y Ramón Santeliz el director de personal[266].

El mayor desastre en Guatemala (1988)

La experiencia en Apure de Hugo Chávez había terminado como comenzó, en un desastre. Al morir aquellos dos hombres, ya era poco lo que le quedaba por hacer en esos remotos territorios a donde lo habían mandado. Para esta fecha, Hugo cargaba a sus espaldas la irresponsabilidad de enseñar a disparar a los indígenas, haber robado la avioneta del gobernador del estado Apure, sembrar maíz en tierras no aptas y endeudar a sus hombres. Para colmo tenía dos delaciones en su contra por conspiración, haber destruido una carretera e intentar construir un puente en pleno invierno con el saldo de dos hombres fallecidos a causa de su negligencia. Todo esto había dado motivos suficientes para expulsarlo de ese lugar de inmediato.

Hugo se despidió del sargento Silverio, del cabo Mirabal y del civil Martín Rávago terminando el invierno[267]; fue exactamente el 14 de abril de 1988. Nunca más vio a Silverio, jamás fue invitado a un programa *Aló Presidente*, de tantos que se realizaron en el estado Apure, ni volvió a ser nombrado por Chávez. Sí saludó al cabo Mirabal en el año 2005, pero tampoco se supo si canceló el crédito de sus soldados. Podemos imaginarnos algo de lo ocurrido cuando le llegó el turno a Martín Rávago en el programa en vivo y directo, para explicar algunas cosas importantes. En esta oportunidad el Presidente se encontraba en un estudio de radio, fue en esos espacios donde Hugo inició sus primeros programas *Aló Presidente*, antes de saltar a la televisión, y las entrevistas las realizaban desde una unidad móvil perteneciente a la estación de radio.

Se encontraban transmitiendo en vivo y en una pauta del programa el encargado de la unidad móvil recibe la orden del canal para dar el pase y presentar a Rávago a la audiencia. De inmediato se oyó su voz de llanero, inconfundible: "¡Ajá, aló Presidente, yo quiero hablar con usted, a efecto de lo que hablamos en Santa Rita". Como buen llanero, Rávago fue directo al asunto y el Presidente le pregunta: "¡Martín!, ¿cómo estás tú?". A lo que Rávago le respondió de nuevo sin rodeos: "Estoy en casa, con un ganadito y no tengo trabajo pa' tenerlo y a ver si usted me ayuda, como quedamos nosotros".

Quien conozca el llano o el interior de Venezuela entendería el significado de las palabras de Rávago. Los llaneros no olvidan y, para este hombre, la palabra dada por Hugo en 1988 quedó congelada en el tiempo, como si no hubieran pasado los años. "De lo que hablamos" y "como quedamos" son dos de los venezolanismos más conocidos en el contrato de palabra y más aún en los llanos. Así que el Presidente le respondió: "Martín Rávago que me estás oyendo, Martín, y yo quiero verte ahora más tarde. El general Martínez, por favor, yo quiero hablar con Martín Rávago, personalmente en privado ahora"[268]. Hugo aún no era el experto locutor que llegó a ser hacia el final de sus días, este programa se realizó en el año 2000, así que fue difícil para él ocultar su incomodidad en ese momento, los oyentes debieron percibir a un Presidente nervioso y cortado, sin entender muy bien qué era lo que estaba sucediendo. Nunca más se supo de Martín Rávago, hasta que once años más tarde un sobrino suyo fue a pedir ayuda en el 2011[269].

Sería especulación todo lo que se pueda pensar y decir en relación con lo ocurrido en aquella "unidad de desarrollo", salvo que Hugo Chávez se despidió por escrito del cabo Mirabal el 14 de abril de 1988 y que "quedó en ayudar" a Martín Rávago. El episodio con Rávago nunca sabremos si fue un asunto de dinero, si fue por las deudas que Hugo reconoció que adquirió a nombre de aquellos soldados o sencillamente por amistad; tampoco supimos jamás a dónde fueron a parar sus cuatro cochinos. Lo único que podemos confirmar con propiedad es que el tremedal del palmar de La Chusmita, aquel paraje maldito en el que sí se perdió Lorenzo Barquero en la novela *Doña Bárbara* de Rómulo Gallegos, no se tragó a Hugo Chávez.

El propio Hugo se encargó de hacer un currículo tan deplorable que ni a su peor enemigo le hubiese quedado tan bien. Hugo nos contó cómo lo sacaron del primer pelotón, del cuartel, del batallón, del segundo batallón, de la Academia Militar, del tercer batallón, lo aislaron en el llano, lo sacaron de allí a la selva y encima: "Ahora, entonces, me sacan del país y me mandan a Guatemala", llegó a exclamar[270]. "Estuve en Guatemala por allá por 1988, varios meses, pero unos meses muy intensos. Recorrí casi todo ese hermoso país, el país de la eterna primavera, Guatemala, Antigua, Quetzaltenango, los Cuchumatanes, son unos montes altísimos. Llegamos hasta las fronteras con México, fui hasta Esquipulas, donde está el Cristo Negro de Esquipulas. Qué hermoso Cristo, es un Cristo negro hermoso"[271].

La historia del viaje a Guatemala la contó en dos tiempos, la primera vez en el año 1999 y la segunda parte en febrero del año 2005: "Recuerdo haber participado en un ejercicio de evacuación de un pueblo. Estábamos allí, haciendo un curso un grupo de militares y correspondía, por los planes nacionales y la programación y de repente suena una sirena y sale todo un pueblo, porque está a la pata de un volcán, estaban simulando una situación de crisis, pues hasta eso habrá que hacer aquí, que cada uno de ustedes, cada una de ustedes, allá, en su casa, a la hora que sea, si es madrugada, si es mediodía, donde trabaja, donde quiera que esté, cada uno sepa qué hacer, para dónde va, cómo nos ayudamos, la organización popular y social"[272].

Mientras Chávez fue Presidente nunca aprovechó lo aprendido en aquel simulacro en Guatemala, donde estuvo participando. Pudo haber ordenado diseñar una política de Estado para simular situaciones de crisis y, de haber tenido presente aquel curso, aplicarlo en Venezuela como una estrategia preventiva. ¿Cuántas vidas no se habrían salvado en su primer año de gobierno en la tragedia del estado Vargas, conocido como el mayor desastre en la historia de Venezuela, o en las constantes lluvias y vaguadas? O en tantas zonas de riesgo que hay en Venezuela. Pero su responsabilidad no era precisamente la prevención, mientras fue presidente de Venezuela. Y así continúa la jácara de Guatemala: "Estuve en Guatemala, en Guatemala haciendo un curso como militar todavía, me mandaron para sacarme del país por unas situaciones internas muy duras que había, aquel año de 1988-1989 (...) entonces conviví ahí con militares guatemaltecos y dejé grandes amigos, pero con algunos yo discutía muy duro"[273]. En el año 2007 añade nuevos capítulos a su cuento de Guatemala: "Fui a las zonas guerrilleras con algunos militares de Guatemala. Con ellos yo discutía mucho. Estábamos en zonas campesinas, en las fronteras con México, hacia el norte, Huehuetenango; después fuimos hasta Quetzaltenango, la tierra maya. Unos instructores me decían: 'Es que son todos comunistas'. Y yo le decía a uno de ellos: 'Ayer usted nos dijo que en esta región nadie habla el español, que todos hablan sus idiomas indígenas y hoy me está diciendo que es que todos son comunistas'. ¿Cómo van a ser comunistas si no han leído las tesis del comunismo, de Carlos Marx? [risa] ¿Cómo es eso de que son comunistas?". ¡Es el hambre, es la miseria!"[274].

El mayor "de Guatemala a guatepeor"

Hugo Chávez había pasado los últimos dos años de su vida completamente aislado y los pocos intentos de captar a nuevos partidarios al movimiento habían terminado en catástrofe porque los delataron a todos, razón por la cual lo habían incrustado selva adentro, pero después de sus indiscreciones y fracaso, lo enviaron seis meses al extranjero. El Estado Mayor guatemalteco había dispuesto que se hiciera un curso de "asuntos civiles" a nivel internacional y el Ministerio de la Defensa, sin saber qué hacer con el mayor ahora despedido de su tercer batallón, decidió aislarlo en un curso "no militar" en el extranjero.

Hugo sería entonces el miembro número 26 del curso internacional de "asuntos civiles", un eufemismo creado nada menos que para ocultar el verdadero nombre del "Curso Superior de Guerra Política". Del total de sus integrantes, diecinueve serían de Guatemala, dos de Honduras, dos estadounidenses, un representante de México, otro de El Salvador y Hugo que representaba a Venezuela[275].

De acuerdo a las palabras de su instructor, Chávez llegó a Guatemala la primera semana de abril. Esta fecha no sería tan importante a no ser porque, apenas un mes más tarde de su arribo, el 11 de mayo, mientras Hugo se desayunaba, unos nueve mil efectivos militares ejecutaron un golpe de Estado y tomaron varios edificios públicos, entre ellos la Radio Nacional guatemalteca[276]. Este hecho es importante, no porque Hugo hubiese tenido alguna participación o estado implicado de algún modo, sino por el entorno en el que se desenvolvió Chávez durante aquellos años y la iniciación golpista que recibió. Entonces no podríamos decir que fue un hecho aislado: a Hugo Chávez lo mandaron al epicentro de una actividad conspirativa internacional.

También en Argentina había movimientos insurgentes contra la democracia. Al presidente Raúl Alfonsín lo asediaron tres conspiraciones militares e intentos fallidos de golpe en los que participaron civiles, además de un estallido social equivalente al Caracazo de Venezuela, que logró sacarlo prematuramente del poder. Para continuar con el ambiente insurreccional de la época en América Latina, los militares peruanos también tenían un "plan golpista elaborado entre 1988 y 1989 junto con un grupo de civiles, que planearon dar un golpe de Estado contra el gobierno de Alan García"[277] y que fue, como en el caso venezolano, el mismo plan que continuaría en 1992 durante el golpe en el Perú. El presidente Vinicio Cerezo presidía el primer gobierno civil en la historia de Guatemala, apenas tenía dos años en el poder cuando un grupo de militares le dieron un golpe de Estado. Hugo Chávez estaba rodeado de un ambiente infectado de militares golpistas, así que a donde mirara se encontraba a sus colegas conspirando abiertamente para tomar el poder. Para él aquello era natural, ya que lo realmente atípico era que gobernaran los civiles.

Entonces, ¿qué hacía el joven mayor después de haber sido expulsado del último batallón? Hugo contó que se encontraba nada menos que haciendo un curso de guerra política, casualmente durante un golpe de Estado, junto con los norteamericanos[278] y en pleno mandato del presidente Ronald Reagan. Un Hugo emocionado, años después relató: "¡Ay, cómo aprendí allá! La guerra psicológica busca entre otras cosas, a través de la propaganda, convencer a alguien o algún grupo de algo, y muchas veces la guerra psicológica se basa en la mentira (...) En la misma calle la gente usa: es una guerra psicológica, me tienes psicoseado (...) es una palabra muy de por allá, de la esquina"[279].

(Mientras escribo estas líneas [2013] no puedo dejar de pensar en los 14 años de la presidencia de Hugo Chávez en Venezuela y me encantaría conocer quién carajo lo mandó a hacer ese cursito.)

El mayor movimiento telúrico (1988)

De lo próximo que se tiene conocimiento acerca del mayor Chávez, luego de su viaje a aprender cómo actuar en caso de un movimiento telúrico, es que llegado el mes de octubre de ese año, no tiene cargo en su registro. Se sabe que firmó la foto de su graduación en el curso el día 14 de septiembre y que al menos hasta el 18 estuvo en Guatemala, país en el que condujo "kilómetros y kilómetros en un carrito prestado[280] y más solo que el otro Llanero Solitario"[281]. Esto quiere decir que el mayor, tal y como hizo antes en República Dominicana, de nuevo "desapareció" y nadie más lo volvió a ver por unos días.

Cuando el mayor Chávez regresa a Venezuela procedente de Guatemala se encuentra en una situación crítica, pues estaba a "las órdenes" del Ministerio de la Defensa, un eufemismo para no reconocer que se encontraba en el congelador. Si Hugo Chávez sobrevivió a su tragedia de carrera militar, fue porque se había plegado al sector comunista del movimiento y porque estos exigían tenerlo como su ficha; por eso los coroneles y generales también del ala comunista le habían borrado sus informes y lo habían colocado entre los primeros de su promoción. Pero la verdad es que la institución militar, así como el resto de Venezuela para esta fecha se encontraban en una situación paupérrima y las actividades conspirativas a la orden del día ya eran masivas. Por eso la carta de Hugo Chávez a su hermano y padres dio como resultado un acto salvador de su familia, quienes conocían al general Arnoldo Rodríguez Ochoa, alguien muy próximo que surgiría para rescatarlo.

El general Rodríguez Ochoa lo había conocido antes, cuando estuvo en la Academia Militar, y además era pelotero como Hugo y hasta habían jugado juntos. Este general alberga al joven mayor como su edecán por unos meses en su cuartel, hasta que fue nombrado para un puesto en la Secretaría del Consejo Nacional de la Defensa, justo al frente del Palacio de Miraflores, sede de la Presidencia de Venezuela.

Para ese momento el clima interno en el país es intenso, las situaciones se van encaminando solas y está a punto de darse el tercero de una serie de golpes de Estado en Venezuela, que pasó a la historia como "La noche de los mayores" o "La noche de los tanques", cuando la realidad es que esta intentona golpista debió llamarse "La segunda noche de los generales". En el año 2007 Chávez devela aquellos tiempos de conjuras: "Bueno, fueron aquellos años (...) años que se fueron calentando, hubo muchas protestas previas a El Caracazo reprimidas salvajemente. En el sector militar hubo también acontecimientos, algunos no se hicieron públicos, pero quién olvida la noche de los tanques"[282].

El día 26 de octubre de 1988 el presidente Jaime Lusinchi regresaba de un viaje fuera de Venezuela; se encontraba en la Cumbre de los Ocho en Uruguay[283]. Como Presidente encargado de Venezuela fue nombrado el Dr. Simón Alberto Consalvi. Los ocho presidentes que sumaban el 84% de la deuda externa de América Latina, que alcanzaba los 364.314 millones de dólares según el Banco Mundial, buscaban en Uruguay desesperadamente "proponer mecanismos para la reducción de la deuda y el incremento de los flujos financieros imprescindibles para el desarrollo de nuestros países". Venezuela había llegado al límite, porque los precios del petróleo, que se habían encontrado en veintiocho dólares por barril en 1984 y 26 dólares en 1985, bajaron estrepitosamente en apenas dos años a catorce dólares. Y el hombre que había dicho que Venezuela pagaría hasta el último centavo estaba a punto de declarar la moratoria de la deuda.

En la ciudad de Caracas se encuentra el Fuerte Tiuna. Dentro de esas instalaciones militares, en el Batallón de Caballería Ayala, uno de los batallones blindados móviles más fuertes de la capital, se recibió la llamada: "Active el batallón y movilice los carros de asalto para tomar la residencia presidencial y el palacio", dijo la voz evidentemente de un general al otro extremo de la línea. Era imposible movilizar el batallón sin un código, que se encontraba dentro de una caja fuerte y que solo poseían unos pocos privilegiados mandos del Ejército y en los niveles más altos. La voz ordenó: "Abra de inmediato la caja fuerte". Quien daba la orden era un general y se refería a la caja de seguridad en la que se guardan, como en las películas, las órdenes de ataque. "La clave es –continuó el general–: 34 guión X doble guión R guión 22R"[284]. Los oficiales de guardia buscaron la caja fuerte e ingresaron el código, encontrando que era correcta y en su interior había un sobre lacrado con el título "Operación Limón 3".

La situación era en extremo radical porque dentro de las Fuerzas Armadas los panfletos golpistas y la circulación clandestina del libro *De militares, para militares*, llamando al golpe contra el sistema, no eran desconocidos para nadie. Pero ahora no se trataba de un ejercicio: la orden era sencillamente activar los veintiséis blindados y tomar el objetivo que no era otro que la sede del poder presidencial, y quien dio la orden conocía los códigos para activar el batallón y, sobre todo, el contenido del sobre.

De inmediato se activaron todos los soldados del batallón. En este momento es necesario detenerse para determinar que previamente se había planificado toda la logística para que los veintiséis blindados pudieran salir del Fuerte Tiuna hacia la calle; esto significa: armamento, municiones y dotaciones de tropa para el combate. Estas son órdenes que requieren de una cadena importante de mando que deben obligatoriamente contar con la aprobación de no pocos generales.

Y así fue como el viernes veintiséis de agosto de 1988, a las 4 de la tarde, el Batallón Ayala recibía exactamente las mismas órdenes que se darían en 1992, en una situación exactamente igual en la que llegaría otro presidente desde el extranjero, salvo que en esta nueva oportunidad todos los tanques operativos en el Fuerte Tiuna saldrían en dos columnas, perfectamente armados, con tiempo y justificación para salir, junto a cientos de hombres a buscar al Presidente de la República encargado.

De la misma manera que ocurrió en 1992, pero en esta oportunidad la primera columna de tanques iría a la residencia presidencial La Casona y la segunda al Palacio de Miraflores.

Para que el lector entienda mejor lo que sucedió en el año 1988, hay que precisar que prácticamente todos los oficiales que insurgieron en esa fecha tenían el grado de mayores. Luego, cuando lo intentaron de nuevo en 1992 con el grado de tenientes coroneles, ya eran los subcomandantes de los batallones golpistas. Los generales que iniciaron el golpe de Estado, de acuerdo a fuentes extraoficiales, tuvieron que abortar el golpe por desavenencias con la Armada y algunos generales del Ejército. El golpe sencillamente no se podía dar porque no tenían el control del Batallón Bolívar de Infantería en La Guaira y faltaba el control de un batallón clave en Caracas; fue por esta razón que aquellos jóvenes mayores se inmolarían en nombre de los generales. De esta manera el presidente Jaime Lusinchi llegaría al aeropuerto procedente del exterior sin sospechar que ese día salvó su pellejo por pura casualidad y, paradójicamente, al inmolarse estos jóvenes mayores, Hugo Chávez tendría una oportunidad de comando de tropas.

El presidente Lusinchi presentía los movimientos telúricos e instaba a las Fuerzas Armadas advirtiéndoles lo que para todos era un secreto a voces: que algunos sectores pretenderían empujar más de lo deseado los límites y que otros lo harían en forma desmedida atreviéndose además a calificar la acción como una cierta sustentación temporal telúrica. En un claro mensaje en el Ministerio de la Defensa, en su propia casa, el Presidente los increpó: "No vamos a hacer filosofías en este instante (...) a las Fuerzas Armadas Nacionales corresponde en este instante una tarea suprema (...) mantener en forma exacta la condición de cuerpo apolítico no deliberante y obediente del poder civil"[285]. Sobraban las explicaciones; con estas palabras históricas el presidente Lusinchi les advertía sin más preámbulos: "Ya estoy en cuenta del golpe de Estado".

En las Fuerzas Armadas cada quien había recibido el mensaje y muchos sabían a quiénes se refería el Presidente. Aun así, después del fracaso del golpe de Estado y con un informe de inteligencia que alertaba sobre un posible "caracazo", Jaime Lusinchi terminaría reflexionando al final de ese año nuevamente en los cuarteles con el siguiente discurso: "En estos días han sucedido muchas cosas. Muchas cosas extrañas. Noviembre y diciembre tienen una cosa telúrica, pero no me voy a meter en esas profundidades. Hay una cosa extraña en estos meses, no sé, todavía la ciencia no ha descubierto ciertas determinantes. Pero en todo caso todos los fines de año son raros, este muy especialmente..."[286], mientras veía a la cara a los generales que estaban próximos a darle el siguiente golpe de Estado.

El mayor fisgón (1988)

Pocos saben que a Chávez lo meten preso a raíz de ese intento de golpe de Estado. Nos enteramos por él mismo años después: "Me acusaron de que yo era uno de los jefes de aquel movimiento (...) al día siguiente estaba yo preso, acusado de que era uno de los conspiradores, pues no tenía (...) mentira, mentira, me querían sacar de aquí, no lo lograron, no había pruebas, me sacaron unos meses después preso de aquí, ya Carlos Andrés Pérez presidente"[287].

Hugo tenía razón al invocar su inocencia, porque ni en este intento de golpe ni en el de 1987 él era el jefe de esos movimientos, porque los verdaderos ejecutores eran generales y los ejecutores estaban en puestos de comando como el mayor José Domingo Soler Zambrano y el capitán José Manuel Echeverría Márquez, junto con muchos otros que se quedarían de brazos cruzados mientras los tanques rodeaban al Presidente encargado. De hecho hicieron lo que no se logró el 27 de febrero, cercar al Presidente y tomar la casa presidencial con dieciocho tanques y ciento ochenta soldados. El presidente Carlos Andrés Pérez, analizando su propia historia, lo confirmó en una de sus biografías: "Este evento se señala como el inicio de un intento de golpe que no llega a desarrollarse"[288].

El general Manuel Heinz Azpúrua fue quien dirigió la investigación que determinó que las llamadas que recibió el mayor Soler estaban estrechamente relacionadas con el desplazamiento de la caravana presidencial desde Miraflores al Ministerio del Interior y desde este a la residencia presidencial La Viñeta[289], donde se encontraba el Presidente encargado, el Dr. Consalvi. La orden había sido cumplida al pie de la letra, los mayores desconocían la clave de la caja fuerte y el contenido del Plan Limón 3 y la conclusión era la misma que la del 89, un "golpe seco" en el que secuestrarían al Presidente de la República que llegaba de viaje y así tener el control absoluto para decretar un Estado de excepción.

¿Por qué Hugo Chávez asegura que lo metieron preso? Chávez abandonó el Fuerte Tiuna armado, como él mismo lo explica: "De repente, llegan unos soldados corriendo, eso fue en octubre del 88, a llamarnos a los oficiales que estábamos ahí (...) pues que hay unos tanques rodeando el palacio. Inmediatamente salimos por debajo del viaducto que está allí, por la quebrada pasamos, pero andábamos hasta desarmados. Yo pasé por el túnel El Manguito al Palacio Blanco, fui a mi habitación, me vestí de campaña, la pistola, me armé, pues, a ver qué cosa era aquella, quise llegar allá por la esquina donde está la farmacia allí. Entonces la esquina de Bolero, ¿no? Había soldados blindados ahí, no pudimos pasar, habían tomado el Ministerio del Interior, habían tomado La Viñeta y estaban rodeando el palacio"[290].

Hugo Chávez se había vestido con el uniforme de campaña, portaba su arma de reglamento y se encontraba en el Palacio Blanco, frente a los tanques. Tiempo después debió comparecer ante la comisión investigadora. En el año 2007 recordó este hecho y esta fue su versión: "Yo estaba jugando softbol ahí, el juego de softbol me salvó, allá en Pagüita (...) el equipo de la Casa Militar. Y de repente, cuando estamos allá todavía en el campo de softbol, llegan unos soldados corriendo, eso fue en octubre del 88, a llamarnos a los oficiales que estábamos ahí. Quise llegar allá por la esquina donde está la farmacia allí. ¿Cómo se llama esa esquina? La esquina de (...) No sabe nadie cómo se llama esa esquina. Bolero, ahí parece que bailaban mucho bolero antes. Entonces la esquina de Bolero, ¿no? Había soldados blindados ahí, no pudimos pasar"[291].

Este intento de golpe de Estado se desarrolló con los grupos de insurgentes que decidieron meter preso al Presidente encargado mientras el Presidente constitucional estaba de viaje. El mayor Chávez sostuvo en su declaración que estaba justo allí, armado, vestido de camuflaje diciendo que todo había sido por casualidad, justo en el momento en el que el Presidente encargado hablaba con el capitán donde se encontraba el Presidente encargado. El Dr. Consalvi recordó lo ocurrido en una entrevista que concedió en el año 2008 de la siguiente manera: "Una experiencia casi cómica. Primero los militares van a hacerme preso en La Viñeta [casa de presidentes encargados], donde yo no estaba y por eso no logran ponerme preso. Entonces mandan (llegan) los tanques a rodear Miraflores y el ministerio, donde yo sí estaba. Ahí conversé con el capitán jefe del comando: '¿A quién buscan?', le pregunto, '¿qué pretenden?'. Entonces el capitán me dice: 'Tengo órdenes de protegerlo a usted'. Le respondo: '¿Protegerme de qué?'. Y el capitán me repite: 'Yo vine a protegerlo y aquí estamos'"[292].

El Dr. Consalvi se encontraba en su despacho en el Ministerio de Relaciones Interiores. Relató que en todas las puertas de esa dependencia[293] siempre había un soldado. "¿Protegerme de qué?", se preguntaba con insistencia el Presidente encargado, si el resguardo presidencial le correspondía a la Casa Militar. Aquí es donde se debe dar cuenta el lector de lo masivo que era el golpe de Estado. No es que salieron algunos camiones con soldados por diferentes puertas ese día; salió nada menos que todo el batallón de infantería mecanizada que tuvo que atravesar diversas alcabalas del batallón de policía militar y salir por las alcabalas principales, custodiadas por batallones completamente distintos, y al llegar nada menos que a Miraflores, el Batallón Guardia de Honor no activó el plan de defensa.

Los encargados de la custodia del Presidente encargado nunca actuaron, ni siquiera para exigir una explicación al despliegue nada menos que a cincuenta metros del lugar de donde estaban ubicados los tanques. El tamaño de este golpe se puede determinar porque participaron al menos trescientos hombres con gran capacidad de acción, pero llama la atención que los que portaban armas antitanques se quedaron de brazos cruzados. Fue Hugo Chávez en el año 2009 quien confesó: "Esas dos rebeliones en el fondo son una sola, solo que no pudieron coincidir el mismo día, fue imposible, y vino una y luego vino la otra, pero es la misma rebelión cívico-militar del 92"[294].

La realidad es que Hugo tuvo una participación minoritaria en el movimiento. En la mañana de ese mismo día había ido a hablar con el comandante del Batallón Ayala para aclarar su participación. El general Peñaloza recuerda con claridad lo ocurrido: "Ese día el entonces mayor

Chávez estuvo de visita en el Grupo de Caballería Ayala, conversando con el mayor Soler. Esta información se la comuniqué a la dirección de inteligencia del Ejército y de nuevo no ocurrió nada. Yo creo que detrás de esto hubo un ángel protector"[295].

¿Quién o quiénes salvaron a Hugo Chávez una y otra vez? Algunos generales se inmiscuyeron en las investigaciones e incluso entraron en los interrogatorios sin estar siquiera autorizados: el general Herminio Fuenmayor, que era el agregado militar en Bélgica, y el general Santeliz, al que Hugo identifica como un viejo conspirador, que para entonces era asesor del ministro "pero estaba era con nosotros, estaba en la cuerda floja y me animaba"[296], aseguró Chávez a José Vicente Rangel en uno de los tantos programas a los que fue invitado. Arias Cárdenas recordó en una oportunidad que el general Santeliz siempre estuvo enterado de lo que hacían. Antes como director de planificación y presupuesto del Ministerio de la Defensa y posteriormente como asesor del ministro Ochoa.

Dos aspectos fundamentales cambiaron la historia de Venezuela por aquellos días: Chávez fue misteriosamente perdonado de nuevo, esta vez por ser oficinista, y todas las cabezas de la conspiración en Caracas fueron echadas de las Fuerzas Armadas, dejándole el camino libre a un Hugo Chávez que más adelante concretaría sus objetivos. El asunto es bastante simple si se quiere. Si Soler Zambrano y compañía no hubiesen sido sacrificados aquel día, Hugo Chávez jamás habría llegado a comandar un batallón y mucho menos a la Presidencia de la República.

Sin embargo al mayor Soler y a los capitanes Sisiruca y Echeverría sí se los tragó el "tremedal del palmar de La Chusmita", nunca más se supo de ellos desde 1992, nunca más fueron nombrados por nadie, desapareciendo en cargos irrelevantes y para siempre en la mitografía bolivariana. Sus nombres solo quedaron, como dijo Lusinchi, para ser recordados como un "cuento chino", como el que les echó el "fisgón de Sabaneta" a los muchachones de la inteligencia militar.

El mayor regaño (1988)

Este golpe de Estado, aunque había sido ejecutado a la perfección, terminó en un fracaso estrepitoso por las mismas razones que los demás.

En el Ejército, un grupo de generales de derecha nacionalista estaba enfrentado al grupo de generales con simpatías marxistas. Pero a su vez competían por el apoyo de la Fuerza Aérea y de la Marina, que estaban igualmente fracturadas. A su vez el sector "marxista" de los generales quería el apoyo de los civiles que ya estaban implicados para ese momento y que se iban a lanzar en una aventura similar para incendiar la pradera.

Por eso ese precipitado intento de golpe del generalato "nacionalista" tuvo un efecto negativo en el resto de los implicados; por eso también en diciembre de 1988 los civiles "marxistas" involucrados en la conjura llamaron a los suyos y entre ellos a Hugo para que no se sumara a ese tipo de acciones. Ese *impasse* entre civiles y militares conspiradores lo narra Hugo en marzo del año 2010: "Nosotros estábamos por alzarnos en armas y después de tantos años de preparar la rebelión, viene esa cúpula (...) La Causa R (...) y nos piden que paremos la rebelión. Yo los mandé pa'l mismo carajo (...) verdad, y les dije: 'No, chico, esta rebelión iva! (...) porque ya tenían dos diputados, un diputado, entonces empezaban a jugar con el sistema, a hacerle carantoñas al sistema"[297].

Si se quiere esta fue una exageración de Hugo, porque en aquel momento no tenía a un solo hombre a sus órdenes, como sí los tenían ya el resto de los conjurados, Hugo era apenas un oficinista que había regresado de estar dos años en la selva con los indios y no tenía ascendencia alguna. La verdad es que tarde se habían dado cuenta los civiles de que aquello era un asunto militar y de militares; eran los políticos armados de siempre contra los desarmados de siempre y estos últimos no tenían vida en los planes del generalato. Por eso al partido político La Causa Radical no le quedó más remedio que tratar de conjurar el movimiento militar y es precisamente en este momento que ocurre una tercera delación, esta vez de boca de uno de los líderes políticos civiles, el diputado por La Causa R Pablo Medina, el mismo que fue supuestamente mandado "pa'l carajo". De acuerdo al investigador Alberto Garrido: "Fue un desliz de Pablo Medina con un oficial de inteligencia, a quien intentaba captar para el movimiento sin saber que pertenecía a la DIM"[298].

Para este momento los generales estaban en pie de guerra y se disponían a designar a veinte mayores, sin importar los informes de inteligencia, como comandantes de los batallones de alto poder de fuego e, irónicamente, Chávez no se encontraba entre los escogidos. El final de Carlos Andrés Pérez y del sistema democrático de Venezuela se acercaba, muy pocos generales se atrevían a enfrentarse entre sí, pero ninguno entendió jamás que dentro del seno de la conspiración un nuevo sentimiento emergía, un viejo grito, una antigua consigna que había nacido en el año 1953 empezaba a escucharse con fuerza: "No queremos nada con generales".

Y así fue como comenzó en la mente de algunos mayores el golpe contra los generales dentro de la conspiración. Un golpe dentro del golpe.

El mayor y la "coronación napoleónica"

Era el año 1989 y se leía en el diario *El País* de España: "La recepción a la prensa internacional puso ayer fin en Caracas a los actos de lo que el *ingenio local* ha calificado de 'coronación' de Carlos Andrés Pérez"[299]. Así reseñaba este medio de comunicación internacional luego de la toma de posesión de Pérez, considerándolo más bien como un evento rápido que se efectuó en medio de una cumbre iberoamericana. Todos los medios internacionales que cubrieron la cumbre hicieron hincapié en señalar la brevedad del acto de posesión del nuevo presidente de Venezuela en el Teatro Teresa Carreño; este hecho quedó como un evento casi fugaz, prácticamente relegado al ser comparado con una vorágine de reuniones políticas de alto calado en un mundo para ese momento tan cambiante. Nueve meses después el planeta presenciaba la caída del muro de Berlín y comenzaron las revoluciones de 1989, en las que caerían como naipes los países comunistas.

Si tomamos como ciertas las palabras de Mariano Picón Salas cuando dijo que Venezuela entró al siglo xx en 1935, no es difícil entender que también entrara al comunismo en 1990, cuando ya en el mundo entero los marxistas estaban pasando a la historia. Así que aquel acto de toma de posesión arropado por la Cumbre Centroamericana, la Cumbre Iberoamericana y la Cumbre de la Deuda pasó a la historia como la "Coronación de Carlos Andrés Pérez", malintencionada distinción que le hicieran los extremistas de Venezuela. Para la fecha en la que asumía el poder por segunda vez, Pérez ya contaba con un intento de golpe de Estado en su primer gobierno, había ocurrido años antes aquel plan golpista del 5 de Julio para detener al presidente Herrera, ya Jaime Lusinchi había sido víctima de un intento de derrocamiento meses antes y ahora comunistas y revolucionarios anunciaban la "Coronación de Pérez" como el último acto oprobioso de irrespeto al sistema democrático.

En la alocución presidencial de Año Nuevo de 1989, el gobierno del presidente Lusinchi se encontraba en franco deterioro, en 1988 había pedido una tercera renegociación de la deuda externa y para colmo los medios de comunicación en el exterior reseñaban de este modo la grave situación: "El empeoramiento de la situación económica, la disminución de las reservas internacionales, el déficit en la balanza de pagos, la falta de dinero fresco prometido por la banca y escasez de divisas"[300]. La economía venezolana se encontraba hundida y había que pagar el 50% de los ingresos petroleros en deuda externa. Así que, llegadas las elecciones, Lusinchi terminó por anunciar públicamente la moratoria sobre el pago principal de unos 20.000 millones de dólares de la deuda exterior bancaria del Estado, a un mes de abandonar la Presidencia[301]. Aquella fue una noticia terrible que activó las alarmas en Europa, al punto que fue convocada una cumbre de emergencia con España.

Ante esta situación, resulta injusto para la historia repetir la cháchara difamatoria que señaló por décadas aquella toma de posesión como una coronación. En realidad aquello parecía una reunión de emergencia y sus características reales eran en extremo frugales. Como añadidura, Felipe González y Daniel Ortega habían propuesto una reunión previa del grupo de los ocho antes de la Cumbre Centroamericana, en torno a un "Nuevo Plan de Paz para Centroamérica"[302] y buena parte de los gobiernos endeudados querían hacer una cumbre de la deuda debido a la enorme presión de los acreedores (banca).

Para paliar el temporal que se le avecinaba, el presidente Pérez había buscado una sustancial ayuda de España, Francia y la República Federal de Alemania para lograr créditos por valor de 3.000 millones de dólares, según lo reseñaba la prensa española, con lo cual buscaba convertir la deuda venezolana a la banca sin tener que recurrir masivamente a la ayuda del Fondo Monetario Internacional[303], para lo cual también llegaron para la fecha de la toma de posesión las representaciones de estos países, junto con los de la banca acreedora. González ya había hecho el *lobby* con la Comunidad Europea y el propio canciller alemán Helmut Kohl urgió la reunión y esperaba desde su país ser informado de los resultados[304]. En resumen, la toma de posesión ocurriría durante la Cumbre Iberoamericana de emergencia y pasaría a la historia como la más grande jamás realizada, fue dividida en cinco reuniones principales y subdividida en ochenta encuentros multilaterales[305], motivo por el cual la juramentación de Carlos Andrés Pérez se realizó de forma tan apresurada.

Los presidentes invitados a la toma de posesión planificaron realizar una reunión en la Cumbre Iberoamericana en Caracas, que tendría doble propósito: el manejo de los países deudores, de lo cual sería informada la Comisión Europea a través de Felipe González, y la cumbre tripartita centroamericana, cuyos acuerdos se discutirían apenas dos semanas más tarde. Por otra parte El Salvador, Nicaragua y Honduras acordaron y celebraron reuniones multilaterales con las delegaciones económicas, en las que Daniel Ortega pretendía conseguir varios préstamos. Así que no fue nunca por Pérez que se concentraron decenas de delegaciones y los más importantes presidentes, sino porque todos los países estaban a punto de explotar por las deudas externas respectivas y aprovecharon aquella coyuntura que se celebraba en Venezuela.

El presidente español Felipe González, además, previa reunión con alemanes y franceses, propuso un consenso entre los acreedores para llegar a la condonación parcial de la deuda externa[306] en virtud de la real imposibilidad de estos países para afrontar la grave crisis. La idea de hacerlo en el Teresa Carreño buscaba agilizar y engranar la logística entre la toma de posesión y la cumbre con Europa que corría a la par. Esta decisión fue concertada con el presidente González en los meses previos; es por esto que quien comenzó a recibir a los participantes y a las delegaciones fue el presidente Jaime Lusinchi. Este evento fue de tal magnitud que los hoteles de Caracas no fueron suficientes y muchos invitados se quedaron sin cupo hasta el punto que hubo que utilizar incluso habitaciones de clínicas[307] para hospedar a los participantes de la cumbre. No se podía perder tiempo y en el Congreso no podían ser ubicadas las veinticinco delegaciones; por eso se optó por realizar la toma de posesión en el mismo sitio donde se efectuaban los encuentros multilaterales, el Hotel Caracas Hilton y el Teatro Teresa Carreño, que estaban conectados estratégicamente.

Allí es, precisamente, cuando el ego de Carlos Andrés Pérez decide suicidarse políticamente, porque en vez de explicar lo que acontecía, decidió dar la impresión de que todo aquello ocurría solo porque él asumía el poder. Un narcisismo político exacerbado, que lo llevó a cometer el peor error de cálculo de su vida. Había comenzado su gobierno y se disponía a efectuar el mayor giro político en la historia, nada menos que el fin del "Estado benefactor y en muchas ocasiones una agencia de contratación complaciente"[308]. Se disponía a aplicar los peores recortes en la historia de Venezuela y no se le ocurrió mejor idea que dar un banquete en el que "se cocieron 200 corderos, 24 piernas de res y se destaparon mil doscientas botellas de whisky. No quedó registro de las garrafas de vino"[309].

Esa mala costumbre de la política venezolana de no dar explicaciones de sus actos en el ejercicio de la función pública fue un regalo para los conspiradores que la han aprovechado hasta nuestros días. Lo que se venía repitiendo en los cuarteles sin ser cierto una y otra vez, se hacía realidad por un error de cálculo político de las propias víctimas. La "coronación" fue un invento de los conspiradores para estimular a las Fuerzas Armadas machacándoles y recordándoles que la emancipación de Venezuela y el juramento en el Monte Sacro se debían, de acuerdo a la tergiversación de la historia por parte de los conspiradores, a que Simón Bolívar un día vio cuando coronaron a Napoleón Bonaparte y ese hecho le causó repugnancia. Una historia que Chávez repitió una y otra vez cuando se refería a la "coronación de CAP"[310].

Este mensaje distorsionador de la realidad, que Hugo remachó sin descanso, nos permite ver el plan que tenían los conjurados para vincular la Cumbre Iberoamericana y el estúpido error de Carlos Andrés con una supuesta coronación como la de Napoleón, que dio origen a la independencia[311].

Pero una verdad menos malévola es que aquellas celebraciones, que terminaron en la mente de los venezolanos como bacanales, no costaron más de treinta mil dólares, mucho menos que el derroche revolucionario actual. La celebración se limitó a una cena, mientras los comités de negociación europeos de la deuda, los representantes de la banca acreedora y una de las reuniones multilaterales se realizaban para asegurar la necesaria ayuda financiera. La realidad que nunca se supo es que durante la cumbre, en presencia de los medios internacionales, todo indicativo de excesos fue a propósito eliminado por órdenes expresas del presidente Pérez, por temor a la imagen que tendrían los acreedores.

Así que no fue por la "coronación de CAP" que todo se vino abajo en Venezuela, esa fue una mentira que repetida mil veces se convirtió en mito y bandera de los conspiradores, porque desde hacía tiempo algo oscuro se venía tramando contra la democracia y en aquel diciembre de 1988, antes de la satanizada toma de posesión ya se había materializado un intento de golpe en el que se suponía debía acontecer un caracazo acompañado con la salida de los tanques; los conjurados no se pusieron de acuerdo y los vehículos blindados salieron antes, fracasando estrepitosamente el nuevo experimento. Ya para ese momento también la División de Inteligencia Militar daba cuenta de la situación al presidente Lusinchi en un informe donde se develaba un plan de desobediencia civil, que no concluía que los estallidos podían poner en peligro la democracia, pero sí asomaba la posibilidad de que el "sistema podía quedar resentido"[312].

Durante las dos primeras semanas de enero de 1989, la DIM volvió a alertar sobre el plan y el día 26 en la noche llegaron reportes de que se anunciaban posibles disturbios a primeras horas del día siguiente: "Se habló de desobediencia civil", pero no trascendió[313]. De alguna forma alguien impidió que esto llegara al conocimiento del Presidente.

El mayor Caracazo

Explicaba Fidel Castro a los idiotas latinoamericanos que se disponían a destruir sus países: "Ya ha habido algunos estallidos sociales, porque en Santo Domingo se produjo un estallido social; no un estallido catastrófico todavía para el sistema, pero se produjo un estallido social

(...) Cuando el Fondo Monetario obligó al gobierno de Santo Domingo a aplicar determinadas medidas, se produjo lo que pudiéramos llamar una insurrección espontánea en República Dominicana. El Gobierno se vio en la necesidad, en la muy triste y muy censurable necesidad, de lanzar las tropas, los soldados y la policía contra el pueblo, de asesinar a más de 100 personas. No crean que eran revolucionarios: eran hombres, mujeres, adolescentes, amas de casa, gente sencilla del pueblo, que se lanzaron a la calle espontáneamente. Se dice que fueron unos 400 o 500 los heridos. Los datos oficiales dijeron que 60 personas murieron y a mí me han contado, gente seria y bien informada de la República Dominicana, que fueron más de 100 los muertos". Estas son palabras dadas por Fidel Castro en una conferencia sindical con trabajadores de América Latina y el Caribe[314].

Cuando un periodista venezolano en 1985 le preguntó a Fidel sobre la deuda externa y si sería posible que las bondades de la ayuda soviética pudieran llegar a países como Venezuela, este respondió: "Dentro de esta batalla de los países latinoamericanos contra la deuda externa y por su liberación nacional". El periodista desconocía, al momento de hacer la pregunta, que el campo socialista había caído[315] y que Gorbachev estaba pidiendo prestado una barbaridad de dinero a Reagan y a los líderes capitalistas mundiales. Fidel enfrentaba la quiebra de su sistema y, al momento de hacérsele la pregunta, ya la balanza de pagos de Castro se encontraba en números rojos y meses más tarde sería el primer presidente en declarar la moratoria de los pagos[316]. Para colmo de males fueron los años en los que Gorbachev llamó a Fidel para cobrarle la deuda externa y ahorcó más aún la economía de la isla.

Pero, ¿qué quería decir Castro con que en República Dominicana no había ocurrido "un estallido catastrófico todavía para el sistema"? ¿Fueron realmente espontáneos los movimientos en ese país? En lo absoluto, todos esos movimientos formaron parte de la "batalla de liberación" y hoy se conoce que partidos políticos radicales organizaron desde Cuba y Nicaragua todos esos motines "espontáneos". En el caso de República Dominicana, la inteligencia de ese país y la militar estadounidense habían recibido informes de que "algo grave iba a pasar". Más tarde supieron que habían desembarcado armas desde Cuba a bordo del barco SS Pushkin y que el "motín espontáneo" fue calculado para que coincidiera con la fecha aniversario del desembarco de los marines de 1965 para evitar el golpe de Estado apoyado por Castro[317].

El agregado militar de la Embajada de Estados Unidos en República Dominicana durante el Santodomingazo[318], un teniente coronel, regresaba de un viaje a Berlín y narra lo que ocurrió en aquel país: "Cuando llegué a República Dominicana, sobre mi escritorio estaban los informes que anunciaban una terrible destrucción y oscuridad (...) el hecho era que los motines estaban siendo planificados por los comunistas y no precisamente por austeridad o precios altos: había una conexión clara con los insurgentes de Nicaragua y El Salvador, que ahora llegaban a República Dominicana para participar en los disturbios, junto con cubanos y motorizados que armados enfrentarían a la policía".

Continúa narrando el teniente coronel: "Llegado el 25 de abril de 1984, los motines comenzaron simultáneamente en lugares específicos, quemando llantas y propiedades (autobuses) en Santo Domingo y sus afueras. Luego motorizados armados ingresaron en los centros comerciales usando sus armas y violentando las puertas, invitando a la gente a tomar televisores, computadoras e incluso hasta joyas y ropa, anunciando que se habían liberado todos esos bienes del capitalismo para el pueblo; luego los motorizados desaparecieron mientras la voracidad de la gente destruía todo a su paso. Cuando la policía llegaba arrestaba a esos de los que habla Castro (hombres, mujeres, adolescentes, amas de casa, gente sencilla del pueblo) porque todo estaba concebido para que quedara en la mente de todos que había sido espontáneo".

El caos inicial dio pie a una súbita calma en la que policías y militares dominicanos esperaban que los saqueos e incendios hubieran cesado, explica el agregado militar. Y añade: "Todo el mundo sabe que una violencia espontánea, generada en un frenesí, cesa luego de unas horas, en las que las policías controlan el desorden general, así que todos pensaron que había llegado a su fin hasta que de pronto masas, esta vez organizadas, aparecieron simultáneamente en los barrios, llevando un ataque generalizado contra las fuerzas militares y de policía". El teniente coronel culmina con un detalle en extremo importante: "Se logró mantener el espíritu anticomunista en las Fuerzas Armadas Dominicanas, así que no hubo defecciones de los militares a los comunistas", que es lo que se pretendía, "el estallido catastrófico para el sistema" del que hablaba Castro, que no era otra cosa que un golpe de Estado encubierto.

El hecho es que como proyecto desde 1980, los comunistas habían procurado vincular a las Fuerzas Armadas, empleando a fondo el plan del "puño único contra el Fondo Monetario Internacional". Habían inventado la palabra "paquetazo", que surgió como un invento de los revolucionarios internacionales a partir de 1980, cuando "Castro dejó de apoyarse en los partidos comunistas" y buscó la lucha contra el FMI como proyecto (Caballero, 1987). Y así saltaron los "espontáneos" a la calle a matar en Ecuador cuando Hurtado aplicó el plan de ajuste, que llevó al Estado de emergencia y la suspensión de garantías. Igual de espontáneos que los de México en 1981 o los de 1982 cuando el paquetazo fondomonetarista de Belaúnde en Perú, que causó el Estado de sitio y decenas de muertos. La realidad, que me heló la sangre, fue leer la prensa de la época donde aseguraban que el error de Belaúnde fue "no explicar las medidas"[319] o que apuntó a "hacer concesiones a los émulos criollos de los *Chicago Boys*"[320].

Fueron los mismos espontáneos que saltaron a incendiar cientos de locales y a matar en Costa Rica cuando Monge anunció el plan de estabilización o los que al año siguiente asesinaron en Brasil por la aplicación del paquete del FMI, causando el Estado de sitio de Figueiredo.

Los mismos que en abril de 1984 saquearon mil locales y provocaron más de seiscientos muertos, heridos y cinco mil detenidos en República Dominicana cuando se llegó al acuerdo con el FMI. Mientras Fidel contentísimo explicaba que era "posible que un estallido social derive hacia una revolución: estallidos sociales generalizados de carácter más bien revolucionario". El viejo comunista se refería a los sucesos de Santo Domingo, donde "se produjo un estallido social; no un estallido catastrófico todavía para el sistema" (Castro dixit).

Mientras tanto en el Chile de 1984 "las brigadas de choque anti FMI" causaron el Estado de sitio o el de Jamaica también ese mismo año. En El Salvador, cuando Duarte llegó al acuerdo de estabilización con el FMI, asaltaron locales que dejaron varios muertos. Siempre tan espontáneos como los que saltaron a la calle a quemar locales en Honduras o en Guatemala cuando Cerezo llegó al acuerdo de reordenamiento económico que implementó el aumento de la gasolina, es decir otro paquetazo impuesto por el FMI.

Y finalmente llegó Fidel Castro a la cumbre y a la toma de posesión de Carlos Andrés Pérez, sabiendo perfectamente que este tenía como primera medida de su nuevo gobierno implementar las necesarias medidas económicas. Entre tanto ardían "espontáneamente" Rabat, Túnez, Lusaka, El Cairo, Nueva Delhi, Karthoum y otras 11 ciudades (Walton, 1996) bajo el plan del "puño único contra el FMI" diseñado por los revolucionarios, casualmente en el punto álgido de la Guerra Fría. A Pérez, igual que a sus colegas, le correspondía nada menos que explicar un "paquetazo neoliberal salvaje" diseñado por sus "IESA (Chicago) Boys", mientras los mismos espontáneos que habían incendiado treinta y cinco países lo esperaban en las calles de Caracas con los fósforos en las manos para precipitar el tan ansiado "estallido catastrófico para el sistema". El Caracazo fue tan espontáneo como el Bogotazo, el Rosariazo, el Cordobazo, el Limazo, el Santiagazo, el Ibañazo (Chile) y las decenas de movimientos terminados en "azo" en los que siempre se negó u omitió la autoría de revolucionarios, por más pruebas que hubiese de sus milicias, bombas y francotiradores.

Carlos Andrés Pérez expondría al día siguiente de los sucesos que: "Yo no les pido que me lleven en hombros a Miraflores; mi orgullo y mi ambición es que me saquen en hombros de Miraflores"[321]. El discurso acusaba un castigo a su narcisismo y pronto sus enemigos lo llevarían, pero a empujones, a la cárcel.

El mayor enfermo (1989, Caracazo, parte I)

Hugo salió del arresto a finales de noviembre, tuvo el problema con el sector civil en diciembre y permaneció en el Palacio Blanco hasta fin de año. Desde el cerro El Ávila en el 2006 y en vivo como era costumbre, narró: "Recuerdo clarito porque yo estaba en Miraflores, en el Palacio Blanco; yo era mayor y ese día estábamos acuartelados, era diciembre de 1988. Eran los últimos días de Jaime Lusinchi, yo estuve allí. A más de una fiesta fui, casi todos los viernes había fiesta en palacio, hasta el amanecer. Yo vi cómo se llevaban a Jaime Lusinchi como se llevan a los borrachitos pataleando en el aire[322] (...) Recuerdo aquel día. Incluso, ese día hubo un lío allí en la puerta de palacio, la puerta 1, que llaman, porque un camión cargado de gente, todos bebiendo caña, el chofer medio borracho, querían entrar al palacio. Había ganado Carlos Andrés Pérez, dieron los resultados como a las siete de la noche y bueno, hubo en verdad un estallido de júbilo. Lo vi con estos ojos, porque salí a recorrer Caracas, y yo decía: '¡Dios mío!, ¿qué celebra este pueblo?, ¿qué está celebrando?'. Cohetes, la mayoría, pues. Porque en verdad fue una mayoría la que votó por aquel hombre. Yo decía: '¡Dios mío!, ¿hay tanta ignorancia aquí?'"[323].

En 1988 el pueblo venezolano se había volcado masivamente a las urnas, los partidos Acción Democrática y Copei alcanzaron el 93% de los votos con una abstención menor a cualquiera de las que tuvo Hugo Chávez en todas sus votaciones. Hugo intentaría acabar a la fuerza con ese altísimo porcentaje del electorado que ejercía su derecho en el sistema, contra un presidente que había alcanzado un nivel de votos que él, durante los catorce años de Presidencia y cuatro votaciones jamás alcanzaría, el 48,51% de los votantes inscritos[324].

Lo mejor de las historias de Chávez viene a continuación. Para entenderlo es necesario saber que este hombre tiene dos biografías; lo siguiente es parte de su biografía heroica, aquella en la que nació en piso de tierra, con su madre pariendo como una cochina y sin luz y que narraba con estupendo histrionismo: "Nunca nos vacunaron. Un hermano mío casi que queda paralítico (...) la parálisis infantil, se recuperó milagrosamente, no había médicos, no había vacunas, uno no sabía nada de qué es esto, qué es aquello"[325].

No había pasado una semana cuando en el siguiente *Aló Presidente* Hugo Chávez decía la verdad y contradecía sus propios dichos de la semana anterior: "Que yo recuerde una vez me vacunaron (...) claro, y además uno se iba para el monte, porque uno le tenía miedo a los vacunadores, uno cogía monte, cuando llegaban (...) por eso sería que me dio a mí la rubéola, y nadie haga lo que yo hacía, cuando llegaban los vacunadores a Sabaneta yo corría al monte, al Caño de Raya, me escondía. Me buscaban, ¿no? Yo tenía una cueva por allá, un día me agarraron y me trajeron a rastras para vacunarme"[326]. Esta historia que contó en tres etapas la completó en el año 2010: "A mí, además, para vacunarme tenían que agarrarme como entre 10, yo me iba para el árbol más alto, el matapalo, allá me subía: 'Huguito, Huguito'. '¡Nooo!'. De allá me bajaron una vez"[327].

A pesar de haber asegurado que no sabía lo que eran las vacunas, luego reconoció que sí lo habían vacunado, admitió que les tenía miedo y, como era su costumbre, responsabilizó a los gobiernos del pasado. En ese mismo programa Hugo completó la historia: "¿Qué pasó? A mí me dio parótida, me dio lechina, me dio rubéola, me dio sarampión, a mí me dio (...) hasta paludismo he pasado yo, chico"[328]. Cuando ingresó a la Escuela Militar le colocaron varias vacunas el primer día y a los 17 años ya le había dado paperas, sarampión y lechina. En fin que a Chávez no solo lo habían vacunado varias veces en su vida, sino que estaba inmunizado contra todo mal y peligro.

A Chávez le dio lechina y rubéola de pequeño, como a buena parte de los venezolanos. Fueron muy pocos los que no se salvaron del montón de vacunas, sobre todo entre 1969 y 1973, considerado este como el quinquenio de la gran epidemia, con una tasa de mortalidad enorme de 7,8 por cada 100 mil habitantes en promedio[329]. Pero en 1970 la tasa de mortalidad fue de tal magnitud que se decretó un régimen epidemiológico especial, se notificaron un total de 48.632 casos de sarampión con 1.011 defunciones y una tasa de letalidad del 2%, es decir que dos de cada 100 niños contagiados morirían al ser infectados[330]. Así que todo el mundo fue beneficiado con un plan nacional de vacunación.

Es por eso que, siendo Presidente, Hugo contaba que lo habían sacado de la cueva arrastrado y para colocarle el montón de vacunas, como prueba de que sus padres sin lugar a dudas sí se las habían puesto. Al ingresar a la academia los militares tenían una política preventiva que consistía en aplicar las vacunas a cuanto nuevo alumno llegaba, sin preguntar, así tuviese o no las vacunas al día; por eso Hugo narró que le inyectaron ese bojote de vacunas el primer día.

Cualquiera puede engañar a un pueblo ignorante, reza el credo popular, pero es difícil pretender hacerlo con alguien calificado. En un *Aló Presidente* transmitido desde una hacienda de cacao Hugo tenía como invitada a la Dra. Mirta Roses Periago, especialista argentina en enfermedades infecciosas y directora de la Oficina Sanitaria Panamericana, además de ser la primera mujer en alcanzar esa posición en la Organización Mundial de la Salud (OMS). Chávez le contó sobre su padecimiento en 1989: "A mí me dio rubéola, ¿sabes?, y me dio rubéola cuando tenía como 40 años ya, casi 40 años tenía cuando me dio rubéola". La doctora, discreta y sobria, sin mucha explicación le respondió: "Porque no se había vacunado"[331]. "Seguramente no me vacunaron, lo cierto es que me agarró la rubéola en pleno Caracazo", remató el Presidente[332].

El penetrante olor a caucho quemado se comenzó a sentir temprano en la mañana del 27 de febrero de 1989 y para la tarde ya no transitaban los autobuses del transporte público por las calles de Caracas, por la cantidad de unidades incendiadas. Las imágenes de saqueos en toda la ciudad eran enloquecedoras a partir del mediodía y la ira colectiva estaba en aumento. En Miraflores y en el Palacio Blanco el jefe de la Casa Militar, general Oscar González Beltrán, informó a todos los comandantes que desde los edificios del 23 de Enero francotiradores estaban disparando a la gente de ese sector, el metro había cerrado sus puertas y todo el transporte público estaba paralizado; los colegios y universidades recibieron la orden de suspender las clases.

La historia del para entonces mayor Chávez es que arribó al palacio como a las siete de la mañana y al llegar pidió un café, cuenta que trabajó todo el día pero que afuera en las calles se sentía "algún movimiento". En la tarde se fue a la Universidad Simón Bolívar, donde estaba haciendo el posgrado, pero esa noche no hubo clases en la universidad por los disturbios. En la noche recorrió la urbanización La Trinidad y luego de dejar a sus amigos por la zona, de acuerdo a lo que comentó después, vio cómo saqueaban; dijo que había muchos policías, disparos y humo.

Al día siguiente, el 28 de febrero, Hugo amaneció con fiebre y se dirigió a la enfermería. Cuenta que: "Tenía rubéola, lechina, cosas de esas. Me fui a la enfermería y estaba ya brotado, pues, me mandaron reposo. No conseguía gasolina, estaban todas las estaciones cerradas, era ya el martes en la mañana y entré a Fuerte Tiuna, iba uniformado, yo no iba a pedir que me regalaran gasolina, sino que me vendieran allá en el regimiento logístico algo, un bidón para llegar a la casa, pues. Y me tocó ver el Fuerte Tiuna en guerra"[333].

Hugo cuenta cómo vivió el Caracazo: "Entonces veo el televisor y veo aquel desastre, y entonces oigo y salgo al patio y los soldados corriendo, y unos oficiales mandando a formación y a buscar los fusiles al patio, al parque; y yo le digo: 'Mi coronel' (...) porque el coronel es compadre mío, hoy está ya en retiro, así que teníamos una amistad, pues, y yo le digo: 'Mi coronel, ¿y qué van a hacer ustedes?'. Y él me dijo: '¡Ay, Chávez!, yo no sé qué va a pasar aquí. Pero la orden que llegó es que todas las tropas salgan a la calle a parar al pueblo'. ¿Pero cómo lo van a parar? ¿Con fusiles, con balas?'".

El mayor desvanecido

Así comenzó su discurso la presidenta Cristina de Kirchner el 28 de diciembre del año 2012: "Yo quiero ser absolutamente sincera y honesta[334] porque yo creo que esto que se intentó hacer es una versión decadente de una mala copia de lo que sucedió en otros momentos históricos del país. Quiero hablar con la mano en el corazón, porque este es un 'manual de instrucciones políticas para saqueo, violencia y desestabilización de gobiernos' que tiene su historia y yo quiero ser absolutamente sincera, como lo he sido siempre y decir lo que pienso. Empezó en las postrimerías, se inauguró el primer tomo en las postrimerías del gobierno del doctor Alfonsín (...) todos lo sabemos perfectamente. Yo fui, soy y seré toda la vida peronista, pero antes que peronista soy argentina y creo que la verdad no debe ofender a nadie [aplausos]. Y la verdad que tampoco fueron espontáneos aquellos saqueos que terminaron sí muy mal y que obligaron a la salida anticipada del doctor Alfonsín (...) todos sabemos que fueron provocados, seamos peronistas, radicales, independientes o lo que fuere (...) más allá de los terribles errores y horrores de un Estado de sitio, de la salvaje represión con treinta y ocho muertos, de la golpiza a Madres de Plaza de Mayo. No está por acá Wado, un joven diputado nuestro, de nuestra bancada, ese día fue detenido, torturado y picaneado en un vehículo de la Policía Federal y, si no hubiera chocado contra otro vehículo, posiblemente, hoy no tendríamos a Wado, ni diputados. Esa es la verdad. Y también sabemos cómo se organizó eso, sabemos cómo empezó, sabemos quiénes eran los actores, sabemos que comenzó en la provincia de Buenos Aires...".

Cristina reconocía honestamente la existencia del "manual de instrucciones políticas para saqueo, violencia y desestabilización de gobiernos". Por primera vez en la historia se develaba que los movimientos terminados en "azo" como el Caracazo no eran otra cosa que el contenido de un manual de agitación comunista y quien lo reconocía era nada menos que una presidenta que lo había utilizado, revelando además que ese "manual" existía en la Argentina desde la década de los ochenta. El panfleto desestabilizador de la extrema izquierda latinoamericana fue el responsable del estallido social en países que fueron víctimas de la misma práctica con pocas diferencias: lo que en Venezuela fueron francotiradores, en República Dominicana, Chile y Perú lo hicieron las bombas y grupos armados[335].

El presidente Raúl Alfonsín, en sus memorias políticas, avala la teoría del experto español en temas militares Prudencio García sobre cómo desmantelaron su gobierno: "Hay que señalar que la actuación de la izquierda como fuerza política se ha inscrito en la peor tradición argentina de colaboración civil con el intervencionismo militar, estableciendo contactos más o menos inconfesables con los elementos activos y de mayor capacidad golpista del Ejército, llegando con ellos a acuerdos y concesiones cuyo alto precio antidemocrático rara vez queda sin pagar por el conjunto de la sociedad"[336]. Alfonsín se refería a los mismos a los que se refirió Cristina Kirchner en su discurso confesional.

Raúl Alfonsín, como bien manifestó la Kirchner, explicó lo que vino a continuación de los intentos de golpe como en Venezuela en el año 1988: "El 23 de mayo comenzó la debacle. Se asaltó un supermercado en Córdoba. A partir del 26, los centros urbanos del país se encontraban en estado de conmoción. Todo apareció con manifiesta sincronización. Se utilizaron camiones para derribar las puertas y panfletos que invitaban a dirigirse a comercios donde se repartían alimentos. La participación de estos grupos organizados pudo observarse en distintas ciudades"[337], afirmó el expresidente.

El Caracazo de 1989 en Venezuela también comenzó en horas de la mañana y en las afueras de la capital, con el mismo "orden de batalla" en el que ocurrieron los mismos hechos en Santo Domingo, Río de Janeiro o Rosario en Argentina. Mientras en Caracas se quemaban autobuses de la misma manera como ocurrió en estos países, motorizados ingresaban a los supermercados, tiendas y abastos en general para incentivar al saqueo a los transeúntes que marchaban al trabajo. Los motorizados que gritaron en República Dominicana "¡estamos liberando la comida para el pueblo!" actuaron como los grupos parecidos que en Argentina, en catervas de veinte, entraron a los supermercados bajo la consigna "comida gratis para el pueblo" y los que aquí en Venezuela, que copiaban el modelo desestabilizador, decidieron abrir ante nuestros ojos las santamarías (puertas enrollables de los comercios) con la deplorable consigna "saqueos populares". Los venezolanos que protagonizaron aquellos sucesos, evidentemente molestos por sus condiciones de vida, terminaron participando de un frenesí que los llevó a arrasar los abastos en los barrios y negocios del centro de Caracas.

De la misma manera que crearon las federaciones de los barrios en las afueras de Santo Domingo, en Venezuela la Federación de Barrios de Guarenas, que agrupaba a todas las asociaciones de vecinos, se dirigió hacia una tipografía que funcionaba en la avenida Ruiz Pineda y estuvo hasta las 2:00 am imprimiendo panfletos que de inmediato repartió en las calles. Previamente se había convocado a las asociaciones de vecinos a movilizarse desde muy temprano para "tomar" el terminal de pasajeros. De acuerdo al relato de uno de los líderes que planificó aquel "movimiento espontáneo", el comunicado entregado a la gente a partir de las cuatro de la mañana incitaba a los pasajeros "a no pagar el aumento del pasaje"[338].

Muchos años después, uno de los líderes comunitarios que participaron en la siembra de zozobra colectiva en Guarenas narró lo ocurrido. Es necesario porque fue él quien dio la primera noticia que se tiene del Caracazo, cuando un reportero de la estación de radio YVKE Mundial lo entrevistó en la calle Ricaurte (donde todo comenzó). El líder comunitario Eleazar Juárez declaró[339] que cuando llegaron a la urbanización Menca de Leoni, el lugar donde detonaron los hechos, grupos de esa comunidad prohibieron el paso a los manifestantes porque no estaban de acuerdo con la protesta. Juárez aseguró que estos respondían a intereses de los partidos, en consecuencia cambiaron el trayecto y empezaron a atravesar la avenida Intercomunal, donde esperaron a los representantes de las líneas de autobuses. El líder comunitario narra cómo comenzaron los sucesos: "Llegó una patrulla de la PM. El dueño del negocio que estaba en frente bajó la puerta del local y los funcionarios la levantaron y empezaron a sacar comida. Ahí fue que el pueblo empezó el segundo saqueo".

Miguel Mora, diputado del partido de Chávez y conocido por ser uno de los "defensores de Puente Llaguno", confirma la versión de Juárez: "Nosotros salimos del liceo y marchamos hacia la autopista con nuestras consignas, donde nos encontramos con la policía y se presentó una situación de protesta mayor. Llegamos a la Intercomunal y por otro lado el Bloque Vecinal, encabezado por Eleazar Juárez, que había levantado una carta, se dirigió hacia el terminal de Guarenas y, a nivel de la urbanización 27 de Febrero [antigua Menca de Leoni], comenzó el mayor enfrentamiento con los órganos de seguridad, subiendo el calor de la protesta, mayor movimiento y los saqueos de los supermercados"[340].

Los organismos de inteligencia militar internacional ya tenían pruebas de que todo lo que estaba ocurriendo en países como República Dominicana[341], Argentina[342] y Venezuela[343] estaba planificado por los grupos radicales de izquierda. Los presidentes Alfonsín de Argentina, Blanco de República Dominicana y Pérez en Venezuela se vieron forzados a sacar a las Fuerzas Armadas a las calles, decretar la emergencia y los toques de queda en República Dominicana y Venezuela, y el Estado de sitio en Argentina. Las imágenes de televisión en Venezuela transmitían lo que unos pocos motorizados habían logrado organizando al "pueblo espontáneo" en las primeras horas; las imágenes de la muchedumbre arrasando con todo a su paso, desde televisores y ropa hasta cuartos traseros de reses sobre el hombro, dejaban a los televidentes con la boca abierta. Con el ejército en las principales calles y avenidas, con la eliminación de las imágenes violentas de las pantallas de los televisores y con la mayoría de la población en sus viviendas, poco a poco el frenesí llegaba a su fin y los medios de comunicación comenzaban a anunciar la paz. Así sorteaba el gobierno de Venezuela el primer día de disturbios en los sucesos que pasarían a la historia como el Caracazo.

Una de las investigaciones sobre el Caracazo que narra con detalle la planificación de los hechos es la del norteamericano y profesor de Historia (prorrevolucionario) George Ciccariello-Maher, quien imparte clases en la Escuela Venezolana de Planificación, adscrita al Ministerio de Planificación. El profesor Ciccariello-Maher escribió el libro *Nosotros hicimos a Chávez*, donde cuenta: "La resistencia, disturbios y la quema de autobuses ocurrieron en una serie de suburbios y en ciudades en todo el país mucho antes de las 6 de la mañana. Las manifestaciones en el suburbio oriental de Guarenas (donde ya se informó de saqueos a las 7:30 de la mañana) provocaron una resistencia más amplia en la región. A las 6 de la mañana, estudiantes (de la misma forma que en Guarenas) habían ocupado la estación Nuevo Circo en Caracas, al otro extremo de la línea Guarenas-Caracas".

Continúa Ciccariello-Maher: "Luego se movilizaron hacia el norte, a la avenida Bolívar, construyendo barricadas para bloquear el tráfico en esa importante arteria. A mediodía, los bloqueos se habían extendido hacia el este, a la Plaza Venezuela y la Universidad Central, hacia el sur a la autopista Francisco Fajardo, y hacia la avenida Fuerzas Armadas. El fermento revolucionario unió a estudiantes, trabajadores informales y revolucionarios aguerridos".

"La estructura de la economía informal suministró más que los constituyentes de la rebelión: también suministró los medios de coordinación y comunicación, con taxis en motocicleta que iban y venían por la ciudad, convirtiendo la rebelión espontánea en un cuadro más amplio y coordinado más parecido a lo que consideraríamos una situación revolucionaria. Hay quien ha argumentado, y con razón, que el mote común 'Caracazo' es engañoso, ya que oculta la naturaleza generalizada y nacional de la rebelión"[344].

Los corresponsales colombianos daban cuenta de la misma situación que se vio en República Dominicana en sus reportajes: "La revuelta se generalizó por toda la ciudad cuando bandadas de cien y hasta doscientos 'motorizados', como se llama a los mensajeros con moto, se distribuyeron por toda Caracas sembrando el desorden, al tiempo que bloqueaban calles y promovían más saqueos. Ciudades como La Guaira, el principal puerto abastecedor de Caracas, Puerto La Cruz, Maracaibo, Barquisimeto, Valencia, Maracay, Mérida y San Cristóbal, en mayor o menor grado, vieron brotes desconocidos de violencia, ante unas autoridades que no atinaban a manejar la situación"[345].

A estas alturas muchos conocían los orígenes de la rebelión y quiénes habían participado. Se sabía por ejemplo que estaba integrada por "comprometidos camaradas", perfectamente planificada, coordinada e intercomunicada con estudiantes de extrema izquierda, revolucionarios aguerridos y motorizados, quienes desde barricadas armadas, como se puede ver en las fotos y en testimonios, desde las 8 de la mañana se disponían a ejecutar un plan preconcebido, igual que en los otros países. El exguerrillero Fernando Soto Rojas tiene su propia versión del Caracazo y de su organización. El expresidente de la Asamblea Nacional declaró dónde se encontraba cuando lo sorprendió el estallido: "Estábamos en tránsito hacia Caracas (...) nosotros antes habíamos preparado unos cursos de formación político-ideológica, habíamos formado a un grupo de jóvenes, casi ochenta, con el profesor Jesús Rivero[346]. Por cierto que estaba un joven allí que hoy es vicepresidente de la República, Nicolás Maduro". A Soto y a sus compañeros las barricadas ubicadas en la carretera Caracas-La Guaira les impedían acceder a la ciudad. El exguerrillero reconocía que era un militante activo contra la democracia venezolana cuando dijo: "Yo siempre he tenido mis conchas. Tuve entonces que buscar hacia los Altos Mirandinos y con una familia allí (...) estuvimos allí hasta que pudimos romper el cerco y fue que logramos llegar al segundo día a Caracas, haciendo de tripas corazón"[347]. Mientras esto ocurría, Nicolás Maduro – de acuerdo a lo que su biógrafo sostiene[348] "La noche anterior al Caracazo él recuerda haber asistido a una reunión para la conformación de una Coordinadora Popular". Maduro acababa de llegar nada menos que de Cuba de su reciente formación en defensa de la "ideología martiana marxista y leninista de la Revolución" y además para "argumentar, explicar y defender la Política del Partido Comunista y para movilizar a las masas en su cumplimiento"[349].

Para ese momento los corresponsales extranjeros reseñaban lo que estaba ocurriendo: "En las barriadas del oeste como el 23 de Enero, Lídice, Alta Vista y Lomas de Urdaneta continúa la acción de francotiradores. (...) Media hora después del toque de queda estalla la traca de los disparos de armas automáticas y desde cualquier altura es posible advertir algunos incendios en barrios periféricos"[350]. Los periodistas nacionales que también cubrían los sucesos dan cuenta de lo mismo, las barricadas ya tienen gente armada y esto es presenciado por ellos. Para ese momento distintos medios revelaban la existencia de francotiradores y disparos, además de los que provenían del 23 de Enero y de los lugares descritos por los corresponsales extranjeros en La Silsa, el barrio El Observatorio y la Intercomunal de Antímano[351]. La violencia armada era más fuerte en el puente Baloa, Mesuca y el barrio José Félix Ribas[352], también en los barrios Matadero y La Línea, donde los francotiradores "impiden la acción policial"[353], así como en sectores como Pinto Salinas, avenida Victoria, La Urbina y Petare, mientras el Gobierno reportaba cientos de extranjeros detenidos –muchos de ellos armados– que serían deportados de inmediato[354].

Si esto ocurría de este a oeste, otro de los lugares en los que murió mucha gente y se vio el ataque de francotiradores fue Caricuao, un sector de clase media baja y obrero al sur del valle de Caracas. Uno de los oficiales presentes fue Luis Pineda Castellanos que en su libro[355] relata: "Yo sí estuve allí, en esas fechas, trabajando. A mí sí me tocó actuar en esos sucesos trágicos como segundo comandante del Batallón de Cazadores Genaro Vásquez en Caricuao. (...) Yo puedo decir responsablemente lo que vertí en mi informe de actuación. En Caricuao el promotor y responsable de las acciones y de la revuelta social, del caso, fue uno de los hermanos Mosqueda Ciano, un guerrillero y asaltante de bancos que vivía en la zona, así que allanamos su casa y conseguimos todos los indicios. Hoy día es el mismo que está con Pepe Rangel muy orondo trabajando en la Alcaldía de Sucre". Entre los allanamientos de aquellos días también estuvo el del actual presidente de la Republica quien explicó: "Yo vivía en Caricuao (...) Cuando el Caracazo yo vivía en el Bloque 3 (..) al frente de la estación de Metro, yo viví ahí el Caracazo y ahí me allanaron la casa"[356].

El día 3 de marzo se da la orden de ingresar a los últimos dos reductos de francotiradores y las tropas militares logran entrar al edificio Las Fundaciones, en la avenida Andrés Bello, donde logran detener a cerca de veinte francotiradores apertrechados militarmente[357]. Simultáneamente ordenan ingresar al sector Siete Machos en el 23 de Enero, momento en que los tanques golpean también las barricadas.

Los vecinos de esa barriada confirmaban que la tormenta de proyectiles en el 23 de Enero parecía no tener fin. De acuerdo a otras fuentes, estas afirman que muchos en la zona les respondían a los militares con disparos. Este hecho empeoró la situación, porque el Ejército se encontraba lejos, en Catia, y esos disparos no le hacían nada, pero cuando a los militares les correspondió responder a la ofensiva, lo hicieron con más intensidad y sin ningún tipo de clemencia. "¡Entonces esto aquí era el infierno en vivo y directo, mi hermano!"[358], narró un testigo.

Otro de los periodistas internacionales que cubrió la acción no es otro que José Comas, el famoso corresponsal de guerra español que cubrió la caída de la dictadura del general Wojciech Jaruzelski en Polonia y las guerras de Serbia y Kosovo. Este periodista cubrió "el frente de guerra de Caracas" e informó que: "Salir después del toque de queda en Caracas provoca la sensación de que, a pesar del salvoconducto, en cualquier momento se puede recibir un tiro. Soldados inexpertos y policías con actitud prepotente no vacilan en mantener sus armas apuntadas hacia las personas que paran. Los controles son continuos, casi en cada cruce importante. Durante un recorrido de unos cuatro kilómetros por el centro de Caracas, la noche del viernes, el enviado de este diario tuvo que presentar siete veces su salvoconducto. A pesar de los anuncios gubernamentales que anunciaban que reinaba la tranquilidad absoluta en todo el país, los tiroteos no cesan en los barrios más conflictivos".

Continúa narrando el periodista español: "El viernes por la tarde los altavoces del metro advertían que no era posible descender en la estación de Agua Salud, situada frente al barrio 23 de Enero. Cuando los vagones entran en esa estación, ya circulan por la superficie. Son las 17:00 horas. Faltan tres horas para el toque de queda. Apenas se aproxima el metro, ya se escuchan las ráfagas de armas automáticas. La gente en el interior de los vagones muestra temor en los rostros".

José Comas describió el 23 de Enero como un barrio de bloques de edificios de unos 15 pisos donde, desde las azoteas, disparan los francotiradores. Agregó: "En la avenida, escondidos entre los bancos o quioscos, están apostados soldados y policías de paisano con armas de largo alcance y rifles con mira telescópica. Esporádicamente llueven las balas. La gente corre al escuchar los disparos. Uno comenta: 'Están echando plomo que jode por ahí' (...) Antonio, un peluquero de 18 años y gestos amanerados, explica que en el 23 de Enero vive la mafia, ese foco de malandros (delincuentes) que, por dárselas de más, disparan. 'El toque de queda es un fastidio, porque uno se cohíbe con el riesgo de que te den un tiro. No hay garantías, porque los policías echan tiros sin preguntar'".

La situación en ese barrio caraqueño era delicada, Comas entrevistó a un vecino, quien le contó la peligrosa situación que se vivía para ese entonces y a este le quedó lo siguiente: "José Antonio tiene 33 años y es padre de tres hijos pequeños, a los que ha sacado del barrio porque todas las noches hay plomo cerrado. 'Es bueno que la Guardia Nacional se meta en los bloques, porque los niños y los ancianos están en crisis. Mira los edificios que están agujereados de puro FAL' [Fusil Ametrallador Ligero]. Los bloques muestran en algunos puntos las huellas de la balas".

Otro vecino, un analista de seguros, explicaba al periodista que los tiros se concentraban contra el bloque conocido por el nombre de "El Siete Machos". El edificio fue bautizado así porque en tiempos de la dictadura de Marcos Pérez Jiménez vivían allí "siete hermanos del Partido Comunista que no le paraban bola ni a la Seguridad Nacional ni a nadie"[359].

En el mes de mayo del 2011 el general Carlos Julio Peñaloza, encargado de las operaciones en aquella época, concedió una entrevista al diario *El Nuevo Herald*: "Cuando ocurre el Caracazo, el ministro de la Defensa era Ítalo del Valle Alliegro. Me consta que envió las tropas a la calle pensando que era un problema de orden público, fácil de dominar, pero Fidel le tenía una sorpresa. El plan de Fidel era muy simple. Una vez que las tropas nacionales estuviesen en las calles, los oficiales de la logia chavista con sus tropas y el apoyo de los francotiradores tomarían Miraflores. Ese día Hugo Chávez desapareció de palacio apenas comenzó la batalla, pretextando estar enfermo. La ferocidad del ataque organizado por el G2 cubano hizo imposible que el plan se realizase, porque obligó a las tropas a defenderse con todo. En medio de ese fuego cruzado la operación golpista sobre Miraflores no pudo ejecutarse", indica otro oficial.

Continúa relatando Peñaloza: "Pocos días después las tropas leales habían controlado el campo de batalla y los francotiradores se esfumaron. Chávez reapareció en Miraflores. El plan de Fidel había fracasado y había que proceder a un plan B: convertir la masacre provocada por los francotiradores en una operación ordenada por el presidente Pérez y ejecutada por el ministro Alliegro"[360].

Esta versión del general también fue esgrimida por la inteligencia militar en aquel momento y confirmada después por el mismo Hugo Chávez: "Yo recuerdo una vez, nos convocaron aquí al teatro de la Academia Militar y había un grupo muy grande de militares, desde generales hasta subtenientes, y entonces vino un señor, un político de cierto renombre que era ministro, a decirnos que ya se había aclarado todo, que ya el gobierno de aquel entonces tenía claritas las causas de la rebelión, y por supuesto la causa no era otra que Fidel, que había venido a la coronación y había dejado 200 cubanos en los cerros de Caracas (...) la gente de seguridad se había quedado y entonces aquellos cubanos, bueno, fueron quienes impulsaron la rebelión popular"[361].

¿Trajo Fidel Castro armas a Venezuela? La respuesta es sí, masivamente. A los efectos el general Herminio Fuenmayor, director de Inteligencia Militar, quien fue el encargado de recibir a Fidel Castro y proporcionarle la asistencia necesaria, indicó en su libro: "El Gobierno cubano, que sí conocía las amenazas potenciales para su mandatario, nos apoyó con dos aviones rusos, más de cien agentes de seguridad, con numerosos agentes de apoyo, cocineros, médicos, enfermeras; conductores, especialistas en comunicaciones, armamentos, explosivos, etcétera. Y además, con numeroso parque de guerra con armas individuales, colectivas y de gran poder de destrucción"[362].

Por Fuenmayor se supo que Fidel trajo el armamento, pero nunca sabremos si se lo llevó. Y bien vale la pena comentar que es la primera vez que Fidel llevó en un viaje, además de su avión, otros dos aviones soviéticos con numeroso parque de guerra con armas individuales, colectivas y de gran poder de destrucción. Pero en realidad los informes de inteligencia en aquella reunión solo daban cuenta de 40 asesores cubanos y muchas armas, lo que también recordó Chávez en uno de sus discursos[363]. Hugo se refería a la preparación de los sectores de izquierda venezolanos que habían sido entrenados y apoyados financieramente como ocurrió en República Dominicana, Brasil y Argentina. Luego confirmó lo de los "200 agitadores"[364], reconoció que fue un invento de la propia izquierda para desvirtuar o burlarse de los informes de inteligencia que apuntaban, como bien lo explicó Cristina de Kirchner, a que la izquierda radical había aplicado el mismo "manual de instrucciones políticas para saqueo, violencia y desestabilización de gobiernos" que sacó a Raúl Alfonsín del poder.

El mismo plan de tergiversación se llevó adelante en Argentina cuando Norberto Ceresole admitió que la inteligencia los había descubierto, señalando lo siguiente: "El Movimiento Comunista y sus instrumentos de ejecución, como lo son los movimientos subversivos, han demostrado que su accionar carece de fronteras"[365]. Con estas palabras revelaba un complot de gran escala para crear una "República Socialista del Río de la Plata" y confirmaba lo que ya en el norte se sospechaba[366]: Ceresole describía la imagen de lo que sería la "República Bolivariana de Venezuela" luego que el Movimiento Todos por la Patria asaltara el Cuartel La Tablada a la manera del Cuartel Moncada de Cuba. En una investigación de la Cámara de Diputados argentina se evidenció que esa operación tenía vínculos con subversivos en el exterior, a los que denominaron "las fuerzas de la subversión marxista internacional"[367].

Otras versiones indican que los problemas que tuvieron los revolucionarios venezolanos en ese momento fueron tres: el primero, que el Batallón Ayala que había tomado por asalto el Gobierno a finales de 1988 había cambiado de manos, dejando a un importante brazo ejecutor del golpe fuera de combate; el segundo, la información en primera página que por la magnitud de los hechos cambiaría los acontecimientos: "Nueve mil 800 efectivos militares fueron trasladados por vía aérea a Caracas"[368], lo que representaba una enorme fuerza de contragolpe (aunque no fue cierta); y el tercero fue la violencia desatada y atomizada en más de cincuenta puntos de la capital, que obligó al Ejército a actuar en escuadras más pequeñas, forzando a los conjurados a atomizarse en pequeñas unidades e impedir cualquier acción conjunta. Según esta versión, este fue el motivo por el que el segundo golpe de Estado de 1989 fracasó contundentemente.

Recordemos las versiones de Chávez y su participación en esta fecha.

De acuerdo a sus dichos, lo que se sabe a ciencia cierta es que la noche del 27 de febrero el médico del palacio, sin que mediaran diagnóstico ni exámenes, le dijo a Hugo, quien tenía fiebre: "Vete porque vas a contagiar a todo el mundo"[369]. De esta forma Hugo se desvaneció durante dos semanas y nadie habló personalmente con él.

El mayor y la muerte de Tarzán

La lechina o varicela es una enfermedad contagiosa originada por el virus de la varicela zóster. Es quizás la enfermedad más clásica de la infancia, que en los niños suele ser leve y en adultos tiene gran riesgo de complicaciones. La rubéola por su parte es otra enfermedad también conocida y distinta a la lechina. Es una enfermedad infecciosa igualmente aguda causada por el virus de la rubéola, un virus que se desarrolla en una sola cadena genómica de ácido ribonucleico (ARN). En otras palabras, son dos enfermedades distintas, producidas por virus completamente distintos.

La primera vez que tuvimos noticia de que Hugo no había podido participar en el Caracazo porque estaba de reposo con lechina fue en el libro de Agustín Blanco Muñoz Habla el comandante[370], en el año de 1998. Por otra parte la primera vez que un extranjero supo que no había participado porque en vez de lechina había tenido rubéola fue en 1999, cuando se lo explicó a Gabriel García Márquez[371]. A partir de allí ocurrió un fenómeno curiosísimo: a los venezolanos les dijo que le había repetido la lechina o varicela y a los extranjeros (García Márquez, a la representante de la Organización Mundial de la Salud y al Foro Social Mundial) les explicó que lo que le había repetido fue la rubéola y estando vacunado. En total, en 9 alocuciones le dio lechina y en 7 rubéola. Así que, más allá de que Hugo nunca se puso de acuerdo en el diagnóstico que le dieron en la enfermería del Palacio Blanco, no participó el 27 de febrero porque sencillamente era un oficinista, no pertenecía a ningún batallón, ni comandaba compañía alguna, ni siquiera tenía un pelotón a su mando. Por eso Hugo vio todo lo que sucedió el 27 y el 28 en Caracas, sus compañeros lo vieron el 27 y el 28 en Caracas y él lo reconoció públicamente, así como que los vio a todos salir al mando de sus respectivas compañías.

Luego nos contó que el 28 de febrero estaba de reposo en su casa y el mayor Castro Soteldo, piloto de Mirage, llegó por la ventana a decirle: "'Hugo, Hugo, ¿qué hacemos?'. Estaban masacrando al pueblo y nosotros, por supuesto, no teníamos ningún plan"[372]. Pero finalmente nos enteramos de que "por supuesto" que sí existía un plan, cuando durante una sesión de la Asamblea Nacional el mismo Castro Soteldo explicó que "la rebelión cívico-militar no pudo ser el 27-F de 1989" y recuerda cuando su jefe, el coronel Visconti, le preguntó: "El 27 de febrero de 1987, Buchón –que era su seudónimo de combate–, si te doy la orden de que vayas con una formación a bombardear, ¿qué vas a hacer?'. 'Si me da la orden, mi coronel, la cumplo –contestó Castro Soteldo–. Ahora, si me permite escoger... [el blanco]', pidió Castro a su comandante. '¿A dónde, Buchón?', preguntó el comandante. 'Yo bombardearía Miraflores' [el Palacio de Gobierno], le dije"[373].

Si eso lo relacionamos con que Hugo le contó a Gabriel García Márquez que "fue el minuto que esperábamos para actuar" y que no solo fue Castro Soteldo el que pasó por su casa, sino que de acuerdo a Hugo también "llegaron varios oficiales a pedir instrucciones"[374], todo parece indicar que lo que existió el 28 de febrero de 1989 en la casa de Hugo Chávez en la pequeña ciudad de San Joaquín fue sencillamente una reunión de conspiradores, tratando de ver cómo se cuadraban con el movimiento golpista que estaba a punto de ocurrir. En el que nadie pudo actuar porque estaban desarticulados –muchos estaban fuera y otros combatiendo en Caracas– y otros sencillamente fueron sobrepasados por los acontecimientos.

Suena en realidad muy poco convincente que Castro Soteldo le preguntara, a media noche a través de la ventana, si actuaban o no, si ya el coronel Visconti le había preguntado la posibilidad de bombardear el Palacio de Gobierno. Pero aquel día recibirían el más duro de los golpes: uno de los puntales del movimiento había muerto en manos de uno de los 57 grupos de francotiradores esparcidos por la ciudad por los grupos de izquierda.

Había muerto "Tarzán", apodo que por cariño le daban sus amigos y conocidos al comandante Felipe Antonio Acosta Carles, cuando una bala de alto calibre de un francotirador lo alcanzó mientras perseguía "con una patrulla militar a un grupo de saqueadores que se había atrincherado en la parte alta del sector denominado Las Montañitas"[375], a la altura del kilómetro 1 de la carretera Panamericana. Sus compañeros y quienes lo apoyaron en aquella acción, entre ellos un sargento que también recibió una bala del mismo francotirador, situado en un edificio alto cercano al lugar de los saqueos, informaron del nutrido fuego que recibieron.

Para que el lector se sitúe en la noticia es necesario que conozca que estos mayores y capitanes informaron que por toda Caracas existían "francotiradores que estaban disparando contra autoridades y civiles en distintos sectores del área metropolitana". ¿Dónde combatieron las tropas contra estos francotiradores? Quienes organizaron aquello habían escogido los edificios más altos cercanos al Mercado Mayor de Coche, que es uno de los más grandes de Venezuela, se habían situado en los edificios más altos del mercado Mesuca de Petare, en los edificios altos aledaños al Mercado de Quinta Crespo y un ejemplo claro fue el del Mercado Mayor de Guaicaipuro, cuyos francotiradores se encontraban en el edificio Las Fundaciones, así como en uno de los edificios más altos cercanos al Banco Mercantil y otro cercano a la Contraloría.

El profesor estadounidense adscrito al actual Ministerio de Planificación e investigador de los sucesos históricos de Venezuela George Ciccariello-Maher explica que: "Las fuerzas de seguridad se vieron ante la resistencia de francotiradores y abrieron fuego contra edificios de apartamentos (los agujeros de las balas se ven todavía en la actualidad)"[376]. El general y jefe de la inteligencia al investigar los hechos escribiría que: "La situación empeoró, aún más, al comienzo de la noche de ese 27/02/89 con la aparición y actuación terrorista e indiscriminada de unos 300 francotiradores, los cuales, ubicados en diferentes sitios de Caracas, en particular en azoteas de numerosos bloques de apartamentos del 23 de Enero, de la parte alta de los barrios El Valle, Coche, El Cementerio, La Vega, Campo Rico, José Félix Ribas y Petare, efectuaban disparos con armas largas de fuego, no solamente sobre funcionarios policiales y militares, sino sobre los saqueadores y transeúntes desprevenidos"[377].

El día en el que enterraban al valiente mayor Felipe Antonio Acosta Carles, sus hombres y sus compañeros de armas le explicaron al veterano periodista José Hurtado que murió "en manos de uno de los francotiradores" que había en grandes cantidades, "muy bien entrenados e inclusive hasta de breve y extraño ingreso al país"[378]. Hasta el propio Hugo reconoció que les estaban disparando con francotiradores: "Él, valiente, consciente, parece que estaban disparando desde el cerro y habían herido a un soldado por allí en El Valle. Entonces, él se metió y dijo: 'Vamos hasta allá a capturarlos o a neutralizarlos'. Se fue con un grupo pequeño de soldados y en el camino recibió un tiro en el pecho"[379].

A partir de allí comenzaría la subversión histórica para que la biografía épica del comandante cuadrara mejor. Hugo comenzaría a fraguar un cambio que comenzó desde el momento en 1999 en el que explicó que "el instinto me dice que lo mandaron a matar"[380], hasta que una década exacta más adelante "lo mandaron a una emboscada. Vio soldados de policía militar, un disparo y cayó muerto"[381]. Dos meses más tarde de este comentario ya el asunto se complicaba aún más: "Pocos días antes del Caracazo, yo le dije al Catire: 'Catire, cuídate, cuídate, porque me llegó información de que... bueno, nos andan cazando a un grupito de nosotros'[382]. Lo mataron ellos mismos [la policía militar y Carlos Andrés Pérez]".

El problema grave es que todos los expedientes fueron eliminados y el silencio de las investigaciones quedó enterrado, tanto la participación de esos 300 francotiradores en 57 puntos de Caracas, que observaron todos los corresponsales extranjeros, como la desaparición de algunos oficiales durante su acuartelamiento, el intento de bombardeo de la ciudad capital, mientras los francotiradores sembraban el caos y todo apenas tres meses más tarde del primer intento de golpe de 1988.

El Caracazo no fue otra cosa que el mismo "Plan para Caracas" que lanzaron los civiles en 1992 durante los golpes de Estado del 92: tomar estratégicamente las regiones suburbanas hacia Caracas, hostigar unos 15 días antes de la fecha y cesar antes del día de la insurrección, bloquear los suministros de comida y "hacer de las calles de Caracas un escenario de guerra"[383].

El mayor azar (1989, Caracazo, parte II)

El presidente Carlos Andrés Pérez había pedido un informe completo de inteligencia sobre los sucesos del 27 de febrero y así la Dirección de Inteligencia Militar se lo haría llegar. El 21 de marzo de 1987 Carlos Andrés Pérez leería un informe "secreto y confidencial" lleno de recortes de periódico, responsabilizando a las universidades junto con la Iglesia Católica, que había sido "infiltrada por la Iglesia Anglicana". Al parecer siete jesuitas que fueron detenidos en La Vega habían armado todo aquel lío y buscaban "beneficiarse de la situación económica y social imperante en Venezuela, incurriendo en bajas acciones hasta la tergiversación de los fines del Estado para perjudicar el sistema y beneficiar una 'revolución de la Iglesia', en la cual se consiente el uso de los métodos terroristas y violentos para procurar la libertad de los pueblos"[384].

Estaba claro que quien escribió ese informe culpando a la Iglesia Católica y a las universidades del Caracazo estaba involucrado hasta los tuétanos ya que desaparecieron por completo los 57 puntos de francotiradores, muchos de ellos "con experiencia militar" e incluso extranjeros junto con las consignas de "¡saqueo, saqueo, saqueo popular!", que fueron inventadas por la izquierda en los 60 como mecanismos de lucha y guerrilla urbana y que en Caracas las venían repitiendo junto con saqueos menores.

Las consignas recogidas por la prensa los días previos eran sencillamente obvias: ¡Si siguen los aumentos, saqueo popular! ¡Si aumentan el pasaje, saqueo popular! ¡Si el pueblo pasa hambre, saqueo popular! Con estas la extrema izquierda, como parte de una estrategia de movilización social, logró hábilmente "educar" a los espontáneos y así la coordinación de los motorizados organizados y la ruptura programada de puertas de supermercados quedaron para la historia, pues únicamente los miles de saqueadores realmente espontáneos fueron arrestados sin que se supiera que fueron dirigidos. Nos encontramos pues con que, hasta ese momento, los conspiradores cuentan o con una Dirección de Inteligencia Militar de su parte o con un grupo de militares que no destacaban precisamente por su inteligencia.

Mientras esto sucedía, los irresponsables de la extrema izquierda venezolana y una montonera de militares insensatos celebraban sus logros jugando bolas criollas y bebiendo aguardiente, y el planeta entero era sacudido por la terrible recesión, producida por el famoso "Black

Monday" de finales de 1987 o el mayor derrumbe porcentual en la historia de los mercados de valores, en un solo día. De la noche a la mañana, literalmente, se perdió más de un 22% en el índice Dow Jones, los mercados de valores del planeta entero se desplomaron, comenzando en Hong Kong y explotando en Europa. Australia cayó 41,8%, España 31%, el Reino Unido 26,4%, Estados Unidos 22,68% y Canadá 22,5%. En Nueva Zelanda se lanzaban por los balcones cuando sus mercados cayeron un 60% y el planeta se paralizó por completo.

Y cuando esto ocurrió, los precios del petróleo, que se encontraban en 40 dólares, bajaron a 12,80, causando una catástrofe en la economía venezolana. Esta serie de eventos se encontrarían con el mayor Hugo Chávez que cumple 18 años en el Ejército y escribía ya su "libro azul" para implementar en el país la idiotez de Gadafi en Libia. Pero, a diferencia del primero, en su carrera lo habían expulsado de su primer pelotón, del cuartel, del batallón, del segundo batallón, de la Academia Militar, del tercer batallón, lo aislaron en la selva, lo sacaron del país y a los pocos meses de su regreso lo metieron preso.

A su resumen curricular hay que incluirle el levantamiento de 5 informes de inteligencia, 7 informes de personal (4 como insubordinado), 11 problemas mayores (dos gobernadores, 6 generales y 3 detenciones) y acababa de salir preso por estar involucrado en su primer intento de golpe. Como experiencia de campo contaba con haber comandado a 5 hombres de una escuadra de comunicaciones por dos meses, a 5 hombres de una escuadra de bomberos, a sus cadetes de la academia durante los entrenamientos, a una escuadra en el Batallón Farfán por 4 meses, a un puñado de indígenas durante 3 meses y, finalmente, a 6 hombres de los cuales uno era un civil sin un brazo, 4 soldados prestados y un indígena cuiba que "lo seguía por todos lados", encargados de sembrar maíz y cuidar cuatro cochinos. Como bien lo dijo Chávez: "Comandaba una patrulla de militares harapientos, melenudos y barbudos (...) que más bien semejaban ser guerrilleros".

Por supuesto que en los discursos oficiales suena mucho mejor decir: "Yo tenía una doble condición: era comandante del Ejército Bolivariano Revolucionario al mismo tiempo que era capitán comandante de una compañía de cadetes, o era capitán comandante del Escuadrón

Farfán"[385], porque nadie va a sacar cálculos de las cosas menos rimbombantes, como que al mayor lo habían relegado a puestos administrativos y en su último año lo expulsaron también del batallón, fue enviado a Guatemala y recién llegado lo metieron preso supuestamente por fisgón porque él, aunque estaba armado al lado de los tanques, en realidad no estaba involucrado con el golpe que era "el mismo movimiento". O que una vez que salió de la detención le correspondió "ser ayudante de un general en un cargo de importancia, en la Secretaría del Consejo Nacional de Seguridad y Defensa (Seconasede)"[386].

La realidad es que no fue el azar mágico el que lo llevó a Seconasede. El mayor había sido rescatado por el general Arnoldo Rodríguez Ochoa, quien al parecer era amigo de su familia[387] (padre y el tío Marcos), pues para ese momento Chávez estaba a la orden de personal y pensaban en darle de baja, pero, de acuerdo al expresidente Pérez, una llamada de los familiares de Hugo al general Rodríguez Ochoa logró salvarle la carrera. Rodríguez Ochoa se lo llevó a San Juan de los Morros: "Un jefe que en el fondo compartía muchas cosas y me decía: 'Dale que ni los chismes me llegan, ¿eh?', porque le llegaban chismes del gobernador de Apure, unos adecos, de la Disip, 'que Chávez dijo en la Plaza Bolívar tal cosa'. Rodríguez Ochoa me decía: 'No te extralimites. Ponte tus límites', porque él sabía lo que, en el fondo, muchas cosas, hermano"[388].

¿Qué podía saber el general Ochoa? ¿A qué parte del generalato pertenecía? Chávez nos puede dar una mejor descripción del entorno del general: "Un día me dijo: 'Chávez, tú te me pareces a un hermano mío'. ¿Ah, sí? ¿Cómo se llama?'. 'Gilberto, él es médico (...) Es comunista, dejó hasta la familia y se fue para el Amazonas, no le cobra a nadie, allá está con los indios'. Le dije: 'Me honraría conocerlo, me gustaría conocerlo'"[389]. El hermano del general era quien llegaría a ser su primer ministro de Salud, un comunista de línea dura, y no era el único de la familia del general, quien también le dijo: "Yo tengo una hermana que es guerrillera, Chávez. Si tú te consigues con ella, explotan"[390].

El mayor comunista (1980-89)

Para 1985-86 ya Chávez estaba integrado "en los círculos políticos marxistas caraqueños" en los que "se manejaba de manera general la tesis del brazo armado" y Hugo, como se lo explicaba a Ignacio Ramonet, el famoso periodista de tendencia radical marxista y biógrafo de Fidel Castro, nos explica que "siempre discutía esa tesis" opinando que "teníamos que constituir un movimiento cívico-militar". Por eso la primera impresión de Ramonet fue: "No había duda de que [Chávez] poseía una mente de izquierdas, estructuralmente marxista". Ya para 1983 el grupo de Chávez, conformado por unos pocos subtenientes y pares con ideología marxista, había realizado su primer movimiento llamado Ejército Bolivariano Revolucionario, congreso en el que según Chávez: "Me di cuenta que por esa vía [marxismo] no íbamos a avanzar" porque "el marxismo era visto como algo muy hostil" en el seno de las Fuerzas Armadas y "el grupo de compañeros no estaba preparado para ir hasta ese nivel". Para el año 1986 en el "Congreso de San Cristóbal" habían tomado la decisión de "sacar un periódico, *Alianza Patriótica*", en el que escribieron sobre los líderes mundiales, "Che [Guevara], Marx, Lenin, Mao, etc.", lo que causó una indignación tan brutal entre el resto de los conjurados que Chávez tuvo que quemar los 200 ejemplares que le mandaron.

Todo indica que Chávez tuvo formación político-ideológica internacional tanto en República Dominicana, adonde fue varias veces en su vida, como en Guatemala, cuando desapareció también durante una semana. Corren los mismos años en los que diferentes militares viajaban a Libia, Irak y Cuba para recibir inducción al marxismo. La diferencia es que Arias Cárdenas –quien había recibido instrucciones para ir a Cuba– ya tenía mando de tropas y su carrera había sido sólida, como la del resto de los participantes de aquellos viajes. Pero Hugo no tenía tropa alguna, los 80 en su vida estuvieron plagados de errores y había terminado alejado de cualquier posibilidad de acceder a un batallón.

Por eso Chávez no fue enviado a destinos importantes como Bagdad, Trípoli o La Habana. Se sabe que Hugo fue enviado a Dominicana por 8 días a unos juegos de béisbol y "encontró la manera de extender su estadía" algunos meses, como logró investigar la prensa dominicana, y se alojó en diversas casas en dos barrios durante aquella estadía. ¿Cómo era posible que un teniente desapareciera al menos un mes sin ser sometido a consejo de guerra por deserción? Básicamente tenía que tener el permiso de una dirección de personal infiltrada hasta los tuétanos. Para colmo llegó a un entorno comunista y conoció a los principales líderes de entonces.

Por eso, llegado el año de 1989, ya Hugo Chávez era un comunista convencido. Su entorno de amistades era el de los hijos de los exguerrilleros comunistas y todas sus referencias eran completamente marxistas. Esto se había profundizado por su completa y total exclusión de puestos de comando en los que tuvo que apelar una y otra vez a la salvación de los generales de tendencia marxista cada vez que se metía en problemas. Ahora estaba en las oficinas como asistente de un general y fue encargado de recibir a una delegación cubana que llegaría entre el 28 de mayo y el 2 de junio de 1989, encabezada por el doctor Alejandro García Gutiérrez, cuyo padre había sido comunista y combatió durante la Guerra Civil Española. El doctor que había participado en la revolución de Castro en el Movimiento 26 de Julio era para la época de la "brigada médica cubana", había estado en Chile durante la época de Allende, en el Perú durante el gobierno revolucionario de Velasco Alvarado y en Nicaragua en el triunfo de la Revolución sandinista. García Gutiérrez no solo era comunista convencido, sino parte del aparato de inteligencia y de seguridad cubano, como lo demuestran sus condecoraciones y honores durante al menos 20 años de los "órganos de seguridad del Estado" y del Ministerio del Interior de 1979 al menos hasta 1981.

De acuerdo a este doctor, Chávez los condujo "por los pasillos subterráneos de esa construcción militar, les reveló que una bifurcación de ese túnel conducía a la sede de la Presidencia", "la sede del Consejo Nacional de Seguridad y Defensa" y "la Guardia de Honor, que es la guardia presidencial", y se las arregló para hablar con este en privado y "también le comentó los deseos que tenía de visitar la isla con el propósito de completar sus estudios". Lo cierto es que el doctor le hizo llegar su petición nada menos que a Roberto Menchaca, quien era el director de relaciones internacionales del Ministerio de Salud Pública, un eufemismo para referirse a uno de los brazos de la inteligencia exterior cubana.

Menchaca era quizás uno de los hombres más emblemáticos del

"internacionalismo" cubano, combatiente junto a Fidel, entrenado en Vietnam durante casi dos años en plena guerra, en los hospitales de campaña en Damasco como voluntario en la guerra contra Israel, en la guerra de Etiopía y en Tanzania. Lo que pasó a partir de ese momento es pura especulación. ¿Fue una inocente visita, justo en el momento en que Venezuela ardía por los cuatro costados? Lo único que sabemos es que años más tarde el doctor aparecería en televisión y Chávez le dijo: "Me enteré que él lo había transmitido a La Habana", pero concretamente que "aquel día te dije que me debías un almuerzo". Allí tomó la palabra un ya mayor García Gutiérrez y le respondió: "Puedo decirle exactamente...", momento en el que Hugo Chávez lo interrumpió súbitamente y le dijo: "Siempre está pendiente, siempre estás mosca, José", lo que para cualquier venezolano significa que tenga mucho cuidado con lo que va a decir.

Aquella tarde el doctor García cambió por completo de tema.

El mayor retraso (1989)

Pronto llegaría el año 89 y el general que había recibido a Hugo en su comando como asistente administrativo llegaría a Seconasede y, con él, Chávez. La vida de este último transcurre en el Palacio Blanco de nuevo como oficinista y la conspiración estaba prácticamente interrumpida porque él había sido detenido. La situación del movimiento no podía estar peor: "Arias Cárdenas estaba haciendo curso de Estado Mayor. El resto del directorio: Luis Reyes Reyes estaba en los Estados Unidos, tenía su hijo muy enfermo y tuvo que irse a tratar de salvar al niño, allá pasó año y medio trabajando, estaba en una oficina de la Fuerza Aérea Venezolana en Miami; Castro Soteldo era el más nuevo de nosotros, del directorio, estaba en la base aérea, piloto de Mirage, en el Grupo de Caza N° 11; Pedro Emilio Alastre, capitán, estaba en los tanques. Éramos el directorio y las reuniones estaban un poco suspendidas porque nos andaban vigilando mucho, a algunos de nosotros, pero bueno, estábamos ahí"[391].

Su año de 1989 termina cuando 5 meses más tarde una delación o infiltración dio con el tercer intento de golpe, bajo los mismos parámetros que el golpe original a Carlos Andrés presentado al general

Ochoa Antich una década atrás. A tales efectos el general Peñaloza establece que: "Era obvio que mi servicio de inteligencia estaba infiltrado. El director de inteligencia general, Alexis Sánchez Paz [de los conspiradores originales], recomendado para el cargo por el jefe de Estado Mayor, general Carlos Santiago Ramírez [también de los conspiradores originales], no me inspiraba confianza. Con dinero de la partida secreta establecí una red de inteligencia paralela con gente de mi más estricta confianza y logré infiltrar a los golpistas. (...) El jefe del plan fue detectado porque la clave que le asignaron era estúpida: 'Júpiter'. Cualquier aficionado a la mitología griega sabe que este era el rey de los dioses. Las demás claves eran igualmente primitivas. Rápidamente, trabajando con el inspector del Ejército establecimos los nombres de los complotados y su orden de batalla. Afortunadamente, mi dirección de inteligencia no sabía lo que estaba pasando. De saberlo, hubieran alertado a los golpistas".

"El 5 de diciembre ordené la captura de los sospechosos y después informé al Presidente encargado, Dr. [Alejandro] Izaguirre. Lo hice así porque estaba seguro que la Presidencia también estaba infiltrada. Izaguirre llamó a CAP a Davos y Pérez ordenó que dejaran en libertad a los detenidos, entre los cuales estaban Chávez y todo el actual alto mando chavista"[392]. Hugo Chávez relata los acontecimientos de la siguiente forma: "Me sacaron del Palacio de Miraflores, del Palacio Blanco, preso, acusado de que yo iba a asesinar a Carlos Andrés Pérez aquel diciembre de 1989, después del Caracazo; eso fue el año del Caracazo".[393] En esa misma redada cayeron "Ortiz Contreras, Acosta Chirinos, Pérez Issa y Velandria Bello"[394].

El general Peñaloza continúa su explicación: "Penetré la logia y obtuve su plan de operaciones para la ejecución de un golpe de Estado a celebrarse el 7 de diciembre de 1989. En esa fecha regresaba CAP de un viaje a Davos. Un día antes detuve a Chávez junto a los demás líderes del alzamiento. Esta decisión abortó un golpe de Estado previo al del 4-F. Una vez preso, Chávez juró en mi despacho que no era golpista y negó que el secuestro de mi hijo menor fuera parte del plan en caso de no poder capturarme. Esta amenaza me hizo actuar en forma violenta retando a Chávez a un duelo personal. A su regreso, CAP me llamó a su despacho molesto, ordenando dejar en libertad a los conjurados. Además exigió ocultar el hecho a la prensa. Al preguntarle las razones, dijo que su ministro de la Secretaría, el director de la DIM y el resto del alto mando militar consideraban que no había pruebas para esa detención. Ante esa decisión puse mi cargo a la orden, pero el Presidente me pidió que continuara".

¿Tenía Hugo Chávez un plan para detener a Pérez? Supimos un tiempo después que el 10 de diciembre había un plan similar para capturar a Pérez de boca del propio Hugo[395] y que el Presidente afirmó que sí existía ese plan, aunque no para asesinarlo. Si Carlos Andrés se salvó del golpe de Estado de 1975, Luis Herrera se salvó de recibir las mortales salutaciones como las del presidente egipcio Anwar el-Sadat en el desfile del 5 de Julio y Jaime Lusinchi se salvó del intento de golpe de 1988, la realidad es que Carlos Andrés Pérez salió destruido del primer golpe de Estado de 1989 (Caracazo) y perdonaría a los golpistas en su segundo intento de 1989, quienes ya se disponían en 1991 a dar la intentona y terminarían por darle la estocada final en 1992. Lo único cierto es que la democracia, herida de muerte, tenía para ese momento sus días contados.

El curso mayor (1990)

Hugo continuaba defendiéndose de las acusaciones aún después del golpe del 4 de febrero del 92 y siendo Presidente: "Me tenían preso en esos días de diciembre. Me habían tenido varios días en Fuerte Tiuna, pero después decidieron enviarme a Maturín; tenía a Maturín por cárcel[396]. No me probaron nada, pero la acusación era descabellada y muy fuerte, de que yo iba a matar a Carlos Andrés Pérez en la cena de Navidad, que íbamos a tomar el palacio y que íbamos a fusilar al Presidente y al alto mando militar, y a los ministros y a todo el mundo, pues. Me acusaron de eso, sin ninguna prueba, era totalmente falso aquello"[397].

Chávez sostenía que lo acusaban de pretender asesinar al Presidente y cuenta qué ocurrió: "Me sacaron de aquí preso del Palacio Blanco el día 6 de diciembre de 1989, el día de las elecciones de gobernadores, por cierto. De ahí salí preso y me dijeron: 'Váyase para Maturín, al cuartel de allá'. Para yo salir de ese cuartel a la esquina a comprar un periódico necesitaba un permiso especial y, para venir a mi casa, venía pero una vez a la cuaresma con un permiso extraordinario que me daban. Yo conozco mucho ese cuartel, estuve casi confinado allí[398]. Por fin, a las pocas semanas me llamaron y me dijeron: 'Puede montar guardia'. Y montaba guardia de jefe de servicio. Por aquí estaba el comedor de oficiales, por allá el rancho de la tropa".

En otra ocasión narra su "cautiverio" luego de ser acusado de querer matar al Presidente: "Era febrero del 90, yo me la pasaba era leyendo allá, porque casi no tenía trabajo, estaba preso allá, no estaba encadenado ni en una celda pero no podía salir de Maturín sin permiso, y me tenían vigilado pero al extremo"[399]. ¿Y qué leía Hugo Chávez, ya sospechoso de magnicidio y castigado por un intento de golpe? Para ese momento ya toda su literatura es radical: *El socialismo no cae del cielo*, de Michael A. Lebowitz, y *Socialismo autogestionario en marcha*, de Jože Hočevar. Uno de estos libros lo expuso en cadena de TV orgulloso: "Otra vez muestro este librito. Y este que es un libro viejo, de los viejos míos, Maturín, febrero 1990"[400], dijo en una de sus incansables cháchares.

De a retazos contó esta historia en sus programas: "Me distraía mucho porque estaba haciendo el curso de Estado Mayor a distancia, así que como no tenía casi trabajo..."[401]. De esta manera el mayor Chávez se convirtió en alumno del curso de Estado Mayor No. 32 y nos explicó cómo eran sus jornadas de estudio: "Estudiábamos por lo que uno llama 'guacho'. Había un compañero mío que está aquí a quien le decíamos 'El Rey del Guacho'. Ahí están los guachos de hace 30 años. Yo recuerdo al mayor David Guerra, quien me regaló en Maturín (...) y yo me venía para curso, tres cajas de los guachos, y cuando abrí aquellas cajas, eran los guachos de él y los de diez años atrás, una repetición (...) Eso no tiene sentido. ¿Dónde está la revisión del pensamiento militar? ¿Vamos a seguir estudiando estas tablas?"[402].

Para que el lector entienda la queja del Hugo Presidente, un guacho no es otra cosa que un formato que contiene las respuestas de los exámenes. Para Chávez un guacho era un papel que contenía las respuestas[403]. Así que las tablas a las que hace referencia y que le regalaron contenían exámenes previos y sus respuestas incluidas, que los integrantes del curso 32 utilizaron para estudiar.

El curso de Estado Mayor de Hugo Chávez fue un curso a distancia, que estudiaba usando "guachos", y el presidente de Venezuela sostenía: "Aquello fue un desastre, un absurdo y uno iba con la expectativa de mejorar los cursos anteriores, y de estudiar la gran estrategia, la ciencia de la guerra moderna, lo que en el mundo estaba ocurriendo. Y nosotros en pleno curso estudiando cosas absurdas, y el mundo en guerra por allá y nada, ni una peliculita, ni nada, nada, nada[404]. (...) Recuerdo unas tablas de cálculo de disparos de ametralladora, unas tablas que a lo mejor las usaban en la Primera Guerra Mundial. Todo era un arrebato emocional de cálculos"[405].

Dice el refranero popular que no hay nada oculto entre cielo y tierra, pues es cierto y esta declaración de Hugo lo confirma: "Había instructores allá que cobraban por inteligencia para botarme a mí. Era el general Carlos Julio Peñaloza, comandante del Ejército, y ese era el que había dado la orden de que yo no debería graduarme, porque ya desde hacía varios años se me señalaba como miembro de una conspiración. ¡Era verdad!"[406]. Finalmente, Hugo Chávez le daba la razón al general Peñaloza, quien tanto lo persiguió y denunció como conspirador.

Continúa la perorata de Chávez en cadena nacional, de esas que tanto nos costaron a los venezolanos en tiempo y dinero: "Bueno, entonces resulta que yo entrego mi examen de brigada, en la ofensiva; 38 puntos sobre 100 como que fue que saqué. Cuando me pongo a revisar, faltaban los calcos, que era lo que más valía. Bueno, ¿y dónde está el calco de la tarea uno y el calco...? (...) 'Usted no entregó calco'. ¿Cómo que no entregué calco, mi coronel? Yo entregué mi examen'. ¡Me los desaparecían! ¡Yo terminé el curso de Estado Mayor de milagro! Porque la orden que había en el Comando del Ejército era que a mí me reprobaran en el curso de Estado Mayor. Llegaron a botarme parte de los exámenes, pues; es decir, yo entregaba la (...) ¿Cómo se llamaba? ¿La Pino, era? La prueba de evaluación; después de ocho horas de escribir, de responder, entregaba los calcos y después, cuando me dieron la nota, yo vi 45 puntos sobre 100"[407].

El general Ochoa Antich, ministro de la Defensa para ese momento, sostiene: "Hugo Chávez y otros cinco oficiales fueron reprobados en dos asignaturas: Operaciones e Inteligencia. El general Alberto Esqueda Torres, director de la Escuela Superior de Guerra, presentó el caso ante el general Carlos Julio Peñaloza, Comandante General del Ejército, quien convocó al Estado Mayor de la fuerza, constituido por el general Roberto Delgado y por mí. Nuestra opinión fue que se debería permitir que dichos oficiales repararan las asignaturas. El general Peñaloza aceptó dicha recomendación y autorizó la reparación de los oficiales aplazados. Hugo Chávez aprobó. Dos oficiales de los cinco no lo hicieron y fueron retirados del curso"[408]. Esta reunión y las decisiones fueron confirmadas después por el general Carlos Julio Peñaloza, quien explicó que dicha decisión consta en el acta de la reunión, la cual firmaron todos los asistentes y así quedó archivada[409].

El general Esqueda Torres, además de director de la Escuela Superior de Guerra, también había sido profesor de Historia Militar de Hugo en la academia[410]. Al llegar Hugo Chávez al poder, este fue designado presidente del Fondo de Crédito Agropecuario y uno de sus primeros ministros de Infraestructura. Sobre este general, el entonces Presidente confesó: "El general de división del Ejército en situación de retiro Alberto Esqueda Torres estuvo con nosotros"[411].

Hugo Chávez aplazó esos dos exámenes y el jefe de la Escuela Superior, que estaba comprometido en la conspiración (de generales), elevó la petición de reparación al general Peñaloza y por esto le permitieron presentar de nuevo el examen reprobado. Este episodio del curso concluye de forma realmente dramática de boca del propio Hugo Chávez ya siendo Presidente: "Mi tesis de grado del curso de Estado Mayor fue una operación blindada en Apure y sacamos 100, una exposición ahí de media hora, una piratería. Sir Francis Drake (...) guerra a la piratería, muchachos, no acepten la piratería"[412].

Y continúa el relato tiempo después en el estado Monagas: "Luego ascendí a teniente coronel, aquí en Maturín, el 5 de julio de 1990"[413]. Y así es como remata Hugo Chávez su aventura académica: estudiando con "guachos", con dos materias aplazadas y reparadas y una tesis que él reconoció como "pirata".

El mayor sabiondo (1991)

Hugo Chávez ya tenía veinte años dentro de los cuarteles y su experiencia de combate o mando se simplificaría a cargos para nada trascendentes, desde una escuadra de bomberos hasta su último puesto como oficinista, donde jamás se vio alguna vez sujeto a disparar un arma, ni comandar jamás a más de una pequeña escuadra. Por sus propios dichos sabemos que en esos veinte años solo recibió un curso de paracaidista de cinco saltos, un curso de comunicaciones en el que reconoció no haber aprendido nada, un curso por correspondencia con películas sobre tanques, un curso avanzado del que no hizo referencia nunca y ahora él mismo le suma lo que calificó como "un desastre, un absurdo".

Hugo Chávez confiesa que fue otro curso más por correspondencia, cuyo material de estudio era a base de chuletas, en el que aplazó nada menos que dos materias, mientras que su tesis de grado, según sus propias palabras, fue una piratería. Para colmo sostuvo que lo que hizo fue destruir el curso y las pocas veces que fue a clase formal, en vez de aprender con humildad, se dedicó a la actitud típica del alumno problema, muy absurda a esa edad, a tal punto que incluso profesores se salieron del aula porque los sacaba de sus casillas y hasta dijeron: "Yo no vuelvo más a darles clases, no vuelvo más a esta academia"[414].

A Hugo, durante su presidencia, siempre le asaltaban los recuerdos de sus días como militar activo y soltaba estas perlas: "Un día recuerdo que estábamos haciendo cálculo logístico, matándonos la cabeza, en ese tiempo no permitían usar ni siquiera las calculadoras, no se permitía, no, riguroso, a mano todo, a mano, una cosa anacrónica"[415]. Tenía su lógica que enseñaran a razonar matemáticamente y sin calculadoras los aspectos logísticos de la guerra, porque es inimaginable que junto al mapa y las provisiones, junto a la cantimplora de un oficial, debe estar una calculadora. Yo no puedo imaginar al general Rommel, el "Zorro del Desierto", del que Hugo habló un par de veces, diciendo algo así como: "Caballeros, les informo que no podemos continuar con la ofensiva contra los ingleses; no sé qué hacer, mi calculadora se quedó sin baterías".

Pero el Hugo que luego fue Presidente, aun cuando habían pasado los años, persistía en su queja: "Estábamos calculando la tabla logística para pedir municiones para una ofensiva. Entonces nos daban una tabla a través de la cual uno calculaba. Vamos a multiplicar, pues, el primer día, son mil quinientas armas que tiene una brigada, una división. Y cuando empezamos a multiplicar por cien nos dio 150.000. Entonces yo digo: 'Ya va, espérate un momentico, ya va. ¿Cómo es eso que vamos a pedir cien cartuchos por ametralladora para el primer día de ataque?'. El primer día de ataque es el más fuerte, o probablemente el más fuerte, uno no puede lanzar un ataque con un tirito. Entonces, bueno, ¡pero eso es lo que dice la tabla! Una ametralladora AK, por decir algo, o Uzi, gasta 100 cartuchos... ¿en cuantos segundos? ¡Prrrrrr! ¡Y ya! ¡Para un día! Entonces yo le dije a un coronel que estaba dándonos clases, él no tenía la culpa, él era el instructor y así lo formaron a él, y él: 'Así es la cosa'. Yo le dije: 'Bueno, entonces la brigada que comandamos nosotros aquí va a atacar, vamos a poner aquí una instrucción de coordinación: los oficiales deberán hacer que se cumpla la siguiente orden: el soldado que va en el ataque disparará un tiro cada tres horas: ¡pam!'. Solo así nos alcanzaba para el primer día de batalla. Casi termino guindado ese día por mamador de gallo"[416].

Hugo Chávez reconoce que pasó todo el curso "mamando gallo" y burlándose de la logística militar. Para tratar de situar al lector, decidí hablar con un profesor de estos menesteres, sin explicarle de qué se trataba para evitar la influencia política. Este me explicó que los manuales están basados en algo que se denominó durante muchos años "unit of fire" o unidad de fuego. Las tablas, que en efecto son arcaicas, están basadas en 128 años de experiencia de guerra y son utilizadas por todos los ejércitos del planeta para hacer los cálculos logísticos generales, pero me recalcó: "Cada ejército lo debe adecuar a sus necesidades y experiencia". No se trataba de que Chávez estuviera mandando gente a combatir, sino que aprendiera la "tabla de medida que determina la producción de municiones y el envío de esas municiones al teatro de operaciones", como bien me explicó el profesor.

Esa tabla que debía aprender Chávez sobre logística de combate terminó como todo lo que lo caracterizó en su vida, en una "mamadera de gallo"[417]. Pero ¿qué decía el material con el que supuestamente estudió? En la tabla se puede leer el tipo de munición, la unidad de fuego y los días de dotación. En este caso, Hugo debía aprender toda la logística necesaria para garantizar una acción determinada y no, como fue el objeto de la burla, cuántas municiones debía disparar el primer día. En este caso cien balas como unidad de fuego, con una dotación de cinco días, quiere decir que Él, como comandante, tenía que garantizar como mínimo que cada soldado del batallón dispusiera al menos de 500 municiones en su comando a la hora de sonar el primer disparo, bastante más de las 330 municiones que disponen por ejemplo los famosos SEAL de la marina estadounidense, quienes usualmente cargan 330 municiones durante cualquier misión.

Pero esa tabla no es apta para el típico sabelotodo criollo, sobre todo cuando expresa "cuánto plomo se echa en un día". Lo importante es lo que se derivaba después de la tabla en el curso de Logística: la administración de aquella logística, la dotación en el teatro, la dotación en la acción de guerra, el reabastecimiento, las líneas de dotación en combate, los puntos de dotación y los puntos de distribución para el combate, las instalaciones de aprovisionamiento en la retaguardia, las líneas de reaprovisionamiento en combate, que ya a esas alturas se mide en toneladas. Lineamientos del arte de la guerra muy serios para quienes la mamadera de gallo en clase y la soberbia terminaron con la siguiente aseveración: "Ese día me gané un llamado de atención porque preguntamos: 'Mire, ¿cómo es esto y por qué?'. 'Bueno, ¡eso es lo que dice la tabla!', dijo alguien. '¿Bueno, pero y por qué? ¡Es ilógico! Si aquí hay una guerra, ¿vamos a pedir en base a esto? Estamos muertos'"[418].

Es posible que Hugo Chávez tuviera razón, los estadounidenses utilizaban esa tabla en el año 1944[419], pero el comentario del Presidente sobre que no había variado jamás en Venezuela quizás es relevante y es lo que demuestra por qué Hugo Chávez aplazó las dos materias, a pesar de que el jefe del curso estaba implicado en el golpe. Que Hugo Chávez le explicara cómo era aquel asunto de la logística militar a un especialista que había acumulado cuatro guerras como combatiente y como jefe de logística militar, era quizás el ejemplo más claro de por qué esas tablas jamás habían variado.

El mayor fanfarrón (1991)

Durante el curso de Estado Mayor, Chávez contó lo siguiente: "Yo recuerdo que me salí de un aula militar, me iban a sancionar, pero yo (...) bueno, me salgo de aquí (...) vino un grupo de gringos, chico, trajeron unos gringos. Recuerdo que nos pusieron a jugar a la guerra, y a mí me ponen de oficial de operaciones de una parte, y los gringos de la otra parte (...) ¡les metimos medio palo en el juego de la guerra! Casi todos eran sociólogos, psicólogos y eran militares, pero todos eran, casi todos, asimilados, analistas políticos, estaban disfrazados ahí, pues, era una labor de inteligencia descarada, delante de nosotros (...) yo lo sabía, y llegué a decirlo en alguna reunión".

Continúa Hugo con su historia del juego de guerra: "Bueno, así que hicimos un juego de guerra ahí y les metimos medio pa' los frescos en el juego de la guerra, les tomamos hasta la retaguardia a los gringuitos esos. Yo era el que tomaba decisiones operacionales y les clavé cuatro batallones de tanques por un flanco, compadre, ¡ra, ra, ra!, y les metimos los tanques hasta el fondo, hasta que se rindieron, pues, los acabamos en un juego. Un juego, pero que tiene su ciencia, ¿no?, y su arte, como jugar un ajedrez, pues, como jugar un ajedrez: la audacia y la estrategia".

Chávez cuenta que después de los juegos de guerra con los norteamericanos pasaron a otro tipo de "juego", al de la pelota, y este episodio también lo cuenta: "Jugamos softbol y los matamos, les ganamos por nocaut en softbol. Tenían a un gringo ahí, así grandote, que pulseaba y le ganaba a todo el mundo. Le dije yo: 'A mí me vas a ganar, pero a que no le ganas a mi compadre Urdaneta. Mira, ¡iah!, tú andas ahí fanfarroneando, fanfarroneando', le dije. Tomando cerveza (...) había un casino allá en Fuerte Tiuna. Le digo: 'A que tú no le ganas a mi compadre Urdaneta. ¿Apostamos? Urdaneta, ven acá, compadre. Mira, este gringo dice que te va a ganar pulseando'. '¿A mí? ¿Quién me gana pulseando a mí?'. ¡Aja! Y todo el mundo rodeó a los dos. Urdaneta que se le reventaban (...) yo dije: 'Voy a ser culpable de que se muera Urdaneta'. Porque aquel gringo era un gigante, chico, y Urdaneta es un hombre fuerte pero no es un gigante, pero con una voluntad de (...) una voluntad férrea la de Urdaneta, sin duda. ¡Pum! ¡Le volteó la mano Urdaneta al gringo! Les ganamos en todito a los gringos esos".

El episodio con los "gringos" continúo relatándolo en otra ocasión pero dándole distinta connotación: "Están muy equivocados los que andan diciendo por ahí: 'iNo, una invasión gringa!'. No, que en una invasión de Estados Unidos duraría cuatro horas la guerra. O: 'Los Estados Unidos controlarían este país sin necesidad de poner una bota aquí'. iUna bota! No lo controlarían ni con un millón de botas. iA este país no lo controla nadie! [aplausos y vítores]"[420].

Los civiles no solemos entender mucho de qué va aquello de la inteligencia militar, pero la lógica indica que ante el "enemigo", que evidentemente viene a conocer sus tácticas y estrategias de guerra, usted tiene la obligación de mostrarse con discreción; los enviados por el fututo contendor son por lo general sociólogos, psicólogos y militares que vienen a empaparse de sus tácticas militares. A tales efectos, el famoso militar y estratega chino Sun Tzu en su libro *El arte de la guerra* escribió: "Todos pueden ver superficialmente las tácticas de la batalla, pero nadie puede ver la estrategia que empleas para lograr tus victorias". Y en el relato de Chávez su fanfarronería militar le entregó en bandeja de plata a la inteligencia militar de su supuesto enemigo cómo se "comportaban" cada uno de los futuros guías de batallones. Un Hugo se jactaría tiempo después: "Entonces se me acerca uno, un coronel, y me dice: 'Comandante, ¿usted cómo es que se llama?'. Le dije: 'Yo soy el comandante Chávez'. Me dijo: 'Usted es bien agresivo pa' jugar a la guerra'". Nuestro flamante Presidente comentó que luego se fue con los suyos a beber unas cervecitas y celebrar, lo que para su fuero interno fue su primera gran victoria contra el imperio.

Mientras los nuestros estaban celebrando sus victorias, el coronel se fue con sus psicólogos y sociólogos a celebrar que había sido extremadamente fácil conocer la información sobre las tácticas y las estrategias de los oficiales de Venezuela que necesitaban. A la hora de combatir en una hipotética guerra, la inteligencia militar estadounidense contaría con un *dossier* completo de información suministrada por cada uno de los comandantes de batallón, sus tácticas y temperamentos. Nos podemos imaginar el "*dossier* secreto" que reposa hoy en el Pentágono: Teniente Coronel Hugo Chávez. Arma: Blindados. Líder. Toma decisiones operacionales, actúa por los flancos usando toda su capacidad y poder de fuego, actúa constantemente por un flanco y no se repliega hasta llegar hasta la retaguardia. Demuestra gran energía y agresividad, dispara toda la munición en las primeras horas del conflicto. Nota: confirmaron estar incursos en una conspiración para derrocar a su Gobierno.

Chávez se fue a beber aquel día con sus muchachos, mientras el coronel y sus colegas, que según él logró demostrar no sabían nada de logística, lanzaban ochenta y cinco mil toneladas de bombas guiadas sobre Irak, aplastando en pocos días al cuarto ejército del planeta y destruyendo los veintisiete mil objetivos de guerra en apenas horas[421]. Mientras Hugo y el resto de los estrategas ganadores bebían a la par celebrando haberles "metido medio pa' los frescos", los perdedores que habían realizado la "labor de inteligencia descarada" manejaban ya la información de primera mano de cada uno de los comandantes. Seguramente ocurrió lo mismo con los fanfarrones iraquíes en su momento, quienes, como Hugo Chávez y sus comandantes, también les enseñaron sus tácticas "practicando" juegos de guerra.

El mayor espía de los yanquis

Hay que nuevamente separar la realidad de la biografía heroica de Hugo e indagar con lupa buena parte de todo lo dicho por él. ¿Se salió Chávez del aula de clases en aquella oportunidad? ¿Dijo la verdad? ¿Era un antiyanqui consumado capaz de retar al imperio mismo y a sus jefes? Pareciera ser, como es usual en su biografía homérica, que era todo lo contrario debido a lo que esta vez relató: "Cuando estaba en el Palacio Blanco, yo fui contactado por militares norteamericanos. A su casa fui a parar a una cena[422]. Yo me hice amigo de los militares estadounidenses, de la embajada; me acuerdo de Hugo Posey[423], a su casa iba en Prados del Este (...) esto fue en pleno curso de Estado Mayor". En otra ocasión aseguró: "A mi ascenso, en Barinas, un año después a teniente coronel, fueron el coronel y los agregados militares de los Estados Unidos en el avión de la embajada (...) a la celebración del ascenso"[424]. La embajada norteamericana tenía entrada libre aquí al Palacio Blanco y Hugo contó sin pudor alguno que "viajó en el avión de la Embajada de los Estados Unidos"[425].

En un mensaje anual no desperdició la oportunidad para justificar la conspiración y volvió con la historia de los norteamericanos: "Ellos andaban detrás oliendo que ya el sistema político aquí no daba más, no daba más, que algo iba a ocurrir y querían asegurarse que ocurriera algo en función de sus intereses y andaban buscando información"[426]. Chávez recordó que casualmente también invitaron a cenar a su compadre Ortiz y a Francisco Arias Cárdenas y hasta llegó a invitar a sus amigos de la embajada, con los que viajaba en sus aviones a La Chavera, la finca de su padre: "Adán debe recordarlo, a la finquita de nuestro padre llegó un grupo de oficiales norteamericanos, el agregado militar de la embajada, fueron en el avión p'allá, jiji, un grupo grande de gente y algunos amigos de Caracas"[427].

Y así, con ese montón de estadounidenses terminaron luego del acto de graduación en Maturín, tomando el avión a Barinas para luego tomar la carretera que va "pa' Camirí" durante 30 minutos, hasta llegar a orillas del río Pagüey[428]. Eran tan amigos los yanquis que en esta y en otras ocasiones Hugo viajó con ellos. Lo cierto es que a La Chavera llegaron funcionarios de la embajada norteamericana, paradójicamente aquellos asignados a las labores de inteligencia civil y militar. Fueron a Barinas a celebrar el ascenso del mismo Hugo Chávez los que años después insultaría una y otra vez. Aquellos que entre viaje y viaje le preguntaban sobre la conspiración y él les respondía que sí, que venía un golpe, que los generales estaban conspirando, pero que ese golpe no era suyo[429]. "Nosotros amanecíamos hablando con ellos"[430], contaba Hugo. Sus amigos Pancho Arias y su compadre Ortiz Contreras años después se enteraron de cómo fue que la inteligencia yanqui se enteró de que ellos estaban en la movida golpista.

Si bien el presidente Hugo Chávez nos explicó claramente que sus amigos gringos conocían sus intenciones y hasta permitió que lo cortejaran, al punto que volaba en sus aviones, bebía con ellos en los casinos y hasta los invitó a la finca de su padre en su graduación, esta historia es sin duda alguna un episodio digno de Ripley: "Aunque usted no lo crea". Y esta es la inequívoca historia de cómo Chávez, narrado por él mismo, fue contactado, se hizo amigo, viajaba en aviones del gobierno de los Estados Unidos, iba a cenar en sus casas y bebía hasta el amanecer en La Chavera... nada menos que con la CIA.

El mayor director revolucionario

El Presidente nos contó desde aquel Palacio de Miraflores que tanto quisieron bombardear que: "En esos días ya era, desde hacía varios años, uno de los integrantes del directorio revolucionario, así lo llamábamos, del Movimiento Bolivariano Revolucionario 200 (MBR-200)"[431]. Este comentario es interesante para aclarar que este directorio se organizó para integrar a varios grupos de conspiradores de las distintas fuerzas, en este caso del Ejército y de la Fuerza Aérea. Queda claro que el rótulo "directorio revolucionario" no fue en ningún momento escogido al azar, ni desconocido, pues está muy vinculado a la actividad de insurgencia comunista desde el primero de mayo de 1960, cuando el comando de las guerrillas marxistas crearon el "Directorio Revolucionario Venezolano" para coordinar a los distintos grupos armados.

No existe duda de que sus integrantes estaban conectados entre sí y con el grupo de William Izarra y Francisco Visconti antes de su separación. Queda claro que estos estaban planificando una "revolución" con la ayuda de Libia, Irak y Cuba, lo que le da una connotación esencialmente marxista a este Directorio Revolucionario Venezolano, que después se dividió en dos"[432].

Toda la información disponible hasta este momento nos permite entrever varios aspectos importantes. En principio nos revela que este grupo de conspiradores se componía de una escueta minoría, era una logia entre las logias. El directorio contaba con apenas tres representantes del Ejército como "directores": Francisco Arias Cárdenas, quien estaba en aquel momento aliado con Izarra e invitado por este a irse a Libia a recibir entrenamiento; Pedro Alastre, hijo de uno de los miembros del Partido Comunista, y Hugo Chávez, quien para la fecha estaba execrado de todo comando de tropas. En palabras simples, hasta ese momento el directorio contaba con un capitán y con dos mayores, de los cuales uno carecía de comando de tropas y el otro era un oficinista y ninguno de los treinta batallones existentes en el ejército poseía un "director" o representante dentro de aquella logia.

Es evidente que Hugo Chávez tampoco era el líder del "directorio", sino sencillamente uno más. Por ejemplo, Castro Soteldo sí lo era, pero de la Aviación, y ya había incorporado a la conjura a todo su grupo de pilotos; estaba vinculado en primer lugar a Francisco Visconti y en segundo a Francisco Arias Cárdenas. Pedro Alastre se incorporó al movimiento junto con Hugo Chávez, nunca gracias a este, y no debemos olvidar que Hugo era el único sin algún mando de tropas, pues para ese momento ya se encontraba completamente aislado como un oficinista.

Acosta Chirinos o Acosta Carles sí eran para ese momento comandantes de compañías, pero nunca pertenecieron al "directorio"[433], como confirmó Chávez años más tarde. Tampoco pertenecieron a aquella logia llamada "Directorio Revolucionario" ninguno de los quince comandantes de batallón que supuestamente debían insurgir el 27 de febrero de 1989. Para la fecha, la logia "revolucionaria" de conspiradores solo contaba con el 0,08% del total del Ejército y el resto de los comandantes de compañías, cada uno por sus propias razones, se encontraban conspirando, pero jamás con la idea de encaminar una "revolución". El Directorio Revolucionario realmente era una reunión de 5 militares, que no representaban para aquel momento nada más que un grupo de amigos conspirando, un microcosmos en el medio de una enorme galaxia conspirativa en las Fuerzas Armadas de Venezuela.

El ascenso del teniente coronel (1991)

Hugo Chávez cumplió veinte años en el Ejército y lo "premiaron" con una nueva misión, es enviado a Maturín también con una nueva inclusión en su currículo, su nuevo cargo: Oficial Auxiliar de los Asuntos Civiles[434]. Lo evoca en un *Aló Presidente* de esta forma: "Sí, es que lo recuerdo clarito porque el 7 yo llegué aquí y me botaron. Me dijeron: 'Tiene una hora para salir del palacio. Recoja sus cosas'. Recogí todas mis cosas, agarré mi perol viejo, un carro que yo tenía todo esperolado, metí un poco de cajas, la ropa allá atrás y me vine (...) 'Tiene que amanecer en Maturín'", le dijeron a Chávez[435].

Y así llego el momento esperado, 15 batallones tendrían comandante y Chávez se quedó sin ninguno. "El caso mío es el más grave. Cuando yo me gradué en el curso de Estado Mayor me asignaron el cargo de jefe del servicio de proveeduría militar en Cumaná. Mira, para mí eso fue como un balde de agua fría"[436]. El general Herminio Fuenmayor aseguró que la inteligencia militar estaba tranquila porque los conjurados como Chávez no representaban ningún peligro ya que, como a los otros comandantes, los habían sacado de la línea de mando; los mandaron a las proveedurías militares y en esos lugares no tenían mando.

Es aquí donde encontramos dos aspectos importantes de la historia de las conspiraciones. El primero es que había varios grupos de conspiradores y Hugo devela esta novedad en un mensaje presidencial: "Nosotros no éramos los jefes de ese golpe, ¡no! Eran generales. Y fuimos llamados varias veces: 'Cálmate, Chávez, cálmate, esto tiene su tiempo, llegará el momento, tranquilo'. Y yo a veces decía: 'Entendido, mi general'[437]. (...) 'Contamos con ustedes cuando la cosa se ponga más difícil'[438]. (...) A mí a veces me da risa cuando veo a alguno de estos generales acusándome en la televisión y yo digo: 'Pero si este era uno de los que me invitaba a dar el golpe de Estado'".

La gente piensa que había unos "comacates" (comandantes, capitanes y tenientes), cuando la realidad es que había muchos grupos de comacates que querían tomar el poder y todos estaban coordinados por varios generales, coroneles y diferentes grupos en cada una de las fuerzas. Esta es la razón por la que no hubo investigación a fondo de los golpistas del 88 y por qué fueron perdonados muchos otros, mientras los presidentes Carlos Andrés Pérez y Jaime Lusinchi fueron engañados con informes de inteligencia con informaciones falsas, como aquellas donde se implicaba al arzobispo de Canterbury en Inglaterra con los sucesos del Caracazo. Cuando llegaba un general con pruebas de la conspiración, otros llegaban a los presidentes y les explicaban que eran tonterías de los generales para poner a sus gentes en los batallones. Fue por las maniobras de estos generales golpistas de 1983 que todos los conspiradores con expedientes ya abiertos comandaron un batallón.

La historia se torna muy difusa como para saber quiénes eran los responsables. El general Carlos Julio Peñaloza contó que había sido destituido del cargo el día lunes 10 de junio alrededor de las 8 pm y explicó lo siguiente: "Antes de retirarme del Ejército en 1991 giré instrucciones al director de personal del Ejército para ubicar a los golpistas liberados por el presidente Pérez en posiciones administrativas, sin mando de tropa y vigilados por la inteligencia militar". Sabemos que esa última orden de Peñaloza se cumplió al pie de la letra porque a Chávez el nuevo Comandante del Ejército, mediante resolución firmada, le asignó el cargo de jefe del servicio de proveeduría militar en Cumaná y a Jesús Urdaneta Hernández no solo lo dejaron sin cargo, sino que tajantemente le explicaron que estaba conspirando y que no podía aspirar a comandar un batallón de paracaidistas[439].

Por otra parte se dice que a los comandantes del 4 de febrero les lavaron sus expedientes, pero al de Hugo solo le habrán dejado la foto porque su hoja de servicios y los anexos debía ser tan gruesa como las memorias de Churchill, ya que él mismo contó a lo largo de sus alocuciones que le levantaron cinco informes de inteligencia, siete informes de personal (cuatro como insubordinado), tuvo once problemas mayores, dos con gobernadores, seis con generales y tres detenciones. Además, acababa de salir en libertad porque en dos oportunidades estuvo detenido por estar involucrado en su primer intento de golpe y en su primer intento de magnicidio.

De acuerdo a los testimonios, fue el general Rangel Rojas quien firmó las resoluciones que dejó sin puestos de comando a los conjurados y quien envío a Hugo de nuevo a las oficinas, pero el ministro Ochoa firmó una resolución superior ordenando que se les entregaran a estos comandantes sus batallones, por encima de la autoridad del Comandante del Ejército[440], de acuerdo a lo que expresó el almirante Iván Carratú Molina, y de esta manera los golpistas quedaron al mando de sus batallones. Hay que explicar en descargo de las decisiones que para ese momento las Fuerzas Armadas estaban prácticamente en pie de guerra, los conspiradores de 1983 controlaban casi todas las FFAA y para agosto de 1991 Carlos Andrés Pérez estaba condenado a ser víctima de un golpe de Estado por parte del generalato.

Para ese entonces el ministro de la Defensa era el general Fernando Ochoa Antich, quien de acuerdo a lo que se deduce de su libro, nunca había informado al presidente Pérez sobre el primer intento de secuestro planificado por los conspiradores del 83 que ahora lo rodeaban. El general Santeliz, jefe de aquella conspiración, era director de planificación de su despacho; el jefe del Estado Mayor era el general Carlos Santiago Ramírez, quien según Ochoa era el hombre que no logró lanzar el ataque contra el presidente Luis Herrera Campins en el desfile del 5 de Julio. El general Alexis Sánchez Paz[441], también conspirador según Ochoa, era el jefe de inteligencia del Ejército y para completar el "cuadro de honor de la conspiración" también tenían infiltrada la Dirección de Inteligencia Militar.

El vicealmirante Carratú nos aclara por su parte la historia: "Cuando asume el cargo de ministro de la Defensa el general Ochoa Antich, comienzan a sucederse una serie de cambios en la estructura militar que yo no entendía. Lo primero que hizo Ochoa fue desmantelar la Dirección de Inteligencia Militar, o sea, le cortó el presupuesto, y al cortárselo disminuyó el flujo de información. Después eliminó la Dirección de Educación del Ministerio de la Defensa y trató de quitarme el control del Regimiento Guardia de Honor, diciendo que era una unidad muy costosa y que debía depender del Ejército. Luego de hablar con el Presidente y negarme a acatar esos cambios, Ochoa nunca más me atendió el teléfono"[442].

¿Qué ocurría mientras tanto en la inteligencia del Ejército? Pues en ese puesto se encontraba el general Sánchez Paz, célebre por haber sido denunciado por Ochoa Antich como uno de los conspiradores iniciales. Su asistente era el comandante Jesús Urdaneta Hernández[443], quien para aquel momento ya estaba conspirando. Mientras que en la Armada le habían ofrecido el cargo nada menos que al contralmirante Hernán Grüber Odremán, el futuro jefe de la asonada del 27 de noviembre de 1992[444]. Hasta aquí tenemos claras evidencias de que los puestos claves en educación, juntas de ascensos e inteligencia fueron ocupados e infiltrados por los cabecillas de los distintos grupos golpistas, para colocar a sus hombres en puestos de comando.

A estas alturas al menos tres grupos de generales codiciaban tomar el control de Venezuela: los conspiradores de 1983 que ya estaban en control del mando; los generales del grupo de "notables", que en combinación con civiles también "notables", calificativo que se les dio a las élites de civiles golpistas, querían darle la estocada al Gobierno; y otro grupo, quizás el más grande de generales, quienes sabiendo y conociendo las conspiraciones optaron por apostar a ganador y se quedaron en su mayoría de brazos cruzados. Para ese momento en Venezuela, casi todos los generales conocían de la conspiración y muy pocos se atrevieron a defender lo que quedaba de la democracia.

Estaba claro que Hugo Chávez y quienes recibieron los batallones habían negociado el "golpe de los generales" para tomar el poder, sin que los primeros pensaran que serían traicionados como en efecto sucedió. Por eso cuando se ejecutó al año siguiente, el general Herminio Fuenmayor, director de la DIM, admitiría: "Los alzados realizaron una operación perfecta, pero fallaron ciertos resortes que todavía nadie conoce a profundidad"[445]. Esta afirmación dio pie a dos versiones: la primera, que entre los generales se presentó un conflicto y por alguna razón no lograban ponerse de acuerdo, y la segunda y más cercana a la realidad es que los generales ignoraban que una parte de los 15 jóvenes tenientes coroneles tenían otros planes para ellos.

Pero mientras eso ocurría, decenas de generales sobraban en la operación, siendo los más conocidos Fuenmayor, Heinz y Peñaloza, por lo que había que sacarlos a como diera lugar. Al primero le consiguieron de pronto unos kilos de droga en un vehículo costoso de su propiedad y de inmediato lo implicaron en el tráfico de drogas; es evidente la planificación ya que primero trataron de relegar la Dirección de Inteligencia despojándola de recursos y luego pasaron a una acción directa, primero a través de los medios de comunicación y posteriormente en la justicia militar.

Al general Heinz Azpúrua los propios golpistas también lo acusaron de tráfico de drogas. Todos estos casos fueron "investigados" por agentes de inteligencia asociados con los golpistas y por cómplices en los medios de comunicación que resultaron seriamente comprometidos en los golpes de Estado, al punto que algunos fueron ministros de Hugo Chávez. La noticia había llegado, como siempre, primero que la acción judicial, y el encargado de develarla fue quien llegó a ser uno de los primeros ministros de información de Hugo Chávez.

A Peñaloza trataron de involucrarlo también en un escándalo de corrupción en el que no tenía nada que ver, pero el astuto general descubrió la maniobra en su contra y se adelantó a los acontecimientos, logrando salvar su reputación de los "golpistas mediáticos", quienes habían tramado acabar parcialmente con su carrera. Como era de esperarse, el mayor denunciante de este caso también terminó siendo una de las figuras claves en el gobierno de Hugo y luego de Nicolás Maduro.

De la misma forma, dos generales de aviación que eran piedras de tranca de los golpistas sufrirían el mismo destino. A uno lo denunciaron por haber adquirido presuntamente una cantidad de bienes en Miami, y el otro, un supuesto apartamento en París con el dinero del Comando Logístico[446]. Estas noticias que corrían como pólvora en la prensa venezolana, y que anunciaban como "tubazos" o "exclusivas" de corrupción de generales, no eran otra cosa que insidias contra los generales que estaban tratando de impedir el golpe de Estado.

El general Peñaloza terminaría huyendo del país y de la jauría golpista, pero las cinco piedras de tranca que habían conjurado e impedido el tercer intento de golpe de los generales en 1991 fueron eliminadas y ese fue el punto de partida para dar las órdenes de apresto operacional de los batallones para que fueran dotados de cuanta arma y munición existiera y marcharan a los entrenamientos. Carlos Andrés Pérez, al firmar la orden de destitución de Peñaloza y ejecutar los cambios influenciado por las "noticias exclusivas" de la corrupción de muchos generales, sentenció su propia muerte política.

El golpe económico de los idiotas de verde

"Los golpistas siguen trabajando, los golpistas siguen conspirando, buscando desesperadamente cualquier camino, o el político o el militar. Algunos siguen tratando de buscar militares que se alcen contra el Gobierno, algunos siguen buscando apoyo internacional para irse contra el Gobierno". Asombrosamente, estas son las exclamaciones de un Hugo Chávez exaltado cuando a él también le dieron un golpe de Estado el 11 de abril del 2002. Así reaccionaba a los pocos días de haber sido víctima de lo que él le hiciera a Carlos Andrés Pérez: "Están jugando a la fuga de capitales, están jugando a dejar a Venezuela sin reservas internacionales, están jugando al quiebre de las empresas"[447].

A los dos años del golpe de Estado que le propinaron, Hugo continuaba lamentándose; en esta ocasión conversaba con su ministro de Planificación frente a las cámaras de televisión: "El país no explotó, pero le metieron carga y dinamita para que explotara. Del 27,6 por ciento de la caída de la economía, 24 por ciento fue motivado por el golpe (...) 24 por ciento de caída (...) para que tengamos la idea del tremendo daño que le hicieron los terroristas a la economía y a la sociedad venezolana. Bueno, un porcentaje de más del 90 por ciento", sentenciaba un Chávez furioso para que su ministro rematara: "Así es. Algunas estimaciones y cálculos dicen que eso fueron alrededor de siete u ocho mil millones de dólares, el golpe económico que se produjo por ese fenómeno"[448].

Es paradójico observar cómo Hugo a lo largo de múltiples alocuciones responsabilizó al golpe de abril del 2002 del fracaso económico de su gobierno: "Como resultado del golpe de diciembre, con ramificaciones mediáticas, por supuesto, porque sin el apoyo de los medios de comunicación, sobre todo de los Cuatro Jinetes del Apocalipsis, el golpe no hubiese sido posible como fue, el desabastecimiento forzado (...) la intención de los golpistas fue dejar al país en ruinas, propinarle a la economía nacional un golpe tan fuerte que resultara difícil o imposible recuperarnos"[449].

Tres años después del golpe continuaba lamentándose, analizaba la recuperación económica siempre sin dejar de responsabilizar a los golpistas y a la oligarquía: "La inflación cayó ahora en junio a 1,4. Inflación descendiendo, después del terrible daño que nos hizo el golpe (...) Las tasas de interés bajando. Sigue la tendencia hacia la baja. La Bolsa de Valores de Caracas subiendo, me informan también que ha habido un incremento reciente (...) Las inversiones incrementándose, las siembras adelante. El plan industrial adelante"[450]. El país pasó los siguientes 30 meses en crisis absoluta, hasta que volvió un poco la calma. Pero Hugo no dejaba de hablar del golpe de Estado que le dieron.

Tarde se dieron cuenta los golpistas subsaharianos de que un golpe de Estado no es un juego en el que uno depone a un presidente, se crea una junta de gobierno y se trazan las líneas para un futuro prometedor. Un golpe de Estado en una economía globalizada, a una década del siglo xxi, trae enormes repercusiones económicas, financieras y sociales. Un golpe de Estado trae como consecuencia el descrédito institucional, los préstamos se encarecen, la confianza se elimina, la espiral inflacionaria se dispara, la fuga de capitales crece exponencialmente, las industrias cierran y la supervivencia se instaura como medio de vida en ese país.

Pero, ¿qué les podía importar la economía y las nefastas repercusiones a estos hombres, que estaban a punto de dar un golpe de Estado y ni siquiera tenían planes ni políticas preconcebidas, a la hora de ser exitosos? ¿Qué les podía importar a ellos el golpe económico que estaban a punto de ejecutar y sus consecuencias, si no tenían idea de cómo se maneja un país?

Nos encontramos en los últimos años de la década de los ochenta y los conspiradores están listos para deponer o asesinar al presidente Luis Herrera al estilo de Anwar el-Sadat o arrancarle el poder con un golpe de Estado al siguiente, Jaime Lusinchi. Sin tomar siquiera en cuenta que la situación económica mundial hace que América Latina estalle en pedazos y todos los países, menos la estable Venezuela, entraban en una vorágine de crisis económica. En 1983, fecha de la primera conspiración seria del estamento militar venezolano, Brasil presenta una inflación de 430% por primera vez en su historia, Chile estalla en pedazos con una inflación de 164%, Uruguay con 110 y Argentina con 60%. Venezuela la había sorteado con eficacia, alcanzando apenas el 23% de inflación.

Para que el lector entienda el drama que vivía Latinoamérica antes de los golpes de la extrema izquierda en Venezuela, entre 1982 y 1988 Bolivia había tenido una inflación del 13.000%, la de Chile fue de un dramático 2.123% y lo seguían de cerca Argentina con 1.864%, Brasil con 928%, Uruguay con 832%, Perú con 548% y México con 443%[451]. En comparación, Venezuela era un remanso de paz promediando apenas un 19% de inflación, para alcanzar 140% en el mismo período. Nadie en Venezuela entendería jamás lo que ocurría en países como Argentina, donde los precios se duplicaban en 19,4 días, en Bolivia cada 20, en Perú cada 27 días y en Brasil, llegado 1989, cada 35 días[452].

En el momento en que estos "terroristas" –si tomamos en cuenta las afirmaciones de Chávez– planificaban los golpes de Estado en los ochenta, el índice de desarrollo humano de Venezuela la colocaba entre los primeros 40 países que tenían desarrollo alto[453]. Al ejecutar su cadena de golpes de Estado, el país había descendido al puesto 60 y, llegada la Revolución, Venezuela se situó en el puesto 72, habiendo salido del cuadro de desarrollo humano alto para situarse en desarrollo humano medio.

Al momento de dar el golpe de Estado, las cifras de la Cepal establecían que Venezuela tenía un desempleo menor al 10%, bastante por debajo del 16% de los chilenos, y la pobreza alcanzaba al 22% de la población, de la cual 4,35% eran indigentes. Hasta que culminó el periodo prerrevolucionario, cuatro golpes de Estado y un presidente expulsado a la fuerza, en el que la pobreza culminaría en 67%.

La situación prerrevolucionaria, con la izquierda extrema actuando como estrellas en la televisión y gritando consignas que se suponían enterradas, causó el pánico generalizado. Para el año 1986 los activos venezolanos en el exterior producto de la fuga de capitales, de acuerdo a distintos estudios, se encontraban entre los cuarenta y ocho mil y los cien mil millones de dólares[454]. De acuerdo a los cálculos del estupendo estudio de Emilio J. Medina Smith, hasta el primer golpe de Estado de 1988 contra la democracia, apenas se habían fugado 37.939 millones de dólares en el período de 1959 a 1988[455].

Pero a la extrema izquierda y a los militares pueblerinos que habían leído los libros de Karl Marx les importaba muy poco el tema país y esto era principalmente debido a sus altos niveles de ignorancia sobre las políticas públicas de Venezuela y el mundo. Esto lo llegó a entender posteriormente Hugo Chávez, cuando a él le dieron el golpe los "terroristas" que "le metieron carga y dinamita a la economía para que explotara", según sus propias palabras.

Cuando el primer tanque de guerra salió a recorrer las calles en 1988 y los políticos comenzaron a hablar pública y abiertamente de los golpes de Estado, no quedó un solo dólar en Venezuela. Ni siquiera los diez mil millones de dólares que se fugaron durante el Viernes Negro y sus tres años siguientes hicieron a la economía lo que le hicieron ese primer tanque y la estupidez de los niñatos de la izquierda con sus revueltas, saqueos populares, caracazos y golpes de Estado militares revolucionarios.

Hasta el Banco Central de Cuba hizo un estudio sobre la fuga de capitales determinando que: "Entre 1950 y 1999, los residentes venezolanos exportaron un estimado de setecientos mil millones de dólares" y que los activos venezolanos en el exterior rondaban los ciento seis mil millones. De acuerdo a los cálculos del Banco Central Cubano: "La tabla sobre la Posición de Inversión Internacional muestra que, al cierre de 2009, los activos externos de los residentes venezolanos ascendían a 227.320 millones de dólares"[456] y todavía faltaban 5 años de fuga de capitales durante el más fuerte *boom* petrolero en la historia de Venezuela, que haría que la fuga de dinero representara un tercio de los ingresos del petróleo para situarse en 406 mil millones de dólares[457]. O mejor explicado, de esta forma:

- Dólares fugados en el período 1950-1988 (39 años que incluyen dictadura militar, período democrático, 3 crisis bancarias, 4 crisis económicas, dos crisis mundiales, devaluación de 3,50 a 4,30 bolívares en el año 1964, y de 4,30 a 14,36 en 1988, el Viernes Negro y 5 años posteriores): 38.240 millones de US$.
- Dólares fugados en el período 1988-1998 (11 años, del período prerrevolucionario, golpe de Estado 1988, golpe de Estado 1989 [Caracazo] y los dos de 1992, destitución presidencial de Pérez y ascenso al poder de Hugo Chávez): 33.757 millones de US$.
- Dólares fugados en el periodo 1999-2012: (14 años, del período revolucionario de Hugo Chávez): 305.422 millones de dólares. Por cada dólar que se fugó durante el proceso democrático, se fugaron nueve durante la Revolución Bolivariana.

Pero nada de eso le importaba a esta gente, el golpe ya estaba completamente listo para ser ejecutado y en el Fuerte Tiuna los generales se frotaban las manos por algo que anhelaban desde hacía décadas: volver a gobernar a Venezuela bajo la bota militar.

CAPÍTULO III

El comandante excluido

Para este momento el generalato ya se ha salido con la suya, los generales que podían impedir la acción contra el Presidente han salido de las Fuerzas Armadas y la mayoría de los 15 comandantes de batallón y sus hombres ya están entrenándose para las operaciones. Tanto Hugo Chávez como Jesús Urdaneta Hernández habían quedado excluidos y cada batallón se encontraba prácticamente juramentado para la acción. Pero allí ocurre que algunos comandantes deciden irse repentinamente de baja, nada menos que del Ejército.

Nadie supo nunca las razones por las que el comandante Julio Alberto Suárez Romero renunció a su comisión, recién ascendido a comandante del Batallón Briceño. Este oficial había ascendido vertiginosamente y alcanzado los primeros puestos en todo momento de su carrera e inclusive había recibido honores y méritos por conducta y trayectoria intachables de manos del presidente Lusinchi, siendo un joven capitán en 1986 y posteriormente siendo mayor. La especulación lógica indicaría que, por esa misma trayectoria intachable, no quiso sumarse al resto de sus colegas comandantes en el golpe de Estado y fue presionado para la baja. Pero, sea como fuere, el comandante Suárez Romero desapareció de la faz de la tierra, para nunca más ser mencionado en los siguientes 24 años.

Lo que ocurriría en ese momento sería sin duda otro de los factores de suerte que impulsaron al estrellato a alguien con muchísimos menos méritos o cualidades para dirigir un batallón, Hugo Chávez. Para que el lector comprenda mejor el mundo militar, una cosa son los méritos para el ascenso y otra muy distinta los méritos para los destinos militares. Es por lo tanto lógico que si usted se gradúa en comunicaciones, como Hugo Chávez, continúe ascendiendo para encargarse de un batallón de comunicaciones; si su área es blindados, asciende y se prepara para comandar un batallón de blindados, y así ocurre lo mismo en infantería o artillería. Por eso el caso de Hugo Chávez es quizás emblemático para entender que eran los generales y sus cálculos los que estaban tras la colocación de los comandantes en determinados batallones y se trataba de las cuotas de las distintas logias de generales implicados en el golpe.

A Hugo Chávez no solo le quitaron los anexos de sus hojas de servicio, sino que su trayectoria era la menos indicada para comandar un batallón. Se había graduado en el área de comunicaciones para luego marcharse por unos pocos meses a blindados, en los que hizo todos los cursos, pero su experticia era meramente de oficina. Su experiencia de campo contaba con haber comandado a cinco hombres de una escuadra de comunicaciones por dos meses, a cinco hombres de una escuadra de bomberos, a sus cadetes de la academia durante los entrenamientos, a una escuadra en el Batallón Farfán y, finalmente, a seis hombres de los cuales uno era un civil, cuatro soldados prestados y un indígena cuiba. El futuro Presidente, a esas alturas, apenas tenía la experiencia militar de un teniente. Por eso hasta Hugo Chávez llegó a explicar que: "Según mi tabla curricular, a mí me correspondía comandar un batallón de tanques, porque esa era mi especialidad, pero no me lo dieron"[458]. Hugo Chávez sencillamente era una de las cuotas de los generales de tendencia de izquierda pro castrista que se apresuraron a negociar el puesto vacante, sin importar que fuera el hombre menos preparado para tales operaciones.

Con esto caen varios mitos sobre la importancia real de Chávez hasta ese momento. Pero más aún cuando entendamos que Hugo entró en un batallón que ya estaba presto y juramentado para la acción, un batallón por cierto que había sido captado por otros oficiales y que no conocían al nuevo comandante. Es el capitán Celso Canelones, hoy mayor general, quien siendo oficial del Batallón Briceño nos explica un poco cómo fue la llegada de Chávez: "Yo no tenía ningún acercamiento con el Movimiento Bolivariano (...) yo fui captado por un amigo [estaban casados con dos hermanas], él me dijo que estaba en ese movimiento [comacates] y me dijo que le gustaría que participara, yo encantado (...) me dijo que captara a más gente y yo terminé captando prácticamente a todo el batallón [Briceño]". Continúa diciendo que es en ese momento cuando "el comandante de la unidad pide la baja y nombran al comandante Chávez, y cuando él llega, lo primero que hago, aparte, yo le digo: 'Estoy trabajando en esto'. Me dijo: 'Me parece bien, pero hablamos en otro momento'"[459].

Esto demuestra que Hugo Chávez no era para ese momento jefe de ninguna conspiración o que había captado a alguien del batallón que comandaría. ¿Ocurría lo mismo con el resto de los oficiales del batallón? El segundo comandante del batallón, el mayor Francisco Javier Centeno, explica que antes de la llegada de Chávez, si bien sabía del movimiento que se estaba gestando, "tenía conocimiento muy bajo, porque yo no estaba involucrado directamente". Él también conoció a Chávez solo cuando este se presentó y fue allí que comenzó "a participar con él en las reuniones que convocaba con el resto de los oficiales"[460].

El capitán Canelones explica también que: "(...) al último que juramentamos fue al capitán Durán Centeno", quien era el oficial de operaciones del batallón. Este último nos cuenta que él fue captado posteriormente a la llegada de Chávez y que conoció por primera vez a Hugo en un campo de béisbol: "(...) nos conocimos, simplemente un saludo cordial (...) por cuestiones del destino nos reencontramos posteriormente en el batallón de paracaidistas Antonio Nicolás Briceño (...) en octubre, septiembre de 1991, el comandante Chávez es designado para comandar (...) yo era el oficial de planta (...) es allí cuando la cosa va avanzando hacia el sentimiento más familiar (...) fue tan, pero tan tarde su juramentación que el capitán sostiene que lo juramentaron el día antes del golpe"[461].

El siguiente capitán del batallón era Briceño Araujo, quien de acuerdo a Chávez: "A los pocos días del 4 de febrero lo cambiaron para la selva y él me dijo: 'Mire, mi comandante, yo sé por ahí que viene una cosa, no me deje por fuera'", lo que demuestra claramente que no había sido captado hasta ese momento. Lo interesante de las declaraciones de estos capitanes y en esencia del resto de los conjurados del batallón es que su plana mayor y sus comandantes de compañía simplemente desconocían realmente lo que Chávez hizo, apenas 3 meses antes del golpe de Estado, y es otra confirmación de su verdadero liderazgo.

El entrenamiento del comandante (1991)

Limpios los caminos para la ejecución del plan conspirativo, Hugo narró cómo se desarrolló su último año en el Ejército: "El Chivo, Urdaneta y yo recibimos esos tres batallones, que fue algo clave para el movimiento. Los tres batallones de paracaidistas cayeron en manos revolucionarias, de quienes para entonces estábamos comprometidos, tres comandantes:

Urdaneta, el Chivo y yo. Yo tuve el honor de comandar este batallón y fue el último cargo que tuve como militar activo del Ejército, desde el mes de agosto del 91 hasta febrero del 92"[462].

Luis Pineda Castellanos, comandante y amigo de Hugo[463], estuvo con este hasta el momento de su rendición en el Museo Histórico a las 2:30 am[464] y nos cuenta: "Pongo las vainas en orden. Ochoa puso de jefes supremos de batallones élites, armados, a tres conspiradores (...) Así que Hugo fue llevado hasta ser un comandante paracaidista, pero tampoco resultó un paracaidista puesto que apenas tenía los saltos necesarios para graduarse como subteniente y nunca demostró interés en saltar y nunca saltó con sus hombres (...)"[465]. Tenía razón Pineda: para llegar a comandante de paracaidistas no solo había que haber saltado como mínimo unas 100 veces sino tener los cursos de comando para organizar los saltos de su tropa. La última vez que Chávez vio un paracaídas en su vida fue siendo subteniente en su curso de 1974.

Pero existía otra realidad mucho más dramática. Si bien a Chávez le entregaron su batallón por oficio en agosto, había llegado noviembre y aún no comandaba a un solo soldado de tropa. Los pocos generales que aún quedaban en conjunción con los que se habían marchado, furiosos con Ochoa Antich, no querían permitir que Chávez comandara aún, por lo que dieron la orden de movilizar a su batallón y lo pusieron a las órdenes del comandante de la Escuela de Operaciones Especiales, como último intento para evitar el golpe. Este episodio lo relata Hugo: "Mi batallón (...) Se llevaron todo a Maracay (...) Yo le decía al general Marichales: '¿Pero mi batallón se queda allá?'. 'Tú te quedas aquí con nosotros, fue la contestación del general'. (...) en un comando sin tropa, con dos soldados y el cuartel solo. Trajeron de Carora un batallón de infantería mecanizada con su comandante y mi cuartel, que estaba solo, lo llenaron de tropas que no eran mías"[466].

Quiso el destino que Carlos Andrés Pérez se salvara del intento de golpe de Estado del 10 de diciembre de 1991 durante los actos de aniversario de la Fuerza Aérea, porque buena parte del "ajedrez de los generales" había logrado conculcar el golpe de Estado enviando al comandante Arias al exterior y evitando que Chávez tuviera acceso a sus tropas.

Pero las tropas llegaron finalmente a finales de diciembre y, si pensaba lanzarse a la aventura de tomar el poder, Chávez apenas tenía semanas para preparar a sus tropas. La lógica es que se entrenara con sus hombres, pero la realidad es que al no tener saltos ni experiencia alguna por no tener tampoco un curso de comando de paracaidistas, decidió que sus hombres (nunca él) se lanzaran en paracaídas y aquello terminó de nuevo en un verdadero desastre.

En otra oportunidad contó el final: "Jamás olvidaré al soldado que se quedó enganchado aquel día en el avión. Habíamos caído en El Pao, allá en la sabana de las peonías, era invierno, era 1991 y allá fuimos el Batallón Briceño y pararse en la puerta... Caímos allá entre los matorrales de la sabana (...) y después la tropa y busquen a los soldados y por allá se fracturó uno, ¡ay! Dios mío. ¿Quién es? Y el teniente que cayó allá en un árbol (...) ¡Por allá me cayeron unos soldados! Yo recuerdo a ese muchacho que por radio yo le decía 'no te desmayes, hijo, quédate tranquilo'. ¡Porque no lo conseguíamos! Él cayó muy lejos, era el radio-operador y hasta que ya él no podía hablar en la noche y uno desesperado buscando a aquel soldado"[467].

Chávez continúa narrando: "Finalmente lo conseguimos desmayado a la orilla de una quebrada con el radio aquí (...) abrazado, él ya no pudo más. Yo pensé que se iba a morir. Después en la segunda oleada, al día siguiente porque se había suspendido toda la maniobra, habían pasado toda la noche buscando al muchacho y habían llegado las ambulancias (...) salen los aviones C-30, allá vienen y uno dándole señal al avión y sal (...) se han ido contando los muchachos, uno, dos, tres, cuántos son (...) cuarenta. Y allá se quedó enganchado uno, Dios mío, enganchado en el avión, entonces empieza a dar vueltas, levanta un poco y yo no podía comunicarme con el piloto, pero allá están los maestros de salto halándolo y uno mirando con unos binóculos. Yo me encaramé encima de una ambulancia y llorábamos y rezábamos"[468].

Así acabó la historia de Hugo y los paracaidistas: "Y el avión vuelta y vuelta. Cuatro hombres halando. Entonces se soltó y ¡juaaaz!, venía de cabeza, como una piedra, como Súperman de cabeza, venía de cabeza, chico, ¿abrió? Y nosotros rezando. Dios mío, ¡ábrelo, ábrelo, ábrelo, ábrelo! Abrió el de reserva y cayó como a cien metros. 'El resucitado', le decía yo. 'Muchacho, has resucitado. ¡Dios mío!'"[469].

La primera y única maniobra militar que pudo contabilizar Chávez fue tan improvisada que su segundo comandante, un mayor, terminó enganchado en un árbol[470], pero el comandante de la segunda oleada, un teniente, también tuvo un accidente, su radio-operador se salvó de milagro, así como varios muchachos heridos y fracturados. Aquello se conoció como "la noche de las ambulancias".

A Yoel Acosta Chirinos, a quien según Chávez también le entregaron tarde su batallón, tampoco le fue muy bien: "Los paracaidistas míos se lanzaban con un paracaídas vencido, sin botas, con el casco en mal estado. Un avión todo choreto que de casualidad no se caía"[471]. Mientras al otro extremo el comandante Arias Cárdenas informaba a sus superiores que los misiles que disparó se desviaron de su trayectoria a cinco kilómetros de distancia, uno impactó directamente sobre una cochinera en un pueblito cercano y el otro en un vehículo de transporte multipropósito MAN 20.280D[472].

Esta historia no podía terminar sin que Hugo exclamara en cadena nacional: "Somos capaces de llorar, ¿saben?"[473].

La planificación del comandante (1991)

Corrían tiempos en los que Jean-Bertrand Aristide se convirtió en el primer presidente de la democracia de Haití, un socialista de tendencia marxista que había asumido el poder luego de años de dictaduras de derecha y a cuyo gobierno en septiembre de 1991 le dieron un golpe de Estado. Fidel Castro y su combo no se metían porque podían hacer más daño que bien, sustentaba en un denso reportaje el *ABC* de España.

Pero para el 30 de septiembre Aristide y los líderes comunistas estaban secuestrados en el Palacio Nacional, los golpistas amenazaban con lincharlos y es entonces cuando el Partido Comunista de Haití decide pedirle ayuda a Carlos Andrés Pérez. El presidente de Venezuela actuó rápidamente, sostuvo una conversación telefónica con los rebeldes, les advirtió que si a alguno de los retenidos les ocurría algo, las tropas venezolanas actuarían de inmediato. El presidente Aristide fue puesto en libertad a las pocas horas y al día siguiente por la mañana le permitieron abordar un avión enviado por el gobierno de Venezuela para emprender viaje a su exilio. Su primera escala fue Caracas, donde el presidente socialdemócrata Carlos Andrés Pérez lo recibió[474].

Mientras Aristide dejaba su tierra, Carlos Andrés Pérez[475] procuraba que los insurgentes aceptaran la postulación del líder comunista René Théodore como *premier*[476], no sin antes exigirles de forma contundente que le ordenaran a su ejército poner orden en la pequeña isla y, de no hacerlo, los amenazó diciéndoles que Venezuela junto con Francia y Canadá usarían la fuerza militar[477].

Pero los militares de la derecha golpista haitiana nunca supieron que quien estaba detrás de la línea telefónica era el propio Hugo Chávez y que al recibir la orden de restituir a un gobierno procomunista, de manos de la derecha salvaje, respondió en silencio que desconocerían la orden de invadir Haití y además le darían ellos el golpe de Estado a Carlos Andrés Pérez. Hugo Chávez lo cuenta así: "Yo tenía que saltar sobre el aeropuerto de Puerto Príncipe, Acosta Chirinos a una cabeza de playa; era el Plan de Operaciones del Caribe. Comenzamos a trabajar rápidamente en el supuesto asalto sobre Haití. Pero decidimos al mismo tiempo que el día que nos dieran la orden, ese mismo día nos alzábamos aquí"[478]. La verdad es que si el general haitiano Raoul Cédras hubiese tenido información de la capacidad y del entrenamiento de quien estaba supuestamente encargado de la invasión para sacarlo del poder, posiblemente se le hubiera reído en la cara a Pérez.

Pero es aquí cuando empezamos a ver las intenciones de darle un golpe interno al golpe de Estado y hasta ese momento ninguno de los golpistas había reparado en qué hacer a la hora de entrar a Miraflores. Habían pasado veinte años desde que entraron a la academia, más los diez de conspiraciones y reuniones, pero absolutamente ninguno había hablado sobre qué hacer con la economía, la deuda, los programas sociales, etc.

En el año 2006, Hugo reconocía que se les había pasado el pequeño detalle de qué hacer una vez asumieran el poder en Venezuela: "Recuerdo aquellos últimos días del año 1991, escribiendo, comenzando el 92, escribíamos... bueno, el proyecto, el proyecto del 4 de febrero, el proyecto político: llamar a una asamblea constituyente, hacer un gobierno de transición y un proyecto, ¡el Proyecto Simón Bolívar, pues!"[479]. Faltando exactamente 37 días para acceder al poder por la vía de las armas, fue cuando comenzaron a esbozar cómo planificar, cómo gobernarían nada menos que la economía número 25 del planeta.

Hugo y el coqueteo con los generales

El primer error, a la hora de analizar el golpe de Estado de 1992, está en desvincularlo del pasado y de los generales. Como la historia la escriben los vencedores y Hugo fue el gran vencedor político de todo el proceso, se adueñó de todo y de todos. Pero en ningún momento se trató de un plan nuevo, ni basado en nuevos ideales, ni siquiera con nuevos líderes. Simplemente se trató del mismo plan de 1977, que consistía en dar un golpe seco con la Guardia de Honor, y el de 1982, un golpe "a lo Anwar el-Sadat" durante el desfile del 5 de Julio. La única diferencia era que en el primero quienes lo planificaron y ejecutarían eran tenientes coroneles al mando de sus batallones y en 1992 estos ya eran generales y nombraron a los tenientes coroneles para ejecutarlo.

Para aquel momento existían dos viejos y archiconocidos planes de golpe de Estado, el primero diseñado en 1977 por los tenientes coroneles Izarra, Santeliz y Santiago. El plan involucraba al responsable de la Guardia de Honor del Presidente, quien tenía que lograr que este se rindiera mientras los demás comandantes de batallones tomaban los centros de poder. Este golpe no se dio porque el teniente coronel Fernando Ochoa Antich, jefe del batallón de la Guardia de Honor, se negó a ejecutarlo. El segundo plan, ideado entre 1981 y 82, era un golpe más violento, el del "5 de Julio" durante los actos conmemorativos de esa fecha patria y el clásico desfile militar, escenario escogido para que a la vista de todos ocurriera el golpe. Este suceso que pudo terminar en tragedia no se dio porque el comandante Santiago no logró movilizar un batallón.

En 1991 los conjurados de los planes fallidos del 81 y 82 ya ostentaban el rango de generales y los más altos cargos jerárquicos en el Ministerio de la Defensa. Con premeditación nombraron comandantes a Arias, Acosta, Chávez, Urdaneta, etc. y los asignaron a los batallones que ejecutarían el golpe de Estado a imagen y semejanza de los planificados en el pasado. Chávez en el 2012 dijo lo siguiente: "Nosotros estuvimos como coqueteándonos mutuamente, era un mutuo coqueteo entre algún grupo de generales que sabía el liderazgo que teníamos nosotros, un grupo de nosotros (...) Entonces nos llamaban, nos coqueteaban, bueno, y nos trataron de utilizar para ellos garantizar su golpe, para buscar apoyo en las bases militares. Ahora, bueno, el plan nuestro funcionó mucho mejor que el de ellos y por eso algunos estaban ahí entre dos aguas"[480]. Y antes en el 2011 había dicho: "Yo a veces oigo a algunos generales retirados, de aquellos que conocimos nosotros muy bien, que salen por ahí a hablar y me río muchas veces. Salen algunos, la democracia, la democracia y resulta que algunos de ellos nos llamaron a nosotros para dar un golpe, pues estaba montadito, sobre todo después del Caracazo"[481].

Otro militar golpista que formó parte del gobierno de Hugo, Florencio Porras, explicó al respecto: "(...) sabíamos que los generales Ochoa, Santiago Ramírez y otros tenían en marcha un proyecto conspirativo (...) Ellos, desde hacía tiempo, tenían una cosa llamada Gran Logia de Oficiales Nacionalistas y tenían su proyecto de dar un golpe de Estado"[482].

Ochoa Antich reconoce en su libro: "En esos días, Ramón Santeliz y yo visitamos a Carlos Santiago en el Círculo Militar. Al subir a la habitación, la conversación tomó un cierto cariz político. Ramón Santeliz y Carlos Santiago fueron muy críticos de la democracia venezolana. Yo hice también algunas observaciones. En cierto momento, Ramón Santeliz me dijo: 'Fernando, esta es la oportunidad. Tú eres el comandante del batallón de custodia, ¿por qué no detienes al presidente Pérez? Lo demás sería muy fácil'"[483]. Ochoa se negó a participar y los golpistas enseguida corrieron al segundo comandante del batallón, el general Ítalo del Valle Alliegro.

Un grupo de generales de la Fuerza Aérea, la Armada, el Ejército y muchos comandantes se decantaban por ejecutar el golpe tipo "desfile del 5 de Julio", que era técnicamente más fácil por razones operativas, ya que miles de hombres estarían disponibles y sería más fácil para los generales ordenar a todos los batallones implicados que desfilaran. Pero un pequeño grupo de comandantes se decantaban por dar un golpe de Estado con la Guardia de Honor, que consideraban mucho más sencillo.

En el grupo de golpistas, encabezado por Arias Cárdenas, Chávez y compañía, surgió un enfrentamiento con el resto: discutían por el tipo de golpe que cada grupo consideraba era el mejor. Pero también se les presentaba otro problema grave y este era político: temían correr el riesgo de perder la vida o quedar malheridos, arriesgar la carrera y dejar a sus respectivas familias desamparadas; quienes se arriesgarían serían los tenientes coroneles y oficiales de menor jerarquía. ¿Qué pasaría después de dar el golpe de Estado? ¿Los generales los dejarían en sus puestos o lógicamente depurarían la fuerza para evitar otro golpe? ¿Quedarían los comandantes bien parados en todo esto?

Allí comenzó a gestarse una rebelión dentro de la rebelión a espaldas de los generales, cumpliéndose así el primer axioma famoso en los golpes de Estado: "quien ejecuta el golpe, se queda con el poder". El último golpe de Estado que pasó a la historia como exitoso en Venezuela fue el de 1948, sus ejecutores fueron los tenientes coroneles Marcos Pérez Jiménez, Luis Llovera Páez y Carlos Delgado Chalbaud, los tres se quedaron con el poder a espaldas de buena parte de sus superiores, generales y coroneles. Hubo un aspecto novedoso que cuidaron muy bien los conjurados del 48 y fue el contragolpe de los generales.

De esta manera el generalato implicado en el golpe de 1992 y que se jugaba su última carta ya en posiciones de poder, fue traicionado por los de menor jerarquía, que habían negociado y coqueteado con ellos para obtener sus posiciones, contando con su experiencia y con su tradición de golpistas. Pero poco a poco se dieron cuenta de un segundo y vital axioma: "el que alcanza el poder, elimina a los golpistas y gobierna con los de su confianza". Aquello nunca fue un coqueteo, sino un golpe planificado por unos generales que nunca entendieron que quien traiciona en grande, también lo hace en pequeño.

Hugo y la planificación de los generales

Hugo y los suyos nunca hubieran podido dar el golpe sin contar con la complicidad de los generales, pero, más aún, sin contar con los generales que les dieron sus batallones. Al menos quince de los dieciocho comandantes de los batallones estaban siendo guiados por este grupo de generales que supieron mover las piezas en las direcciones estratégicas como inteligencia, personal y educación, removiéndoles las amonestaciones y ayudándolos con sus carreras, y no fueron pocas las veces que fueron "ubicados" entre los primeros de sus promociones, como en el caso de Hugo[484].

La planificación de los generales contando con prácticamente todos los batallones era muy simple: se decantaron por un golpe con la menor cantidad posible de víctimas, inclinándose por el golpe seco con la utilización de la Guardia de Honor, que detendría al Presidente, y el Batallón Simón Bolívar rodearía Miraflores en resguardo de cualquier posible contragolpe de unidades menores de la Guardia Nacional o las policías. Por eso fue que en el despacho del ministro de la Defensa fue redactado un resuelto firmado por el general Ochoa, donde se nombraba nada menos que a Francisco Arias Cárdenas como comandante del batallón de custodia de la residencia presidencial.

En la conjura contra la democracia los planes no fluían con tanta facilidad porque Arias Cárdenas fue rechazado por la primera dama, Blanca Rodríguez de Pérez, según relata Martha Colmenares, quien era la directora de información de la residencia presidencial y quien sufrió algunos ataques por aquellos días: "¿Por qué Arias felizmente no fue designado? La esposa del Presidente se comunicó entonces con el ministro de la Defensa, general Fernando Ochoa Antich, y le dice a este que no, y tenía una razón de peso en la exigencia para el nombramiento de Bacalao, a quien ella conocía tras haber sido también su edecán, y la responsabilidad del resguardo de su familia solo la podía tener una persona de su confianza. Así se realizó el cambio de Arias por Luciano Bacalao"[485].

A pesar de haber fracasado en el intento de infiltrar con un golpista la residencia familiar del Presidente, el plan de detener a Pérez continuaba en pie. Sería en la madrugada, de acuerdo a los documentos de la escritora Ángela Zago: "La Guardia de Honor tenía la responsabilidad de detener al Presidente en La Casona y en el Palacio de Miraflores; estaban juramentados doce oficiales de la Guardia de Honor del Presidente"[486]. El capitán Florencio Porras, otro de los encargados de tomar el palacio, explicó el plan: "Va a ser completamente pacífico, la Guardia de Honor está con nosotros, ustedes llegan y toman las instalaciones externas y listo. (...) La percepción que yo tenía es que la Guardia de Honor estaba rendida"[487], y añadió Hugo en *Habla el comandante*: "Ese era el plan de los comandantes y se consiguió la neutralización de la Guardia de Honor (...) se logró. La Guardia Presidencial la neutralizó gente desde adentro", nos cuenta Hugo Chávez[488].

En el lugar de Arias fue escogido Luciano A. José Bacalao, compañero de promoción de Hugo Chávez, el hombre que pasó a la historia con dos versiones: la primera como el oficial defensor de la residencia presidencial, que recibió una medalla por sus servicios distinguidos a la patria[489], y una segunda versión que lo relaciona con la famosa frase del golpe del 92: "Ríndase, Doña Blanca, ríndase"[490], a lo que Doña Blanca le respondió con una más famosa aún: "Si usted no la defiende lo haremos nosotras", refiriéndose a la residencia La Casona y a sus hijas e intentando además arrancarle el fusil al militar[491].

El vicealmirante Iván Carratú lo describió de la siguiente forma: "Ese teniente coronel no lo aceptaba porque había quedado de último en el curso de Estado Mayor, de puesto 78 entre 78 oficiales. Ese comandante pretendía rendir la Casa Militar. ¡Sí! El teniente coronel Luciano Bacalao no cumplió con sus exigencias como comandante del Batallón de Custodia de La Casona, pero él como muchos otros fueron protegidos por muchos generales del Ejército, entre ellos Rangel Rojas y Ochoa Antich"[492].

El vicealmirante Carratú continúa su relato: "Al comandante del regimiento lo llamé urgente y luego mi esposa lo llamó a instancias mías y no apareció. Luego me enteré por un soldado que el coronel Marín Gómez, comandante del regimiento de la Guardia de Honor, les había ordenado disparar al aire"[493]. El propio presidente Pérez explicó: "También supe después que el jefe de la DIM había comunicado al comandante del regimiento Guardia de Honor información sobre la intentona; sin embargo, el comandante no hizo nada, no acudió al comando, ni me esperó en Miraflores"[494]. También se conoció que otro oficial que actuó era cuñado de Francisco Arias Cárdenas: "Al llegar, voy a mi oficina y se aparece detrás de mí Romel Fuenmayor León, cuñado de Arias Cárdenas. Él estaba con armas, casco, granadas y el uniforme de combate; me quedé pegado contra la pared"[495], cuenta el vicealmirante.

Nunca se sabrá si los oficiales Bacalao, Marín o Fuenmayor estuvieron entre los doce oficiales que habían prestado juramento en la conspiración y es poco creíble que a Francisco Arias Cárdenas le importó poco asesinar a su cuñado aquella noche. Lo que sabemos es que los golpistas contaban con doce oficiales de la Guardia de Honor, entre ellos el oficial de operaciones S-3 Arévalo Méndez Romero[496], quien llegó a ostentar altos cargos en el gobierno de Hugo Chávez. Pero volviendo a la madrugada del golpe, el presidente Pérez tenía estimado llegar entre las 10 y las 11 de la noche a La Casona o a Miraflores y en cualquiera de los dos lugares sería detenido por uno de los doce oficiales.

Como finalmente pasaron a la historia apenas 4 comandantes del resto de los implicados y la historia la escribieron esos vencedores, se eliminó todo registro de que en realidad la planificación para la toma del poder, "sin disparar una sola bala", no fue otra que la planificación original de los generales. Y si el golpe fracasó fue precisamente porque un grupo minoritario decidió darle un golpe al golpe de los generales.

A la caza de un presidente

La idea de los generales era la de ejecutar un golpe similar al planificado en 1982 y habían elegido el 10 de diciembre de 1991, durante la celebración del Día de la Fuerza Aérea, fecha en la que se realiza un espectáculo aéreo desde 1946. Los paracaidistas saltarían sobre la Base Aérea Libertador en Maracay y ejecutarían la operación de secuestro, según Hugo: "Un plan para desaparecer a Pérez, no físicamente"[497].

Pero el ministro del Interior, Reinaldo Figueredo, luego de seis meses recibiendo informes sobre el posible asesinato del Presidente, decidió reforzar todas las medidas de seguridad del máximo mandatario. Para ello se les pidió asesoría a los estadounidenses, que estructuraron un nuevo plan de seguridad durante un mes[498]. Las paredes de Miraflores fueron sometidas a cambios importantes, revistiéndolas de material blindado junto con las ventanas antibalas que le salvarían la vida a Carlos Andrés el 4 de febrero[499], y todo su entorno de seguridad recibió adiestramiento.

Chávez confesó en *Habla el comandante*: "Nuestra gente de la Casa Militar nos informaba que era muy difícil precisar a Pérez porque a veces en la noche se iba a La Guaira o de repente agarraba un helicóptero en la tarde y se iba para La Orchila o a la base naval de Turiamo, etc. Él no dormía en un sitio fijo ni decía dónde iba a dormir"[500]. Si el Ejército se encontraba a la caza del Presidente, la Armada también le hacía un seguimiento constante. A tales efectos el contralmirante Grüber Odremán explica que sus infiltrados de inteligencia le habían informado que "el fin de semana muy posiblemente el Presidente viajaría a La Orchila, nombre clave 'Ventosa', para reunirse con Cecilia Matos y sus hijas"[501].

Esto demuestra que ambos bandos tenían la misma fuente de información y compartían un mismo plan, porque Chávez y Grüber coincidían al referirse a los destinos del presidente de Venezuela, quien estaba "vigilado" por todos los componentes golpistas que planeaban derrocarlo.

La razón por la que muchos sostienen que se trataba de un asesinato es muy simple. Para ello debemos situarnos el 10 de diciembre de 1991 en las gradas donde se encuentran ubicados el Presidente y el Alto Mando Militar. Pérez está rodeado de sus escoltas civiles altamente entrenados, decenas de hombres entre la avanzada, los dos anillos de seguridad de la Casa Militar y los comandos civiles de la Dirección de los Servicios de Inteligencia y Prevención[502] organizados por dos comisarios. También estarían los escoltas del Alto Mando Militar, cada uno con sus unidades de avanzada, custodia y escoltas motorizadas con alta capacidad de reacción y, adicionalmente, un tercer anillo de seguridad representado por un contingente más grande y perimetral de la Casa Militar, en un nuevo esquema de formación. Todos entrenados en "las diferentes posiciones que deben adoptar los individuos que cumplen funciones de primero y segundo anillo de seguridad"[503].

Era imposible que el intento de "captura" del Presidente no culminara en un encarnizado enfrentamiento de disparos, como ocurrió en el caso del asesinato del presidente egipcio Anwar el-Sadat y como ocurriría el 4 de febrero en Miraflores con los mismos anillos de seguridad civiles. Los jefes de la escolta civil eran dos veteranos comisarios de las brigadas especiales y el de la escolta militar era el general Fuenmayor, célebre por haber forcejeado en la madrugada del golpe con el primer militar golpista que ingresó a Miraflores gritándoles: "Los voy a matar como una cuerda de coños de madre"[504]. Años después Hugo explicó lo que ocurrió: "El factor más importante que nos llevó a detener eso fue que no estábamos completos. Me costó muchísimo frenar el plan y debo decirte que hubo un sector militar que pensó matarme, convencidos por algunos sectores de afuera que yo me había rajado y que había hecho un pacto con Ochoa"[505].

Era evidente que las nuevas medidas tomadas con ayuda de los estadounidenses hacían muy difícil ejecutar aquella operación. Los nuevos aviones F-16 sobrevolaron a gran altitud con un reabastecedor durante las horas del desfile, otros aviones fueron desplazados y la Disip había tomado la torre de control y los alrededores de la base. Pero los estadounidenses habían establecido un mecanismo infinitamente más importante para garantizar la seguridad, pues por primera vez se les dio acceso a la base aérea a cientos de familias para que en la pista adyacente estuviesen presenciando el desfile. Hugo pasó a la historia no solo reconociendo estar involucrado en aquella operación, sino el velado intento de asesinato de un presidente al admitir que: "Hubiese muerto gran cantidad de gente, porque era caer sobre la base y avanzar sobre la tribuna presidencial"[506].

El primer asesinato de Chávez

El plan criminal de hacer desaparecer a Pérez descendiendo sobre la base aérea y avanzando sobre la tribuna presidencial no se ejecutó aunque lo habían ensayado, realizado los reconocimientos pertinentes y estudiada la acción. Así lo confesó Hugo Chávez: "Llegó diciembre y pensábamos lanzar la rebelión el día 16, aprovechando el medio turno de permiso y en atención a que el Batallón Chirinos lo tenían en un entrenamiento antiguerrillas. Un jefe de esos grupos de izquierda había anunciado un golpe para ese mismo día"[507]. De modo que decidieron detener la acción porque, de acuerdo a Hugo, el partido Bandera Roja, aquella organización que había comenzado como un grupo guerrillero de concepción marxista-leninista, había infiltrado el movimiento incitando a los oficiales subalternos, a los capitanes y a un grupo de sargentos "para que desconocieran nuestro liderazgo"[508].

La verdad de todo aquello es que Chávez, que había pertenecido a ese sector durante años, ahora les había dado la espalda y entonces se realizó un consejo de guerra donde decidieron detener y fusilar a Hugo Chávez, porque había traicionado el movimiento. Las órdenes partieron de los capitanes Ronald Blanco La Cruz y Antonio Rojas Suárez, junto con elementos extremistas de la izquierda radical. Hugo Chávez lo describe de esta forma: "En ese momento, Bandera Roja discutió la posibilidad de matarme, de sacarme del medio, y planificó el asesinato (...) Pero los que tenían la misión no se atrevieron a atentar contra mi vida. De eso me enteré después, en la cárcel, cuando uno de los implicados en aquel intento de asesinato me hizo toda la historia: 'Mire, mi comandante, yo tengo algo por dentro y quiero decírselo, porque ahora sí lo conozco. Me habían convencido de que usted había vendido la revolución, que estaba desmontando el movimiento, entregándolo a los generales, que había negociado. Yo fui designado para matarlo'"[509].

Esta historia la tenía Chávez guardada para una mejor ocasión, uno de sus programas de radio y televisión en cadena nacional y para que millones en el 2004 lo escucharan: "Me fueron a buscar a mi casa, a la media noche allá en San Joaquín, al lado de la casa de Castro, éramos vecinos, y yo inocente salí, llegó alguien a buscarme: 'Mire, mi comandante, que hay una reunión urgente, que queremos hablar con usted'. Eso fue diciembre del 91 y yo le dije a mi entonces esposa Nancy y los tres niños, bueno, estaban dormidos: 'Mira, ya vengo'. Ella, acostumbrada a aquellas cosas, bueno, no le extrañó, hizo un café y me dio un café y un beso y me fui en mi carromato viejo (...) el vaporón (...) a un sitio donde me estaban esperando era para matarme, incluso nos bajamos del carro y una discusión acalorada y yo les dije: 'Si quieren mátenme, pero esa rebelión no va hasta que no lo decidamos en directorio', y Castro Soteldo por cierto era miembro del directorio. 'No voy a actuar bajo presión de nadie'. Bueno, luego lo perdoné y acepté que fuera candidato a la gobernación de Bolívar"[510]. Hugo se refería al capitán Rojas Suárez, uno de los que lo habían increpado aquella noche.

Más allá de un gesto heroico frente al pelotón de fusilamiento, que es lo que realmente pretendía dejar claro en su relato ante millones, lo que realmente ocurrió fue una negociación, en la que Hugo intentaba explicarles que solo tenía a dos soldados y para tranquilizarlos fijó una nueva fecha. Hugo se salvó porque logró pautar la rebelión para el día de Navidad. Un golpe que sería delatado y evidentemente suspendido hasta una nueva oportunidad y Venezuela viviría su última Navidad sin angustias, en lo que quedaba de democracia.

4-F: un comandante de carreras

Mientras las presiones internas fueron creciendo, denuncias y acusaciones de traición dentro de la traición obligaron a los golpistas a moverse más rápido. Por eso sabemos que Jesús Urdaneta o Rojas Suárez y muchos otros se enteraron el propio día del golpe y al momento, y buena parte de las unidades que no salieron se molestaron porque estaban interconectadas, pero en el golpe de los generales. ¿Qué pasó para que se tomara la decisión? El asunto era en extremo simple. A finales de enero ya Chávez y los comandantes habían tomado control de los batallones y a Hugo y otros comandantes los querían expulsar. Para mayores males, el batallón de Chávez llegaba justo al momento en que parte del contingente se licenciaba (salía de la recluta) y llegarían nuevos reclutas sin entrenamiento.

A horas de la asonada militar que dejaría una profunda herida y para siempre en Venezuela, algunos generales sospechaban del "golpe al golpe" y trataban de desarticularlos mientras la inteligencia civil, a cargo de un general del Ejército, convocó a una reunión con el propio presidente Pérez, que quedó reseñada para la historia de esta forma: "En los primeros días de enero de 1992, hubo una reunión del Alto Mando Militar con el presidente Pérez. La reunión fue convocada por el general Manuel Heinz Azpúrua, director de la Disip"[511]. Estuvo presente también el ministro de la Defensa, quien narra su versión sobre lo ocurrido en dicha reunión: "En esa reunión se analizaron largamente los constantes rumores sobre una posible sublevación militar. El general Heinz le entregó al presidente Pérez un documento que resumía las informaciones que la Disip había logrado determinar sobre ese asunto. Por mi parte, llamé a mi despacho a varios de los oficiales que aparecían nombrados en dicho documento, entre ellos al teniente coronel Hugo Chávez Frías", explicó el general Ochoa[512].

Si bien a Chávez no lo asesinaron, el sector político de extrema izquierda que se sentía traicionado acusó a los insurgentes con los generales, porque sospechaba de sus planes independentistas, de manera que terminó explicando todo al ministro de la Defensa. Pero el general Ochoa, aun con las pruebas de la inteligencia civil consignadas en una reunión de alto nivel, trató a Hugo como un niño reprendido, a quien además le dejó su batallón. Después del "regaño", Chávez sabía que era cuestión de días para que la inteligencia, sumada a la presión de los generales, le quitara el batallón y le advirtió a su segundo comandante: "Mira, Centeno, si yo no regreso, ustedes aquí toman alguna decisión con los oficiales. Hagan una reunión especial y si se justifica, conmigo en prisión, un alzamiento en que ustedes tomen prisioneros a los comandantes y generales, háganlo pero estén pendientes"[513].

Ante los titubeos del alto Gobierno frente a lo que era un golpe inminente, los generales de inteligencia comenzaron a filtrar el reporte a la prensa y a buena parte de los políticos, lo que poco a poco devino en un tsunami informativo. Para el viernes 24 de enero, dos días después de la reunión, los rumores de golpe estaban en las primeras páginas de los principales diarios del país, haciendo que un histérico Pérez obligara a los generales a calmar a los políticos que se comenzaban a agolpar a las puertas del Palacio de Gobierno.

Fue por ello que el generalato convocó a una rueda de prensa para el lunes 27 de enero, donde el Comandante del Ejército cargó contra los medios de comunicación: "Se han dedicado a presentar infundios, afirmaciones y noticias falsas que atentan contra la esencia de la verdad. Son campañas desestabilizadoras. No es casual, sino una campaña estratégicamente planificada la que han desarrollado algunos columnistas y medios de comunicación, afirmando y pregonando una crisis"[514].

Aquel jueves los titulares de todos los periódicos amanecieron presagiando un golpe y ya todo estaba dicho. Fue por esto que la inteligencia ordenó cercar a tres de los comandantes, y si Chávez no actuaba en las siguientes cuarenta y ocho horas, el viernes siguiente estaría fuera del batallón y posiblemente fuera del Ejército.

Todos los hombres del Presidente

La biografía homérica de Hugo Chávez nos da cuenta de un hombre que ejercía un indiscutible liderazgo y que era el jefe de una gran conspiración. Esto es en parte gracias al célebre "por ahora", que sin duda fue uno de los elementos que le garantizaron la Presidencia de la República, y a que Hugo se ocupó muy hábilmente de reagrupar a los conjurados y acomodarlos en su entorno presidencial, logrando cambiar para siempre la imagen que realmente tenían sus compañeros de él. Hugo Chávez, para ese momento, no era precisamente el líder que pretendieron hacernos ver, sobre todo cuando ya hemos comprobado que siempre estuvo al mismo nivel o incluso por debajo que la mayoría.

Sabemos pues que Hugo Chávez conspiraba realmente con una pequeñísima logia de comunistas e hijos de comunistas, sabemos que no logró captar a prácticamente ningún joven cadete de la academia –solo 6 de los 123- y que, más allá de un saludo, no lo conocían con anterioridad al momento de comandar su batallón. Entonces debemos centrarnos en los famosos "juramentados del samán", entre los que se encontraba Raúl Baduel, quien años después afirmó que el liderazgo de Hugo no era suficiente para seguirlo en aquella aventura.

Jesús Urdaneta Hernández, que fue quien captó a su amigo Acosta Carles[515], también se negó a participar y a reconocer el liderazgo de Chávez y enfrentó sus alocadas propuestas dos días antes del golpe[516], y, para completar, los líderes de la toma de Miraflores tenían un plan para asesinarlo porque lo consideraban un traidor. Por su parte, Francisco Arias Cárdenas contaba con su propia gente y no disimulaba su enfrentamiento con Chávez por considerarlo inferior meritocráticamente, además de haber sido el elegido para tomar el mando de Miraflores y desplazar a Hugo inmediatamente después del golpe. Alberto Garrido, uno de los más calificados estudiosos del chavismo, consideraba que para Arias el golpe del 4-F significaba la victoria final de su proyecto, con el que también aspiraba que Chávez perdiera sus quince años de conspiración"[517].

Si para el momento de la planeación del golpe los comandantes contaban con 15 de los 18 batallones más importantes de Venezuela, al momento de salir del cuartel ya habían perdido el apoyo del 70% del movimiento al que pertenecían y Chávez solo contaba con su batallón y con un puñado de conjurados, quedando al lado de un comandante que lo había adversado, otro que lo quería reemplazar, otro que lo consideraba un igual y, como ninguno de los batallones de Caracas salieron a su voz, los pocos que intentarían tomar la Presidencia de la República lo querían asesinar. He allí, simplificado, el verdadero liderazgo de Chávez como militar.

Salvado por un incendio (primera parte)

La orden era muy sencilla: en lo que el presidente Pérez bajara del avión, la Guardia de Honor lo apresaría y encarcelaría en un lugar que solo pocos conjurados conocían. Por eso el día 4 de febrero de 1992, ocho horas antes del golpe, el ministro de la Defensa, Fernando Ochoa Antich, fue informado por el general Freddy Maya Cardona, comandante general de la Guardia Nacional[518], quien venía de desempeñar la dirección de inteligencia de ese componente militar, que se estaba fraguando un atentado en contra del Presidente y que lo ejecutaría un grupo de oficiales subalternos en el aeropuerto de Maiquetía, a su regreso a Venezuela. "Me sugirió que llamara al director de inteligencia militar"[519], llegó a decir Ochoa.

En efecto el general Ochoa se comunicó entonces con el director de inteligencia militar, el general José de la Cruz Pineda, de quien los generales Rangel y Peñaloza sospechaban que estaba comprometido en la conspiración e incluso se lo habían informado ya al Presidente de la República, alegando que estaba vinculado a ciertas actividades[520], aun cuando todo parece indicar que no era ficha de los golpistas de izquierda[521]. El general Pineda, al contestar la llamada del ministro, le ratificó la información que le había trasmitido el general Maya a Ochoa. En Venezuela, a horas de un golpe de Estado, el jefe de uno de los mayores componentes militares, experto en inteligencia militar, había llamado al ministro de la Defensa advirtiéndole que en las próximas horas iban a matar al Presidente. ¿Qué nos indica la lógica en este caso? Pues que de inmediato hay que tomar medidas de precaución. Pero si además de esa llamada, el ministro se comunica con el director de inteligencia y este también le informa que hay rumores de que en cuatro horas van a matar al Presidente, pues queda muy claro que el general Ochoa estaba obligado a tomar las medidas correspondientes para evitarlo.

Pero el ministro de la Defensa, que se encontraba en el mismo aeropuerto al que llegaría el Presidente de la República apenas unas horas más tarde, tomó la decisión de irse a la ciudad capital, justo en el momento en que el golpe de Estado había comenzado. El ministro Ochoa llegó a sospechar en aquel momento que para detener al presidente Pérez, los insurrectos habían quemado dos vehículos en la autopista, porque mientras se dirigía a la capital un accidente que generó un inmenso embotellamiento le impedía el paso, y sospechó aún más que esto ocurriera precisamente en los túneles, logrando con esto los insurrectos evitar cualquier acción de respuesta inmediata. Esto lo relata Ochoa: "Al acercarme al primer túnel interrogué a un guardia nacional sobre las razones de esa lentitud. Me respondió: 'Mi general, se incendió un automóvil en el túnel'"[522].

El general Ochoa sostiene que pese a que Fuerte Tiuna estaba en alerta máxima y la inteligencia le había explicado que matarían al Presidente en lo que aterrizara, se había quedado tranquilo y decidió subir a Caracas porque todos le habían dicho que la Guardia de Honor estaba en cuenta de los rumores y preparados. Ante la imposibilidad de continuar a Caracas decidió volver y cuando llegó al aeropuerto se presentó en el destacamento de la Guardia Nacional, allí le informaron que ya "conocían la novedad", pero la Guardia Nacional no tenía mayores recursos para aplicar un plan de seguridad "suficiente"[523].

Allí la guardia movilizó a unos 20 hombres, mientras el ministro del Interior, al escuchar del propio Ochoa los rumores de asesinato, ordenó a los servicios de inteligencia y prevención (comandos de la Disip) destacados en el aeropuerto que se activaran y estos a su vez llamaron a la brigada territorial y se movilizaron inmediatamente unos veintiocho comandos adicionales que llegaron armados hasta los dientes. Se trataba nada menos que de unos 50 hombres altamente entrenados contra un pequeño contingente, principalmente de oficiales de la Guardia de Honor, que eran nada menos que los encargados de detener al Presidente[524].

Desde el cielo ya se veía el avión del Presidente que descendía, adentro sus pasajeros ignoraban lo que ocurría abajo: "Veníamos en el avión y no pasó nada. Siempre me llamaban y no recibí ninguna información en el vuelo. Cuando estamos aterrizando, desde la cabina del avión, veo unas patrullas de la Disip que estaban acompañando al avión mientras descendía, con hombres armados"[525].

El pequeño contingente de la Guardia de Honor que pretendía detener al Presidente se encontraba flanqueado por un piquete de la Guardia Nacional y ya para ese momento cuatro unidades de comandos altamente entrenados estaban ubicadas en cada puerta, escoltaban los flancos del avión ocho comandos adicionales y cinco francotiradores ocuparon sus puestos. Mientras la Guardia Nacional cuidaba el perímetro, a estos se le sumaron doce escoltas de ministros, también armados con subfusiles. Así que, superados en hombres, a esas alturas cualquier actuación de los conjurados hubiera culminado en una carnicería.

Pérez se había salvado por un incendio en el túnel. Si este fue premeditado por los golpistas, esa operación se les revirtió dramáticamente. Se había salvado por instantes, pero en Caracas aún lo esperaban algunas desagradables sorpresas.

Salvado por una piyama (segunda parte)

Muchos años después del intento de golpe el expresidente Pérez contó: "Cuando ya habíamos pasado el segundo túnel el ministro me dice: 'Presidente, usted sabe que hoy corrió el rumor de que a usted no lo iban a dejar aterrizar en Maiquetía'. Entonces yo le pregunto: '¿Un rumor?'. Él me dice: 'Sí'"[526]. Entonces quedaron para el día siguiente trabajar en esos rumores incesantes. Ochoa cuenta su versión: "El presidente Pérez se molestó. Alterado me dijo: 'Lo espero a las 7 de la mañana en Miraflores para iniciar una investigación'. Un poco sorprendido por su actitud, le respondí: 'Allí estaré, Presidente'. Guardé silencio durante el viaje. La caravana presidencial tomó con rapidez la autopista y en pocos minutos llegamos a La Casona. Me despedí del presidente Pérez y del ministro Ávila"[527]. Faltaban apenas 60 minutos para la segunda parte del golpe y ya batallones completos que habían salido varias horas antes de todos los cuarteles del País, se desplazaban y tomaban posiciones a lo largo y ancho de Venezuela.

Mientras las escuadras de tanques salían a cientos de metros, el ministro de la Defensa llegó a su casa, cenó con su esposa y se acostó a dormir[528]. Seguramente ya había conciliado el sueño cuando recibió la llamada de un coronel desde un restaurante de Caracas, quien le informó que su esposa lo llamó desde Maracaibo para contarle que habían tomado su cuartel. El golpe había comenzado, así que el general Ochoa decidió despertar al Presidente: "Le informé el alzamiento de la compañía de tanques en Fuerte Mara. De inmediato me ordenó: 'Salga usted hacia el Ministerio de la Defensa, que yo me trasladaré a Miraflores'". Pérez narra estos minutos trascendentales así: "El coronel le dice a Pastor Heydra y este le dice que llame al ministro. El coronel informa al ministro y este me llama a mí. ¿Ve qué coincidencia? Si se demora más tiempo el coronel (...) nos toman a ambos durmiendo".

De no haber sido por el incendio, Ochoa jamás hubiera activado el destacamento de la Guardia Nacional ni alertado al ministro del Interior; de hecho el propio Presidente llegó a decir que durante el viaje de subida: "A mí me tranquilizó completamente Ochoa"[529]. El Presidente explicó que tomó decisiones en extremo rápidas: "Efectivamente, me puse sobre la piyama el mismo traje que traía de Davos y ordené que alistaran la caravana presidencial[530] (...) me respondieron que no había caravana. (...) No importa, tengan un carro listo (...) No tenía caravana y me voy en un carro sin escolta (...) ya La Casona estaba rodeada, pero no pensaron que yo iba en ese carro"[531]. Negándole la caravana, los implicados en la Guardia de Honor trataron de detener su salida, pero Pérez se les escapó con un simple carro prestado, con los pocos civiles que no estaban involucrados.

La llamada del coronel a Ochoa desde aquel restaurante lo obligaba por segunda vez, y también por un hecho fortuito, a que avisara al Presidente sobre la situación irregular que se estaba presentando. Al escuchar aquello, quizás en la cabeza de Pérez emergieron aquellas palabras del primer presidente electo por voluntad popular de Venezuela, Rómulo Gallegos, a quien muchos recuerdan por haber recibido el golpe en piyama y pantuflas. Seguramente recordó aquellas palabras que titularon la primera plana de un diario, poco antes de que sacaran a patadas al primer presidente de Acción Democrática en el 48[532]: "Totalmente infundados los rumores alarmistas", hasta que dos días más tarde salieron los primeros tanques y cuatro después ya estaba preso y rumbo al exilio, avergonzado, no por haber recibido un golpe de Estado, sino por las risas de un pueblo ignorante, que se burlaba de algo que había sido premeditado y que hizo que a Gallegos lo recordara la historia como un hombre ingenuo al que habían agarrado en piyama y con pantuflas.

La determinación de ni siquiera desvestirse mientras pedía a la carrera su caravana fue lo que le permitió, al escuchar la negativa, continuar por los pasillos corriendo y ordenar que le prepararan el único vehículo disponible. Este hecho que duró un par de minutos salvó a Pérez, quien salió a toda prisa en un auto civil por un lado de los blindados que acechaban su residencia, burlando a los conjurados.

Si un incendio cambió el destino del Presidente aquella noche, la decisión entre quitarse o no la piyama fue la diferencia que le costó el éxito al golpe de Estado y, de ser cierto que lo asesinarían, hasta la vida le salvó la "decisión de la piyama".

El frío cálculo del teniente coronel
(4 de febrero de 1992)

Hay una frase que pasó a la historia y que fue repetida hasta el cansancio: "Compañeros, lamentablemente, por ahora, los objetivos que nos planteamos no fueron logrados en la ciudad capital. Es decir, nosotros, acá en Caracas, no logramos controlar el poder", aunque lo único que trascendió a la historia fue el célebre "por ahora" porque el resto de la frase quedó prácticamente sin efecto. Pero la verdad es que a las 12:30 am del día 4 de febrero, todos los objetivos en la ciudad de Caracas y a nivel nacional que dependían de los demás comandantes sí se "habían cumplido".

Por algunas horas el golpe se había desarrollado de acuerdo a los planes. Al ser masiva la conspiración en las guarniciones se activó una especie de "huelga militar de brazos caídos", porque todo estaba "dormido" aquella noche en las instalaciones militares en el interior de la República. Las guarniciones militares más importantes habían sido tomadas sin disparar. En Maracay, sede de la cuarta división, la toma no necesitó del uso de la fuerza ni en el Zulia, sede la primera división. Pero en Caracas los objetivos tampoco eran complejos porque la Guardia de Honor se encargaría del trabajo sucio de detener al Presidente en el aeropuerto, y al no lograrlo allí por la rápida acción de los organismos de inteligencia civil, lo harían en la residencia presidencial. Mientras, los batallones de Caracas simplemente rodearían la residencia para garantizar disuadir cualquier posible reacción.

¿Cuál era el verdadero rol de Chávez en la organización? Habría que recordar el enfrentamiento entre Jesús Urdaneta Hernández y Hugo Chávez por los objetivos militares de cada quien. Cuenta el teniente coronel Urdaneta: "Inicialmente, yo tenía que venir a Caracas con Hugo Chávez, en Caracas había dieciséis objetivos, pero él, de una manera muy poco justa, se había autoasignado dos objetivos y dieciséis para mí. A mí me tocaron Fuerte Tiuna, la Disip[533], la Base Aérea Libertador, La Casona (...) varios más". Así le manifestó a Chávez su inconformidad: "Yo no considero que esto sea justo, si aquí hay dieciséis objetivos lo lógico es que sean la mitad para ti y la mitad para mí (...) Incluso podemos hacer que vengan tres batallones y los objetivos sean equitativos"[534].

Pero la realidad de la misión de Chávez es que él estaría completamente alejado de la acción, porque todo ocurriría en La Casona. La realidad es que contaban con los batallones Ayala y Bolívar para tomar Miraflores, mientras Hugo Chávez se había autoasignado el Museo Histórico, pero no para comandar todo el golpe desde allí, como paso a la historia, sino los objetivos de sus hombres. Para colmo no eran fuerzas equilibradas, porque el batallón de Hugo Chávez era de combate, mientras que el de Urdaneta era un batallón de apoyo. El mayor Torres Numberg cuenta sobre este batallón: "Iba a ser misionado para la toma de varios objetivos en la ciudad de Caracas (...) Algunos en Fuerte Tiuna, Disip y otros de mucha importancia (...) el acuerdo no se materializó debido a que los objetivos específicos deberían ser para un batallón de combate y no para una unidad de apoyo, que no se le podía asignar una misión tan comprometedora. La misma fue rechazada por el comandante Urdaneta y a este, al consultármelo, le di también mi forma de acción única que coincidió con la de él"[535].

El comandante Urdaneta Hernández se retiró del plan por considerarlo "una loquetera militar". Pero al perder a Urdaneta, Hugo se volteó hacia otro comandante, Yoel Acosta Chirinos, quien aceptó la oferta. Acosta era el jefe del batallón de paracaidistas 421 José Leonardo Chirino, encargado a partir de ese momento de "asaltar" los otros catorce objetivos militares.

El comandante y los objetivos trazados

Así fue como Hugo Chávez contó que él en lo particular se había prácticamente quedado sin ningún objetivo, pues la toma del Museo Histórico Militar y el Palacio de Miraflores, de acuerdo a lo que nos explicó, también correspondía al Batallón Bolívar[536]. Por eso el oficial de operaciones del batallón, el capitán Francisco Javier Durán Centeno, explicaría que él esperó en el peaje de Tazón, en la entrada de Caracas, con siete vehículos militares con tropa, pero que uno de los vehículos se dañó y hubo que orillarse cerca de las 11:30 y tenían que estar a las 12:00 am. Es en ese momento cuando "pasa un microbús, los soldados lo mandan a detener, había como once personas, una dama solamente, se veía que eran trabajadores". Les dijo que él iba a tomar como objetivo el comando móvil de la Guardia Nacional con eso: "Bastó para que terminaran de despertarse y me dijeron 'bueno, meta a sus soldados que nosotros nos vamos con ellos, dennos fusiles'". Durán Centeno explica que no hubo forma de convencerlos y así se fue con ellos a tomar la Guardia Nacional.

En otra ocasión admitió que: "Llego en horas de la madrugada a la ciudad capital y tomo lo que era el antiguo peaje de la autopista Caracas-La Guaira, que conduce hacia el Aeropuerto Internacional de Maiquetía, el principal del país, para impedir que se fugaran personas que tratarían de salir del país. (...) Ahí acantonamos un pelotón". Luego al parecer tomaron "parte de la avenida Sucre, que conduce al Palacio de Miraflores" y con el resto de las tropas se dirigió "al Museo Histórico de la Nación, donde estaba Chávez, con muy pocas tropas y yo lo reforcé".

Chávez al menos a una parte de una compañía le dio como objetivo cubrir el aeropuerto de San Carlos, bastante alejado de Caracas; otra compañía tenía como misión "bloquear la Policía Metropolitana y la Disip" y su comandante estaría en las puertas del canal RCTV, entre las esquinas de Bárcenas y Ríos, a la espera de un video, y la otra compañía a cargo del oficial de operaciones sería la encargada de tomar las instalaciones del

Destacamento Móvil 51 de la Guardia Nacional, aspecto que según sus declaraciones realizó sin disparar un tiro y con las cortesías respectivas a todos los oficiales que allí había de guardia. Mientras que también se conoce a través del propio testimonio de Chávez que al menos un autobús comandado por el sargento Reverón salió con soldados y Chávez le dijo: "Reverón... y los mandé al batallón de Arias Cárdenas".

La última compañía estaría conformada por los hombres que tenían como misión tomar la sede administrativa de la Comandancia de la Marina, a unos 3 kilómetros lineales de su puesto de mando. Así que Hugo Chávez Frías no llegó realmente a dirigir alguna operación desde el Cuartel de la Montaña porque el grueso de su tropa tenía misiones realmente de apoyo y se suponía que quienes estarían allí serían los del Batallón Simón Bolívar. Pero sí contaba con la compañía de comando que pronto llegó a convertirse en dos cuando llegó su segundo comandante, por lo que las únicas tropas que había prestas para la acción eran las de Hugo Chávez.

Con todo y eso, la realidad a la una de la mañana es que todos los objetivos primarios en el interior del país habían sido tomados debido a que muchas unidades se encontraban en una especie de "golpe de brazos caídos". El Ministerio de la Defensa y las alcabalas en Fuerte Tiuna estaban bajo el control de los golpistas y sus oficiales estaban detenidos. La Base Aérea Libertador se había entregado sin resistir y al personal del canal VTV, el pelotón de paracaidistas al mando del subteniente Centeno lo tenía sometido. A las 12:30 am, todos los objetivos del "poder militar" en la ciudad de Caracas habían sido cumplidos.

Para ese momento buena parte de los oficiales del Estado Mayor habían sido detenidos o eran prisioneros; lo mismo ocurría con el comandante de la Base Aérea Libertador y su estado mayor, así como buena parte de los oficiales generales del Ministerio de la Defensa. Los blindados pesados avanzaban sobre la ciudad de Caracas y tanto las unidades hipomóviles como las de artillería también se movilizaban; hasta los batallones misilísticos se habían sumado al golpe. La situación parecía indicar que todo marchaba sobre ruedas o, más bien, comenzaba a marchar sobre orugas.

El último detalle que faltaba para culminar con éxito el golpe eran los objetivos civiles. Al llegar a La Casona la compañía del comandante Rodríguez Torres, el militar golpista exclamó enfurecido: "¡Qué vaina, se me escapó este degenerado!"[537], mientras Pérez le pasaba por su lado. Iván Carratú narra este evento en la residencia presidencial de esta forma: "A las 11:45 me llamó de nuevo el edecán y me dijo que el Presidente mandó a pedir la caravana para irse a Miraflores. 'No sé qué está pasando, pero es algo feo', me dijo Dudamel"[538]. Pérez se dirigía rumbo a Miraflores, donde lo esperaba, de acuerdo al plan golpista, el Batallón Bolívar, el más completo y grande de la fuerza, con toda su artillería, junto a los blindados del Batallón Ayala. Carlos Andrés Pérez iba directo a encontrarse con casi 1.000 hombres y su destino solo, en un vehículo corriente, sin caravanas ni escoltas. Pero las únicas tropas que se encontraban a pocos metros eran las de Chávez.

Eran más de las 12:00 am cuando Carlos Andrés Pérez llegó a Miraflores y allí no había nadie. El Presidente lo contó de esta manera: "Cuando salgo de La Casona les dije: 'Alerten al regimiento' (...) En Miraflores no estaba pasando nada, noto que las luces del regimiento estaban apagadas, eso quiere decir que no hay alarma, me encuentro que ni siquiera el jefe del regimiento está allí, no había ninguna previsión[539]. Luego me enteré de que el director de inteligencia militar había comunicado al comandante de la Guardia de Honor información sobre la intentona"[540]. Pese a esto, el Presidente narró que fue directo a su despacho: "Estaba íngrimamente solo con los edecanes (...) Yo tenía una ametralladora y allí estaba el coronel Anselmi, a la entrada de mi despacho, dos guardias de la Disip, otro edecán y yo".

La situación era tan increíble que se sabe que poco a poco fueron llegando el jefe del partido de gobierno, el gobernador de Caracas, el ministro de Defensa y en ese momento el Presidente llamó al Comandante del Ejército para decirle: "General, están atacando La Casona". Algunos minutos más tarde volvió a llamarlo: "General, están atacando Miraflores". ¿Había llegado Hugo Chávez a capturarlo? ¿Qué fue lo que toda Venezuela vio aquella madrugada? ¿De dónde salieron aquellos blindados?

Hugo Chávez, cuyo batallón tenía como objetivo secundario apoyar en la toma de Miraflores, nunca llegó al palacio. El comandante de esa operación, el teniente Rubén Alfredo Ávila, relata cómo ocurrieron los hechos: "Mis órdenes eran apoyar a las tropas paracaidistas en La Casona con tres tanques y tomar la entrada de Caracas y permitir la entrada del batallón de Valencia[541]. Abrimos los candados de donde guardaban los tanques y sacamos tres unidades a la calle. Inicialmente deberían dirigirse hasta La Casona; no obstante, en vista de la delación y sabiendo que muy pocos hombres del Batallón Bolívar salieron esa noche, deciden cambiar la misión y se enrumban hacia Miraflores". Esto ayuda a entender que si no hubiesen tomado esa decisión, jamás habría llegado nadie a Miraflores.

"Sentí demasiada impotencia en ese momento", comenta Ávila, "estaba en medio de la balacera, nos estaban cayendo a plomo parejo y ese tanque no disparaba. Si le hubieran dado buen mantenimiento el tanque hubiera disparado, pero no se accionó ni electrónica ni manualmente". En eso, Ávila cambia de tanque con otro teniente y se dirige de nuevo a la zona de combate. Para su sorpresa, el teniente nuevamente se encuentra con que el tanque no dispara. La frustración ya era demasiada. No obstante, junto al teniente Carlos Noguera, decide arremeter contra el Palacio Blanco, a pesar de no tener armas, y empiezan a abrir todos los accesos con el tanque. Aquí nos narra la verdad del tanque en el palacio: "En el video aparece como si le estuviera dando golpes a las puertas; lo que pasaba es que al tanque no le funcionaban los servofrenos y lo que estaba haciendo era tratando de estabilizar el tanque"[542].

Una vez que lograron controlar el blindado, Ávila explica que se fueron de allí: "Después del incidente de Miraflores, tomé rumbo hacia La Casona, donde un vehículo de la Disip bloqueaba el paso de los rebeldes, así que le pasé por encima a la camioneta. Luego fui a La Carlota, me dirijo hasta el comandante Yoel Acosta Chirinos y le informo que estoy allí con un tanque. Él me dijo que estaban teniendo problemas con el destacamento de la guardia, que no se querían rendir, así que fui hasta allí, ellos no sabían que el tanque no disparaba, y yo hice los comandos de disparo como si fuera a disparar, y a los minutos salieron rendidos"[543].

Resumiendo los hechos, estas tropas llegaron con sus blindados a Miraflores por casualidad, porque ese no era su objetivo. Derribaron las rejas con el tanque y subieron por la escalera del Palacio Blanco, que es el edificio ubicado al frente del despacho presidencial, donde se encontraba el presidente Carlos Andrés Pérez, para luego marcharse de la zona del alto Gobierno, Miraflores y Palacio Blanco, rumbo a la residencia presidencial, desarmados y sin munición. A los pocos minutos llegaría a Miraflores otra columna de blindados, mientras el presidente Carlos Andrés Pérez huía en automóvil por una puerta lateral. Pero la única realidad es que a Miraflores nunca llegaron las tropas de los conjurados a cargo de Hugo Chávez.

El comandante histórico militar (4 de febrero)

El problema histórico siempre se ha centrado sobre la discusión de lo que hizo o no Hugo Chávez y se ha olvidado el plan original para dar el golpe de Estado. Se suponía que entre las 10 pm y las 11:45 pm se procedería al arresto del Presidente por parte de los doce oficiales de la Guardia de Honor previamente juramentados (aeropuerto, La Casona o Miraflores); a las 11:50 pm se abrirían las puertas de Miraflores y el Palacio Blanco por la Guardia de Honor; a las 12 am ingresaría el Batallón de Infantería Bolívar a Miraflores y neutralizarían el piso cuatro (comunicaciones) del Palacio Blanco, mientras los blindados del Batallón Ayala tomaban sus posiciones rodeando las entradas, y, a las 12:10, ocurriría la fijación de posiciones defensivas de artillería y misiles, sumadas al respaldo de unidades de infantería (Hugo Chávez) como respuesta a un posible contragolpe de unidades afectas o de la Guardia Nacional.

Como ahora sabemos, Hugo Chávez llegó en realidad al Museo Histórico pensando que ya estaría tomado por el Batallón mas grande de Caracas. Pero la historia había cambiado para Hugo porque, al no concurrir el Batallón Bolívar, su siguiente orden de comando era ayudar a las pocas tropas a asaltar el palacio. Por eso Yoel Acosta Chirinos siempre sostuvo que Hugo Chávez tenía un objetivo militar aquella noche: "Yo estuve atacando mis cinco objetivos y Chávez tenía la misión de tomar Miraflores[544]. (...) El Museo Histórico no era un objetivo militar porque solo había libros allí, por eso Hugo en la operación no llega a disparar"[545], expresó el comandante Acosta. El tercer comandante presente durante la planificación fue Francisco Arias Cárdenas, quien también dijo que el único objetivo de Hugo Chávez aquella noche era Miraflores; el resto de los presentes también confirmaron que Chávez tenía como único objetivo atacar Miraflores.

Aquí surge una crítica severa al comandante Chávez, y una de las más nefastas que se le puedan hacer a un comandante porque todos los copartícipes del golpe lo acusaron de "cobardía militar". De acuerdo a Hugo Chávez, luego de las pugnas en la planificación, el plan fue reedificado y todos los comandantes del golpe tendrían al menos cinco objetivos militares, menos él, quien solo tendría un blanco indirecto y condicionado, pues su batallón era de reserva estratégica y realmente de acuerdo a sus comandantes estaban en misiones de respaldo (La Guaira, peajes, comando 51 de la GN etc.). De acuerdo a las diferentes versiones de los hechos, todas coinciden en que a su batallón solo se le asignó efectuar una maniobra de "cerco estratégico sobre Caracas", algo parecido a lo que hizo Páez, es decir llegar desde distintos puntos al Museo Histórico Militar, que para ese momento ya debería haber estado tomado por otro batallón (Bolívar).

De acuerdo al plan, a la hora de su llegada y solo en caso de ser necesario, Chávez colaboraría en el ataque de este otro batallón a Miraflores y únicamente bajo la petición de los "comandantes de allá abajo"[546]. Hugo sostuvo incluso por escrito que todo su batallón llegó a la avenida Sucre (a 250 metros del palacio) y que no avanzaron porque nunca se les dio la orden, ni pudieron contactarse con el resto de los conjurados[547]. Pero la realidad es que Hugo a la hora en que Carlos Andrés se pronunciaba y volvía a Miraflores, tenía ya a tres compañías a menos de 900 metros lineales en tres flancos para tomar un palacio desguarnecido.

Hugo, el comandante número 13

Hugo Chávez siempre reconoció que estaba relegado a la misión de respaldo en caso de necesidad y, una vez tomados los objetivos, de acuerdo al plan, Francisco Arias Cárdenas llegaría sobre Caracas para controlar Miraflores y en ese momento Hugo se trasladaría al Fuerte Tiuna para encargarse del Batallón Bolívar, que era su destino final para luego hacer entre todos una declaración conjunta.

Pero el problema de la toma de Miraflores se convirtió en catástrofe cuando los oficiales del Batallón Bolívar se negaron a participar y de los refuerzos solo partieron unos cuantos vehículos blindados[548]. Los que salieron a las 11:45 pm fueron apenas una primera columna con diez oficiales, cuarenta soldados y algunos vehículos tipo Dragón, porque el resto con sus hombres también decidieron quedarse en Fuerte Tiuna de "brazos caídos". Por eso a Miraflores solo llegó una columna de vehículos desarmados, unos cuarenta soldados en camión y un soldado en taxi.

En una carta que Hugo Chávez le escribe al teniente Luis Chacón Roa, explica que el capitán Rojas Suárez le había insistido en que ellos tenían la fuerza suficiente para tomar Miraflores: "Por lo que acordamos que mi batallón (...) hiciese un cerco y se enganchara en varios puntos de contacto con las tropas que tomarían Miraflores, para reforzar en el momento y en el lugar que así lo requiriese la situación"[549].

El capitán Rojas Suárez llegó al palacio en su vehículo blindado: "A las 00:25 am del 4 de febrero llegamos a nuestro objetivo; pude observar que las puertas de Miraflores y del regimiento de la Guardia de Honor estaban cerradas. Esto me hizo suponer que las cosas estaban mal (...) pude percibir al chocar con la defensa que no había presencia de paracaidistas, es decir no teníamos infantería (...) El fuego de los soldados de la Guardia de Honor era muy impreciso, pero estábamos bajo fuego cruzado; encendí mi radio y traté de comunicarme con el teniente coronel Chávez, quien debía estar en La Planicie, para pedirle urgentemente refuerzos de infantería"[550]. Con esta descripción Rojas Suárez confirma que Hugo solo era la reserva y que su posición desde el principio no era Miraflores, sino el museo.

Por ahora no conviene hacer un juicio de valor sobre el desempeño del Batallón Bolívar y la actuación del batallón de reserva de Hugo Chávez, sino esclarecer para la historia que quienes intentaron tomar Miraflores fueron dos capitanes pertenecientes para la época a la Escuela de Infantería, junto con cuatro tenientes, un sargento y un puñado de hombres dentro de las tanquetas cuya finalidad era apoyar a unas tropas de infantería que nunca llegaron.

Lo que ocurrió luego se entenderá mejor a través del reporte que hace el jefe del Museo Histórico, al momento en que el capitán Rojas Suárez pide auxilio a gritos. Este informe llegó a la junta de investigación dos días después de transcurridos los acontecimientos y contenía un relato detallado de los hechos. El oficial comandante del Museo Militar había llegado al mismo casi en piyama y tuvo que colocarse su uniforme adentro. Los tanques que habían llegado con apenas unos pocos hombres combatían contra la Guardia de Honor a setecientos metros de la posición de Hugo Chávez y relata que: "En ese momento salí a la puerta del Museo Militar. Allí se encontraba Hugo Chávez. Se veía pálido. Observaba con binóculos los combates que se desarrollaban en los alrededores de Miraflores, pero no tomaba ninguna decisión. Algunos vehículos blindados tipo Dragón disparaban sobre el regimiento de la Guardia de Honor[551]. Le hice ver que estaba perdiendo un tiempo precioso, ya que la inmovilidad de los vehículos blindados indicaba que estaban siendo fijados por fuego de una unidad muy superior en efectivos como era el regimiento de la Guardia de Honor. Era imprescindible apoyar con infantería a los vehículos blindados para poder aprovechar su poder de choque"[552].

Pero Hugo Chávez decidió no actuar y en su lugar pidió apoyo de artillería o morteros y explicaba que nadie llegó e incluso que tampoco había apoyo aéreo[553]. La realidad es que el batallón de la Guardia de Honor no respondió como se esperaba, el Batallón Bolívar y el regimiento de artillería jamás llegaron y solo apareció una pequeña parte del Batallón Ayala, que salió de su cuartel sin municiones. Hugo sencillamente se quedó allí, como hicieron los comandantes del resto de estos batallones que no actuaron. Más allá de la cobardía o de las razones que tuvieron, en esa actuación sobre el palacio había cinco batallones implicados directamente, de los cuales tres no actuaron (Bolívar, el de Artillería y el de Hugo) y dos actuaron a medias (Ayala y Guardia de Honor).

Así que Hugo, al no llegar con su batallón para tomar el poder, terminó formando parte del grupo de trece comandantes que dejaron de actuar aquella noche durante el golpe de Estado.

El comandante y el complot para asesinar a Pérez

Chávez veía claramente con sus binoculares que no había llegado la infantería y que los pocos que había se estaban inmolando contra un enemigo superior, como ocurrió en la Batalla de Carabobo. Solo un par de blindados daban vueltas afuera de Miraflores con el presidente Carlos Andrés Pérez adentro y sin más protección que los anillos de seguridad conformados por civiles y unos pocos hombres de la Guardia de Honor que defendían la vida del Presidente. A los efectos comenta el jefe de la Casa Militar, Iván Carratú: "Le dije a Hernán Fernández, comisario de la escolta civil, que la Disip se había ido. Todos los escoltas civiles se escaparon, dejaron los carnets y las pistolas[554]. Llamé al coronel Martín, el comandante del regimiento, y me dijo que se estaban defendiendo marginalmente: 'No tengo más gente, no puedo resistir mucho, tengo soldados en los túneles'. Al Palacio Blanco se metieron dos tanques, cinco en Miraflores; uno en la puerta del despacho presidencial, otro en la esquina. Yo veo un animal de estos así por la ventana y ahí pienso que los valores de Bolívar están en el Panteón"[555].

Fernán Febres Altuve, quien fue el hombre que negoció la rendición de Hugo y de quien el presidente Pérez dijo que era "un señor adversario de Acción Democrática y adversario mío, de odios"[556], describió cómo se encontraba el Palacio de Miraflores la noche del golpe: "Nunca un palacio de gobierno estuvo más desguarnecido en una circunstancia terrible como la del 4-F. En Miraflores no había cincuenta soldados, mientras que Chávez en La Planicie contaba con tres batallones [suponemos que quiso decir 'compañías'] emplazados en su fortaleza"[557].

La Guardia de Honor, como bien lo explicó Chávez y lo confirmó el jefe de servicios, estaba implicada y desactivada, no aprehendieron a Pérez en el aeropuerto porque fueron fortuitamente neutralizados. En La Casona, la decisión por parte de los conjurados de esperar a la llegada de las tropas de infantería para resguardarse de un posible contragolpe si metían preso a Carlos Andrés Pérez, permitió al Presidente ganar unos minutos que aprovechó para escabullirse hacia Miraflores. Y al llegar, apenas un puñado de hombres cuidaban a un presidente "íngrimamente solo"; los anillos más fuertes de seguridad se encontraban detrás del túnel que conduce a Miraflores y nunca actuaron porque estaban implicados, mientras habían convencido incluso al principal anillo de seguridad civil de que se incorporara al golpe o que se marchara, como en efecto lo hizo, dejando atrás hasta las credenciales, y solo respondían fuego unos cuantos hombres del entorno íntimo de seguridad de Pérez.

Hugo se encontraba a setecientos metros de su objetivo, sus compañeros le imploraban refuerzos y él sencillamente estaba petrificado. Pero aquí es importante detenernos porque hay dos versiones de la historia: "¿Se trata todo de un cuento para desprestigiar a un Chávez que tuvo que explicar que él no se encontraba sereno, que lloraba, tenía miedo y actuaba como un cobarde?"[558], como lo decían muchos de sus compañeros. "¿Hugo se encontraba tan impresionado por lo que ocurría que no era capaz de analizar con suficiente claridad la situación militar? ¿Fueron sus respuestas a los planteamientos del jefe del museo totalmente incoherentes? ¿Estaba Hugo Chávez casi en estado de *shock*, como afirmó el director del museo, quien vivió esos momentos a su lado?"[559].

Objetivamente, la actuación de Chávez como reserva estratégica fue deplorable, porque permaneció con sus binoculares presenciando todo lo que pasaba sin enviar a sus tropas al combate, que se encontraban como él mismo admitió a pocos metros. Era en extremo fácil capturar a un Pérez protegido únicamente por unos cuantos hombres que no fueron impedimento para entrar al palacio con un solo blindado, y por eso el capitán Blanco La Cruz ingresó a sus anchas a Miraflores y solo fue detenido frente al despacho del Presidente por un desarticulado anillo de seguridad que lo rodeaba. De acuerdo a lo que el propio Blanco La Cruz llegó a afirmar: "Cuando nos asomamos a ver por la puerta amarilla del despacho presidencial, observamos un tanque con unos soldados de boina roja ingresando al palacio, redujeron a los guardias de la prevención; un efectivo militar con su fusil apuntó al edecán y al comisario Hernán Fernández, jefe de la escolta civil"[560]. Estos echaron a correr hacia el estacionamiento y detrás pisándoles los talones al Presidente y sus escoltas, contaba Blanco La Cruz: "Fue en el momento en que vi al presidente Carlos Andrés Pérez, a pocos metros de nosotros, cuando recibí un balazo".

Es necesario ubicarse en el palacio para entender lo cerca que estaban los golpistas del Presidente. Desde la puerta amarilla a la que hacen referencia no hay más de veinticinco metros hasta la prevención. Se encontraban a pocos pasos separados por un corredor y la duda nos obliga a preguntar: ¿pretendían capturar a Pérez o asesinarlo? Por lo pronto hay varios asuntos que es necesario que revisemos de este ataque. Cuando sonó el primer disparo en Miraflores y los tanques entraban por la calle lateral que conducía a la puerta de entrada, el presidente Pérez ordenó apagar la luz de su despacho y corriendo la cortina ligeramente trató de mirar por la ventana lo que sucedía; observó que los tanques entraban y esto lo obligó a retroceder. En el instante en que se alejaba, una bala hizo impacto exactamente en el mismo lugar desde donde había contemplado el salvaje ataque[561].

Es importante entender que para llegar a ese lugar los alzados en armas tuvieron que rodear desde afuera el palacio, por la calle pasando justo por el lado del despacho presidencial. Antes de entrar al palacio, habían vaciado sus ametralladoras de alto calibre sobre el despacho, tratando de atravesar sus ventanas desde la parte de afuera sin mediar discusión alguna. El encargado de colocar aquellas ventanas nos explicó también que: "Los vidrios blindados que habían mandado a poner eran contra balas de FAL, no contra punto 50, pero resistieron ocho impactos de ese calibre. Una sola bala de punto 50 que hubiera pasado y la tarea de matar al Presidente en su despacho hubiera sido materializada. Eso es historia"[562].

En total, 263 impactos de bala fueron contabilizados en las paredes y ventanas que habían sido instaladas y reforzadas por los estadounidenses apenas unos meses antes. Explicó el propio presidente Pérez que: "Fueron una gran defensa, si no esas ventanas las hubieran pulverizado; esas recibieron cientos de impactos de las ametralladoras de los tanques"[563]. Mientras, el futuro presidente confesó para la historia que pidió nada menos que bombardear el palacio con fuego de artillería y morteros.

Quedó también para la historia que el presidente Pérez nunca escuchó un llamado a la rendición por parte de los conjurados que asaltaron su despacho. Las balas de calibre 50 disparadas desde afuera, el fuego abierto contra el lugar donde se encontraba y los cientos de disparos en las puertas de madera y paredes internas que lo separaban del ataque y que fueron ferozmente atravesadas llevaban implícito un mensaje muy claro, y cada bala disparada responde cualquier duda respecto de su posible asesinato.

El gran comunicador (4 de febrero de 1992)

Para ese momento de la noche, las fuerzas sublevadas estaban siendo ayudadas por la "huelga militar de brazos caídos", que apostaba al que resultara ganador. Habían controlado a la primera división en el Zulia junto con la Guardia Nacional y la más poderosa de todas las fuerzas, la cuarta división en Maracay, que tenía a buena parte de sus generales presos. En Caracas estaba bajo control la Comandancia General de la Aviación en la Base Francisco de Miranda y el Ministerio de la Defensa estaba rodeado y sin gente, ya que solo en Fuerte Tiuna estaban detenidos veintidós generales del Alto Mando, junto con coroneles, mayores, etc[564]. Mientras esto ocurría, el ministro de la Defensa se dio a la fuga junto a dos de los mayores conspiradores.

Los conjurados, a través del centro de comunicaciones del Comando Aéreo de la Guardia Nacional, lograron hablar con las demás unidades sublevadas. La información que recibieron era muy auspiciosa[565], contó luego el general Ochoa. También habían caído y estaban bajo control la Dirección de Inteligencia Militar, la de Valencia y la de Maracaibo. El comandante Jesús Urdaneta Hernández afirmó que tenía un tanque sobre la pista de la Fuerza Aérea de Palo Negro en Maracay y añadió que los pilotos de los nuevos F-16, que habían comido en su casa la semana anterior y que se habían comprometido en el golpe, lo llamaron a las 12 de la noche para informarle que eran neutrales, que no estaban ni con el Gobierno ni con los conjurados[566].

A las 12:50 de la mañana todos los objetivos, incluyendo las academias militares[567] y la ciudad de Caracas, estaban en control de la conspiración general. Estaba preso o desmantelado casi todo el Estado Mayor del Ejército y el de la Aviación, las bases aéreas controladas por Visconti no moverían un dedo mientras que los F-16 que estaban en el aire eran comandados por uno de los conjurados[568]. La Infantería de Marina, también controlada por los golpistas, tampoco movió un dedo durante todo el conflicto[569].

Para el momento en el que Chávez se rindió, los pilotos fingen problemas con la radio para no escuchar las órdenes de un general escondido en un sótano[570]. Los que no estaban bajo arresto hacían cálculos de quién ganaría aquella madrugada. Otra parte de los generales estaba indirectamente implicada en el golpe y eran los que habían puesto allí a Chávez y al resto de los comandantes. Todo dependía de la "reserva estratégica" de Chávez, que estaba a 700 metros de un Carlos Andrés Pérez con un anillo de seguridad civil precario y unos pocos soldados, cuya mitad de efectivos había desertado. En total, no más de una docena de hombres agazapados junto a dos guardias nacionales era todo lo que los separaba del éxito de la conspiración.

Buena parte de la Guardia de Honor y uno de los edecanes[571] estaban implicados en el golpe, se suponía que dejarían abiertas las puertas de Miraflores para que entraran los tanques[572], pero, sobre todo, en Miraflores nunca activaron el plan de defensa inmediata[573]. Mientras los pocos escoltas trataban de detener a los insuficientes golpistas que buscaban puerta por puerta al Presidente, el anillo de seguridad que lo protegía se había reducido a él mismo armado con una ametralladora, su jefe de escolta civil, su edecán, un guardia nacional y el jefe de su escolta militar.

Debió de ser asombrosa la cara de sorpresa de todo el generalato implicado en el golpe, y más aún de los conjurados, cuando a un cuarto para las dos de la madrugada apareció Carlos Andrés Pérez en televisión. El golpe había sido un rotundo éxito a nivel nacional y el único que había fallado era el único comandante que estaba en el lugar correcto y en el momento correcto: Hugo Chávez no cumplió con el plan que le adjudicaba como tarea lógica tomar el único de sus objetivos reales. Como lo demostraron todos los implicados, los conjurados se pudieron comunicar entre sí, pero jamás con Hugo Chávez, quien a pesar de haber confesado, años después, que oyó todo por la radio, nunca atendió un solo llamado de auxilio mientras reclamaba al aire frente al coronel y al sargento del Museo Militar que los responsables de todo aquello eran Visconti y un grupo de generales[574].

Se dice con insistencia que fallaron las comunicaciones, pero esa noche Carlos Andrés Pérez había hablado directamente con una gran cantidad de generales, con La Casona, con sus ministros, impartió órdenes a diestra y siniestra. Desde el Museo Histórico, en plena refriega, Chávez siempre indicó que tenía dos unidades de comunicaciones y Rojas Suárez contó que tenía su radio.

Contó Ochoa que hasta el director del museo lo llamó: "El coronel Yánez aprovechó la oportunidad para llamarme por un teléfono celular que tenía escondido en su escritorio. Me explicó que el teniente coronel Hugo Chávez, al mando del Batallón Briceño, había tomado el Museo Militar"[575]. Aquella noche se hicieron otras llamadas desde el museo, desde allí llamó el sargento al coronel, se recibieron las llamadas del ministerio y de la sala de edecanes, y Chávez hasta llamó a su novia, Herma Marksman, y después también con una llamada le pidieron que se rindiera y se rindió. En fin que el museo tenía teléfono, los cuarteles tomados tenían teléfonos, él tenía un sistema de comunicaciones completo y nadie estaba incomunicado.

En varios relatos se narra que esa madrugada se cruzaban las llamadas telefónicas a nivel nacional, las esposas de los militares se comunicaban con sus maridos, coroneles, generales y demás oficiales intercambiaban información de lo que ocurría en los cuarteles[576], los generales se comunicaban con sus superiores avisando quiénes estaban detenidos y entre ellos se llamaban para informarse de la situación. Los presidentes Caldera y Luis Herrera llamaron al ministro de Defensa igual que los ministros, políticos, sacerdotes, militares, amigos, y hasta desconocidos lograron obtener los teléfonos privados del despacho. Hasta el doctor Rafael Pardo Rueda, ministro de Defensa de Colombia, se comunicó con el ministerio. El presidente Pérez logró comunicarse con el presidente de Venevisión para coordinar su aparición en la televisora y también llamó al general Rodríguez, de Seconasede, el exjefe de Chávez, y lo encontró en su casa; este a su vez llamó a Chávez al museo para que depusiera su actitud. En fin que todos hablaron con Chávez y este atendió el teléfono a todos, menos a los suyos, quienes jamás lograron hablar con Hugo Chávez aquella noche.

Hugo Chávez nunca atacó, ni ayudó, ni coordinó absolutamente nada. Pero sí habló con todos, desde el ministro, su exjefe, edecanes y hasta su novia, en fin, con todos menos con los que tenía que coordinar y apoyar.

¿Y dónde está el piloto?

La excusa que quedó grabada para el futuro fue esta: "A las 12 am, esa hora, la última columna de mi batallón cruzó Los Teques, la otra llegó a Tazón. Entramos a Caracas entre las 00:30 am y la 1:00 am. Arribamos al Museo Militar. Nosotros veníamos a hacer un cerco estratégico sobre la ciudad. Yo venía, con parte de mi batallón, a establecerme en el Museo Militar para comandar desde allí toda la operación"[577].

Si el Hugo Chávez antes del mito sostuvo siempre que nunca tuvo objetivos militares primarios, que su rol era simplemente el de apoyo y que luego comandaría el Batallón Bolívar, mientras Arias Cárdenas tomaría el control del Palacio de Miraflores, seis años más tarde, en una entrevista con Blanco Muñoz, ya rumbo a la Presidencia, cambiaría su historia para decir que llegó con dos compañías de su batallón a instalarse en el Museo Histórico para comandar desde ahí toda la operación[578]. Quien hablaba ya no era uno de los comandantes del 4 de febrero, ni un teniente coronel sin objetivos, sino un hombre que calculada y electoralmente se presentaba como el líder de toda la insurrección.

Para entender el cambio hay que situarse primero en el marco de una campaña electoral, que distorsionaría aún más la propia historia creando un mito popular, en el que Hugo Chávez era el líder de aquella revuelta popular. Para entender las razones por las que esto nunca ocurrió es necesario conocer lo que significa "comandar una operación". No será difícil suponer de qué se trata porque existen cientos de películas en las que un grupo de oficiales, junto con muchos asistentes, un montón de mapas y comunicaciones, trazan la estrategia durante el combate.

Cuando Hugo Chávez explicó que él se encontraba en el museo para "comandar a todos sus hombres", lo primero que viene a la mente es la escena de un grupo de oficiales analizando y estudiando las estrategias, señalando las posiciones, los problemas y sus posibles soluciones. Napoleón dijo: "El campo de batalla es una escena de caos constante. El ganador será aquel que controle ese caos, el propio y el del enemigo"[579]. Esto es muy importante a la hora de entenderlo, porque controlar el caos de una batalla es la diferencia entre ganar o perder y esto viene dado desde tiempos inmemoriales.

Por eso los primeros en estar sobre el campo de batalla son los encargados de planificarla y coordinarla, los jefes de logística y planeación, en fin, aquellos que garantizarán que el éxito sea posible. Entonces, tomando como referencia lo que Hugo afirmó: "A las 12 am parte del batallón estaba en Los Teques y llegué a la 1 am y vi que el museo había sido tomado", cuando sonó el primer disparo su batallón todavía no había llegado a la ciudad de Los Teques; cuando en La Casona vieron pasar la caravana de Pérez y trataron de informar al comandante, nunca los oyó porque este estaba completamente alejado de su objetivo; y cuando Suárez Rojas llega a Miraflores, lo reciben a disparos, ve que no han llegado los paracaidistas y llama al "comandante de la operación", este todavía se encontraba a 32 kilómetros de Caracas.

Es a esa hora que señala Chávez que ya habían sido tomados todos los cuarteles y la prevención del Fuerte Tiuna; ya estaba siendo atendido en una clínica el comandante que atacaba San Bernardino; en Miraflores ya les habían disparado a los dos comandantes, uno tenía sus piernas acribilladas a balazos y el segundo se recuperaba de un disparo que le rozó el hueso occipital; así que ya no les importaba si llegaban o no los paracaidistas.

Por eso el comandante Ronald Blanco llamó a la novia de Hugo Chávez a su casa a las 12:45 para saber si sabía algo del "comandante de la operación" y esta le dijo que no tenía ni idea. Diez minutos más tarde, desde el interior del museo, Hugo la llamó y la historiadora cuenta: "Hugo me llama inmediatamente después que Ronald. Como a un cuarto para la una de la mañana me telefonea Ronald y Hugo me llamaría como a cinco para la una. Y lo único que me dice es: 'Herma, estoy por aquí cerca'. Y me trancó el teléfono"[580].

Como dijo Hugo y lo demuestran las llamadas, ¿había llegado con una hora de retraso a "comandar la operación"? De haber dicho la verdad y ser así, en cualquier país del mundo no hubiese estado preso por rebelión: el Consejo de Guerra lo habría puesto preso por negligencia e impericia como comandante. ¿En Rusia? Los comunistas lo habrían fusilado. Este es posiblemente el único episodio en la historia militar en el que el comandante de una batalla llega una hora tarde. Pero eso nunca ocurrió, básicamente porque el verdadero rol de Hugo no fue nunca comandar esa operación, como pasó a la historia, sino la que nos confesó años después: Hugo Chávez se había autoimpuesto la reserva estratégica en el golpe de Estado y, sencillamente, a última hora optó por no participar en la refriega.

Los últimos fueron los primeros
(4 de febrero de 1992)

La verdad de acuerdo a las palabras de Hugo es que había cruzado la ciudad de Los Teques, igual que como contó Baralt que había hecho el general Páez en la Batalla de Carabobo, "por un camino intrincado y poco transitado (...) en la vereda del camino real de San Carlos"[581]. Hugo había decidido, sin decirle a nadie, desviar a sus tropas y por ese motivo se encontraba con buena parte de su batallón a las 12 am, que era la hora pautada para dar inicio a la batalla, en una ciudad a 45 minutos de Caracas. El propio Chávez confesó que había llegado a la operación mucho después de iniciada la confrontación y no precisamente a combatir, sino a discutir con un sargento que no lo dejaba pasar a las instalaciones, mientras los comandantes a los que tenía que apoyar necesitaban y pedían ayuda y refuerzos.

Cuando su gente lo criticó porque se había desviado y llegado tarde, Hugo se excusó de la siguiente manera: "Como estábamos delatados, pensamos que las fuerzas leales al Gobierno nos podían estar esperando[582] (...) Todo esto pensando en que estábamos ya delatados, que nos esperarían en un túnel o en La Encrucijada. Teníamos información de que colocarían armas antitanques"[583]. Esa fue entonces la razón por la que se separó de todo el resto del equipo y los dejó solos, como estrategia.

Pero cuando los conjurados le criticaron que una vez en Caracas y ante sus hombres cayendo no actuó en su defensa, llegaría lo peor; la respuesta de Chávez no pudo ser más contradictoria: "El problema que conseguimos en Caracas era que había habido una delación y no nos habían informado. Si a nosotros nos dicen que estamos delatados y que habían detenido a un grupo de oficiales nuestros en Caracas, que los batallones de Caracas estaban alertados y que no había disponibilidad de tropas suficientes para el ataque de Miraflores, habríamos actuado de otra manera"[584].

Aquella respuesta era la más increíble que sus colegas y toda

Venezuela pudieron haber escuchado jamás. Primero les dijo que se había separado de todo el resto de los batallones porque había una delación y que temían una emboscada y por eso llegó una hora tarde a la batalla, y cuando le increparon porque no atacó, sostuvo con una naturalidad escalofriante que él no sabía nada de la delación. Y así siguió contestando Hugo a sus compañeros furiosos. Cuando le preguntaron "¿pero por qué no hiciste nada luego?", evidentemente mintió con descaro explicando que estuvo rodeado en el museo y sus tropas no querían rendirse. A la pregunta "¿pero por qué no mandaste al menos un par de compañías?", la respuesta era cada vez más inverosímil, como que tuvo que pedir refuerzos del resto de su batallón para reducir al sargento y a los dos cabos en piyama, y cuando logró hacerlo ya Carlos Andrés había aparecido en la televisión y Miraflores estaba perdido. Eran las contestaciones de alguien que, atrapado en una mentira, continuaba mintiendo una y otra vez, sin importar ni tomar en cuenta sus propias contradicciones.

La realidad indica que al menos una parte de la compañía de Celso Canelones cumplió su misión, junto con la compañía de Durán Centeno. Pero una pequeña parte de su batallón no se había enterado de la decisión de Chávez de irse para Los Teques y llegó a tiempo a su objetivo, que era la Comandancia de la Armada. Fernán Altuve Febres contó qué ocurrió a las 12 y cinco minutos de esa madrugada: "Intenso tiroteo en San Bernardino. Hay varios jeeps en la puerta principal de la comandancia e intercambio de disparos muy fuertes, cuando una teniente de navío, sola con un [fusil] FAL y una subametralladora 9 mm pudo contener a los insurrectos, sin permitir que tomaran el edificio. Los insurrectos, a plomo limpio, se habían hecho fuertes en la prevención. Luego esta misma muchacha rechaza el ataque de la prevención e hiere al comandante de los insurrectos, a quien le cercena un dedo de la mano, y por esto ella logra recuperar la comandancia"[585].

Este asunto fue increíble y es parte de las verdades ocultas que sucedieron aquella noche, porque en la Infantería de Marina, que está a menos de 25 minutos de Caracas, a esa hora estaban también de brazos caídos y se estimaba que no habría problema alguno en una comandancia que no tenía tropas a esa hora. Solo una muchacha se enfrentó a los golpistas y, como se puede leer en los documentos sobre el golpe de la escritora Ángela Zago, los insurrectos llegaron disparando al aire y tomaron la prevención. Allí se dispusieron a entrar cuando se encontraron de frente con la joven teniente que les contestaba el fuego y a esta se le unió el capitán y jefe del servicio con unos cuatro hombres. Como se supo después, el teniente ordenó disparar el arma antitanque[586], nada menos que un cohete de 84 milímetros diseñado para acabar con un tanque de guerra mientras del otro lado estaba aquella joven teniente sola con su arma que les disparaba sin contemplaciones y el teniente que estaba en prevención cayó. Esto nos lo cuenta el líder de la toma de la comandancia: "Recibí unos impactos de balas, el primero en mi mano derecha, dejando mi dedo pulgar colgando de los tendones, dos en el pecho y dos en la pierna izquierda, a la altura del muslo (...) El sargento técnico[587] Márquez Flores se dio cuenta de la situación de mi mano, me colocó un torniquete y me condujo hasta la Policlínica Caracas. Allí fui atendido por los médicos de guardia"[588].

A partir de allí, nos enteramos de que el primer oficial y el tercero se marcharon a la clínica, teniendo los insurrectos que retirarse a posiciones secundarias en los alrededores[589], narró Altuve Febres y luego complementa Ochoa en su libro: "El teniente que quedó al mando rindió su unidad al capitán de corbeta jefe de servicio de la Comandancia de la Armada. Era aproximadamente la 1:45 am"[590]. De ser así como lo contaron los implicados y relacionados al golpe, se demuestra claramente que eran unos pocos los que tomarían la comandancia parcialmente vacía.

Así Hugo Chávez nos contó que llegó de último y parte de una de sus compañías fue la primera en combatir y la primera en caer aquella noche[591]. La madrugada depararía más sorpresas para los insurrectos, cuando Hugo Chávez, quien sería el último en llegar, sin hablar con ninguno de los conjurados, sería también el primero en rendir una gran unidad de combate.

No disparen, yo me rindo (4 de febrero de 1992)

Pese a la reticencia de la mayoría de los comandantes a actuar aquella noche por haber sido delatados, todo hasta ese momento había funcionado, porque esa evasiva para participar de la asonada se convirtió en una especie de "huelga militar de brazos caídos" que, finalmente, posibilitó la toma de todos los objetivos y evitó un mayor número de muertes; es decir que toda la operación se desarrolló de acuerdo a lo planificado por los conjurados, menos por quien se suponía tenía que coordinarla.

Quienes piensan que todo estaba perdido a las 2 am cuando el Presidente de la República salió en cadena nacional y habló a los militares, pudieran incurrir en un grave error, porque el presidente Pérez apareció en un solo canal de televisión, Venevisión, ubicado en un lugar por todos conocido y de fácil acceso. De haber estado Acosta Carles o Jesús Urdaneta Hernández en su lugar y al mando de un batallón montado en autobuses, la historia de Carlos Andrés Pérez y de Venezuela hubiese sido muy distinta porque el Presidente se encontraba protegido solo por vigilantes desarmados del canal de televisión y allí estuvo durante una hora aproximadamente, acompañado de decenas de líderes políticos y miembros del Gobierno. Una simple orden habría bastado para ni siquiera enfrentarse abajo en Miraflores, pero él, Hugo, estaba en lo que mejor sabía hacer: vociferando arengas políticas al sargento, al cabo primero, a los cuatro soldados y al coronel del Museo Histórico, como estos lo confesaron en sus interrogatorios[592].

Para este momento, en el que aún se podía hacer algo, todas las unidades de combate estaban alzadas o de brazos caídos y las pocas que respondían estaban sitiadas o rendidas. En el Fuerte Tiuna todo el Alto Mando Militar estaba detenido, y el que no lo estaba, se encontraba afuera sin posibilidades de hacer nada o bien simpatizaba con lo que pasaba. En la explanada del Fuerte Tiuna todos los generales pensaban que serían fusilados, en la comandancia nadie atendía el teléfono y el general Heinz pedía ayuda[593]. Es en ese momento cuando desde el balcón del Ministerio de Defensa se oyó con perfecta claridad la arremetida militar y el general Ochoa comenzó a recibir informaciones de que el Ministerio de Defensa sería tomado; le sugieren que abandone su despacho, donde se encontraba acompañado por el general Santeliz. Huyeron en un camión 350 que estaba en una calle lateral del ministerio.

El general Santeliz, que estaba con Ochoa en su despacho y con quien este huyó, era el mismo que había tratado de convencerlo años atrás para dar dos golpes de Estado, el primero contra Carlos Andrés

Pérez y el segundo para derrocar al presidente Luis Herrera. Para este último tenían diseñado un "plan para la constitución de un nuevo gobierno", en el que Ochoa Antich sería nombrado canciller[594], de tal modo que el ministro Ochoa no solo se encontraba en su despacho ministerial con un golpista, sino con quien Chávez admitió que estaba con ellos en el golpe, mientras su alto mando estaba siendo detenido por los insurrectos.

De allí fueron directo al Palacio de Miraflores, al epicentro del combate, donde los insurrectos pretendían capturar al Presidente y asaltar el alto poder. Y es allí donde surgen dos historias distintas de la rendición de Hugo Chávez. Según el general Ochoa: "El teniente coronel Rommel Fuenmayor, desde la sala de edecanes, logró comunicarse por teléfono con el Museo Militar". Cuando le comunican a Chávez, ocurre la siguiente conversación entre los dos: "Ríndase, le ordena Ochoa". "Mi general –respondió Hugo–, ¿por qué usted no viene hasta aquí para que conversemos personalmente?", y el ministro le respondió: "Usted está loco, Chávez. Si voy al Museo Militar, usted me detiene". Cuenta Ochoa que Chávez le dijo: "No, mi general, le doy mi palabra que no será así".

De acuerdo a la otra versión, la de Fernán Altuve, quien participaba también en el golpe, fue Hugo quien llamó a Miraflores para rendirse: "La primera llamada de Chávez a Miraflores fue recibida por el general de división Rommel Fuenmayor. Este oficial (...) le pasa la llamada al general Santeliz, quien saluda al jefe rebelde. Luego Santeliz le pasa la llamada a Fernán. Es entonces cuando Fernán le hace una proposición a Chávez; le dice que baje al túnel de El Calvario, donde está un bombillo a la mitad del túnel, para entrevistarse con el general Ochoa. Y a Ochoa le da miedo y dice que no va. Y es allí cuando manda a negociar a Santeliz y a Altuve".

Ahora bien, ¿quiénes eran los encargados de hacer que Chávez se rindiera? El general Santeliz y el ingeniero Altuve, dos oficiales comprometidos en los planes conspirativos y planificadores de la rebelión. El director de inteligencia militar para aquel entonces, Herminio Fuenmayor, se refiere a ellos de la siguiente manera: "(...) esa cuerda de bandidos eran los jefes [del movimiento] y Chávez era apenas un teniente coronel que les obedecía a través del general Guillermo Santeliz Ruiz, que era asimismo el oficial de enlace entre la gente de Chávez y aquellos".

Hugo Chávez confirma esta versión: "El general Santeliz Ruiz, que estaba ahí, era asesor del ministro pero estaba era con nosotros, estaba en la cuerda floja y me animaba y tal, y me ayudó mucho ese día"[595]. Y el tercer encargado de que se rindiera no era otro que Fernán Altuve, quien había diseñado con Arias Cárdenas la toma de Miraflores[596].

Hugo Chávez recuerda finalmente el episodio cuando Santeliz le dice: "Bueno, ahora ve a ver cómo vamos a salir de aquí si te vas a rendir. Yo no vengo a rendirte –me dijo–, tú decides"[597]. Era bastante difícil que Hugo tomara la decisión si cada vez que pensaba en decir algo Santeliz lo amenazaba: "¡Cuidado, Chávez! La orden es que salgas muerto de aquí (...) Tú verás si te vas a rendir o no, pero ¡cuidado! La orden es matarte".

Hasta que al final le pregunta: "'Chávez, ¿qué vas a hacer?', y yo le dije: 'No tengo más nada que rendirme'. Y él me sacó con el viejo Altuve, manejando su carro, por la parte de atrás, se oían los disparos. Me llevaron a Fuerte Tiuna, prisionero, pues"[598]. De acuerdo a los testimonios de los propios golpistas que lo sacaron del Fuerte Tiuna, fue Hugo Chávez quien encima llamó para rendirse...

Pocas veces la historia de Hugo coincidió con las de otros testigos. Sobre la rendición y la entrega hay dos versiones que no podemos dejar de mencionar. El Presidente de la República, furioso porque sus oficiales parecían demasiado "indecisos", se comunicó con el jefe del Estado Mayor Conjunto y le dio la orden de rendir a Chávez. El general Iván Darío Jiménez narra esta conversación la madrugada del 4 de febrero:

Jefe del Estado Mayor Conjunto: *Coronel Yánez* [Museo Militar], *comuníqueme con el teniente coronel Chávez.*
Coronel Yánez: *Mi general, el teniente coronel Chávez dice que no tiene nada que hablar con usted.*
Jefe del Estado Mayor Conjunto: *Coronel Yánez, dígale al teniente coronel Chávez que tiene cinco minutos para rendirse, si no, los aviones atacarán el museo.*
No habían pasado dos minutos cuando se oyó la voz de Hugo que devolvía la llamada.

Teniente coronel Chávez: *Mi general, deseo hablar con usted, porque eso no fue lo que hablé con mi general Ochoa.*

Jefe del Estado Mayor Conjunto: *Teniente coronel Chávez, me importa un carajo lo que Ud. haya hablado con Ochoa. O usted se rinde o el museo será atacado* [dijo haciendo una pausa que se prolongó por varios segundos]. "Está bien, mi general, me entrego", fue lo que quedó en el reporte del Jefe del Estado Mayor Conjunto[599].

El comandante democrático (4-F)

Desde la guerra anglo-zanzibariana de 1896, que entró en el libro Guinness como el episodio bélico más corto, no se había visto algo igual. Si tomamos en cuenta las palabras de Hugo Chávez, es decir que una parte de su batallón llegó a la 1 am y otra treinta minutos más tarde al Museo Histórico, logró tomar el control sin haber disparado y exactamente dos horas más tarde estaba llamando para negociar su rendición con los enviados del ministro, la "guerra de Hugo" es posiblemente uno de los episodios bélicos más cortos en la historia de la humanidad. Digo, claro está, porque se trataba de su propia "guerra", ya que el resto de los alzados, es decir el 95% de lo que logró salir, continuaba disparando en sus puestos de combate sin siquiera concebir que el hombre negociaba la rendición de todos.

Hugo reconoció que negoció su propia rendición sin consultar previamente con el resto de los comandantes y menos con sus propios hombres, de acuerdo a esta versión suya: "Y recuerdo la mirada tuya, Chourio, y la de Canelones, cuando los llamé y les dije: 'Nos rendimos'. ¿Cómo?', respondieron. 'Nos rendimos'. ¿Cómo?', repitieron. 'Que nos rendimos'"[600], les dijo Chávez a los que comandaban las compañías, que lo veían con cara de sorpresa y no poca indignación.

El actual mayor general Celso Canelones, quien comandaba una de esas compañías, lo recuerda así: "Cuando llegué, hablé con el comandante y caminando por el museo yo le decía, porque nos asomábamos allí y veíamos el palacio de Miraflores ahí mismo, cerca: 'Mi comandante, lo tenemos ahí cerca'". Hugo Chávez le contestó: "'Ya hay una unidad ahí y tuvieron un encuentro, perdimos el control del palacio. Si nosotros vamos para allá', me dijo, 'observa eso', todo era viviendas, gente, 'aquí va a morir mucha gente'".

Este episodio también lo cuenta Hugo Chávez: "Algunos no querían, Canelones, tú tampoco, ellos no querían, pero yo les dije: 'No, no vale la pena que nos matemos aquí, ya no hay sentido, seguiremos adelante, iremos presos', les dije, perdimos la carrera, qué sé yo, estábamos abatidos[601]. Uno de los míos que está por allí, que me acompañó el 4 de febrero ahí en el Museo Histórico y que el 4 de febrero no quería rendirse tampoco, en esta ocasión estaba también otra vez ahí cerca y me miraba y en sus ojos yo le veía una pregunta: '¿Otra vez, mi comandante? ¿Otra vez nos vamos a rendir así?', pues él quería batallar. Interpreté su mirada y lo llamé y le dije: 'Cálmate, asume mi decisión otra vez'"[602].

Es aquí cuando el mayor general Celso Canelones nos comenta algo que nos puede dar luces sobre lo que sucedió aquella noche, cuando Chávez reunió a todos sus oficiales y les dijo: "Como somos un grupo aquí y ustedes andan conmigo, yo quiero que votemos si deponemos las armas o seguimos la operación. Solo tres levantamos las manos que queríamos seguir en la operación: el teniente Hermes Carreño, el teniente Suárez Chourio y mi persona (...) Y yo les decía, para llegar aquí nosotros perdimos familia, perdimos carrera, perdimos todo y tenemos el objetivo ahí tan cerca". Chávez también habló con su otra gran unidad que había logrado capturar la comandancia de la brigada móvil de la Guardia Nacional y que se disponía a atacar. "Maracucho, dónde estás", le preguntó Hugo Chávez a su oficial de operaciones. "Todavía con el objetivo capturado, mi comandante, y dispuestos a avanzar a la segunda fase", contestó el oficial. "No, hijo", remató Hugo Chávez, "he ordenado deponer las armas. (...) agradezco tu lealtad, háblale a las tropas, reúnelos y entrega las armas de guerra".

La verdad de aquella noche es que Chávez se había rendido, a pesar de que todos sus comandantes de unidad estaban dispuestos a tomar Miraflores.

La soledad del comandante (4-F)

Así estaba pues el asunto dentro del batallón de Hugo Chávez, cada uno de los líderes de compañías no estaba de acuerdo con la rendición y el comandante celebró acuerdos en nombre de todos los batallones conjurados sin siquiera haber contactado con ellos. El actual mayor general Wilmer Barrientos, quien participó en la toma y control de la 41 Brigada Blindada del Ejército del Fuerte Paramacay y Guarnición Militar de Valencia, el grupo de fuego más grande del centro del país, explicó: "Chávez habló y nosotros no queríamos entregarnos. Teníamos la brigada más poderosa del país, además de toda Valencia controlada y no queríamos entregarnos. Luego empezó un proceso de negociación de varias horas con el ministro de la Defensa, general Fernando Ochoa Antich, por un lado, y el comandante Chávez por el otro"[603].

Ya a esas alturas Hugo estaba en serios problemas, pues ninguno de sus compañeros se había rendido y todo el movimiento golpista que fue tomado por sorpresa lo quería linchar, los generales conspiradores involucrados que iban a perder sus carreras lo querían muerto según afirmó Chávez, Visconti y sus F-16, Hernán Grüber Odremán y todo el movimiento del 27-N que le habían exigido paciencia hasta el cansancio también lo querían muerto como Hugo en su momento explicó, y el ala civil marxista del movimiento esta vez sí que no lo perdonaría. Por eso una de las versiones, que fue la que trascendió a la historia, es que la única manera de "protegerse" era asilándose en una embajada o salir en televisión.

Hugo Chávez narra su rendición y entrega épica: "Bueno, a mí me sacaron (...) cuando me entrego, que decido entregarme en el carro del general Santeliz Ruiz y se fue para allá, arriesgando la vida, ¡eso yo nunca lo voy a olvidar!, Carlos Santeliz, y en el carro de Santeliz, manejando él, salimos yo preso ya, simulando. Hicimos un plan, primero salió un vehículo militar, un Jeep y un carro civil salimos, y yo iba con mi fusil, además. Preso, con mi fusil y mi pistola, y protegido allí por un grupo de buenos compañeros[604]. Gracias, mi general", continuó explicando Chávez. "Sí, él salió manejando en su propio carro".

Hugo Chávez luego se excusaría con todos explicando que se había rendido porque lo amenazaron con los F-16 y con una invasión de infantes de Marina. Pero la verdad es que nada de eso estaba disponible para atacar en ese momento porque los batallones de Infantería estaban comandados nada menos que por Gruber Odreman y Cabrera Aguirre.

Chávez nunca entendió que cuando los generales les habían dado la orden a sus tropas de atacar a Chávez con todo lo que tenían, Carlos Andrés Pérez no sabía que las únicas tropas disponibles para el combate eran las que tenía Hugo Chávez bajo su mando, porque no había otros a quienes llamar. Ochoa no tenía con quien atacar, o estaban implicados o rodeados, imposibilitados y sin poder actuar. La Infantería de Marina nunca llegó, solo lo hizo una unidad mucho después de haberse materializado la rendición, y los F-16 estaban secuestrados comandados por Visconti, el del golpe del 27 de noviembre de 1992. Los únicos que defendían al presidente Carlos Andrés Pérez, quien se encontraba aún en Miraflores, eran cuarenta y cinco guardias nacionales recién incorporados de forma provisoria a su custodia, porque el batallón Guardia de Honor estaba seriamente implicado.

De haber existido alguna coordinación por parte de Hugo Chávez, esta era la tercera oportunidad para tomar su objetivo, el Presidente. La primera había sido apresar a Pérez si hubiese llegado a tiempo, la segunda cuando este se encontraba en el canal de televisión ubicado a ocho minutos de distancia, y la tercera se le presentaba a esa hora, pues el Presidente había regresado a Miraflores. Cuando Hugo Chávez apareció en televisión aquel día, la ira de sus compañeros creció. Los cabecillas del golpe estuvieron detenidos en un primer momento en la Dirección de Inteligencia Militar. Por varios días, les impidieron comunicarse. Pero a la primera oportunidad, el comandante Urdaneta enfrentó a Chávez y le espetó en la cara: "¿Por qué no hiciste nada? ¿Por qué te quedaste encerrado en el museo?".

La respuesta de Hugo Chávez bien vale la pena escribirla aparte: "¡Compadre, lo que pasó fue que me sentí solo!"[605].

El "por ahora" del comandante

Pasaron algunos años desde el intento de golpe para que los comandantes comenzaran a "hablar". Cuando Chávez ya era Presidente, el comandante Yoel Acosta Chirinos, quien intentó tomar cinco objetivos militares en Caracas, mientras Hugo admitía que no había tenido ninguno, exclamó: "Chávez está allí por obra y gracia de los periodistas que lo catapultaron"[606]. "Hugo no está preparado para esa responsabilidad", decía Francisco Arias Cárdenas, el otro comandante que logró tomar sus objetivos militares en el 1ra. División de Infantería, en clara alusión a que no debería estar gobernando.

Es evidente que Hugo Chávez negoció su rendición y los términos de la misma con los generales que lo habían colocado allí. Imaginemos por un momento que los alzados en armas hubieran dicho el nombre de todos los generales que los habían colocado en sus puestos y llamado a conspirar. Pero lo poco que se conoce es que tuvo dos inmensas suertes en esa alocución, y no únicamente por el "por ahora" que pasó a la historia, sino por el resto del contenido de su alocución, que bien vale la pena estudiar pues comienza de esta forma: "Oigan al comandante Chávez, les agradezco su lealtad, les agradezco su valentía, su desprendimiento y yo, ante el país y ante ustedes, asumo la responsabilidad de este movimiento militar bolivariano"[607]. Este fue el párrafo y la frase con la que Hugo terminaría, por un tremendo error de cálculo del generalato, cogiéndose el movimiento para él.

Hasta el día de hoy nadie había entendido por qué a Hugo se le permitió hablar y dirigirse a la nación, y mucho menos por qué el Alto Mando Militar desobedeció la orden directa del Presidente de no presentar a ninguno de los golpistas a los medios de comunicación. Por eso existen dos versiones de la historia, la primera fue la que trascendió, es decir aquella que hablaba de que Chávez se protegería así de un posible asesinato. La segunda y más próxima a la realidad es que aquella mañana fueron los generales involucrados en la conspiración quienes obligaron a Hugo Chávez a salir en la televisión y responsabilizarse de los hechos sin comprometerlos, para garantizar un posible segundo golpe con la mayoría de los comandantes que no habían acompañado a los 5 archiconocidos. De esta manera fue que un teniente coronel aterrado y sudando copiosamente fue obligado a responsabilizarse únicamente como el líder del fallido golpe de Estado, y eso fue lo que toda Venezuela vio. Un desgarbado oficial, sudando, nervioso y pestañeando convulsamente pedía por favor a sus compañeros alzados que depusieran sus armas.

Los generales le dijeron claramente que la orden era matarlo, que no podía salir con vida del Museo Militar y que la única manera de salvar el golpe era no delatando a nadie, sobre todo al resto de los comandantes y mucho menos a los generales implicados, presentándoselo al Presidente como una travesura de muchachos, como habían logrado hacer años antes en el golpe de 1988. Aquello fue simplemente un cálculo del generalato que aún tenía a otros 12 comandantes en el Ejército, la Armada y la Aviación para acometer el golpe que hubiera ocurrido si esos cuatro comandantes no se hubiesen adelantado a todos.

De esta forma el célebre "por ahora" permitió una duda sobre el futuro y con ello la posibilidad de ejecutar un próximo golpe. Hugo acató la orden al pie de la letra sin darse cuenta de que al no mencionar a su adversario Francisco Arias Cárdenas se había robado el show golpista y el liderazgo de sus propios compañeros. Su primer discurso fue un montaje que había sido construido sobre una gigantesca mentira política y que con un descaro desafiante les dijo a millones de venezolanos ante las cámaras: "Les agradezco su lealtad y les agradezco su valentía". De inmediato los medios de comunicación titularon en cuatro ediciones extraordinarias en primera página: "Se rindió el jefe de los golpistas"[608]. Y con este titular le confirieron un mando que nunca tuvo dentro de la conspiración.

La mayoría de los comandantes aún combatían mientras Chávez se apoderaba de la mente de los televidentes y, más adelante, Hugo terminó adueñado de las "lealtades" y traicionando el liderazgo de los comandantes insurgentes, quienes de inmediato pasaron a un plano de segundones. El resto lo harían los comandantes, sin saber, porque al rendirse confirmaron el falso liderazgo de Hugo ya retenido en la memoria colectiva y después ratificado a través de los medios de comunicación

El doble juicio al teniente coronel

Hugo, el decimotercer comandante que no combatió, el último en llegar intencionalmente al campo de batalla y el primero en rendirse, fue también el último en llegar a la prisión y el único de sus compañeros que afrontaría dos juicios. El primero fue el juicio del Estado venezolano contra los golpistas por rebelión militar, al cual nunca asistió y del que podría escapar gracias a dos razones primordiales: la primera porque los intentos de golpe del 88, 89, 91 y los dos del año 92 que intentaron derrocar el sistema de partidos, si bien fallaron militarmente, terminaron por destruir al presidente Pérez en su segundo mandato, lo que permitió prácticamente un sexto golpe de Estado, esta vez político, que culminó con el juicio y la destitución del propio Presidente y como daño colateral el comienzo del fin del precario régimen democrático.

La segunda razón fue el "por ahora" y el surgimiento de un nuevo personaje para saciar el morbo de la doble moral y la necesidad del nuevo Mesías tan necesario todavía por estas tierras: el "Comandante Maisanta", quien junto a los otros militares golpistas se convertirían en auténticas celebridades gracias al cortejo de medios y periodistas que estaban deslumbrados por los nuevos "libertadores de la patria" y no pocos que habían estado implicados.

Fue de esta forma como Hugo pasó a la historia, como alguien que nunca fue, porque la realidad es que los generales que habían intentado los otros 11 golpes de Estado ni siquiera conocían a Chávez, a tal punto que Luis Cabrera Aguirre, el jefe de planificación del 27-N, explicó: "(...) nosotros creíamos que eran unos loquitos"[609]. Y poco a poco comenzó a tejerse una red de conspiración en la prensa que empezaría a manipular a la opinión pública en no pocos titulares: "El gabinete civil del Comandante Maisanta" o "Si algo me llega a pasar no será por mis manos, denuncia el Comandante Maisanta"[610]. Unos medios de comunicación que iniciarían la construcción de una imagen que poco a poco sería bien trabajada, debidamente coordinada con no pocos periodistas que estaban implicados directamente en los golpes de Estado.

Pero del segundo juicio no saldría ileso, que fue el que le hicieron sus compañeros golpistas. Por primera vez en la historia de Venezuela se llevaba un juicio interno y ad hoc a través de acaloradas discusiones sobre asuntos tan delicados como la cobardía y el decoro tipificados como delitos en el Código de Justicia Militar: "El oficial que por cobardía eluda el cumplimiento de sus deberes (...) El oficial que, estando en capacidad de atacar y combatir al enemigo inferior en fuerzas, no lo hiciere o no prestare el auxilio necesario a fuerzas comprometidas en un combate (...) El oficial que sin haber empleado todos los medios defensivos que tenga a su alcance se rinda, celebre capitulaciones o pacte beneficios especiales para sí (...)"[611] fueron las normas que todos sus compañeros le achacaron durante su estadía en la cárcel.

Fuera por cobardía, por preservarse o por salvar vidas como él mismo explicó, el problema que se le presentó a Hugo solo debe observarse desde el punto de vista del honor militar. La verdad en el estricto sentido del deber es que esa madrugada, estando al mando de una fuerza superior en hombres, no prestó el auxilio necesario a fuerzas comprometidas en un combate y, mientras los acribillaban, optó por no emplear todos los medios defensivos a su alcance, y en plenos combates se rindió, celebró capitulaciones en nombre de todos y pactó evidentes beneficios especiales para sí. Aquella madrugada no solo había deshonrado a la Constitución sino que había cometido los tres delitos militares más grandes de la historia militar.

En su defensa se debe argumentar que Hugo desde el principio nunca recibió un adecuado adiestramiento militar, ni tuvo una carrera realmente militar. El problema lo cometieron quienes colocaron a Hugo Chávez, quien fue elegido más por sus cualidades histriónicas que por sus habilidades tácticas, para comandar un batallón, pues su escasa experiencia militar, que además contó de viva voz, transcurrió en puestos administrativos, como regente del rancho, la proveeduría, jefe de personal de un cuartel y con la experiencia militar de un subteniente (escuadra). La culpa de que Hugo no atacara cuanto le fue requerido quizás no fue de él, porque para asumir esa responsabilidad se necesitaba a un militar de carrera.

El motín en la prisión

Lo que nunca pudieron evitar los comandantes fue el motín entre los quinientos oficiales que nunca entendieron cómo había sido posible que el generalato los traicionara de esa forma, cuando fueron ellos quienes los habían metido en aquel lío. Mientras los comandantes evaluaban sus propios daños y posibles salidas políticas, centenares de capitanes, tenientes, subtenientes y sargentos de tropa desconocidos habían perdido sus respectivas carreras y saldrían deshonrosamente de baja y de la cárcel. Sus abogados les explicaban que la única fórmula para salir bien parados de aquella situación era la de apelar a la debida obediencia, pero los generales que habían planificado el golpe de Estado negaban su participación y los acusaban de felones y traidores.

Imaginemos por segundos a decenas de ellos en los calabozos, confundidos y con un miedo lógico que se fue acumulando con el pasar de las horas. Luego ese miedo se convirtió en ira contra quienes creían sus líderes, que los llamaban golpistas y les propinaban insultos. La indignación de los conjurados, traicionados por los cabecillas de la conspiración, no se hizo esperar. En la mañana del día 6 de febrero, el fiscal general de la República y los principales diarios de circulación nacional recibieron una airada carta firmada por capitanes, tenientes y tropas profesionales desde la prisión, donde acusaban a los generales y los llamaban traidores; además les reclamaban que se desentendieran del asunto como si aquello hubiera sido posible sin su ayuda.

"¿Por qué les dieron el batallón –preguntaban en la carta los oficiales y suboficiales– a los comandantes que aparecen responsables hoy, que habían salido en la prensa hace dos años por supuesta conspiración?"[612]. La pregunta era lógica, porque solo alguien que estaba involucrado en la conspiración podía autorizar los entrenamientos de la Brigada de Paracaidistas y en los batallones de infantería y cazadores. Las preguntas de los traidores traicionados continuaban: "¿Por qué les entregaron armamento nuevo a los batallones de paracaidistas? ¿Por qué hicieron entrega inmediata de granadas y explosivos solo para ejercicios?".

Todas esas órdenes necesarias requerían de una cadena de mando que llevaba la firma de muchos generales, sin cuya ayuda hubiese sido imposible la movilización, armamento y entrenamiento de las tropas. En la carta acusaban duramente al general Ochoa Antich y lo identificaban como su líder, así como acusaban de conspiradores a cuatro generales más y a varios tenientes coroneles que se habían acobardado. No habían transcurrido 24 horas cuando ya nombres como los del teniente coronel Raúl Baduel estaban en las notas de prensa.

Lo que quedaba del destartalado golpe

Hugo Chávez en su apresuramiento había destruido el plan general de acción de los generales. Todo el esfuerzo y la planificación de colocar a cerca de veinte comandantes del Ejército en sus posiciones respectivas fue aniquilado por el juego adelantado de una minoría de tenientes coroneles y ahora la situación era terriblemente precaria para el golpe en general. La inmediata reestructuración de los batallones de la cuarta división y del resto de la infantería eliminaba la posibilidad de usar buena parte de las fuerzas terrestres. El parque de armas disponible para los civiles también lo habían saqueado y los servicios de armamento los estaban recogiendo, junto con buena parte de las municiones.

En los cinco batallones con capacidad de respuesta colocaron a hombres de confianza y buena parte del resto fueron desactivados en procesos de reestructuración que alcanzaron incluso al propio ministerio. El comando de todo el Fuerte Tiuna, que era responsabilidad del ministro de Defensa, se delegó por órdenes presidenciales en el general y comandante del grupo de tarea que rindió a los alzados en armas, Luis Oviedo Salazar[613]. Luego de la carta de los oficiales tenientes involucrando al general Ochoa Antich, el presidente Pérez decidió eliminar cualquier comando directo de tropas.

La persecución fue implacable. En cada batallón del Ejército la mayoría de los conjurados eran despojados de sus cargos y relegados a tareas administrativas y otra buena parte de ellos, sobre todo los que no respondían a ideología alguna, se plegaron al sistema para no perder sus carreras. Esta fue la razón por la que dos de los conjurados pertenecientes a la trigésima brigada del Ejército decidieron no participar a última hora en el nuevo golpe, y porque además un anónimo los delató. Mientras esto ocurría en cuadros altos y medios, algunos capitanes y tenientes se dieron a la fuga, desertando de sus posiciones. Decenas de militares claves fueron puestos a la orden del ministerio sin comandos fijos, entre doscientos cincuenta y trescientos oficiales fueron detenidos y posteriormente enviados a sus casas durante la fase de investigación.

La carta de los oficiales y tenientes tuvo graves repercusiones. Todo el personal de tropas se vio en el espejo de sus compañeros presos, quienes no solo habían perdido sus carreras, sino que luego de haber sido traicionados y responsabilizados por los generales, estos descaradamente firmaban sus bajas deshonrosas.

En paralelo al tsunami posgolpe, el grupo de conspiradores civiles y militares mantenía reuniones con el ministro Ochoa, tratando de convencerlo para darle continuidad al golpe de Estado. Explica nuevamente Ochoa: "De inmediato empezaron a buscar la manera de contactarme

(...) entre los meses de marzo y abril de 1992, tuve tres largas conversaciones con los doctores Arturo Uslar Pietri y Manuel Quijada, así como con los contraalmirantes Hernán Grüber Odremán y Luis Cabrera Aguirre". Sobre estos últimos advierte que: "Conversamos por varias horas. Traté de convencerlos de que el único camino posible para enrumbar el país era la vía institucional. La discusión tuvo momentos complicados, ya que en algunas oportunidades sus argumentos eran difíciles de rebatir. Su actitud era muy crítica"[614]. Había otro golpe en puertas, los autores iban a conversar abiertamente sobre el próximo intento de derrocar al gobierno democrático con el general Ochoa. Hubiese sido muy fácil para un militar comprometido con la democracia desarticular el golpe de Estado, pero de nuevo, como en 1977, calló.

El presidente Pérez, si bien lo defendió siempre públicamente, albergó también serias dudas sobre su ministro, tal y como lo expresó el propio Ochoa. A esta reserva y sospecha presidencial se añadió que le quitaran el comando del Fuerte Tiuna, que tradicionalmente le correspondía al ministro y que posteriormente lo nombrara canciller. De esta forma, por primera vez en la democracia ese puesto sería ocupado por un militar. Evidentemente que en medio de una gran presión castrense y política, el Presidente había decidido sacar a Ochoa del ministerio, quien pasó a retiro entre los meses de mayo y junio. También llegaron cambios en la Cancillería, porque sargentos y personal técnico especializado de la Fuerza Aérea e incluso tenientes y capitanes de fragata, así como pilotos de cazas Mirage[615], fueron designados agregados militares en distintas embajadas alrededor del mundo. En todos los cuarteles el Gobierno dejaba claro que sabía de dónde vendría el coletazo del golpe de Estado de febrero y también decretó, ya a sabiendas de lo que ocurría, la conformación de zonas de seguridad, precisamente en las bases aéreas y navales[616], en las que corrió el rumor de que estaban emplazadas baterías antiaéreas.

El golpe más anunciado[617] del mundo

Luego del desastre del 4 de febrero y ya con buena parte de los generales comprometidos de baja, la única posibilidad que les quedaba a los nuevos golpistas era realizar una maniobra de secuestro del

Presidente. Uno de los conjurados, el almirante Cabrera, confesó años después: "Teníamos los siguientes escenarios: en primer lugar, que nosotros actuásemos en una de sus visitas que él hacía a Turiamo, al balneario presidencial en la Base Aérea (...) en ese caso la Unidad de Operaciones Especiales de la Armada (UOPE), adscrita al Comando Naval de Operaciones[618], cuya sede se encontraba en el apostadero naval de ese lugar, con varios grupos especializados de seis hombres cada uno, lo secuestraría. Allá lo íbamos a agarrar y lo llevaríamos preso junto con otros cabecillas del Gobierno a un lugar que ya teníamos específicamente preparado"[619], remató el alto oficial de la Armada de Venezuela Luis Cabrera Aguirre, autor del plan.

Los conjurados buscaban un escenario favorable para llevar adelante la operación y donde las víctimas fuesen mínimas. Entonces buscaron una segunda opción que era más compleja, porque pretendían ejecutarlo en la isla La Orchila, un apostadero naval a 65 millas náuticas de la costa, en la que la Presidencia tiene también una casa de vacaciones y a la que el presidente Pérez solía, de acuerdo a la versión de Cabrera, "(...) acudir con su amante"[620]. Este plan presentaba mayores problemas logísticos, pero, con la participación de las fuerzas especiales y un par de helicópteros, se podía resolver. El tercer escenario era la casa de un amigo del presidente Pérez. Se trataba de un empresario de origen cubano con el que solía reunirse para ver películas y conversar. Pero la suerte nunca sonrió a los golpistas, dejándoles como única vía posible el Palacio de Miraflores.

Para llevar a cabo esta parte del plan todo dependía de la información de un teniente coronel y edecán del Presidente que, según el general Visconti: "(...) estaba comprometido con nosotros (...) El hoy coronel Soto Puentes, edecán del Presidente (...) hubo muchas reuniones con este teniente coronel, pero él prácticamente se nos perdió a mediados de octubre y no tuvimos más información de él y de los movimientos de Carlos Andrés Pérez"[621]. Luego se supo que el edecán era uno de los hombres que habían desertado[622].

El almirante Luis Cabrera Aguirre, quien planificó este nuevo intento de golpe, explicó en qué consistía: "En los últimos veinticinco años en el país han habido tres rebeliones: una civil, que fue la del 27 de febrero de 1989, denominada el Caracazo; otra militar, el 4 de febrero de 1992, y la rebelión cívico-militar del 27 de noviembre de 1992. No hay que obviar ninguna de estas rebeliones porque, en principio, se le estaría faltando el respeto a las personas que allí fallecieron y a las personas que estuvieron tanto a favor como en contra, o que permanecieron neutrales"[623].

En paralelo a la planificación del segundo golpe de Estado, Hugo Chávez inició una campaña para develar la conspiración en los medios de comunicación: "No podemos decir que sería una acción militar parecida o similar a la conducida por nosotros el 4 de febrero, o una acción popular parecida a la que se desarrolló en Caracas en los días 27 y 28 de febrero de 1989. Incluso por allí hay una expresión algebraica que se ha dejado correr, donde la sumatoria del Caracazo 27-F, más el 4-F, equivale a un 31-F, para simbolizar una tercera opción, una tercera forma de salir de este juego trancado. Esta forma sería la combinación del elemento civil con el elemento militar para producir una insurrección cívico-militar"[624].

Fue tan evidente la delación que el propio entrevistador José Vicente Rangel, evidentemente incómodo, le dijo: "¿No cree usted que incurre en un error al hacer conjeturas en torno a esa posibilidad? Los golpes de Estado no se anuncian, pienso que uno de los éxitos parciales del 4 de febrero fue que nadie estaba enterado de lo que iba a ocurrir. El factor sorpresa es muy importante en tales circunstancias. ¿Qué opina usted al respecto?". Si los cuerpos de inteligencia necesitaban un guion del golpe, Hugo Chávez estaba revelando por completo, en uno de los programas más vistos en la televisión de la época, todo el plan del generalato y la izquierda extrema a la vista de todos.

No fue ese el único intento de Hugo, porque dio declaraciones incluso a la prensa internacional, enunciando la posibilidad de un nuevo golpe "cívico-militar", a tal punto que hasta lo reseñaron los medios extranjeros[625]. En fin, no desperdició oportunidad para dejar claro que ocurriría otro alzamiento militar, y probablemente con premeditación el 18 de noviembre, a pocos días de la fecha estimada para el golpe, Chávez envió a su hermano como emisario para que informara a alguien que el golpe comenzaría el veintidós de ese mes[626].

Llegado el 15 de noviembre, el general Herminio Fuenmayor, exdirector de la DIM, arruinó por completo los planes golpistas. En rueda de prensa anunció al país que había recibido información de "fuentes dignas de todo crédito la versión sobre un plan contra el presidente Pérez" y añadió que había acudido a los cuerpos de seguridad para denunciar que: "La idea de los militares golpistas es apresar a Pérez y obligarlo a renunciar"[627].

Así que Hugo Chávez, a través de los medios de comunicación, fue filtrando información poco a poco, hasta dejar podado como un bonsái el golpe de Estado de la extrema izquierda y aportando cada vez más detalles de esta nueva rebelión cívico- militar. Estas revelaciones desconcertaban a los conjurados, quienes no daban crédito a lo que leían en los medios de comunicación, desde los nacionales hasta los internacionales, pasando por Europa y un poco más allá. Hugo cada vez les daba más detalles.

Un pequeño grupo de militares fue lo que quedó, después de la poda malintencionada de Chávez. Estos pocos tomaron los medios de comunicación, básicamente el canal de televisión del Estado y las principales radios de Caracas, Maracay y Barquisimeto para llamar a la población a la calle, mientras los mismos grupos de civiles que organizaron los saqueos del Caracazo irrumpían nuevamente en los comercios incitando a destruir las puertas bajo la consigna "¡saqueo, saqueo popular!". De esta forma las Fuerzas Armadas darían la estocada final del golpe con la Fuerza Aérea sobre Caracas y la "llegada del pueblo" junto con los militares sobre el Palacio de Miraflores.

La orden táctica pero develada por Hugo Chávez era una reedición del golpe de Estado de 1962, que pretendía derrocar a Rómulo Betancourt y en el que los partidos de extrema izquierda organizaron motines y saqueos, convertidos por el mito urbano en revueltas populares al estilo del Caracazo; el pretexto perfecto para dar un golpe militar con el Batallón de Infantería de Marina Bolívar, encargado de atacar el Palacio de Miraflores y el mismo que lo haría en el mismo lugar en 1992[628]. Aquello fue una copia de 1962, tanto por el modus operandi militar como por la participación de algunos de sus cabecillas y cómplices originales[629].

En este intento de golpe de noviembre de 1992 solo faltaba la hora exacta de su ejecución, porque ya toda la información era pública menos algunos "pequeños detalles", pues Chávez se había encargado de difundirlos enviando a su hermano a informar que ocurriría en la semana del 22 de noviembre, fecha en la que también se declaró la alerta en todos los cuarteles. Entre tanto, la inteligencia militar rodeaba cada vez más a los conjurados hasta que dieron finalmente con una reunión en la oficina de Manuel Quijada. De acuerdo al informe de inteligencia, en ese lugar se encontraba el almirante Grüber Odremán, presuntamente planificando la fuga de los oficiales golpistas detenidos y decidiendo la fecha del golpe. Estos oficiales concluyeron que todo debería estar listo para volver a intentar derrocar a Pérez el 27 de noviembre de 1992[630]. Por su parte, los servicios de inteligencia y prevención también habían descubierto la fecha del golpe y el nuevo ministro de la Defensa, Iván Darío Jiménez, contó que el 26 de noviembre a las 8 pm en el Consejo de Ministros, el ministro del Interior, Luis Piñerúa Ordaz, le entregó un informe de inteligencia que señalaba "período crítico" para el inminente alzamiento[631], cuyas fechas serían del 27 de noviembre al 4 de diciembre.

El día que rebotaron las bombas

La ignorancia de muchos implicados y la planificación militar de los golpistas se convirtieron en una auténtica locura. ¿Cómo pretender que el pueblo saliera a la calle a protestar en medio de un impresionante bombardeo aéreo? En el momento en que estos hombres llamaban al pueblo dando la impresión de un cuartelazo del siglo xix, la primera bomba de 227 kilogramos lanzada desde un avión estalló sobre un centro comercial y el tableteo de las ametralladoras antiaéreas le explicaba con precisión a la gente que era mejor que se quedara en sus casas. El pueblo veía agazapado desde sus ventanas una sorprendente batalla aérea, las aeronaves F-16 de primera generación se enfrentaban a aviones de hélice que lanzaban bombas sobre el palacio, los centros comerciales y estacionamientos de la ciudad capital.

La prensa internacional, nuevamente sobre el escenario de guerra, hablaba de que un cohete disparado por uno de los pilotos explotó en un estacionamiento, dejando a varios civiles heridos, mientras que otro cohete impactó sin detonar en la sede de correos y otro más sin estallar en el piso había arrastrado a un corresponsal internacional. Otro reportero tuvo peor suerte, cuando una bomba lanzada explotó en una avenida altamente transitada.

De las bombas lanzadas, la primera estalló en el Palacio de Miraflores, cayendo sobre el regimiento de honor e hiriendo a varios soldados y civiles; otra derribó una pared colindante y dos más impactaron en edificios públicos; otra explotó en el estacionamiento de la Cancillería como memorando importante para el ministro saliente, y otra que no detonó cayó en la sede del Ministerio del Interior, en Carmelitas. Una de altísimo poder de destrucción impactó en medio de cuatro edificios residenciales.

Al parecer los armeros de uno de los aviones habían trabado con alambres las espoletas para evitar que las bombas detonaran, como posteriormente observaron los expertos encargados de su desactivación. Otros armeros sencillamente escogieron sabotear el sistema de bloqueo, porque en dos aviones, cuando los pilotos intentaron lanzar sus bombas sobre los objetivos, estas permanecieron en el ala. También se comenta en los corrillos oficiales que otros armeros se negaron a colocarles las bombas a los aviones Bronco.

El 27 de noviembre hubo una lluvia de bombas, la mayoría estalló sobre sus objetivos, algunas impactaron en la nueva sede de la Disip, dos más estallaron en la base aérea La Carlota, dos cerca de las tanquetas que intentaban retomar la base, otras dos sobre una estación de radio, otra en un centro comercial y otra más sobre la estación de policía del municipio Sucre, sin contar las que cayeron sin explotar. En Barquisimeto bombardearon la base aérea Vicente Landaeta Gil, dañando la pista y unos hangares, mientras ametrallaban desde el aire algunos aviones estacionados. En total ese día se lanzaron 18 bombas sobre Caracas y sus alrededores, de las cuales 14 estallaron sobre diferentes objetivos y cuatro rebotaron en el piso, porque algún piloto o un técnico decidió sabotearles los detonadores u olvidó quitar los seguros, mientras que otras dos quedaron pegadas en las alas de los aviones, pese a los intentos de los pilotos de lanzarlas sobre objetivos civiles. Otra docena de cohetes impactaron también, incluso sobre peatones y periodistas internacionales.

La ferocidad de los enfrentamientos aéreos dio como resultado cinco aviones derribados, que milagrosamente cayeron fuera de áreas pobladas y no sobre las ciudades. Y en esto no se puede hablar de pericia, porque si la artillería antiaérea o las ametralladoras de los aviones hubieran dañado los mecanismos del avión, estos habrían caído como neveras sobre Caracas. La ciudad de Barquisimeto, una de las principales del país, también fue víctima de los bombardeos. Los jets CF-5 que se encontraban en tierra fueron ametrallados y prácticamente destruida toda la flota operativa. Para neutralizar cualquier respuesta ofensiva y como consecuencia de este despropósito, la República perdió cinco aviones.

Al día siguiente ocurrió un incidente que bien vale la pena contar para cerrar este episodio: un general adscrito a los servicios de armamento acudió a los medios de comunicación para exigir a los habitantes de un barrio de Caracas que devolvieran una bomba que no había estallado y se encontraba en ese sector. Una prueba de que en Venezuela los delincuentes no respetan ni las bombas.

El genial truco del cambio de video

Desde un punto de vista objetivo, Hugo y los suyos habían fracasado militarmente, pero ahora se encontraban en una situación sencillamente favorecedora. Si la gente necesitaba con desesperación una salida, esta le fue presentada en los medios de comunicación con la imagen de unos jóvenes héroes que, con un movimiento llamado MBR-200, representaban el sentir general. La existencia de otro movimiento como el "5 de Julio" y el éxito de este representaban políticamente el fin del movimiento de los famosos comandantes presos. De la misma manera, para los generales del Ejército ahora en fuga, de baja o siendo investigados, representaba también no solo el final deshonroso de sus carreras, sino la supremacía de un grupo militar sobre otro, en este caso la Fuerza Aérea y la Armada.

A Hugo le explicaron al detalle lo que sucedería a continuación del éxito: "Dentro de ese grupo de dirección del 27 de noviembre, llegaron a plantear que a nosotros o nos daban de baja o teníamos que salir del país una vez triunfante el movimiento". Francisco Arias Cárdenas explica que: "Llegó a decirse que los compañeros del 27-N querían eliminarnos, salir de Chávez y de Arias". Allí los comandantes idearon grabar un video que pudiera ser difundido la noche del segundo golpe. Se trataba de utilizar a uno de los conjurados del Ejército para evitar a toda costa que el segundo movimiento de los generales se desvinculara del primero a la hora de su ejecución. Allí comenzaron a utilizar calculadamente los medios de comunicación e incluso la inteligencia militar.

Hugo Chávez hablaba en los medios continuamente amenazando con una segunda rebelión militar, con lo cual garantizaba permanentemente su vinculación, aunque de nuevo no era en lo absoluto cierto. Y de esta forma planearon una carta conjunta en la que estaban todos los comandantes y la grabación de un video. Pero quien grabó el video, posiblemente durante una entrevista con José Vicente Rangel, fue únicamente Hugo, quien de nuevo y muy astutamente eliminó a sus compañeros del 4 de febrero, condenándolos nuevamente al ostracismo absoluto. Hugo ya para ese momento jugaba solo para Hugo.

Efectivamente, en la madrugada del 27 de noviembre, varios tenientes del Ejército con soldados del Batallón de Telecomunicaciones del Fuerte Tiuna tomaron el canal 8. Al no tener cómo construir las barricadas, detuvieron un camión de leche que transitaba por la zona y un vehículo Renault que venía con dos civiles y los acribillaron a balazos; esa fue la barricada que cerró la calle. Al ver aquella masacre injustificada, los ocupantes de otros vehículos saltaron de los autos casi en marcha y corrieron a refugiarse del tiroteo.

Los conspiradores también contaban con personas afectas al movimiento en una de las radios con mayor sintonía, llamada Radio Rumbos, que defendía a capa y espada a los golpistas y en la que, de acuerdo a publicaciones, estaban dos conspicuos funcionarios del régimen de Hugo Chávez en el futuro, que informaban "de las incidencias del enfrentamiento entre leales y rebeldes, desde el estudio número uno de la legendaria estación". Hablamos de quien sería el primer gobernador del estado Anzoátegui, Alexis Rosas, y de una de las personas más importantes en materia de comunicaciones de Hugo Chávez Frías, Teresita Maniglia, jefa de prensa del Presidente. Al escuchar lo que sucedía en aquella emisora, el ministro del Interior, que ya la había amenazado con cerrarla e incluso se había presentado anteriormente para tratar de acallar las voces que apoyaban el golpe de Estado, dio la orden de allanamiento y así entraron los servicios de inteligencia a arrancarles literalmente los micrófonos a los locutores.

Algunos sectores de inteligencia llegaron a pensar que Radio Rumbos estaba siendo utilizada como centro de comando y control para las comunicaciones de las operaciones aéreas. Cuando fue sacada del aire, los pilotos en el medio de la refriega recibieron la instrucción de atacar la estación, que llegaba a los sectores más populares, y optaron por bombardearla y ametrallarla para evitar que fuera utilizada por el Gobierno para llamar a la calma. De esta manera un avión Bronco arremetió contra la estación ametrallándola en varias pasadas, lanzando ataque tras ataque contra las antenas.

El pánico de la población era enorme, pues la estación estaba ubicada en pleno casco urbano y corrían asustados en medio del tableteo furioso del avión que atacaba. Aquello terminó a los pocos minutos y la población volvió a la calma y a evaluar los daños, cuando de pronto otro helicóptero Super Puma artillado con ametralladoras volvió a destruir lo que quedaba de la emisora, arrasando esta vez con paredes, cajas de transmisión y lo que quedaba de las antenas. Los conjurados también tomaron la otra emisora de radio de más alcance popular, YVKE Mundial, y empezaron a transmitir el llamado a la población para apoyar la insurrección militar.

Dentro de la televisora del Estado transmitieron el primer mensaje de los insurrectos, en el que apareció un joven militar, también flaco y desgarbado al que nadie había visto jamás, pero esta vez entre penumbras, gritando desaforada y nerviosamente en nombre de un movimiento del que nadie había escuchado de la siguiente forma: "Pueblo venezolano, en nombre del Movimiento 5 de Julio, les hago un llamado para que salgan a la calle y terminen de derrumbar este gobierno". A partir de allí el hombre comenzó a titubear por nerviosismo, aumentando cada vez más sus decibelios, mientras llamaba a sus compañeros de armas a sumarse y otra vez al pueblo.

Mientras esto ocurría en la televisora del Estado, en la principal radio de Caracas, YVKE Mundial, se repetía también a gritos el llamado de los golpistas a sumarse al Movimiento 5 de Julio, mientras en Valencia, Maracay y Barquisimeto también se apoderaron temporalmente de las radios y lanzaron las mismas consignas.

La segunda alocución en vivo por televisión estuvo a cargo de un hombre vestido con un blue jean y una camisa marrón, quien con una pistola terciada en el cinto hablaba sin parar, explicando que él era civil y fue aún más dramático, titubeando con un fraseo insólito: "Es hora de que el pueblo se enmarche por un camino distinto (...) Salgan a la calle, sin titubeos". Mientras ya se veían intentos infructuosos de colocar el video grabado de los comandantes del movimiento MBR-200.

Hasta ese momento en todas las radios tomadas por los golpistas únicamente se escuchaban referencias a un nuevo movimiento llamado "5 de Julio". Ocurría lo mismo en la televisión oficial, con la salvedad de algunos segundos en los que se observó la cara de Hugo Chávez y una voz que gritaba "ruédalo", en señal de que estaban tratando sin éxito de colocarlo, pero continuó el mensaje del hipnótico civil con su pistola.

El tercer mensaje también en nombre del movimiento "5 de Julio" fue ya más dramático: un segundo oficial del Ejército gritaba desaforadamente con voz chillona y vacilante que le parecía injusto que "algunos compañeros de armas están confabulándose con este gobierno, inepto y corrupto, y nos están repeliendo", y de allí la amenaza de que si no deponían las armas "nuestros aviones los bombardearán".

Al no poder aún colocar el video de Chávez, este tercer hombre, esta vez con el civil de la pistola atrás, se disponía a aplicar el plan B, que era leer una carta de Hugo Chávez. A esta pareja, que parecía sacada de una película tragicómica, se le unió otro hombre vestido de civil y que pasaría a la historia como "el gordito de la franela rosada", un hombre de baja estatura que aparecería con un fusil casi más grande que él. Y que saltaría a la fama por ser inmortalizado en un estupendo y profético artículo del escritor José Ignacio Cabrujas, explicando que todo ideal de nobleza terminó "en ese sobrepeso fatídico del ciudadano que peor ha portado un trabuco desde los lejanos días del Sr. Winchester: el hombre de la franela rosada (...) inexpresivo, triponazo, desaliñado, de franela mal metida en la pretina, mondonguero esencial y ubicado a la izquierda del televisor como una cariátide de Borneo celebrando el día de la tocineta".

Termina magistralmente Cabrujas: "Ni la caída del Muro de Berlín, ni Yeltsin inaugurando un McDonald's junto a la tumba de Lenin han hecho tanto por la derechización nacional como ese ciudadano. Verlo y desear abandonar el territorio hasta Georgetown fue una coincidencia casi unánime y de la cual, por supuesto, no escapo".

Como colofón y cierre magistral de los personajes que aparecían en el video llamando al rescate de la dignidad nacional, uno terminó encarcelado por el propio Hugo Chávez por corrupción: "Viene de la Marina, de ser un pata en el suelo como nosotros; ahora aparece de presidente de un banco", explicó Chávez. Sobre el gordo de la franela rosa, el presidente Carlos Andrés Pérez diría: "Por cierto está preso por violación". Por eso concluyó Cabrujas aquel premonitorio artículo explicando que el mundo "es una crueldad infranqueable, un pupú real y, cada vez que alguien decide salvarlo, el asunto termina en un desastre o en un mono encaramado en el poder".

Pero de nuevo, los medios de comunicación y periodistas que cortejaban y adulaban a los golpistas solo usaron el video de Hugo Chávez, que finalmente logró salir al aire luego de aquel brutal desatino. En el video solo aparecía Hugo en primer plano con una bandera de Venezuela, robándose descaradamente el segundo golpe de Estado de los generales. Hugo aprendió que si en el primer golpe, por una enorme suerte, se había adueñado del movimiento sin haber disparado un tiro, en el segundo, que no tenía absolutamente ninguna importancia, se adueñó a sabiendas con las palabras leídas y meditadas: "Compañeros, el MBR-200 vuelve a la lucha después de la gloriosa jornada del 4 de febrero" y le explicaba al pueblo que "en breves minutos una junta patriótica se dirigirá a la nación".

Una junta patriótica que ya estaba completamente encuadrada en el golpe, llena de figuras políticas conocidas, que se habían prestado a la destrucción de todo un sistema político y que finalmente se los devoró para quedar como personajillos de una historia que rayaba en el absurdo. Como justicia poética, todos esos prohombres han ido muriendo, no solo odiados por el pueblo, sino aplastados bajo la planta de la bota de un teniente coronel.

El único beneficiado de aquella jugarreta fue Hugo Chávez. Faltarían muchos años para que Hugo admitiera que: "Nunca tuvimos el control de esa segunda rebelión (...) eran superiores jerárquicos, así que no estaban subordinados", pero el poder de la televisión había hecho su magia para convertir a Hugo en una estrella del golpismo más grande.

El segundo doble juicio del teniente coronel

El presidente Carlos Andrés Pérez apareció en la televisión más calmado que en el primer golpe: "Desde hace una semana se nos venía diciendo que iba a estallar este movimiento y veníamos siguiéndolos. Pero no expresado en movimientos militares sino en jefes civiles extremistas, de los que nos hicieron la guerra en los sesenta, de los que todavía están pensando que existe la Unión Soviética y que es todavía posible en Venezuela movimientos subversivos".

El golpe de noviembre fue un verdadero desastre producto de la suma de delaciones, filtraciones y explicaciones en los medios de comunicación sobre los detalles del golpe "cívico-militar". Al final solo un pequeño grupo de infantería aerotransportada fue lo que se movilizó, cuya misión principal era garantizar la seguridad en las bases aéreas. La Armada se quedó de brazos cruzados, víctima de las delaciones, y un pequeño grupo de pelotones del Ejército e infantes de marina tomó las radios para implorar la ayuda popular mientras las bombas caían sobre la ciudad.

Como estaba planteado, los mismos que organizaron el Caracazo, en los mismos puntos, trataron de emprender los saqueos en los centros comerciales, pero no había gente en las calles, los aviones eran bastante disuasivos y además la Guardia Nacional y la Policía Metropolitana los esperaban en los principales puntos con tanques de guerra, en medio de un golpe de Estado en el que la orden de disparar no se hizo esperar. Así que los civiles se trataron de esconder en los propios centros comerciales de donde fueron sacados nada menos que con tanques de guerra.

Mientras aviones rompían la barrera del sonido y explotaban las bombas, los cohetes impactaban o la artillería antiaérea traqueteaba derribando aviones sobre Caracas, otro grupo de civiles implicados junto con algunos oficiales desertores trataron de llegar al Palacio de Miraflores en lo que terminó siendo un episodio surrealista, cuando fueron acribillados a las puertas del palacio. En total cerca de 150 civiles y el equivalente a un pelotón de soldados (29) murieron aquel espeluznante día.

A Hugo Chávez nunca se le abrió juicio por este segundo golpe de Estado, pero otro juicio comenzaría nuevamente a nivel interno. Explica Hugo: "A Visconti le mostraron un informe forjado y lo convencieron de que yo lo había delatado. Él pensaba que lo habíamos delatado. (...) Después del 27 de noviembre se potenció aquello desde Perú; Visconti comenzó con fuerza a señalar eso [la delación de Hugo]. En una de las tantas cartas que escribió me señaló como el culpable del fracaso. (...) Además la DIM [Dirección de Inteligencia Militar] le envió documentos [a nuestros oficiales] y los llegaron a convencer de que eso era verdad".

¿Qué le mostraron a Visconti y al resto? Nada menos que cartas firmadas por Hugo Chávez, un video de este hablando en la cárcel el 18 de octubre anunciando el nuevo golpe y grabaciones de familiares hablando incluso de fechas. No hacía falta dar mayores explicaciones, ni forjar muchos documentos, cuando en la radio, en varias oportunidades, Hugo soltaba una andanada o enviaba cartas para "autorizar el golpe" de Visconti. Eran jugadas políticas de los comandantes que terminaron por destruir al resto.

Por ello, sigue Hugo: "En esos meses de diciembre 92, enero de 93, yo era un gran solitario, en la misma cárcel, y por ahí por primera vez sentí la hiel de la amargura. Nunca antes la había sentido, ni siquiera el 4 de febrero, con la rendición, sentí el dolor de la amargura de ser señalado por mis amigos como el culpable del fracaso".

En efecto todos los comandantes de ambos movimientos culpaban a Hugo Chávez. Ahora al juicio interno por cobardía se le había unido otro por delación y enfrentaba los señalamientos de haber propiciado el fracaso total del segundo golpe. Por otra parte, se hicieron varios videos desde mayo hasta septiembre y el primero terminó desaparecido, el segundo en manos de la inteligencia por una delación y el tercer video de los generales nunca se transmitió. Solo prosperó el de Hugo Chávez sin nadie a su alrededor. Por eso los comandantes furiosos narraron que: "La decisión sobre el video, Chávez la toma sin un acuerdo directo con nosotros", explicó Francisco Arias Cárdenas, mientras que Yoel Acosta

Chirinos declaró: "Nosotros le pedimos explicación por carta y él dice que no era culpable de eso. Que él no tenía nada que ver con eso".

La realidad simple es que Hugo había decidido dejar por fuera a todos los comandantes del 4 de febrero, a todos los comandantes del 27 de noviembre y a todos los partidos de extrema izquierda, acusándolos en los medios nada menos que de ser de la derecha. Había públicamente expuesto los detalles de la intentona cívico-militar e incluso filtrado las posibles fechas.

Para Francisco Arias y el resto de los comandantes, el video de Hugo fue sencillamente un acto de deslealtad nuevamente inesperado, era como la reedición del zarpazo del 4 de febrero, cuando se presentó sin pudor alguno como el jefe de todos ellos. Mientras aquello ocurría con los comandantes y ahora con los generales, los capitanes y tenientes le reclamaban explicaciones por escrito a Hugo: "Les pido que mantengan la unidad por encima de todo", respondería Chávez. "Jamás hice ni haré un pacto con la gente que tú mencionas", refiriéndose a que nunca hizo pactos con la extrema izquierda. Pero, sobre todo, le reclamaban el truco del video en el que apareció solo él, grabado a espaldas de todo el movimiento: "Debo decirte que la transmisión de los dos casetes [videos] con mis mensajes me sorprendió desde el primer momento", explica Hugo a los tenientes enfurecidos tratando de escabullirse. "Tengo fuertes indicios de que fueron dos civiles de tendencia anárquica". Pero esta excusa fue la mejor: "La hipótesis de la DIM tampoco puede ser descartada".

Aquellas explicaciones eran verdaderamente insólitas. No había manera de ocultar que Hugo había grabado esos videos a espaldas de sus compañeros; la única realidad es que solo él pudo entregárselo y hacerlo llegar calculadamente a los implicados, porque hablaba del nuevo golpe. Era una traición evidente a todo el movimiento y solo apostaba por salidas absurdas como que fue un grupo anárquico o que la inteligencia militar lo había editado, pero al verse descubierto prometió seguir investigando.

Ninguna de estas explicaciones convenció a los tenientes que siguieron exigiéndole resultados de las investigaciones. Dos meses más tarde vuelve a explicarles Hugo: "El primer tema que tocas es el del video. Le he seguido la pista, amigo mío, incluso hasta el Perú [donde estaba el general Visconti asilado]; sin embargo, hay tantas contradicciones en las versiones de los compatriotas implicados que he llegado a dudar que algún día conozcamos la verdad verdadera".

La realidad es que llegaría el mes de diciembre y a Hugo Chávez la mayoría de sus amigos y compañeros apenas le dirigían el saludo. Esto explica por qué Hugo pasó buena parte de su tiempo de reclusión en el Hospital Militar, para refugiarse de lo que él llamó el "centro de la tormenta (...) este vocerío desgarrador, donde andamos entre César y Bruto, entre Caín y Abel, entre Cristo y Judas".

La construcción de "el movimiento" (1993)

A partir de aquella soledad, comenzó la construcción del movimiento de Hugo Chávez. Para que esto se entienda es necesario primero explicar lo que vimos todos, la apariencia de un movimiento de cara al pueblo, que demostraba cohesión entre los oficiales, pero que internamente solo estaba lleno de rencores. Para ese momento el "Movimiento Bolivariano" apenas era un ardid presentado a la opinión pública, mientras quienes terminarían por gobernar a la muerte de Chávez eran aquellos que hacían cola de visita en la cárcel. Un grupo lleno de gente variopinta y nueva, que nunca conspiró en aquellos años con Hugo Chávez, pero que acabaría ostentando todo el poder en Venezuela.

La pelea no solo era por traición o lealtades: los comandantes le exigieron a Hugo Chávez que para crear el movimiento eliminara el concepto de "revolucionario" y también que él dejara de llamarse "comandante" porque eso tenía connotaciones negativas con la asociación de Fidel Castro. Una semana más tarde recibieron la respuesta del "comandante": "Hermanos, el MBR-200 ya trascendió el área exclusivamente militar y entró en la psicología social como un movimiento con ideología, cuerpo y proyecto; las miles de comunicaciones recibidas por nosotros, en este año transcurrido, así lo evidencian; por tanto, creo que será difícil cambiar nuestra denominación por Movimiento Democrático Bolivariano".

Hasta este momento los venezolanos recibían una imagen de movimiento cohesionado con un liderazgo firme, pero puertas adentro Hugo Chávez no solo estaba divorciado de todos, sino que simplemente estaba en la soledad absoluta, y esa soledad fue llenada por nuevos personajes llevados por su imagen en los medios, que desconocían quién había sido Hugo durante los 39 años anteriores. Para sus compañeros era Tribilín, el hombre de las maracas en los Mastrantales del Tiramundo, que para un grupo se había acobardado y para otro los había traicionado.

En el otro extremo, cientos de hombres y mujeres, buena parte de la extrema izquierda, llegaban masivamente a la cárcel a conocer al "Comandante Maisanta", un Hugo que no existía, un héroe que en los periódicos era enaltecido ante las masas que comenzaban a idolatrar a una simple ilusión. Hasta uno de sus más enconados enemigos como el general Carlos Julio Peñaloza llegó a describirlo así: "Un brillante conductor de tropas, una especie de Rambo izquierdista y a quien sus camaradas llaman 'El Centauro del Llano'". Poco a poco fueron llegando quienes construirían su plataforma a espaldas de todos los movimientos que terminarían traicionados.

Hugo, por ejemplo, conoció a Nicolás Maduro el 16 de diciembre del año 1993: "Cuando yo estaba en prisión, recuerdo que llegó Nicolás, (...) con un grupo de estudiantes, de trabajadores, allá llegaron un día a la cárcel de Yare". Allí conoció también a Cilia Flores, "a quien conocí en la cárcel por allá en Yare, era abogada de Ronald Blanco La Cruz". Y también a "Héctor Navarro, profesor universitario y ahora ministro de Educación; me conseguí a Jorge Giordani, profesor universitario, ahora ministro de Planificación y Desarrollo; a José Vicente Rangel, luchador de toda la vida; me conseguí a William Lara y ahí está presidente, ahora, de la Asamblea Nacional. Me conseguí a la comandanta 'Fosforito' por allá en San Cristóbal, luchando y peleando siempre; me conseguí con Ángel Rodríguez, diputado revolucionario (...) me conseguí con todos ustedes, pues; nos conseguimos".

Faltarían todavía unos años para que conociera a la mayoría del gabinete ministerial que terminó gobernando con él, pues todos los conspiradores civiles y militares fueron puestos en cargos prácticamente sin importancia, ignorados, perseguidos y acusados, o terminaron en la oposición.

Todos quieren al "Comandante Maisanta"

"Quienes todavía pensamos antes que nada en Venezuela, te juzgamos también por las cárceles y los destierros de la juventud, por el carácter, la tenacidad y el talento de toda una vida política, por tu magnífico sentido de la amistad, y por las pelotas con que has enfrentado toda clase de confabulaciones encarnizadas y asonadas y atentados personales a cañonazos y bombardeos, en tu medio siglo de lucha incansable por la democracia y la unidad de América Latina", le escribía el escritor Gabriel García Márquez al depuesto presidente Carlos Andrés Pérez.

Faltarían unos años para que este conociera a Hugo Chávez y se hiciera una pregunta lógica después de escuchar las largas peroratas de su biografía heroica encerrado en un avión, sin tener más remedio que escucharlo durante 4 horas para terminar escribiendo que: "El avión aterrizó en Caracas a las tres de la mañana. Vi por la ventanilla la ciénaga de luces de aquella ciudad inolvidable donde viví tres años cruciales de Venezuela que lo fueron también para mi vida. El Presidente se despidió con su abrazo caribe y una invitación implícita: 'Nos vemos aquí el 2 de febrero'. Mientras se alejaba entre sus escoltas de militares condecorados y amigos de la primera hora, me estremeció la inspiración de que había viajado y conversado a gusto con dos hombres opuestos. Uno a quien la suerte empedernida le ofrecía la oportunidad de salvar a su país. Y el otro, un ilusionista, que podía pasar a la historia como un déspota más".

Pero se necesitaba la experiencia de García Márquez y su visión crítica para poder ver a dos hombres distintos en un mismo Chávez. En Venezuela un pequeño grupo de unos 300 individuos veía a Tribilín, mientras que a 22 millones les llegaba una imagen de héroe patrio en el cual se conjugaban todos los deseos de una población desesperada y Hugo supo magistralmente vestirse con el personaje del "Comandante Maisanta". Por cada Visconti que lo consideraba un traidor, un millón de venezolanos creían que era el ideal humano; por cada esposa que sabía que Hugo era un cobarde, miles de mujeres le escribían cartas de amor y en Yare, como confesaría con dolor su novia, en la cárcel, "había colas de mujeres, fiestas, parrandas y colchones", cárcel en la que se colaban las mujeres y le decían a Hugo "cosas" que a ella le "daban soponcio".

Lo que había comenzado para los comandantes como una actividad de supervivencia, es decir montarse sobre la súbita fama de "mesías" de Hugo Chávez, pronto se les revirtió porque lógicamente hizo que operara un cambio negativo en una personalidad que necesitaba urgentemente ser rehecha. Aquellos meses estaban acabando con los 39 años de Tribilín y la necesidad de Hugo internamente se hizo más y más poderosa de abandonar una vida francamente decepcionante.

Mientras esto ocurría en el interior de Hugo, la izquierda también se hizo eco de la imagen popular de Hugo Chávez. En la política venezolana todos se aprestaban a la carrera a apostar quién excarcelaría primero a los nuevos héroes patrios. Un líder político de izquierda como Enrique Ochoa Antich, hermano del ministro Ochoa, había escrito un libro sobre los golpistas en el que pensó que la unión de las izquierdas alrededor de la figura de Hugo Chávez sería ideal para acabar con el sistema bipartidista. Ochoa había escrito una auténtica oda a los comandantes en la que expresaba incluso que siendo mayores, su hermano tomó la decisión de nombrarlos en sus cargos porque, pese a las averiguaciones "sin fundamento", "los nombres de los mayores Hugo Chávez Frías y Miguel Ortiz" fueron "escrutados hasta el alma. Pero el brillo de sus credenciales militares y académicas se impuso por sobre toda sospecha". Explicaba que se trataba de "jóvenes oficiales que en un desesperado gesto de rebeldía decidieron sublevarse".

No solo la izquierda se planteó aquello. Ahora eran cientos de políticos, periodistas, columnistas y no pocos medios los que pedían urgentemente la liberación de los golpistas y en especial de Chávez. Antes de esto el presidente Carlos Andrés Pérez sobreseyó las causas de todos los mayores y capitanes, y de esta forma salieron primero Diosdado Cabello, Vielma Mora y José Florencio Porras, junto a otros doce, por una petición expresa de los comandantes: "Habida cuenta de su poca o nula participación en el proceso que se nos sigue". Más tarde saldrían Jesse Chacón, Ronald Blanco La Cruz, Antonio Rojas Suárez e incluso los cabecillas del 27 de noviembre, William Izarra y Francisco Visconti, mientras que el comandante Yoel Acosta Chirinos había salido con el presidente Ramón J. Velásquez durante la transición, luego del juicio a Pérez.

Así que quedaban solo cinco de los comandantes y un variopinto grupo de izquierdas visitaría a los nuevos mesías. Enrique Ochoa Antich, quien sería uno de los muchos que visitaron varias veces al Presidente, nos comenta cómo se vivieron aquellas visitas: "A Chávez lo conocí personalmente una madrugada encaramado a una nevera, literalmente. A su lado, Arias Cárdenas. Más allá, sobre una cocina y otros aparejos, Ortiz, Acosta y Urdaneta. Los cinco tenientes coroneles habían forjado de aquellos pertrechos una improvisada barricada en su celda del cuartel San Carlos para procurar impedir su traslado forzado a la cárcel de Yare. Aunque, a diferencia de los miles que visitaban diariamente a los jefes del alzamiento militar del 4-F, yo tenía prohibida la entrada al cuartel, logré introducirme a hurtadillas, conducido por Javier Elechiguerra, su abogado defensor, aquella noche de marras".

Luego del breve saludo, Chávez lo emplazó: "'Ochoa: usted que es defensor de los derechos humanos, ayúdenos'. (...) Y en eso andaba yo, cumpliendo mis deberes para con cualquier detenido político. Entonces imaginaba una alianza de los partidos Movimiento al Socialismo, La Causa R y el MBR-200, en ese orden, como propuse públicamente. Un polo de izquierda democrática que hubiese ganado las elecciones de 1993. Luego conversé largamente con él en Yare. Puedo evocarlo sentado junto a la mesa del comedor que compartía con los otros alzados, en la vivienda que les servía por decorosa prisión, hojeando nerviosamente un libro de historia, saltando de un episodio a otro, dejando saber aquí y allá sus opiniones, sin duda alguna poseído por esa flama que tienen en su interior los animales políticos".

Para ese momento todos los políticos trataban de ganar votos en las elecciones intentando adelantarse a las acciones del presidente Caldera, que se movilizaba para otorgarles un sobreseimiento presidencial. Por eso Enrique Ochoa Antich, ya nombrado presidente de la Comisión Permanente de Política Interior de la Cámara de Diputados, se apresuraba a tratar de impulsar una ley de amnistía. Pero ese proyecto no llegó a tiempo, porque la Presidencia de la República se adelantó finalmente sin avisar al Parlamento. De esta forma "el 26 de marzo de 1994, a las 11 y 30 am, salió en libertad Hugo Chávez Frías (...) favorecido por una medida de sobreseimiento del presidente Caldera, la cual puso fin a más de 26 meses de cárcel, durante los cuales nunca se sometió a la justicia militar, ya que no acata los mandatos del Tribunal Militar Segundo Permanente de Caracas", y con este se cerraron los casos de 1.174 oficiales y suboficiales que dieron los golpes de Estado, siendo sus causas eliminadas para siempre de todo registro judicial, como si nada de eso hubiera ocurrido jamás.

Chávez cierra su carrera militar, un resumen curricular al que hay que incluirle el levantamiento de 8 informes de inteligencia, 7 informes de personal (4 como insubordinado), 15 problemas mayores (dos presidentes, dos gobernadores, 6 generales y 5 detenciones), y estuvo tres veces preso, por estar involucrado en un primer intento de golpe, un intento de asesinato y habiéndose responsabilizado por dos golpes de Estado. Como experiencia de campo contaba con haber comandado a 5 hombres de una escuadra de comunicaciones por dos meses, a 5 hombres de una escuadra de bomberos, a sus cadetes de la academia durante los entrenamientos, a una escuadra en el Batallón Farfán, a 6 hombres de los cuales uno era un civil sin un brazo, 4 soldados prestados y un indígena cuiba que lo seguía por todos lados, encargados de sembrar maíz y cuidar cuatro cerdos, a un batallón de infantería por 37 días y, finalmente, el episodio bélico más corto en la historia mundial, cuando rindió a su batallón y posteriormente al resto de los conjurados sin siquiera hablar con ellos.

CAPÍTULO IV

El comandante a las catacumbas

Si a la cárcel entró Tribilín odiado por todos sus compañeros de armas, y los medios involucrados fraguaron a propósito el "Comandante Maisanta", a la vida civil quien llegó fue Hugo Chávez, el que todos conocimos. Había dejado atrás un lastre enorme pues, a punto de cumplir los 40 años, se había desecho prácticamente de todo su pasado.

"Yo recuerdo muy claramente el día que salí de prisión", explicó Hugo. "26 de marzo de 1994, era Semana Santa y allá en Los Próceres, en los monolitos, una de las primeras preguntas que me hizo algún periodista fue algo así como esto: 'Y ahora usted, ¿a dónde va?'. Yo, entre las cosas que dije, recuerdo haber dicho: 'Me voy a las catacumbas del pueblo'". Pero, para conocer lo que sucedería, es necesario también entender cómo fue su vida civil antes de convertirse a los 40 años en el Hugo Chávez que todos conocimos.

Al Chávez haber secuestrado el movimiento conspirativo cívico-militar, pasó a la historia como el jefe de todo. Nada más incierto que esto. Chávez formaba parte de todos los movimientos y era, a su vez, una parte muy pequeña de un movimiento conspirativo general que con el devenir del tiempo fue rompiéndose en tres porciones. Un grupo importante de extrema izquierda encabezado por Izarra y Bravo; otro grupo escindido de este que no quería formar parte de una conspiración internacional socialista, encabezado por Visconti, Castro y los marinos, y otro grupo importante de conspiradores variopintos que pretendían romper el esquema de los partidos políticos tradicionales.

La apuesta del grupo Izarra-Bravo jamás fue Hugo Chávez. Era sin lugar a dudas Francisco Arias Cárdenas, un hombre que tenía todas las cualidades y ascendentes para darle la continuidad al proyecto, una vez Izarra perseguido y desactivado. Cuando Izarra le preguntó a Hugo qué hacía, este le dijo que era el jefe de deportes en la academia, era el presentador de espectáculos folklóricos y el hombre que recitaba "Florentino y el Diablo" en los espectáculos. Izarra jamás lo consideró como alguien más importante que aquel destinado a captar nuevos reclutas para el proyecto conspirativo. A Douglas Bravo le ocurrió exactamente lo mismo. Francisco Arias Cárdenas era el hombre indicado para el proyecto por su seriedad, como lo demostró siempre el 4 de febrero, mientras que Douglas vio en Hugo lo que era en aquel momento: "No le gustaba mucho porque decía que era un poco inmaduro", como también lo demostró aquel día.

Piénselo por un instante, amigo lector: por un lado Izarra y Bravo tenían a un oficial de artillería con un expediente impecable y por el otro a un maestro de ceremonias con una vida militar y civil completamente errática. Pero su fortuna estaba por cambiar cuando Francisco Arias Cárdenas se plegó al pensamiento de Francisco Visconti y se negó radicalmente a viajar a Libia. Francisco Arias comprendió temprano que la magnitud del episodio de los cubanos y los libios significaba tener a los soviéticos y a Castro metidos en Venezuela y que aquello no era otra cosa que cambiar un amo por otro.

Para Izarra y Bravo aquello fue un golpe brutal. Apenas contaban con unos subtenientes recién graduados y no había nadie más a mano. Nos podemos imaginar las caras de Izarra, uno de los hombres más serios e inteligentes del medio conspirativo, y al pertinaz Bravo a la hora de ver quién podría sucederlo. Para esto es bueno recurrir nuevamente a un amigo experto en inteligencia para que nos aclare el panorama:

TP.– Nos encontramos entre 1982 y 1986 con un William Izarra perseguido y una segunda división del movimiento. La primera es de un grupo grande en la Fuerza Aérea y la Armada, que se marchó con buena parte del Ejército; ahora Francisco Arias también se apartaría. ¿Podrías explicarnos un poco el entorno en el que ocurren los acontecimientos?

R.– Sabemos que Izarra estuvo en 1980 en Irak, pero no llegó al país que conocimos posteriormente, llegó justo en medio de la ascensión de Saddam Hussein al poder y de las primeras purgas. Izarra llega a una región en la que acaba de ocurrir el "caracazo iraní", una revolución cívico-militar que expulsó al Sha meses antes y llega en el momento exacto en el que van a ejecutar a cien altos miembros del partido Baath y casi mil políticos y militares menores.

TP.– Un patrón bastante conocido y poco estudiado en el continente.

R.– Por nuestro aislamiento pueblerino que piensa que todo lo que pasa en nuestros países son episodios únicos. Las revueltas planificadas en el islam chií, es decir en las ciudades sagradas de Najaf y Karbala a partir de 1977, culminaron todas en "caracazos" entre 1979 y 1983. Y, como en todas partes del mundo, fueron planificadas por los comunistas. Izarra llega justo en el momento en que Saddam conjura la revolución, que fue mal llamada "iraní" porque buscaba controlar ambas naciones. Terminó siendo iraní porque lo lograron en Irán. Pero era una revolución comunista escondida detrás de la religión.

TP.– Menudo programa de capacitación el de Izarra.

R.– Lo que sucede es que, a diferencia de Chávez, Izarra tiene una profundidad y claridad de pensamiento. Hablamos de un hombre de 31 años muy inteligente y verdaderamente instruido. Hugo Chávez vendió la tesis de ser un gran lector, siempre rodeado de libros, siempre hablando de libros, pero era solo una imagen que proyectaba porque nunca fue un hombre profundo. Un gran lector es aquel que asimila información, en este caso podríamos establecer que Izarra sí era en realidad un gran lector. Hablamos de un hombre recién egresado de Harvard, que asimiló y leyó en realidad más allá del primer párrafo del Manifiesto Comunista.

TP.– Claro, Izarra construyó su propio pensamiento producto de las lecturas y la interpretación que les dio. Pero también fue a Cuba.

R.– Un verdadero periplo revolucionario. Saddam en el 80, Fidel Castro en el 82, Gadafi en 1983 y 1984. Era un hombre serio, con un proyecto serio. El único problema es que se equivocó de país, porque quería una revolución en un lugar cuyos valores y sueños viajaban a Miami en Pan Am.

TP.– Existe la tesis de que una vez que William Izarra queda fuera del juego, todo se decantó hacia Hugo Chávez.

R.– Es quizás un poco más complejo que eso. Izarra era de la Aviación, y algo que debes tomar siempre en cuenta es que el espíritu de cuerpo que existe en toda Fuerza Armada es algo que siempre termina en una rivalidad enorme. No existe, ni existió jamás el concepto de que los tenientes coroneles del Ejército se subordinaran a un hombre de la Armada o de la Aviación. Eso tenía que ver con acuerdos entre iguales. Izarra podía ser el líder de la Aviación en todo caso, podía captar a Visconti, que era de su misma fuerza, pero los comandantes del Ejército y de la Marina eran otra cosa y el poder siempre lo va a pretender tener el Ejército.

TP.– Claro, luce entonces que no fue solo Visconti el que se separa de este lineamiento, sino muchos más.

R.– Es lógico que una vez Izarra fue comprometido, ese grupo de extrema izquierda quedó desecho y se convirtió en el menor de los grupos conspiradores. Tuvieron que echar mano de cuanto nuevo pudieron. Allí entró Arias Cárdenas, que también dijo que no al proyecto pro soviético, y al no encontrar otros candidatos, echaron mano de Hugo, que en ese momento era exactamente "maestro de ceremonias" y "presentador de espectáculos folklóricos". Así estaba para ese momento la necesidad del grupo.

TP.– ¿Pudiéramos hablar de la pregunta que dejamos en el aire, sobre si crees que Hugo participó en los viajes a Libia?

R.– Tengo muy pocas, por no decir ninguna duda, de que Hugo participó en esos seminarios de formación político-ideológica entre 1983 y 1986. Un período que pudiéramos llamar su período dominicano y que coincide plenamente con la negativa de Arias Cárdenas a seguir la vía Izarra-Bravo. Esa ruptura dejó en manos del más errático de los comandantes la guía del movimiento de extrema izquierda, dentro del movimiento general.

TP.– Eso está acorde con lo que la compañera de Chávez, Herma Marksman, explica en su libro, que el liderazgo pasó de Izarra a Hugo Chávez. ¿Puedes explicar esto de "período dominicano"?

R.– Bien, primero que todo déjame explicar lo que acontecía en República Dominicana en ese momento. A partir de 1982, luego del suicidio del presidente Guzmán, se abrió una ventana de oportunidad para la izquierda radical, luego de la invasión estadounidense para tratar de detener el comunismo en la isla, así que todas las fuerzas comunistas se agruparon en un Frente de Izquierdas y muchos de ellos pretendían un Movimiento Cívico Militar que organizó el primer "caracazo" realmente con posibilidades de éxito, tratando de convencer a varios militares captados, implicados en el derrocamiento del gobierno de Blanco.

TP.– ¿Quiere decir que Hugo Chávez tuvo una participación en esto?

R.– Hugo había tenido una novia en 1978 en República Dominicana, de la que les habló mucho a los suyos posteriormente. Pero esta se casó con un norteamericano y se fue de la isla a Alemania. Aun así, Hugo fue varias veces entre 1983 y 1986, bajo la excusa de la novia. Aquello solo era para despistar a los que pudieran sospechar; en efecto siempre se quedó en la casa de la exnovia aunque ella vivía en el exterior con su marido.

TP.– Una especie de tapadera para otros fines.

R.– Sin duda, hoy sabemos que luego de sus viajes a República Dominicana, en plenos conflictos cívico-militares cuando Hugo supuestamente vivió en ese país por semanas, un día llegó a Venezuela con el *Libro verde* de Gadafi. Son demasiadas coincidencias como para pasar por alto que esos viajes de 1983 a 1986 a República Dominicana tuvieron que ver con su formación política ideológica. Hugo llega a esa isla como Izarra llegó a Bagdad en 1980, en pleno desarrollo del caracazo dominicano. Si viajó o no a Libia entra dentro del terreno de la especulación, pero lo que sabemos es que Hugo llegó de esos viajes a Dominicana con el *Libro verde* de Gadafi y su árbol de tres raíces.

TP.– Guarda también relación con lo que explica Herma Marksman sobre que Douglas le entregó los libros de Gadafi.

R.– Hugo llegó emocionadísimo de todo aquello, eso le cambió la vida por completo. Lo marcó tan profundamente que se puso casi de inmediato a pensar en escribir su "libro azul". Si Gadafi había escrito el suyo, Hugo comenzaría de inmediato a escribir uno al que ni siquiera le cambió el título; aquello era de una puerilidad sorprendente.

TP.– Eso no ocurre porque alguien le regale un libro a otro.

R.– Hugo Chávez, luego de llegar de viaje, se puso de inmediato a escribir copiándose los postulados del *Libro verde* de Gadafi y solo cambiándole los nombres a buena parte de lo expresado por el líder libio.

TP.– ¿Así de espeluznante? ¿Podrías hacer un análisis sucinto de ambos libros?

R.– Podemos hacer un breve comparativo. Como te dije, aquello era de una puerilidad e ingenuidad sorprendentes. No podía ser de otra manera porque Hugo era un personaje profundamente inmaduro. El *Libro verde* de Gadafi se basa en los postulados de "democracia directa"; acto seguido Hugo no pararía de hablar de la democracia directa. El líder libio explicó la necesidad de "un nuevo socialismo"; Hugo inventó el "socialismo del siglo xxi". El primero habló de "una tercera teoría en la cual la gente era feliz porque era libre"; lo de Hugo fue algo realmente infeliz, porque lo que hizo fue plagiarse la felicidad de revolución. Y así fue. Si Gadafi tenía una portada de color verde, el otro se la pondría azul.

TP.– Ahora entiendo su euforia regalándole la espada de Bolívar. Parece el cuento de un jovencito de bachillerato que le plagia el trabajo a otro.

R.– No pudiste explicarlo mejor. El "panfleto azul" –una mejor manera de llamar ese escrito– cambió todos los conceptos de nombre para decir lo mismo. En el *Libro verde* Gadafi expone que la solución del problema de la democracia es "la autoridad del pueblo" (pág. 3) y Hugo en *El libro azul* no ha hecho más que repetir con otras palabras esa misma idea (pág. 40). Gadafi establece que "la verdadera democracia existe solo a través de la participación directa del pueblo y no a través de la actividad de sus representantes", y Hugo clama exactamente lo mismo, explicando la misma representatividad de la que habla Gadafi.

Ejemplos sobran, Gadafi establece que el sistema de partidos es "una farsa engañosa" (pág. 6) y Hugo expone que los partidos políticos engañan a la gente (pág. 41). Gadafi declara que su revolución busca precisamente acabar con ese engaño y vasallaje y Hugo explica que "la democracia popular bolivariana rompe con este esquema de engaño y vasallaje" (pág. 42).

TP.– Eso no es cualquier idiotez; demuestra una pequeñez imperdonable.

R.– Gadafi en su libro explicó que la solución a los problemas económicos está en el socialismo y la tercera vía, mientras Hugo presenta como suyas esas mismas ideas. Gadafi expuso la necesidad de crear los "comités populares de base" y Hugo creó los "comités bolivarianos" y no pocas veces los llamó "comités de base". Gadafi expone la necesidad de los congresos del pueblo y Hugo los parlamentos de calle. Hasta los tres proyectos son las tres raíces, pero sin el elemento religioso de Gadafi; las sustituye por los próceres históricos.

TP.– Entonces las ideas de Hugo eran una copia.

R.– Algo peor. Eran la copia de una copia. ¿Alguna vez has sacado una fotocopia de una fotocopia?

TP.– Claro, cada vez pierde más nitidez.

R.– Pues eso fue espantoso. Porque *El libro azul* de Hugo Chávez fue algo particularmente infantil, por no decir de un ridículo sin precedentes en la historia.

TP.– ¿A qué te refieres...?

R.– Verás. El libro que Hugo supuestamente terminó de escribir en la cárcel y que comenzó a escribir 3 años atrás, es francamente superficial. Tiene 52 páginas, pero comienza en la página 13, porque el resto o son páginas que están en blanco o están llenas de citas de otra gente. Y de entrada comienza con un árbol de 3 raíces en el que la primera, la robinsoniana, supone que debemos inventar un modelo propio y original, que no es otra que la misma proposición de Gadafi. Si tú explicas que tu proyecto no puede utilizar ningún mecanismo creado por otros, sino que tu solución debe partir de los venezolanos, ¿cómo vas a plagiar descaradamente las ideas de Gadafi? ¿Cómo puedes tener el descaro de decir eso y ordenar remedar el "patria, socialismo o muerte" de Fidel Castro?

La segunda raíz, la bolivariana, es la destrucción del sistema y de las leyes anteriores hasta los cimientos para poder construir ese nuevo proyecto de sociedad, es decir la misma propuesta de Gadafi. Y la tercera, es decir la base zamorana, son textualmente las propuestas desde la página 4 a la 8 y de la 15 a la 26 del *Libro verde* de Gadafi, ni una más ni una menos.

TP.– ¿Entonces las tres raíces de Hugo Chávez no existen en realidad? ¿Son tres proyectos exactamente iguales a los tres proyectos del *Libro verde* de Gadafi?

R.– Es como una interpretación de Hugo de la tesis de Gadafi, algo así como las preguntas que haría un maestro en bachillerato: "Explique el alumno su opinión sobre el *Libro verde* de Gadafi". Lo único original de Hugo es que sustituyó los títulos del *Libro verde* aplicándole citas de Simón Rodríguez, Simón Bolívar y Ezequiel Zamora y así hizo pasar las ideas de un líder de África del Norte como suyas.

TP.– Pero las ideas de Gadafi entonces son, en buena parte, lo que trató de implementar.

R.– Hugo Chávez quedó tan fascinado con Gadafi, luego de sus supuestos viajes a República Dominicana, es decir desde su proceso de formación, que las ideas de Gadafi en plena Constituyente se discutían así: "Está señalado –explica Hugo– en la Constitución: cabildos, cabildos abiertos, asambleas populares por todas partes. Ese es uno de los teoremas de Muamar Gadafi en su tercera teoría universal, las democracias populares, en el *Libro verde* de Gadafi. Él dice que en las democracias tiene que haber asambleas por todas partes, consulta popular, y creo que es cierto".

TP.– Es increíble que el hombre hablara así en aquella época y nadie se percatara de que era un comunista el que hablaba.

R.– Quedará a la posteridad como un insulto a la inteligencia. La raíz robinsoniana que ordenaba supuestamente el pensamiento propio, la obligación de "inventar un modelo nuevo", comenzó a copiarlo todo de Gadafi. Hugo copió su modelo de representatividad y socialismo, de Cuba plagió desde la estructura política hasta las consignas, y aquello fue más patético aún, porque ni siquiera tuvo la decencia de cambiar los títulos como lo hizo con Gadafi. "Patria, socialismo o muerte, venceremos". Este hombre ordenó incluso cambiar el uniforme del ejército, copiando el cubano.

TP.– Así fue Hugo Chávez toda su vida. Desde que se copió incluso la vida de Maisanta.

R.– Y la de Gadafi también.

TP.– ¿De Gadafi?

R.– Claro, aquel episodio de Chávez enfrentándose a los superiores que torturaban a unos campesinos no es otro que el mismo episodio que le contó Gadafi, ocurrido en 1963. El episodio de Chávez de crear en su primer año una célula clandestina llamada Ejército de Liberación del Pueblo de Venezuela con unos pocos soldados es el mismo cuento de Gadafi en 1964, cuando creó el suyo, llamado "Comité Central de Oficiales Libres". El cuento de cómo adversaba a los oficiales estadounidenses y les ganaban en todo es el mismo de Gadafi con los oficiales británicos. La idea no solo de gobernar sino de cambiar a una nueva república y a un nuevo socialismo eran los cuentos de Gadafi. Hugo lo que hizo fue contarnos un cuento estupendo de lo que hicieron otros.

TP.– Es muy difícil creer que no conociera a Gadafi con anterioridad o que no haya ido a Libia en vez de a República Dominicana.

R.– Si lo conoció o no, de nuevo es materia de especulaciones. De que su vida influyó en la de Chávez a un grado extremo, es innegable.

El "Comandante Maisanta"
(o el Hugo de tres raíces)

No hay manera de entender a Hugo sin comprender que no solo es el resultado de su disipada vida como civil, de su errática vida militar, sino de los resultados de su carrera de conspirador, en la que terminó siendo francamente genial (sea por suerte o por cualquier otra razón). ¿A quién traicionó Hugo Chávez? Desde un punto de vista objetivo se puede establecer hoy que nadie de las múltiples conspiraciones logró sobrevivir políticamente. Así que también se puede decir que Hugo Chávez conspiró con Hugo Chávez, para Hugo Chávez y para nadie más. Hugo militó, por llamarlo de alguna manera, en la conspiración al estilo Maisanta, concurrió a la conspiración civil de la extrema izquierda con Izarra y Bravo, conspiró en las filas de la izquierda nacionalista con Arias y compañía, conspiró en las filas del generalato y conspiró también con los militares de la derecha; es decir jugó con todo aquel que le garantizara la supervivencia.

Por eso Hugo tuvo vinculación con todos y a la vez con nadie y eso lo aprendió de su libro de cabecera porque Maisanta, su bisabuelo, fue un hombre que nunca tuvo el menor reparo para cambiar de bandos y eso es lo que nadie le entendió jamás. Maisanta su bisabuelo combatió contra Castro y junto al "Mocho" Hernández, cambiándose luego de bando, para ver qué le sacaba a cada quien, porque las revoluciones se hacen como lo dijo su bisabuelo: "Para conseguir cosas (...) porque la guerra es para eso (...) porque esa vaina de jefe que no gana no es conmigo", dijo Maisanta en el libro que Chávez leyó hasta el cansancio.

Por eso es que hombres como Douglas Bravo –del que Hugo Chávez dijo: "Yo tengo un inmenso respeto por Douglas. ¡Es un revolucionario integral! ¡No ha torcido su rumbo!"– nunca entendieron al "Comandante Maisanta", y mientras Hugo hablaba así, Douglas explicaba que: "Yo conozco más o menos a Chávez (...) Suele dar cambios bruscos. Esos cambios pueden ser positivos o negativos. Y esto lleva a entablar por ejemplo convenios con una fuerza y a deshacerlos cuando hace convenios con otra. Y ese es un peligro gravísimo ya no para el Chávez de la conspiración. No. Es un peligro para el Chávez presidente de Venezuela".

Nadie entendió jamás que aquello no era una postura extraña de Hugo. Era la verdadera formación que había recibido, de otro libro que había estudiado realmente en profundidad, el libro de su bisabuelo el Comandante Maisanta. "Esa vaina de jefe que no gana" tampoco era con él.

El gabinete del "Comandante Maisanta"

"¡Extra, extra!", gritaban los vendedores de periódicos. "Se rindió el jefe de los golpistas". Aquello era una vorágine de gente agolpada para ver al líder del golpe. "El comandante del Batallón de Paracaidistas, comandante Hugo Chávez, es el cabecilla del fallido golpe", explicaba la nota interior, al lado de la foto que ocupaba casi un tercio de la primera plana.

Dos días más tarde, mientras sus compañeros no salían del asombro al ver que Hugo era 'su jefe' y la mayoría de los otros comandantes y generales, ni siquiera reconocían a Chávez mas que una pieza mas del complicado rompecabezas conspirativo, los titulares lo habían transformado en otra persona. Así Hugo Chávez le dijo a su madre que informara que si algo le pasaba al "Comandante Maisanta", no sería por sus manos y de allí surgiría en grandes titulares una nota sobre la incógnita del gabinete civil del "Comandante Maisanta". Aquello fue un golpe de gracia para todos los civiles que habían conspirado con el generalato y con los distintos grupos alzados, cuando vieron en primera plana que los comandantes estaban dispuestos a mostrar el verdadero video y hacer las declaraciones de cuál sería el posible gabinete civil.

Fue una jugada magistral, porque a partir de allí políticos de reconocida trayectoria, académicos, intelectuales, periodistas, en fin, buena parte del mundo político venezolano, que de una u otra forma se había aproximado a los distintos bandos de golpistas, se vieron inoportuna y rápidamente entre los posibles civiles del gabinete del "Comandante Maisanta". Ahora no solo eran los generales que les imploraban a los tenientes coroneles que no los delataran, sino una masa de civiles que perderían toda su reputación por haber acompañado aquella aventura.

Una gran cantidad de "demócratas" revisaba con un gran susto en el pecho, mañana tras mañana, todos los periódicos de Venezuela, implorando que acabara aquello a tal punto, que se podría afirmar que dentro de la prisión se dormía con más tranquilidad que afuera. Desde los civiles menos importantes que simplemente los conocieron por casualidad, pasando por quienes habían asistido a reuniones con los conspiradores, hasta los que fueron contactados para integrar o pertenecer al gabinete civil de estos golpistas, presionados por la guerra psicológica que tramaban en los calabozos unos traicionados y amenazados presos, se aprestaron a la defensa más insólita que jamás se hubiera visto en la historia de la Nación.

De allí son entendibles las prisas y las inmensas colas de políticos, intelectuales y cabilderos que iban a implorar silencio y ofrecían toda clase de salidas honrosas a aquel problemilla. Y de allí también se entiende la política de contrataciones de los golpistas, la movilización política, las ofertas y contraofertas, las becas y, sobre todo, como explicó Hugo: "(...) la mayor parte de ellos [volvió] a los cuarteles porque fueron reincorporados en varios grados, mayores, capitanes, tenientes y sargentos", mientras que "otros decidieron irse al servicio exterior".

No es difícil imaginar por un instante los rostros de los miembros del posible gabinete cívico militar, de los que hablaron en sus libros Francisco Arias Cárdenas, Yoel Acosta y el propio "Comandante Maisanta". Y cómo pensaron que pasarían a la historia. Por eso se puede decir que la realidad, es que casi todos ellos fueron salvados por los comandantes...

El nuevo Hugo en las catacumbas del buen vivir

Gracias a ese pánico colectivo, de verse retratados en el gabinete civil y en los puestos de poder del golpismo, "los notables y los que se las echan de notables" sacaron lo más rápido que se pudo a Hugo de la cárcel. También había financistas del golpe, grandes empresarios que se apresuraron a negociar con el poder político para liberar a los complotados. El propio teniente coronel Wilmer Castro Soteldo explicaría que la gente del Ejército fue toda financiada y agrupada por uno solo de estos empresarios.

De hecho Hugo Chávez no salió antes porque el proceso de remoción del presidente Pérez y la asunción del nuevo, Ramón J. Velásquez, tardaron más de lo deseado por los golpistas y notables. Velásquez asumiría el 5 de junio de 1993 y la campaña electoral apenas comenzaría en un par de meses. A Velásquez, a quien ya apenas le quedaban 6 comandantes, logró sacar a uno de ellos, Yoel Acosta, pero el destino le tendría reservada una sorpresa.

No habían pasado 3 meses desde que asumió el poder interinamente cuando la secretaria de Velásquez le colocó una carta para indultar a un hombre que resultó ser el más grande narcotraficante preso de aquellos tiempos. El viejito, que ya había indultado a uno de los comandantes, firmó aquello como quien firma una orden de compra de material de oficina. El escándalo llegó a los pocos días y fue a escala mundial. Desde Colombia hasta Alemania el nombre de Velásquez aparecía vinculado, injustamente, nada menos que al de los narcotraficantes mundiales. El Presidente interino saldría de sus secretarias, consultores jurídicos y buena parte del entorno, jurando que no firmaría ni los sueldos.

Así que Hugo salió en apenas 26 meses con un perdón total, gracias a quien desde el primer día era considerado como uno de los candidatos a participar en el "gabinete civil" y alguien que en los medios de comunicación era conocido como "el abogado de los golpistas", mientras este se defendía diciendo que "el Gobierno pagó los avisos de guerra sucia". El hecho es que Caldera terminó borrando del expediente de Chávez todo lo malo y la vida de Hugo dio un vuelco sin precedentes.

Si su primera casa había sido un anexo a un rancho de cajas de cartón y techo de zinc en el que puso a vivir a su esposa embarazada, mientras él mismo sostenía que tuvo una novia en el barrio Brasil, otra novia a la que le gustaba el Volkswagen y otra más en sus vacaciones en República Dominicana, ahora su nueva casa era también un anexo en una gran casa del este de Caracas, en una de las zonas más caras de la ciudad capital. Los cheques fluían para cambiar su ropa de campaña y pagar los gastos de su familia, a la que no le dio oportunidades de vivir con él porque nuevamente vivirían alejados.

Así que lo primero que hizo Hugo Chávez al salir de prisión fue divorciarse y separarse de las dos mujeres que tenía para el momento: su esposa de 22 años de matrimonio y que le llevaba la comida a la cárcel y su pareja de 8 años, que habían permanecido a su lado, para buscarse a una que representara mejor al nuevo Hugo Chávez. El asunto fue tan despreciable que algún tiempo más tarde haría pasar a la pobre exesposa por la vergüenza de que la nueva esposa "pidiera al Vaticano una anulación matrimonial" porque tramitaría "una sentencia ante el Vaticano que invalide su primera unión". Hugo Chávez aceptaría semejante barbaridad, sin importarle que los motivos de causas de nulidad enumerados en el Código de Derecho Canónico aplicables a Nancy, su exesposa, son en esencia uno de los golpes morales más repugnantes que alguien puede hacerle a su excónyuge, porque solo se puede hacer por determinadas causales previas al matrimonio, bastante injustas para alguien que lo soportó todo.

Sin embargo, Nancy quedó atrás. Hugo tenía una llamativa rubia de ojos azules como novia, vivía ya en un apartamento de clase media alta en "una exclusiva zona residencial", como después la llamó, y conducía una flamante camioneta Toyota de 35.000 dólares a la que llamó "La Burra Negra" por ser de ese color, como regalo de sus nuevos amigos o, como bien los llamó García Márquez, amigos de última hora, así como otro vehículo llamado el "Chavimóvil", que "tenía escritorio, dos literas y baño".

Si el resto de los comandantes había optado por no sumarse a la política y trabajar para llevar el pan a su casa y mantener a su familia, Hugo con su nueva esposa, ahora embarazada, sería cortejado por todo el poder político tradicional, económico y mediático que lo ayudó a llegar a la cima. La enorme paradoja de este nuevo Hugo es que se había plegado al buen vivir que ahora le pagaba los gastos de vida de dos familias y de una campaña prolongada durante los próximos tres años, que llegó a costar como mínimo 5 millones de dólares.

Hugo el "fellow traveller"

En la doctrina comunista no hay política más efectiva que el "fellow traveller" o el "amigo viajero". Este se define como alguien que profesa los ideales comunistas, pero que no forma parte del Partido Comunista y viaja alrededor del mundo para ser entrenado políticamente para ayudar a instaurar el comunismo global. J. Edgar Hoover, el famoso director del FBI, calificó al *fellow traveller* como el más peligroso de todos los comunistas y por eso la Guerra Fría se llenó de ellos. Entre las figuras importantes que se convirtieron e incluso confesaron ser *fellow travellers* se encuentran desde defensores de derechos humanos y periodistas, hasta políticos prominentes y más de un presidente. Quizás los más famosos, por nombrar algunos, serían Fidel Castro, el Che Guevara o J. Robert Oppenheimer, el célebre científico que entregó la bomba atómica a los soviéticos.

Cuando Hugo salió a la calle desde la prisión, ya no era "el hombre más solitario del mundo". Aquel último episodio lleno de caínes y brutus, de traidores confabulados, había terminado con él separado del resto en el Hospital Militar. Solo unos pocos capitanes y tenientes aún creían en él, así que rápidamente fue cobijado por nuevos amigos que lo llevarían de viaje.

Sea lo que fuera que sucedió en su "periodo dominicano" o en sus desapariciones en Honduras, Hugo terminó su "libro azul" en la cárcel a imagen y semejanza del *Libro verde* de Gadafi. Hugo se enamoró de la historia de aquel niño que como él había nacido en el medio rural y empobrecido, que había recibido una educación religiosa, que a los 12 se marchó como él a estudiar a la ciudad, que se graduó en la academia y al año ya estaba formando un pequeño grupo llamado "Comité Central de Oficiales Libres", una pequeña célula clandestina. Un joven que siendo capitán dio un golpe, con una organización llamada "Movimiento Revolucionario de Oficiales Libres", lleno de jóvenes nacidos en la pobreza y llegados al mundo militar y que, sin ser el líder del movimiento, supo desplazar políticamente a sus 11 adversarios y quedarse con el poder.

Ahora Gadafi era el líder absoluto, mucho más grande que Fidel, en el que Hugo no creía tanto, pero todo estaría por cambiar, cuando Hugo se convirtió en *fellow traveller* y recibió la invitación directa del embajador de Cuba en Venezuela. De esta forma Chávez llegaría a La Habana, y creo necesario volver a pedir ayuda a nuestro amigo en materia de inteligencia para definir con precisión lo sucedido:

TP.– Nos encontramos en marzo de 1994, Hugo Chávez sale de prisión y sabemos que viaja a Cuba.

R.– Sale el Sábado de Gloria y primero viaja a Argentina, Uruguay y Chile con el famoso Norberto Ceresole.

TP.– Qué bien que recuerdas ese nombre, ¿quién fue Norberto Ceresole? ¿Por qué Hugo Chávez se conectó con un hombre de la extrema derecha y antijudío?

R.– Esa es la magia de los absurdos que se repiten una y otra vez a tal nivel que quedan reflejados para la historia. Norberto Ceresole fue un jefe comunista pro URSS recalcitrante. Nadie entraba en plena Guerra Fría al centro de poder y de pensamiento soviéticos si no era un verdadero comunista. Vivió los primeros años "protegido" por el KGB que es un eufemismo para esconder que era un agente sovietico y que conoció a los principales líderes del Departamento de Américas, desde Stepanov hasta Grigulevich, los hombres del KGB que transformaron Latinoamérica.

TP.– ¿Pero por qué entonces pasa a la historia como un antisemita de derecha?

R.– Básicamente porque muchos de los analistas latinoamericanos no han salido jamás de sus países o se plantean los enlatados de siempre con una superficialidad pasmosa. El antisemitismo soviético no solo estaba profundamente arraigado en el mundo militar y de la alta política, sino que era una herramienta tremenda de esa política soviética. Ese antisemitismo fue desarrollado como herramienta en la propia Academia de las Ciencias como un arma importante y fue difuminado en el mundo árabe. Cuando Ceresole habla de la negación del holocausto judío en la Segunda Guerra Mundial, no hace otra cosa que repetir los condicionantes aprendidos en Moscú durante la Guerra Fría para apoyar el antisionismo. No tiene nada que ver con la derecha.

TP.– Claro. Ya me parecía extraño a mí que el hombre viviera en Rusia en plena Guerra Fría siendo de la derecha. ¿Entonces dónde conoció a Ceresole?

R.– Hugo se adoctrinó en el exterior entre 1980 y 1984, como hicieron muchos, pero en aquellas fechas era uno mas de baja importancia, luego del "por ahora" se convirtió oficialmente en *fellow traveller* a partir de noviembre de 1994 y de allí no dejaría de unirse a cuanto *fellow traveller* quedaba en el continente. Aquello terminó siendo una logia de gente reunida para ver cómo apuntalaban las ruinas del Muro de Berlín. Hugo pasaría a formar parte ya activa como miembro de altísima importancia de ese grupo, que incluía desde los líderes del Frente Farabundo Martí hasta los incipientes comienzos del MAS de Evo Morales.

TP.– ¿El hospital de los muñecos? El Foro de Sao Paulo. ¿Podrías explicar un poco que es ese foro?

R.– Por supuesto. Existen dos grandes períodos históricos importantes de conferencias entre las potencias, desde 1945 con la famosa conferencia de Potsdam, en la que se repartieron el mundo, hasta la de Ginebra en 1955, y la segunda gran etapa de 1985 hasta 1990, en la que ya prevén el fin de una época histórica y también deciden repartirse el planeta. Digamos que a partir de la Cumbre de Malta, en la que se declara el fin de la Guerra Fría en diciembre de 1988 y hasta la caída del Muro de Berlín en noviembre del 89, absolutamente todo cambió.

TP.– Y con este cambio llegó la necesidad de reagruparse...

R.– Imagínate las caras de Gadafi y de Fidel cuando la Unión Soviética se descascaró en pedazos y todo el poder detrás del cual se escudaban se desvaneció. Para colmo se acabaron las armas y la logística, en unos países que no producían ni un tornillo por su cuenta. Ahora quedaba frente a ellos el gran triunfador de la contienda, los Estados Unidos, contando las horas para vengarse y acabar con todos los "loquitos de esos que abundan", como los calificó el presidente del Partido Comunista de Venezuela.

TP.– Entonces los comunistas locales se unieron en el Foro de Sao Paulo.

R.– Exacto, aunque tú lo definiste mejor como "el hospital de los muñecos". Un grupo humano difícil de entender, una logia de fracasados amparados bajo consignas fracasadas.

TP.– Pero volviendo a Hugo Chávez: entonces cómo llegó a conocer al último revolucionario, a Fidel Castro.

R.– Es importante entender primero que tras la caída del Muro de Berlín, lo siguiente que se desmoronó fue la reputación de Castro ante los propios izquierdistas. Nadie podía dar crédito a lo que veían cuando los rusos dejaron de financiar aquella ilusión. El producto interno, que ya era precario pero se exhibía orgulloso, caía en un 40% tras el último soviético que dejaba la isla.

TP.– ¿Pero entonces cómo llega Hugo Chávez a Cuba?

R.– Hugo llega a Cuba por culpa de un insólito error del presidente Caldera o los que estaban detrás de él.

TP.– Eso tienes que explicármelo al detalle.

R.– Estamos en el momento cumbre del período especial y en noviembre de 1994 los republicanos en los Estados Unidos arrasan con la famosa "paliza republicana" que se llevó la mayoría en la Cámara y el Senado. Y allí, en pleno período especial, los cubanos republicanos deciden terminar con Fidel a martillazos y empiezan con la mayor presión política jamás vista a nivel nacional, que llevaría a la aprobación de la Ley Helms-Burton y a nivel internacional para cerrarle los mercados a Cuba. Allí el enemigo mayor de Castro, Jorge Mas Canosa, llegó a Caracas para tratar temas sobre el bloqueo a Cuba y para colmo fue recibido en el avión como un héroe.

TP.– ¿Entonces Fidel recibió a Hugo Chávez en venganza por ese recibimiento de Caldera a su peor enemigo? ¿Hugo simplemente fue utilizado por Fidel?

R.– Eso causó un incidente diplomático entre Fidel y Caldera de tal magnitud que las relaciones entre Venezuela y Cuba casi se rompen, y no fue hasta 1997 que hicieron las paces. Pero al final Castro, como buen zorro viejo, en la medida en que Hugo fue creciendo políticamente se fue adueñando de él. Para 1998 ya Fidel estaba en campaña electoral con Hugo y la primera cumbre de ministros con Hugo fue en La Habana a días de asumir el poder.

TP.– Es decir que se hicieron muy amigos desde antes de llegar al poder.

R.– Fidel Castro, si alguna vez tuvo amigos, estos fueron gallegos todos.

TP.– Excepto el colombiano García Márquez.

R.– En lo absoluto. Su abuela, quien lo crio, era gallega, y fue criado como gallego en un entorno lleno de profesores y sacerdotes gallegos. A Fidel nunca le importó en lo absoluto tendencia alguna, por cuanto fue un muy buen amigo de Francisco Franco. Si alguien era gallego podía ser su amigo. Blanco, europeo y gallego, el resto era africano para Fidel. Esto, claro, es una impresión mía, tan mía, que no la deberías colocar, pero el gobierno de Fidel permitió claramente que gobernaran los blancos.

"Tenemos que apoyarlo"

Justo el momento en el que el 727-200 de la línea aérea Viasa tocó la pista del aeropuerto José Martí de La Habana el 12 de diciembre de 1994, ocurrían dos paradojas. Había sido Carlos Andrés Pérez, el mayor defensor de Cuba contra el bloqueo, el Presidente que firmó el célebre acuerdo en Moscú para que España recibiera el petróleo que estaba destinado a Cuba (Comisión Cuatripartita) y Venezuela le suministraría la misma cantidad de petróleo a ese país. Carlos Andrés Pérez también había creado la ruta de ese 727 de Viasa que ahora aterrizaba desde Caracas en pleno corazón de La Habana, usando recursos del Estado para apoyar a Cuba, enviando además de petróleo unos 15.000 turistas adicionales.

La paradoja era doble porque a Fidel le importó un comino la ayuda y se prestó a apoyar a quienes querían asesinar a Carlos Andrés Pérez y porque a bordo de aquel 727-200 aterrizaba Hugo Chávez Frías, el hombre que había tratado de darle un golpe al Presidente, que en aquel momento yacía en prisión por haber tratado de ayudar, una vez más, a Nicaragua.

No fue un vuelo cómodo porque la turbulencia había hecho incluso que cayeran las máscaras de oxígeno sobre los nerviosos pasajeros. Pero ya estaban en tierra y se aproximaban a la rampa cuando el piloto del avión, a través del micrófono, advirtió: "El avión se detendrá en un lugar que no es el habitual (...) Solo van a descender dos pasajeros". Hugo Chávez, nervioso, descendió junto con Rafael Isea, quien para aquel momento fungía como su asistente personal. La invitación le había llegado a Hugo a través del embajador de Cuba en Venezuela, Germán Sánchez Otero, para dar una conferencia en la Casa de las Américas. Pero cuando terminó de descender la escalinata del avión, se encontró nada menos que a Fidel Castro en persona.

¿Podía ser esta invitación de Castro únicamente la respuesta a la afrenta del presidente Caldera por la invitación de su archienemigo? ¿O era el inicio de la toma hostil de la Revolución Bolivariana como sospecha buena parte de la oposición?

Mientras esto ocurría, tres oficiales de inteligencia de alto nivel del G-2 cubano, que habían trabajado para la CIA y el FBI, desertaron a los Estados Unidos. Se trataba del capitán José Cohen Valdés, su esposa, la capitana de inteligencia Lázara Brito González, y el teniente de inteligencia Rolando Sarraff Trujillo, quienes trabajaban en la importantísima sección M-6, encargada nada menos que de eludir el bloqueo americano, y quienes de acuerdo a algunos implicados que fueron encarcelados durante años entregaban a la CIA "información criptográfica, fotos, nombres y otros elementos".

Cohen explica de qué se trataba este tipo de operaciones: "El Departamento M-8, usando mantos del Ministerio de Relaciones Exteriores, o de cualquier otro organismo gubernamental como la Casa de las Américas, entran en contacto" con los objetivos. "Los más prominentes, o los más influyentes, se convierten en objetivos priorizados del servicio de inteligencia cubano y se desarrolla sobre ellos un trabajo agresivo de influencia y captación, que incluye visitas frecuentes a Cuba, donde son recibidos y atendidos como 'reyes'. Se hospedan en casas del Consejo de Estado, con todos los gastos pagos, se ponen a su disposición lujosos carros con chofer y se les planifica un programa que incluye visita a lugares turísticos y de interés, e incluso son recibidos muchas veces por el mismo Fidel Castro. La verdad es que ni la prensa ni nadie se entera de lo que ocurre en Cuba y de cómo son reclutadas estas personas".

"Miramos y, efectivamente, era Fidel en persona, con su traje de campaña, que avanzaba hasta el pie de la escalerilla", explica Rafael Isea. "Chávez me entregó su equipaje y bajó. (...) Ellos se saludaron, en medio de las luces y de las cámaras y de la sorpresa", explicó. A Hugo Chávez no lo llevaron a un hotel, sino al propio Palacio de la Revolución en el automóvil de Fidel: "Fui a su lado en el carro hacia el palacio y allá nos sentamos a conversar, uno frente al otro", explica Hugo Chávez. "Después de los primeros minutos me seguía impresionando la manera en que Fidel me examinaba cuidadosamente".

Al parecer Fidel sabía todos los detalles y quería saber más: "Cuántos hombres eran, para dónde se fueron, qué fusiles llevaban y por qué tenían un brazalete en el brazo derecho y otro en el izquierdo, y pregunta y pregunta y más preguntas, y yo me decía: 'Dios, ¿para dónde va este hombre?'", recalcó Hugo y siguieron hablando hasta las tres de la mañana.

Al día siguiente se encontró nuevamente con Fidel Castro. Si este quería hacerle una afrenta al presidente Caldera, bastaba con haberlo recibido en el aeropuerto y dejar que las cámaras hicieran el resto, pero Fidel le tenía preparada una recepción con Daniel Ortega, el expresidente de Nicaragua, y algunos otros comunistas empedernidos. Aquello había dejado de ser un pequeño encuentro para pasar a ser algo mucho, pero mucho más grande.

De allí se marcharon al Aula Magna, en la que Hugo dio un discurso de dos horas frente a buena parte del estudiantado y de las altas jerarquías de la isla, saliendo cerca de la media noche. Pero allí ocurrió una última invitación a Hugo, a la casa del embajador venezolano Gonzalo García Bustillos, un hombre que vivió toda su vida bajo un manto de socialcristiano pero que en realidad "era un gran amigo de Cuba", tan amigo de Cuba que Fidel Castro le tocaba sus puertas a las 3 am, cuanto estaba en piyama. Tan amigo de Cuba que traicionó a sus amigos Luis Herrera Campins y Rafael Caldera recibiendo a los golpistas a esa hora, sin nunca haber dicho nada hasta su muerte. Lo que allí ocurrió aquella noche sería el comienzo de todo para una nueva Venezuela.

Al día siguiente Fidel escoltó a Hugo Chávez al aeropuerto y, al verlo abordar el avión, se volteó a José Arbezú y le exclamó: "Tenemos que apoyarlo". Eusebio Leal, uno de los hombres más emblemáticos de Cuba y presente en aquel momento, concluye que a partir de ese instante: "En muy poco tiempo Chávez se convirtió en uno de los discípulos más sinceros de Fidel. No es el único, pero sí uno muy especial"...

Hugo y la orden del comandante Fidel

Es necesario continuar con nuestras conversaciones "inteligentes" para darnos cuenta de lo que acontecía en ese momento y del entorno, siempre necesario, para comprender el conjunto de las cosas que ocurrían en 1994:

TP.– ¿Qué pueden significar aquellas palabras del Comandante Castro de "tenemos que apoyarlo"?

R.– Usando las máximas de experiencia, nada bueno. Fidel estaba técnicamente quebrado, era el 35 aniversario de la Revolución y esta comenzó a pasar hambre, de 3.000 calorías se pasó a un poco más de la mitad, causando que la gente incluso llegara a perder hasta el 25% de su peso corporal. "Tenemos que apoyarlo" no auguraba nada bueno para Venezuela, era la diferencia entre la vida y la muerte.

TP.– ¿Pero en qué se podía traducir este episodio de ayuda?

R.– Bien, lo primero que hay que entender es que "tenemos que apoyarlo" no fue un comentario. Fidel nunca ha dado puntada sin dedal, como dirían nuestros abuelos, nunca ha hecho nada gratis, ni por ser amigo de la gente. Aquello fue una orden directa y nada menos que a José Arbezú.

TP.– Es vital que definas los personajes.

R.– Bien, todo el mundo cree que la inteligencia cubana es un invento cubano. Esto no es cierto. La comunidad de inteligencia cubana es una realización de los rusos a imagen y semejanza de estos. Se equivoca el que piense que el G-2 es el órgano de inteligencia cubana, cuando todos los organismos en Cuba son de inteligencia. La inteligencia exterior la lleva a cabo el Ministerio del Exterior, el canciller es su máximo representante y este se sirve tanto de su gente como de la inteligencia militar y de la civil. Pero también está la inteligencia estratégica o política adscrita directamente al partido y su máximo exponente es un alto cargo del partido. En palabras sencillas y para no entrar en aburridas descripciones, todo el aparato es inteligente.

TP.– ¿Sugiere esto que la orden fue a la inteligencia?

R.– Sugiere que Castro le dio la orden a la inteligencia exterior y al jefe de inteligencia estratégica, que en este caso era Arbezú.

TP.– ¿Puedes explicar un poco quién es esta persona?

R.– José Arbezú es muy probablemente uno de los hombres más importantes de la inteligencia estratégica cubana. Comenzó en 1959 y para 1965 era el embajador en el Egipto de Nasser durante todo lo ocurrido en la crisis del Canal de Suez. No era pues un mediocre, sino un hombre preparado en las lides de la alta política y el alto espionaje por los rusos. Fue vicepresidente del Departamento de Américas, el más alto organismo de inteligencia estratégica, bajo el célebre comandante Manuel Piñeiro, llamado "Barba Roja", quien por cierto estaba casado con Marta Harnecker, la socióloga y comunista chilena defensora de Hugo Chávez. Posteriormente Arbezú lo sustituyó en febrero del 92, casualmente el mes del golpe de Estado, como el jefe máximo de la inteligencia estratégica.

TP.– ¿Qué tipo de inteligencia y qué operaciones hacían?

R.– Nada pequeño: Angola, Zaire, Grenada, la invasión a Venezuela en los sesenta, el apoyo a Salvador Allende, el apoyo a los comandantes venezolanos que visitaron la isla entre el 82 y el 86.

TP.– Entonces la orden de "ayuda" no fue un comentario, sino una orden al director de la inteligencia estratégica cubana en el peor momento de la historia de Cuba.

R.– Por supuesto. Aquí es donde no es lo mismo una noticia como esta [me enseña una revista brasileña de 1997], donde ocurre una inocente reunión en Brasil, en la que un profesor de la Universidad de La Habana habla de que "la izquierda latinoamericana encuentre una alternativa al neoliberalismo", que entender que el inocente profesor habanero no es otro que José Arbezú. No es lo mismo que Hugo Chávez dijera que conoció a la izquierda latinoamericana en unos foros entre 1995 y 1997 que explicar que todos esos foros fueron organizados por la inteligencia cubana.

TP.– Entiendo que la orden de Fidel se cumplió al pie de la letra.

R.– Y mucho más. Entre 1995 y 1997 surgió el nuevo Hugo, con los nuevos amigos extranjeros. Un Hugo que nunca habló de neoliberalismo llegó con el cerebro prácticamente lleno de las ideas inculcadas por el Departamento de Américas. En él operó un cambio angustiante, por no hablar de lo que empezó a pasar en territorio venezolano, de lo que es mejor ni hablar.

TP.– No nos vas a dejar con la intriga.

R.– Solamente te voy a leer esta noticia de 1997 para que saques tus propias conclusiones: "Detectan visado irregular de 100 mil cubanos en Venezuela (...) el Ministerio de Relaciones Exteriores exige control".

TP.– Pero eso parecía una invasión. ¿Cómo Fidel Castro les dio permiso a 100 mil personas para viajar? ¿Quién entregó las visas?

R.– Gonzalo García Bustillos. El embajador al que Fidel despertó a las 3 am con Hugo Chávez y aquel recibió en piyama. En realidad no fueron más de 40 mil, pero la Junta Patriótica de Cubanos armó el escándalo y denunció al embajador y sus "dudosas actuaciones", pareciéndole ilógico que 40 mil cubanos quisieran de pronto residir en Venezuela permanentemente.

TP.– Es como para asustar al más valiente. ¿Entonces buena parte de estos cubanos ya estaban allí antes de que Chávez tomara el poder?

R.– Por eso te dije que de eso es mejor no hablar.

Hugo llegó a las grandes ligas
(pero de la revolución)

Los comandantes habían aceptado integrarse a la vida civil, algunos optaron por el servicio exterior y ahorraron todo lo que pudieron. Otros se fueron a cargos medios dentro de la administración pública. Urdaneta Hernández, por ejemplo, ahorró prácticamente todo su sueldo como cónsul y, al llegar con su familia, vendieron la casita comprada a crédito del Ejército y con los dólares ahorrados se mudarían a un apartamento de clase media.

Pero Hugo Chávez fue el único que siguió su rumbo fijo y ahora estaba en las ligas mayores de la conspiración. No solo contaba con nuevos amigos empresarios y banqueros que giraban los cheques para su nuevo estilo de vida, sino que tenía el respaldo del mayor aparato de inteligencia exterior a su disposición, el cubano. Y así surgió el Hugo de las tres raíces, el hombre que se vestía de liliquique y que manejaba su imagen de estar fuera del sistema, el que privadamente viajaba en los jets privados de sus amigos o el que viajaba al exterior con el aparato de inteligencia exterior cubano. ¿De dónde salían los cheques para pagar alquileres, la luz, el teléfono de varias casas y varias mujeres con servicio doméstico, los continuos viajes al exterior, la comida de sus varias familias y los liliquiques?

El comandante Pineda Castellanos, graduado en la promoción de Hugo Chávez, uno de los comandantes del golpe de Estado, quien se desempeñara como su "asistente personal" durante los 3 años de la campaña presidencial, revela el tipo de vida que llevaba Hugo: "No podía dar crédito a lo que veía: Marisabel maltrataba a las hijas de Hugo, luego a Huguito, pateaba a las dos mujeres de servicio que tenía a sus órdenes". Producto de las peleas y los maltratos de la nueva esposa a los hijos de Hugo, "las muchachitas andaban como unas parias, como unas nómadas, entre las casas de Sol Musset, otro día en casa de Janet Madriz y otro en la casa de Carmencita Padrón, y otra noche o fin de semana en la casa de María Eugenia Prieto". María Gabriela se mudó a Mérida y Rosa Virginia a Barinas; eso fue cuando Marisabel botó a Huguito del apartamento".

Hugo vivía en una exclusiva zona residencial y ahora era cortejado por quien terminaría siendo su primer ministro de Economía. Así que la primera boda de una hija ya no se haría en una casita frugal, sino en una hacienda llamada "El Diamante", que de acuerdo al comandante Pineda "Tobías Carrero le compró a Luis Miquilena en Barinas" y despedía a su nueva esposa para que esta fuera a "la peluquería, a la manicurista, a reunirse con Yajaira, la esposa de Luis Miquilena, con la esposa de Tobías Carrero, en una camioneta Mercedes Benz", esposa que se negaba a recibir o atender a personas diciendo "no te puedo atender, me estoy probando unos zapatos", lo cual, además, era rigurosamente cierto, "había mandado a buscar 60 pares y se los estaba probando".

Ahora con sus nuevos amigos empresarios, Hugo tenía un comando nacional de campaña al mejor estilo de los adecos, con edificios en Caracas y en las principales ciudades. Sus manos derechas en la campaña pasaron a vivir en apartamentos extraordinariamente costosos, propiedad de otro empresario español, en una de las más emblemáticas zonas de clase media alta, y tenían chofer.

Pero Hugo también tenía dos caras en extremo calculadas: su vida privada y el dinero que gastaba a manos llenas eran un secreto para la mayoría de sus seguidores. Los asesores de imagen rechazaron en un principio los costosos trajes pagados por quienes él conocía como los "pítchers judíos". Uno solo llegó a aportar 6.000 dólares tan solo para los primeros trajes de un sastre famoso. Pero Hugo sabía muy bien el costo político de vestirse de sastre y los rechazaba, aunque su nueva imagen e indumentaria de liquilique perfectamente cortado en su delgado cuerpo estaba fríamente calculada, además de que no eran precisamente comprados en los almacenes árabes del centro de Caracas. Pronto la presión y el estilo de vida impulsado por el dinero que no cesaba de llegar de los empresarios hicieron mella y ocurrió el famoso cambio: "Hemos estado haciendo un esfuerzo, lógico, por necesidad de cambiar el ropero y de tener algunos trajes más o menos occidentales (...) No es que hay entonces esa transmutación del liquilique a Clement. Yo tengo allí hasta mi traje de combate. Si ahora se prendiera un zaperoco, volvería a ponerme el traje de combate para ir a combatir. Es el hombre y sus circunstancias".

Finalmente, se dejó llevar por los poderosos a un sastre, conocido por buscar a sus clientes en un Rolls Royce, casualmente el sastre favorito del presidente Carlos Andrés Pérez.

Hugo y la imagen de antisistema

Aunque existen personas que sostienen que Hugo salió de prisión y costó convencerlo de que aceptara el camino electoral, esto no es cierto. Tres días después de su salida de prisión o más bien del Hospital Militar, en el que estaba recluido por un tratamiento odontológico en el que le extrajeron varias piezas, Chávez anunció su disposición de convertir el MBR-200 en una organización política a cuya cabeza aspiraría a la Presidencia de la República.

La férrea oposición a que los comandantes que habían salido aspiraran a las nuevas elecciones de gobernadores y alcaldes no tenía en lo absoluto algo que ver con una política antisistema. Era un tema de competencia política del "Comandante Maisanta" y así utilizó sus influencias e incluso su poder mediático para que muchos se alejaran de su camino planificado. Todos eran enemigos de su imagen en ese momento, no solo por competencia; conocía a muchos de ellos y sabía que buena parte había conspirado para salir de sus vidas de restricciones. Un solo acto de corrupción en una alcaldía podría destruir sus sueños cada vez más cercanos de llegar a la residencia presidencial arrastrado por su fama.

Esa fue una de sus peores luchas al salir de prisión. Y eso le preocupó aún más al año siguiente y al extremo, porque Arias se rebeló lógicamente contra una política de abstención para el resto de los comandantes, mientras él explicaba en primera plana de los periódicos que sería candidato a la Presidencia. Aquello no era una política de abstención basada en otro plan que no fuera impedir que los demás alcanzaran el éxito. La abstención política era para sus subordinados y no para él.

Pero Francisco Arias Cárdenas rompió el bloqueo de Hugo escondido tras la postura abstencionista antisistema y logró convertirse en el primer gobernador del Zulia de un partido político distinto al gobernante; para colmo lo haría en el primer estado petrolero y el segundo más grande y rico de Venezuela. Acababa de ser electo pese a innumerables intentos de Hugo de boicotearle las elecciones, llamándolo traidor y lacayo del sistema. "Arias está condenado al fracaso", explicaba a todos al mes de resultar electo, haciendo una campaña insistente de que se había incluso hasta cambiado de partido. "Nuestra separación es insalvable", explicaba a los periodistas. "Cada vez lo veo más hacia otro lado y de acuerdo a informaciones se va a cambiar de bando", explicaba maliciosamente a los medios.

Esta política era como la que había hecho con los generales en el pasado. Arias Cárdenas, como los generales golpistas, representaba un escollo enorme. ¿Cómo alcanzar la Presidencia si Francisco le llevaba todas las ventajas del mundo? Había sido exitoso en la toma de sus objetivos militares y ahora exitoso en la campaña electoral que lo llevó a gobernador. "Arias quiere aparecer en el Zulia como el gran triunfador del 4-F", dijo Hugo. "Arias Cárdenas está pensando en la alianza que lanzará su candidatura presidencial", exclamó un atribulado y hasta cierto punto envidioso Hugo. Faltaban dos años para las presidenciales y había que anular a Arias a como diera lugar.

Por eso Hugo no tuvo nunca reparo en desprestigiar a Arias acusándolo veladamente de tener empresarios de su lado, de cómo había traicionado sus ideales, mientras un solo traje de Hugo les costaba más de 2.000 dólares a sus financistas, a su nueva esposa la llevaban a jugar tenis a los más prestigiosos clubes de multimillonarios y él viajaba en un Gulfstream con dos azafatas. Hugo calculadamente aparecía en los medios, atacando a Arias, haciéndose pasar como un hombre antisistema y desplegaba una verdadera guerra sucia acusando al resto de los comandantes que pretendían dedicarse a la política de haberse plegado al sistema. Y la mayor andanada de misiles se la llevó Arias, de quien públicamente dijo hasta que había permitido la entrega de concesiones petroleras, mientras lamentaba públicamente sus declaraciones e incluso esperaba que lo sacaran antes de tiempo.

Un personaje llamado "Hugo Chávez"

Ahora los fondos de Hugo "el antisistema" le permitían vivir cómodamente y pagar varias casas, la de su familia, la suya en Caracas y la de no pocos de sus seguidores más cercanos. Los fondos del movimiento daban para realizar 14 viajes internacionales con una que otra compañía y hasta para darles a viejos amigos para comprar ganado. Hugo había entrado de lleno al "sistema" y además lo disfrutaba en grande.

Es en este momento cuando comienza a gestarse un Hugo verdaderamente eficaz, uno muy distinto al que había existido hasta ese momento. Estaba naciendo el "Hugo Chávez" que todos conocimos posteriormente. Un hábil político capaz de emprender negociaciones francamente persuasivas, de desatar los nudos que impedían acuerdos, así como ser verdaderamente despiadado con sus adversarios políticos. Pero casi un genio en mostrar una imagen de austeridad y antisistema muy alejada de su realidad en aquel momento, una imagen calculada desde la vestimenta, hasta la forma de llegar a los canales de televisión y los medios de comunicación.

Hugo había sido en términos racionales muy irresponsable con su vida civil, un hombre profundamente errático, su vida militar había sido una calamidad, pero el desarrollo de sus habilidades histriónicas como presentador de espectáculos, su pericia a la hora de hablar en público y su extraordinaria soltura le darían una ventaja táctica increíble contra todo competidor. Paradójicamente, 25 años de entrenamiento en oratoria y uso del micrófono le daban la noción de imagen propia que necesitaba; sus incontables obras de teatro en las que esbozó e incluso creó personajes le aportaron lo que faltaba, pues creó un personaje extraordinario llamado "Hugo Chávez", un personaje cuyo guion principal contaba con los cuentos de Maisanta, con los cuentos de Gadafi y con los cuentos escuchados en todas partes, desde los casinos de oficiales hasta las fiestas patronales en el interior de Venezuela.

Su memoria prodigiosa y una voz harta ensayada, densa y poderosa harían su parte, aportándole al personaje un carácter que nunca tuvo. El paquete que entró a los ojos de millones de espectadores era verdaderamente espectacular, un guerrero feroz que había arriesgado la vida por un ideal superior, un auténtico líder de cientos de oficiales e incluso de generales y almirantes, los aviones habían bombardeado Caracas a sus órdenes, los marinos habían salido bajo su mando y buena parte del Ejército estaba con él.

Ya no era Maisanta ni una pura ilusión con quien la gente se identificaba; estaba viviendo en otra época y se convertiría en un gran conductor de masas. La televisión y los medios de comunicación harían el resto, convirtiendo a Hugo en una leyenda en vida, muchos por conveniencia, otros porque pensaban que podían subirse a la leyenda y domarla, otros sencillamente porque era un fenómeno noticioso. Había muerto el personaje creado durante la cárcel llamado "Comandante Maisanta" y había nacido uno más grande aún, Hugo Chávez.

Hugo el general de divisiones

Si bien el personaje de Hugo Chávez jamás podrá pasar a la historia como el destructor del sistema de partidos, porque estos se derrumbaron solos, sí logró dividir a todo el mundo. A los partidos los mató su propio liderazgo que insólitamente se suicidó. Habían sido los herederos de un modelo que simplemente no pudieron continuar, y si la caballería de Chávez cargó contra algo, lo hizo como Don Quijote en la aventura de los mercaderes, aquellos vendedores de mercancías a los que el héroe de Cervantes confundió con caballeros andantes y que terminó con el héroe y su lanza rota en pedazos, así como el cuerpo con una que otra contusión.

Pero Hugo, o la magia mediática de Hugo, sí destruyó al menos un par de partidos, el primero llamado La Causa R. Un partido de izquierda radical, nacido de la separación de un importante grupo del Partido Comunista en 1971, que había trabajado durante más de 26 años hasta alcanzar 1,2 millones de votos en 1993, consolidándose como un partido tan grande como Acción Democrática y Copei. De hecho, hubiera bastado con crear un frente de izquierdas, con el Movimiento al Socialismo y con el Partido Comunista, para que hubieran arrasado en las elecciones de ese año. El segundo partido, el Movimiento al Socialismo, que venía de formar parte del gobierno del presidente Caldera. La unión lucía imposible gracias a los egos de la izquierda, que impedían cualquier pacto o frente común.

A partir de julio de 1997 comenzaron las alianzas y la construcción de frentes con la Gran Reconciliación Histórica que buscaba la unión de los partidos socialdemócratas. Los lectores de periódicos llegaron a ver que facciones del MAS exigían en grandes titulares la unión con Acción Democrática. El socialcristianismo haría lo mismo planteando la gran reunión de la familia socialcristiana. Si estas posiciones hubieran prosperado, muy probablemente Hugo Chávez jamás habría alcanzado el poder, pero si había algo en estos grupos era los egos, que eran aún más grandes que los de la izquierda radical.

"La Causa R no apoyará candidatura de Hugo Chávez", fue el lógico desenlace de un partido nuevo que había alcanzado una alta votación en las últimas presidenciales y en las elecciones de gobernadores. Parte de sus líderes naturales pretendían lógicamente presentar sus candidaturas antes que apostar por un tercero y otros líderes históricos decidieron marcharse 3 días más tarde.

Desde el 20 de julio hasta el 15 de agosto, los venezolanos vivieron la separación de lo que había sido el proyecto más exitoso de la izquierda radical cuando Andrés Velásquez, que pretendía una candidatura del partido, y Pablo Medina, que pretendía apoyar a Hugo Chávez, pelearon por el partido, creándose LCR-Velásquez y LCR-Medina, que derivó en la creación del partido Patria Para Todos el 5 de agosto de 1997.

Así que el "efecto Hugo" terminó por destruir y tres veces a La Causa Radical, obligada a fracturarse la primera vez porque Hugo Chávez estaba peleado con alguno de sus líderes, creándose el PPT para apoyarlo a mediados de 1997, y después volviéndolo a fracturar cuando este movimiento tampoco quiso apoyarlo. De esta forma el liderazgo en el que Hugo había supuestamente sido parte del bloque militar en su juventud, quedó desecho una y otra vez hasta llevar en el 2006 al partido fundado por su héroe Moleiro a tener 27 mil votantes apoyando a la oposición, así como al PPT unos 527 mil apoyando a Chávez. Llegado el 2012, el partido La Causa R había desaparecido en una tarjeta unitaria y el PPT apenas contaría con 220 mil votos.

Hugo se adueñaría paradójicamente de los "nuevos ideales" que representaba La Causa R, de sus consignas y de sus líderes principales, destruyéndolo por completo junto a Pablo Medina, quien sería devorado políticamente como en su momento lo fueron los comandantes del 4 de febrero.

Venezuela y la política del titiritero

La campaña electoral comenzó en julio de 1997, producto de ese reacomodo partidista en el que no solo la izquierda se separó, sino todos los partidos. Lo mismo que sucedió en La Causa R sucedió en el MAS desde mayo de ese año, en el que dos bandos profundamente encontrados terminaron por separarse. Si el MAS históricamente había contado con 200 mil votos, en la última elección había logrado casi 600 mil gracias a capitalizar la decepción en el sistema de partidos, así que también se decantó por una división que terminaría por apoyar a Hugo Chávez, mientras que casi todos los líderes salieron del partido. El Movimiento al Socialismo terminaría siendo demolido por Hugo Chávez, al solo alcanzar 70 mil votos en el año 2006.

Otro de los partidos políticos rotos por la mitad fue Copei y por las mismas razones: una parte del liderazgo se decantaba por la política interna y otro por escoger un tercero, como lo hizo la izquierda radical, surgiendo el Copei-Fernández y el Copei-Campins/Ramírez. Habían comenzado las guerras fratricidas por convertirse en titiriteros, es decir tratar de llegar al poder a través de personas que los detestaban profundamente. La izquierda radical que era detestada por Hugo Chávez y el socialcristianismo que era detestado por Irene Sáez, una joven alcaldesa que había sido reina de belleza, eran la noticia del día.

Las guerras fratricidas comenzaron a partir del primero de agosto. Estas guerras, entendidas como campañas sucias, el uso de la justicia para doblegar espíritus políticos, la "justicia de titulares" para destruir reputaciones y apoyos a candidaturas, fueron a partir de ese mes una realidad que terminaría por destruirlos a todos. Aquello fue en contexto una lucha encarnizada para tratar de llegar al poder de una forma absolutamente insólita y que llevó a cambiar incluso los estatutos del partido para apoyar a candidatos externos.

En este momento comenzó una campaña electoral que duraría un año y medio. Pero algo más profundo ocurriría en el pensamiento político venezolano. En teoría, todo el mundo sabía que Venezuela tenía un presidente, pero en la práctica se trataba de un anciano de 81 años quien difícilmente se podía sostener en pie o soportar largas horas de trabajo sin quedarse profundamente dormido. Nadie en el mundo político pensaba que gobernaba el presidente más viejo del planeta.

Ver a Rafael Caldera siempre sentado y encorvado en las fotos daba la misma impresión que los últimos años del papa Juan Pablo II; los años no pasan en vano y por más esfuerzo que se hiciera, su edad era un duro lastre para el anciano político, que aun cuando conservaba buena parte de su lucidez y de su patrimonio moral, todos sospechaban que quienes gobernaban eran mucho más jóvenes que él.

Pero la postulación y posterior ascenso al poder había roto en pedazos la política venezolana y más aún el liderazgo de la tercera edad que vio en Caldera un rejuvenecimiento de sus posibilidades políticas. La presidencia de Caldera terminó por destruir lo poco que quedaba del sentido común de muchos de los líderes históricos, justo en el momento en el que ocurría un cambio generacional importante.

Esto es indispensable para entender lo que sucedería más adelante, en los dos partidos más grandes, Acción Democrática y Copei, cuando comenzaron las luchas encarnizadas entre el muy viejo liderazgo y los jóvenes, en una cruenta batalla que perderían las nuevas generaciones y que llevaría a los partidos a su destrucción. Nadie les discutía a los ancianos caudillos, rejuvenecidos por el ego político de Caldera, su poder, y buena parte del relevo generacional no es que decidió abandonar sus aspiraciones, sino que fue obligado a callar mientras los ancianos deshojaban la margarita de las postulaciones. Figuras políticas arcaicas y sin ninguna posibilidad electoral en AD, en medio de un profundo cambio generacional, se enfrentaron por el dominio del partido, que terminaría con el nuevo liderazgo arrasado y en la calle. Claudio Fermín o Antonio

Ledezma, verdaderos líderes naturales, no solo serían relegados, sino expulsados o invitados a salir del partido posteriormente. "La paz de los sepulcros reina en AD" fue un titular del periodista Roberto Giusti, que podía ilustrar perfectamente lo que ocurría en aquel momento, en el que los jóvenes fueron sacrificados en la pira de la estupidez.

Pero lo mismo ocurría en Copei, cuando un líder emergente y muy hábil se postuló para las elecciones internas a finales de septiembre. Su nombre: Henrique Salas Römer. Luis Herrera Campins, de 72 años, quien pretendía llegar al poder a través de un "títere político", estaba enfrentado a un Eduardo Fernández de 57 años y adicionalmente se sumaba un hombre con muy buena imagen, también cercano a los 60 años, quien de inmediato sería expulsado del partido.

Para este último era un riesgo calculado, por cuanto había tenido una carrera como gobernador impecable y en extremo exitosa. De esta forma, entre agosto y septiembre los candidatos independientes inscribieron sus partidos para las elecciones: Hugo Chávez, que había logrado el apoyo de un importante sector de La Causa R y con eso había logrado conjurar cualquier posibilidad de la nominación de Arias Cárdenas; Henrique Salas Römer, que había sido expulsado de Copei y creado Proyecto Venezuela; Claudio Fermín, que saldría en octubre de Acción Democrática; Irene Sáez, que creó un movimiento con su propio nombre llamado Irene, habiendo llegado a un acuerdo con una parte de Copei, del que llegó a decir: "Dirán que no tengo preparación, que no soy inteligente y comentan que con la cara de gafa que tengo no se concibe que llegue a ser Presidente". Fueron entonces la oferta electoral, ajena a los partidos tradicionales en aquel momento.

Si Copei hubiera logrado un acuerdo con Salas Römer o Eduardo Fernández, integrarse en la propuesta de unión con Convergencia y la ayuda propuesta por el MAS, Hugo hubiera tenido en extremo difícil alcanzar la Presidencia. La Causa R en rueda de prensa expresaría que la única manera de que Chávez llegara al poder sería "con una guerra civil". Aquello fue en extremo cierto: Hugo alcanzó el poder gracias a la guerra civil pero dentro de los partidos.

Maisanta contra Miss Universo

"El aventurismo político puede conducir a dictadura", expresó Eduardo Fernández, como quien presagia un destino aterrador. "Quienes coinciden en que la alcaldesa Sáez es estadista, hacen bien en apoyar esa fórmula", expresó más adelante con un cinismo quirúrgico. "Pero hay, en muchos dirigentes importantes, la idea de que la solución de los problemas del partido está en engancharse en un fenómeno de popularidad externo a Copei, que no es resultado de nuestras credenciales, para ver si de esa manera logramos un espacio político en el país", insistía Eduardo Fernández.

El historiador Manuel Caballero lo esbozó perfectamente de esta forma: "Copei se llevó la palma de la irresponsabilidad lanzando como candidata a una popularísima reina de belleza. No solo se avergonzaban de ser líderes, sino, algo mucho peor, de ser políticos. De servidores de una sociedad, se convirtieron en seguidores de sus caprichos".

Si una parte de los empresarios y operadores de los medios de comunicación habían fabricado la ilusión del "Comandante Maisanta", otra se dispuso a crear un espejo planteando que Irene Sáez Conde, la ex Miss Universo que era la alcaldesa del municipio más rico de Venezuela, podía ser la contendiente de Hugo Chávez. Irene Sáez, de 37 años de edad, era alcaldesa de Chacao, un municipio de apenas unos 50 mil habitantes, con 24 centros de votación y 42 máquinas electorales, cuyo 15% del electorado era de clase alta, un 35% de clase media alta, un 40% de clase media y apenas un 10% de clase baja, que no está calificada actualmente como pobre.

En esencia era como si el alcalde de Beverly Hills de California les fuera planteado a los estadounidenses como un hombre de grandes logros. El problema de la municipalidad era que tenía muchísimos ingresos y prácticamente nada en que gastarlo, pues la educación, la salud, el deporte y la recreación corrían en un 90% por cuenta de los habitantes del municipio. En honor a la verdad, ni siquiera era como en Beverly Hills, donde el estado está obligado a sostener escuelas como la famosa Beverly Hills High School, para que niños como Tori Spelling, Angelina Jolie, Nicolas Cage o André Previn pudieran educarse gratuitamente. A diferencia de este, en el caso de Chacao prácticamente todos los habitantes del municipio asistían a escuelas privadas y no pocos a escuelas en Estados Unidos y Europa.

Así que Sáez se dedicó a construir de cero una policía que sería la envidia de los venezolanos, una policía con los mejores sueldos del país, que daba la sensación de algo novedoso y exitoso, pero que era sencillamente imposible de replicar en el resto del territorio nacional, que carecía de recursos o que había de destinar los pocos existentes a las masas de población depauperadas. De hecho, para ese momento, el 70% de las alcaldías no podían siquiera pagar el sueldo del alcalde sin los recursos del Estado Central y se pretendía eliminar cientos de municipios por insolventes. Pero de la misma manera que el caso del "Comandante Maisanta", a los venezolanos se les vendió la tesis del éxito de una contra el fracaso del otro. Una campaña que tenía todas las señas, como lo explicaba Manuel Caballero, de terminar en un estrepitoso desastre y desengaño.

"Antes teníamos el 4% de las intenciones de voto. Ahora estamos en 18%", afirmó Chávez, citando las encuestas que acababa de hacer su partido, llamado MVR, al que legalizaría 5 días más tarde. Mientras este explicaba cómo su candidatura subía, en los partidos políticos tradicionales se decantaban entre apoyar a otros o usar un candidato propio. Henry Ramos Allup explicaba que su candidatura tenía el apoyo de las bases de Acción Democrática y Eduardo Fernández que sus bases programáticas eran las mejores en Copei. Una corriente bipartidista enfrentada proponía que ambos partidos llevaran la candidatura de Claudio Fermín.

A partir de allí los partidos políticos tradicionales, que no estaban muertos aún, optaron por el suicidio colectivo haciendo acuerdos de unidad que terminaron de resquebrajar la precaria imagen. Cuando los líderes comenzaron a buscar acuerdos regionales, entendidos estos como la unión de los dos principales partidos para llevar candidatos conjuntos, los medios de comunicación nunca los perdonaron: "Alfaro Ucero bendijo la guanábana" titularon casi todos los medios, comenzando una guerra sucia como nunca se había visto en Venezuela entre los políticos. Si Claudio Fermín tenía alguna posibilidad, la "cumbre", la "gran alianza", la "gran familia" de exadecos entre Claudio Fermín y Carlos Andrés Pérez terminaría por destruir sus posibilidades.

Acto seguido de esa guerra mediática en la que Hugo sencillamente no participó porque no hizo falta, los cuchillos de parte y parte eran lanzados, surgiendo de inmediato corrientes adversas al bipartidismo dentro de los propios partidos. Y a partir de este momento, llegó la crisis de credibilidad, cuya vorágine no permitía reflexión, por más intentos de la Conferencia Episcopal de tratar de llamar a la sindéresis.

Atrapados sin salida

"El puntofijismo está muerto", "Se agotó el modelo de 1958", "La democracia está en deuda con el país". Parecieran las palabras de Hugo Chávez, pero no, pertenecían a las de los principales líderes de los partidos tradicionales; de hecho hasta el 23 de enero de 1998, Hugo Chávez ni siquiera había aparecido en los medios de comunicación.

Los partidos políticos se dedicaron a sacar cuanto acto de corrupción había. Utilizaron incluso la justicia para tratar de denunciar a todo posible candidato que tratara de optar o saliera en las encuestas con algún punto. Durante los primeros 22 días del mes de enero, se ventilaron 51 denuncias de corrupción entre los mismos militantes y líderes de los partidos políticos. Por eso el primer titular de Hugo Chávez fue: "Estamos en los funerales de la corruptocracia", en un mitin en el que no sobrepasaban los 200 asistentes, entre transeúntes y convocados.

Hugo no necesitaba campaña alguna ante la salvajada que ocurría dentro de los partidos políticos. De hecho viéndolo en retrospectiva, parecía el más serio de todos los candidatos de cara a cualquier asiduo lector de periódicos. Todo era tan surrealista que la mejor explicación era aquella película en la que el personaje de Jack Nicholson, un sano delincuente, fingió demencia en la corte para no ir a la cárcel y el juez lo envió a un hospital de enfermos mentales. La figura de este pillo en medio del montón de chalados sería la mejor descripción de lo que acontecía en enero de 1998.

Era lo que Caballero había conceptualizado como "el canibalismo político", un grupo de ineptos políticos que se acusaban mutuamente a través de la "justicia de titulares", sin entender jamás que ambos bandos se deslegitimaban por igual. En este caso fueron los mismos políticos en sus sucias jugadas los que acabaron con sus respectivos partidos políticos. Pero ocurría algo igual de malo. Mientras se mataban entre sí, su verdadero adversario crecía alimentándose con sus denuncias, sin que a ellos siquiera les importara. Lo poco que quedaba del sistema de partidos estaba siendo aniquilado por los mismos líderes de los partidos.

"Existe un principio análogo", trataba de explicar el filósofo Luis Castro Leiva. "Está en juego la preservación de la democracia para que no sea sustituida por la ilusión de una tentación totalitaria o autocrática", pero nadie escuchó al filósofo, quien era una de las pocas voces lúcidas del país. "Eso es lo que está en juego ahora, porque mucha gente está diciendo en este momento que la política y los políticos no sirven". Pero "Irene sería un error monumental del país", sostenía quejándose de que el expresidente Luis Herrera estuviera "aupando a la señorita Irene Sáez (...) quien no está a la altura de las exigencias que va a requerir la estabilidad".

A mitad del mes de febrero se podía respirar un ambiente de guerra a muerte en los partidos tradicionales, en la que incluso secretarios generales debatían en las primeras planas de los periódicos y en los canales de televisión algo insólito, como lo desastroso que sería para Venezuela la candidatura de sus propios líderes políticos. Imagínese por un instante que usted fuera un militante del partido Copei, en el que su secretario general dice que el candidato que despunta internamente "será una tragedia para Copei si sigue su obsesión presidencial" y además exige que no se lance porque "nadie cree en él". Imagínese que le impone a usted que debe votar por Irene Sáez, quien a los dos días aparece en primera plana de los diarios exclamando y despreciándolos: "Irene no permitirá que Copei la secuestre". Concluía así el mes de febrero de 1998 y Hugo Chávez solo había aparecido en los medios de comunicación apenas tres veces en la campaña. No le hacía falta, porque los partidos hacían campaña por él.

La lógica del político suicida

"Fue Claudio el que no nos quiso", argumentaba un frustrado Carlos Andrés Pérez al oficializar que su movimiento, llamado Apertura, una de las tantas divisiones del partido Acción Democrática, se deslindaba de las aspiraciones presidenciales de Fermín. Mientras, se oyó como un estruendo una célebre frase que titularon los medios de comunicación: "¡Alfaro es la solución a los problemas!". Venezuela entraba a la última década del siglo XX y a muchos en Acción Democrática les pareció genial que nos introdujera al siglo XXI un hombre sin estudios, nacido en 1921, a quien apodaban "El Caudillo". El viejito aún no lo sabía, pero terminaría expulsado del partido que fundó y acaudilló unos meses más tarde. Los mismos que lo auparon fueron los que en un abrir y cerrar de ojos lo mandaron a su casa para nunca más aparecer.

Eran mediados de marzo cuando Hugo ni siquiera había aparecido en un gran mitin, ni en una declaración de corte electoral. Hugo sencillamente no necesitaba efectuar campaña, pues los partidos políticos estaban enardeciendo a los electores a tal punto que Hugo subió 9 puntos sin que se supiera algo de él o dijera alguna frase en público. Aquello no era con él y lo único que dijo fue una escueta nota de 310 palabras en la que aclaraba a los que lo mencionaron en las trifulcas que "él no era un dictador".

A partir de allí, Hugo era el hombre noticia, la criatura favorita de los medios de comunicación, a tal punto que duplicó a su más cercano rival. Hugo apareció en 3.429 noticias, mientras que Salas Römer apareció en 2.435. El número de páginas ocupadas por Hugo llegaba a las 800, mientras que las de Salas alcanzaron las 530. La gran diferencia es que Hugo no estaba haciendo campaña, sino proponiendo cambiar lo que todos veían en los medios de comunicación con indignación.

Mientras puertas adentro de Acción Democrática al viejito Alfaro comenzaba a encantarle la idea de gobernar, sin siquiera aparecer en las encuestas, Claudio Fermín, que había tocado las puertas de ese partido buscando algún acuerdo posible, se marchaba desairado exclamando: "Aquí gobierna Luis Alfaro Ucero". Entre tanto, en Copei, la candidata continuaba enfrentada a la cúpula de ese partido diciéndole a todo el mundo que su apoyo no significaba de alguna manera acuerdos posteriores.

Eran mediados de marzo y los partidos políticos no entendían el contexto en el que estaban haciendo públicas sus pugnas. Para ellos Hugo era incidental y no representaba peligro, porque eran los herederos de una democracia que no les había costado ni una sola gota de sudor. Pero el presagio de Hugo se había hecho efectivo. La encuestadora Datanálisis dio el primer campanazo: Irene Sáez 36%, Hugo Chávez 21%, Claudio Fermín 14% y Henrique Salas 9%.

Hugo perdía en todos los estados menos en Barinas, pero venía subiendo en las encuestas vertiginosamente, aspecto que a nadie parecía importar, con la salvedad de Carlos Andrés Pérez, quien expresó: "He leído la noticia de que el señor comandante Chávez ha dicho que el presidente Caldera estaba informado de que se produciría el golpe del 4-F. Esta es una noticia que nos tiene que conmover y sorprender a todos los venezolanos, porque no la está diciendo cualquiera, sino precisamente el protagonista del golpe antidemocrático del 4-F y acusa nada menos a quien es Presidente de la República y quien, precisamente, el 4-F pronunció un discurso que despertó sospechas, alarma y preocupación en los sectores democráticos". Hugo había esperado 6 años para decir la verdad. El hombre que le dio la libertad, el famoso "abogado de los golpistas", quien le borró todo su pasado y prontuario golpista, lo sabía todo desde un principio.

Y mientras semejante denuncia sobre Caldera nunca se debatió públicamente, continuaban los demonios en el Partido Copei. Eduardo Fernández pedía abiertamente que no se escogiera a Irene Sáez y los titulares de los líderes desafectos de ese partido decían cosas como "Sáez es tan peligrosa como Chávez". La guerra era a muerte y los electores llegaron a finales de marzo aborreciéndolos. La respuesta de Irene Sáez no se hizo esperar: "Si Dios quiere, saldré adelante con mi organización". Aquella aventura antipolítica de los maestros titiriteros, que había comenzado como un idilio, empezaba a naufragar en medio de una guerra mediática entre los idiotas líderes de un partido que había optado por el suicidio, dando al traste con la "espumosa" carrera de Irene Sáez.

Hugo "el mercadeable"

En la historia de la política, nunca un candidato había logrado subir tan rápido sin hacer absolutamente nada. Hugo Chávez parecía que no competía hasta ese momento, ni tampoco recorría Venezuela. De hecho no daba la sensación de que él subiera realmente, sino que los demás se desmoronaban. El mes de marzo terminó con una inmensa trifulca entre Irene Sáez y buena parte de Copei, Eduardo Fernández amenazando con marcharse y muchos llamándola con epítetos despreciables e Irene en franca rebeldía.

Sáez era una alcaldesa sui géneris que no sabía absolutamente nada de política y se negó rotundamente a integrar alianzas de cualquier tipo. Cuando le ofrecieron finalmente constituir una dupla con Fernández como salida honrosa, Irene respondió a la oferta a través de la prensa alegando que ella no aceptaría "ganar las elecciones para que otro gobierne" y dio a entender que Copei y La Causa R no eran más que aliados prescindibles.

A partir de allí Irene se encargó del resto. Su propuesta de disminuir la nómina pública fue expuesta sin ambages en los medios de comunicación, con cifras en la mano que representaban cientos de miles de empleos perdidos en una economía contraída y desecha, mientras que su competidor era el único que hablaba de los pobres. La propuesta inicial de Sáez parecía extraída de la campaña electoral de cualquier liberal estadounidense. Irene hablaba de disminuir los impuestos en un país en el que nadie los pagaba o de disminuir el aparato del Estado como si se tratara de una campaña de otro país; en fin, propuestas a un electorado que habitaba principalmente los barrios, mientras tenía nada menos que al "Comandante Maisanta" en frente.

A los pocos días, los enemigos políticos internos y no precisamente chavistas buscaron a un juez para que se abocara y la Fiscalía General solicitó una investigación penal contra su gestión como alcaldesa y contra once de sus funcionarios, por presuntas irregularidades administrativas. Aquello fue la gota que derramó el vaso en un electorado profundamente asqueado, mientras gobernadores copeyanos aparecían en primera plana diciendo que apoyarían a Chávez, en lo que veladamente era un ataque político indiscriminado a la candidatura de la ex Miss Universo.

Por eso, en apenas un mes, a mediados de abril apareció el titular que faltaba: "Chávez aventaja en 5 puntos a Sáez". Hugo había subido otros 6 puntos sin entrar en la confrontación e Irene había perdido 14, colocando a Hugo de primero en las encuestas. Irene había pasado de ser una candidata que representaba algo a ser un verdadero problema y la mayoría de sus declaraciones tenían que ver con el juicio por corrupción, a todas luces montado políticamente, para que se viera obligada a colocarse a la defensiva y así permitir la llegada del candidato interno. Un reportero, que trabajaba en el diario *El Universal* y que llegaría a ser el último ministro de Comunicaciones de Hugo antes de su muerte, escribió una frase lapidaria: "El tiempo y los consejos de especialistas han convertido a Hugo Chávez en un producto más fácil de mercadear luego de una entrevista que le hiciera a Irene Sáez". La alcaldesa ya era muy difícil de salvar.

A partir de allí Hugo sería titular de prensa todos los días. ¡Chávez reunido con Fedecámaras! ¡Chávez atraerá inversiones extranjeras! Y Copei le hizo un ultimátum a la rebelde alcaldesa para que se contara políticamente con Fernández. La respuesta no se haría esperar y sonó a lo que diría Hugo Chávez: "¡Váyanse p'al cara... yanquis de...!", pero en una versión *light*. "El juego de Irene y Copei está llegando a su fin", exclamaría el tercer candidato, Henrique Salas Römer, quien llegaba a la contienda con posibilidades y que fue el gran ganador de los 8 puntos que perdió Irene en 20 días. "Ya Chávez superó a Irene y faltan muy pocas semanas para que yo haga lo mismo", sentenció el candidato.

La candidatura de Irene se derrumbaría en los próximos días como el Dow Jones en el Lunes Negro, mientras un Eduardo Fernández celebraba y anunciaba que ahora sí comenzaría la buena campaña de Copei, con él a la cabeza.

La mamá de todas las derrotas

"Afuera cientos de autobuses se acomodaban como podían. Unas mil unidades, a un costo de Bs. 250 mil por viaje, hicieron docenas de filas. La logística corrió por cuenta del gobernador de Miranda, Enrique Mendoza, y de Eduardo Sáez. Mendoza se trajo a unas siete mil personas. Del Zulia llegaron ocho autobuses; de Lara, 12 unidades; de Carabobo, tres; de Aragua, seis; de Trujillo, dos; de Portuguesa, seis; de Delta Amacuro, dos. La gente decía sin rubor 'votaré verde'. De cuando en cuando se repartían jugos, sodas y agua. Con un poquito de palanca se conseguían cachitos y *croissants*. El despliegue de seguridad, solo comparado con el de un jefe de Estado, mantuvo el orden a fuerza de 'cacheos' y de incomodar a los medios".

Con esta noticia se llenaron todos los canales de televisión, las emisoras de radio y la prensa nacional y extranjera. Aquello era francamente increíble. "A las 12 y 45 del mediodía, 45 minutos después de lo prometido, apareció Irene Sáez por uno de los laterales del domo aquel. Los hombres de azul, de seguridad, hicieron una cadena humana para abrirle paso. Otra vez el moño al estilo de Evita, vestida de negro, demasiado clásica para el ambiente festivo e informal que se provocó. Irene dijo que ya es insuficiente el paternalismo de Estado y que ahora tendremos 'una mamá Estado para impulsar el desarrollo en Venezuela de manera responsable'".

Aquel acto terminó en la mente de los espectadores como un frenazo en autopista, cuando aquella mujer, calculadamente, exclamó que ahora los venezolanos sabrían lo que es "una mamá Estado". Si Hugo vio o no aquel espectáculo no lo sabemos, pero hay dos hitos históricos que hicieron perder puntos a sus competidores: la famosa gallina de Arias Cárdenas y aquella mujer ataviada a lo Evita Perón anunciando el modelo de "Mamá Estado". Al día siguiente no hubo columnista que no tomara la frase peor pensada en la historia de Venezuela. Aquello fue suficiente para que a partir de ese momento perdiera un punto diario hasta alcanzar los 12.

"Mamá Estado" fue también suficiente para la izquierda que había soportado todo lo posible a la rebelde muchacha. Y ahora el MAS se decantaba por el candidato que paradójicamente parecía más serio, es decir Hugo Chávez, y La Causa R reconsideró su apoyo a la alcaldesa. Mientras, Acción Democrática se preparaba para lanzar de candidato al hombre más viejo que ha pretendido el poder alguna vez en Venezuela, a punto de cumplir los 78 años de edad.

"Solo el deseo de sobrevivencia política puede explicar que Acción Democrática haya lanzado como candidato a la Presidencia de la República a Luis Alfaro Ucero y Copei a Irene Sáez", explicaba la periodista política Luisana Colomine. "Los errores de estos partidos abonaron terreno para las candidaturas emergentes de Irene Sáez, Hugo Chávez, Henrique Salas y Claudio Fermín", destacó. Otro sostenía que esos errores hacían que toda la izquierda saltara desesperadamente a los brazos de Hugo.

Sobre Irene, todo terminó en un "show musical que estuvo a cargo de Guaco, Tambor Urbano y Oscar D'León, entre otros. Pese al 'top secret' de los organizadores, trascendió que solo el montaje del espectáculo costó más de Bs. 300 millones". Luego se sabría que había costado ochocientos. "Dos enormes pantallas fueron ubicadas a lado y lado del escenario y, como un himno, aturdía el 'I'm a Barbie girl in a Barbie world. Life in plastic, it's fantastic!' ('Soy una chica Barbie en un mundo Barbie. La vida plástica es fantástica')".

Al ritmo del grupo musical Aqua y su tema "Barbie Girl", terminaría la candidatura de Irene Sáez en la mamá, pero de todas las derrotas.

Copei en su fantástico mundo de plástico

"El estudio, difundido ayer por el partido Copei, indica que, a la pregunta abierta 'si las elecciones fueran mañana, ¿por quién votaría?', las respuestas favorecen a Chávez, con 27%, sobre Irene Sáez, quien obtiene el 16%. Henrique Salas Römer, 6%; Claudio Fermín, 5%, y Luis Alfaro, 1%". Fue Copei el que lanzó el estudio a la primera página de todos los periódicos en el que Chávez alcanzaba el primer lugar de las encuestas.

En descargo de Hugo Chávez, a estas alturas si bien no había hecho nada de campaña y solo apareció en los últimos 15 días a nivel mediático importante, representaba de cara a los votantes la mejor opción en materia de imagen. La guerra sucia de los propios apoyos a Irene Sáez había vuelto trizas a quien de por sí no era una buena candidata. La pelea a cuchillos con una parte importante de Copei, que nunca vio a Chávez como una amenaza, le restó 8 puntos. La maniobra judicial de llamarla corrupta y de levantarle un expediente para quitarla del medio, le restó otros 12, y ahora la imbecilidad hecha campaña a ritmo del "I'm a Barbie girl in a Barbie world. Life in plastic, it's fantastic!" terminó por demoler a Irene de una forma única en los procesos electorales del mundo. Al finalizar junio, Salas Römer había alcanzado el segundo lugar gracias a todos los votos que se marcharon de la carrera del "fantástico mundo de plástico".

Irene Sáez, que había alcanzado el 51% de intención de voto en diciembre de 1997, había llegado a marzo del 98 con 36 puntos y ahora era finales de junio y había perdido 40 puntos de los votantes no identificados con algún partido. Apenas contaba con el apoyo de los militantes duros del partido Copei (9,2%), Irene (1,4%) y Causa R (0,5%), para un total de 11 puntos.

Nada en el planeta hizo por la "izquierdización política" lo que lograron AD y Copei en la precampaña. Quienes hicieron el show de 1 millón de dólares en el inmenso domo de espectáculos, jamás pensaron en la imagen de Irene Sáez frente a un pueblo que estaba pasando dificultades y desatendido por la clase política. La campaña copeyana y de Irene contrastaba radicalmente con los doce millones de pobres en las calles, de los que para colmo nadie hablaba en la campaña y era un insulto para el momento de crisis política que vivía Venezuela. Para colmo contrastaba con la imagen fríamente calculada de Hugo Chávez, de una campaña austera, aunque pudiera gastar lo mismo que la alcaldesa. La última promesa electoral de Irene Sáez fue que Venezuela participaría en el próximo Mundial de Fútbol.

Mientras esto ocurría en el "fantástico mundo de plástico" del socialcristianismo, el candidato escogido por Acción Democrática sí aparecía en las encuestas, pero por su nivel de rechazo, que alcanzaba el 71%. A la izquierda socialista le bastó con juntarse para apoyar a Hugo Chávez y así el Movimiento al Socialismo, Patria Para Todos, el Movimiento V República, el Movimiento Electoral del Pueblo y el Partido Comunista apuntalaron al único hombre que hablaba de unión, de pobreza y de corrupción en Venezuela.

Ante semejante derrumbe de popularidad, Irene Sáez ventiló públicamente su ira contra los socialcristianos en un gran titular que rezaba: "Si bajé en las encuestas fue por aceptar el apoyo del Partido Social Cristiano Copei, pero reconozco que fue una decisión personal, en contra de los consejos de mis asesores". A partir de allí buena parte del 9,2% de los simpatizantes copeyanos se marcharon de inmediato y 7,8% de esos puntos migrarían a Henrique Salas Römer. Por esas declaraciones Copei le retiraría el apoyo en una rueda de prensa, explicando que Irene Sáez renunciaría en las próximas horas.

¡Aquí está el gallo adeco!

El miércoles 22 de julio el Partido Acción Democrática, el más grande de todos los partidos en la historia, el más temido y odiado por sus adversarios, proclamó a su candidato. Venezuela respiraba aireada porque Caldera, un anciano de 82 años, abandonaba la presidencia colapsado por la crisis bancaria, financiera y económica, y Acción Democrática presentó a otro anciano cercano a los 80 años como su candidato. "El Caudillo", como lo llamaban, "levantó los primeros aplausos con sus manos entrelazadas en alto y de telón de fondo la frase 'Alfaro Presidente. Firmeza en libertad'", explicaban los periodistas políticos. "Pero la emoción de la multitud realmente la despertó el alcalde Antonio Ledezma, su jefe de campaña, cuando subió y se retrató junto al abanderado".

"¡Aquí está el gallo adeco!", gritaba exaltado el viejito, "¡dispuesto a llegar hasta las últimas consecuencias!". Yo que estaba allí, al verlo pensé que las "últimas consecuencias" podían ocurrirle en cualquier momento, porque tenía ya 8 años más de la expectativa de vida del venezolano. Y si personalidades de mucha importancia, incluidos los propios copeyanos, habían explicado en las primeras planas que Irene era más peligrosa que Chávez, ahora les tocaría el turno a personalidades importantes del otro partido con altísima influencia en los medios: "Opción Alfaro es más peligrosa que Chávez", exclamaban en la primera plana de los periódicos más importantes sus propios dirigentes. Los partidos políticos no solo se habían suicidado por la mala escogencia de sus candidatos, las peleas intestinas que se ventilaban abiertamente en los medios de comunicación y la guerra sucia, sino que los propios dirigentes de los partidos educaban a los electores sobre que Chávez era mejor que Irene y que Alfaro.

Mientras esto ocurría, Irene Sáez opinaba que no le importaba el hecho de que La Causa R le quitara el apoyo a su candidatura. Y así entraron todos los candidatos políticos a la campaña electoral el 6 de agosto de 1998, Fermín demolido por todos, Irene Sáez con menos del 10% de popularidad y sus votos decantados por el candidato regional Henrique Salas Römer, que ahora ostentaba el segundo lugar de preferencias. La carrera de cuatro meses a la Presidencia de la República comenzó con un Hugo Chávez que había subido de 9,8% en enero a 46% al comienzo de esa campaña y con un Salas Römer que había partido con menos del 5% y ahora tenía el 27%, producto de la descomposición de Irene, que perdió 40 puntos, y Fermín, que perdió 10. Mientras, Alfaro Ucero comenzaba la campaña quejándose de que lo habían satanizado.

Si algo se puede decir claramente sobre lo que sucedió es lo que la prensa reseñó: "Campaña electoral arrancó sin mensaje". No podía ser más preciso, no había mensaje de nada. Hugo había subido básicamente porque su silencio fue casi absoluto, mientras el resto de los partidos se masacraba y a partir de allí bastó la aparición en los medios del "Comandante Maisanta" para que no hubiera forma de bajarlo en las encuestas.

Los partidos políticos tradicionales hablaban en los medios de comunicación de bajar el impuesto al valor agregado, del déficit fiscal, así como aspectos administrativos y financieros que no le interesaban en lo absoluto a una población electoral absolutamente asqueada de lo que había visto en la precampaña y ahora se disponía no a votar por Chávez, sino sencillamente a abstenerse de participar.

Todos contra Hugo

Hasta el mes de septiembre, Hugo había basado su propuesta prácticamente sobre un proceso constituyente, mientras que el resto de los candidatos incurría en la típica retórica de ofrecer viviendas y programas para disminuir la inflación que a nadie le interesaban. Chávez, quien tenía el 47% de intención de voto cuando empezó la campaña, perdió casi 4 puntos, haciendo que su principal contendor subiera esos mismos 4. Ahora la campaña electoral apenas tenía una ventaja de 10 puntos y comenzaba la guerra sucia que, paradójicamente, se les reversaría a los partidos que la intentaron.

Hugo Chávez acudió furioso al CNE rodeado de niños cuando una propaganda del partido Acción Democrática expuso a un doble de él, ataviado con uniforme verde y boina roja, gritando que les freiría la cabeza a todos los adecos. A continuación en la propaganda, una militante del partido lo retaba: "Tendrá que buscar gandolas de manteca porque en Venezuela todos somos adecos". En rueda de prensa el comando de

Chávez denunciaba que la propaganda adeca suscitaba "los estímulos subliminales para incitar al odio".

La mayoría de los espectadores no daban crédito a lo que veían y eso se les reversó a los partidos porque comenzó a operar en el colectivo algo que hasta ese momento no había aflorado, el sentimiento de odio. La gran paradoja es que Hugo no hablaba de odio, sino de unión. Para él solo existía la constituyente, no hablaba ni de la pobreza, ni de los problemas del pueblo ni nada, a lo que después nos tuvo acostumbrados en sus largas alocuciones. Él solo quería su constituyente, que era la que cartesianamente exponía en sus mítines, para cambiar la estructura del Estado.

Mientras Hugo a las puertas del órgano electoral denunciaba la guerra sucia en su contra, su principal contendor, el social cristiano Salas Römer, se negaba a aceptar la ayuda del Partido Socialcristiano Copei. Parecería ilógico que este se negara a aceptar un apoyo del partido que representaba otro 12% de votantes, pero la realidad es que no aceptaba a un Copei, sino a tres bandos enfrentados, y ese cambio a esas alturas de la campaña podía traerle consecuencias catastróficas si la guerra interna se la hacían a Salas, que subía lenta pero firmemente en las encuestas, faltando todavía 2 meses de campaña. Y tenía razón, el apoyo no venía de Copei, sino de una de las tres facciones enfrentadas de ese partido; provenía del bloque de Eduardo Fernández, al que se le ocurrió reunificar a la familia socialcristiana. Cinco días más tarde los otros bandos calificaron su propuesta de extemporánea y triste, mientras que los irenistas se abalanzaron en epítetos aún más radicales contra Salas Römer.

Una vez suspendida la campaña de las "cabezas fritas" por el CNE, sobre Hugo vendría entonces más guerra sucia vinculándolo con el narcotráfico: "Esta es la segunda vez que, durante la presente campaña electoral, se intenta vincular al Movimiento Quinta República, que impulsa la candidatura de Hugo Chávez, con personas detenidas y procesadas por las autoridades de Estados Unidos", explicó nuevamente el comando de campaña de Hugo. Algunos sectores inscribieron falsamente en los consulados a narcotraficantes detenidos en Estados Unidos, haciéndose pasar como votantes del MVR, y acto seguido expuestos en los titulares de medios de comunicación.

La campaña había llegado al máximo de intensidad, faltando apenas mes y medio para su final.

Hugo y el golpe a Hugo

La campaña electoral llegó a su último mes y "los candidatos Hugo Chávez Frías y Henrique Salas Römer aparecen técnicamente empatados en el más reciente estudio de alcance nacional de la encuestadora Mercanálisis". La encuesta explicaba que "el aspirante del Polo Patriótico apareció con 39% de la preferencia contra 38% del aspirante del Proyecto Venezuela. Irene Sáez obtuvo 6%, Alfaro Ucero 5% y Fermín 3%".

Cinco días más tarde el sondeo de Datanálisis explicaba que "la diferencia en intención de voto entre Hugo Chávez Frías y Henrique Salas Römer se redujo de 10,3% a 5,6%. Hugo Chávez Frías: 44,8%; Henrique Salas Römer; 39,2%; Luis Alfaro Ucero: 4,8%; Irene Sáez: 4,5%".

El problema a un mes de la campaña era que los dos partidos tradicionales estaban empatados y ahora "El Gallo" de 78 años había sobrepasado a Irene en 3 encuestadoras o estaba empatado en otras 3. Acción Democrática y el Partido Social Cristiano Copei enfrentaban su desaparición producto de sus desmesurados esfuerzos en autodestruirse y pronto darían un golpe de Estado a sus respectivos candidatos para ir a destruir la perfecta campaña de Salas Römer, que aún contaba con tiempo para salvar a Venezuela de la catástrofe.

Pero mientras esto ocurría en los partidos, puertas adentro de los cuarteles la tensión había venido incrementándose. Hay que imaginarse a todos aquellos militares que lo adversaron durante su golpe de Estado de 1992, a aquellos que lo combatieron, a los que traicionaron a Hugo Chávez o a los que este traicionó y después lo adversaron profundamente, toda esa oficialidad que ahora ostentaba el poder en las Fuerzas Armadas y que veían truncadas sus expectativas de futuro. La gran paradoja es que darle el voto a Hugo Chávez significaba lógicamente la gestación de un futuro golpe de Estado, que en efecto explotaría a los tres primeros años de su presidencia, pues cientos de oficiales de alto grado sabían que su carrera llegaría a su fin si Hugo Chávez ganaba las elecciones.

Hugo era militar y sus compañeros de verde le advirtieron que parte del generalato pensaba darle un golpe de Estado ante su eventual triunfo y así saltó Hugo a conjurar el movimiento de quien pensaba estaba en el comando de ese golpe: "Chávez: Rojas Pérez es un general insubordinado" fue el titular de todos los medios de comunicación. Aquella guerra avisada pasó francamente desapercibida en la campaña cuando el ministro de Defensa habló de que el general no estaba alzado y el presidente Caldera en cadena de televisión hablaba de la unidad de la Fuerza Armada. "Es lamentable que se pretenda hacer del debate electoral una oportunidad para establecer afirmaciones insensatas en materias relativas a las FAN", explicaba el Presidente. "Quienes abordan el tema militar deben hacerlo con seriedad", sentenció.

Pero puertas adentro la conspiración era un hecho y contaba con diez generales y un vicealmirante junto al general Rojas Pérez, que era yerno del presidente Rafael Caldera. Y la idea era la de abortar las elecciones presidenciales del 6 de diciembre. "Para mí lo importante es que salgamos de esta situación tan difícil", exclamó Hugo en una reunión con corresponsales extranjeros. "Por eso he salido de nuevo a señalar una conspiración que está siendo dirigida por el general Rubén Rojas Pérez", afirmó Chávez.

Caldera aclaraba que mientras él estuviera al frente, las Fuerzas Armadas respetarían el resultado de las elecciones, pero otra cosa muy distinta era cuando ya no fuera comandante en jefe. Los ánimos caldeados en las Fuerzas Armadas hicieron que una buena parte de los militares pensaran en dar el golpe de Estado y, aunque fue conjurado, muchos sabían que una vez ganar Hugo Chávez, saldrían no de sus puestos de comando, sino de la fuerza. Aquí se explican perfectamente las palabras de Hugo, cuando al llegar al poder pensaron no en sacar a un grupo, sino a todos los oficiales de las promociones de Arias y Chávez. ¿Por qué? Porque para esas promociones que sí conocían a Hugo Chávez, este no era ningún militar de prestigio, sino simplemente "Tribilín".

Elegir a Hugo Chávez significaba escoger, por lo mínimo, tres años de inestabilidad, conspiraciones y amenazas de golpes de Estado, porque era el único candidato entre todos los demás que no podía garantizar la estabilidad de las Fuerzas Armadas. He allí la gran paradoja de un pueblo que nunca debatió su propia tranquilidad y que jamás pensó en la estabilidad.

El último minuto de la campaña

El análisis objetivo de la campaña electoral de 1998 fue llevado por un equipo de expertos multidisciplinarios que llegó a la conclusión de que las campañas publicitarias de los candidatos solo estaban "vendiendo empaques vacíos". La conclusión fue tajante: "El único candidato que ha metido algo en el empaque de las ofertas publicitarias" era Hugo Chávez. Todas las demás campañas giraron en torno a Hugo y esa fue la gran diferencia. Alfaro Ucero había desarrollado 25 cuñas de televisión, Salas Römer 22 y Hugo apenas 7. Pero al menos 15 de las propagandas de sus adversarios hablaban o hacían alusión a Chávez, haciéndole propaganda indirecta.

De esta manera se llegó a la última prueba, las elecciones regionales, que representarían un avance de la intención de voto para las presidenciales y el 8 de noviembre fue la estocada final para los partidos Acción Democrática y Copei, por no hablar del partido de Irene que acumuló apenas el 1,4% de los votos. Acción Democrática había obtenido un poco más de un millón de votos, mientras que el partido de Hugo Chávez, MVR, se hizo del segundo lugar con 949 mil, Copei en tercer lugar apenas había conseguido un poco más de quinientos mil y Proyecto Venezuela, el partido de Salas Römer, logró casi empatarlo a nivel nacional.

El 17 de noviembre Irene Sáez, quien ya había acusado el último castigo, expresó que podía declinar su candidatura, mientras que a dos semanas de las elecciones, Acción Democrática pretendía que Irene les diera su apoyo en un episodio realmente surrealista. Para el día 18 de noviembre ya Salas y Chávez estaban técnicamente empatados y es aquí cuando apareció la mayor salvajada de toda la campaña electoral. Una etapa que pudiéramos llamar fácilmente de "pranes políticos", en la que los candidatos de los partidos que ya no tenían posibilidad de triunfo decidieron arrasar con la democracia, lanzando toda la artillería de guerra sucia y propaganda electoral, pero en contra del contendiente con mayores posibilidades de ganarle a Chávez. Cuando los líderes del extinto sistema de partidos vieron en las encuestas que había un empate técnico, hubiera bastado con quedarse callados y liberar a su militancia para que Salas ganara las elecciones, pero en vez de esto, decidieron incendiar la campaña de Salas Römer. Para aquella clase política divorciada de la democracia y de la realidad del país era preferible que ganara Chávez si ellos no podían ganar.

La insólita guerra de desprestigio comenzaría con un despliegue publicitario vinculando a Salas con la extrema derecha. La propaganda de Acción Democrática, con una marioneta de caballo llamando prácticamente burro a Salas Römer, le dio no solo un espaldarazo a la campaña de Chávez, sino herramientas para que este le pusiera el remoquete de "Frijolito". Acto seguido serían más despreciables, haciéndolo pasar como un niño rico que estaba aventurándose en la política, como "Ricky Ricón", y terminaron por llamarlo "Luis XIV". La lógica de una campaña electoral "normal" fue aplicada por personas que apenas tenían entre 4% y 8% en las encuestas a solo semanas del cierre de campaña.

Así que Salas saldría completamente demolido por los suyos y terminaría acusando castigo por el "nefasto efecto de la guerra sucia desatada por Luis Alfaro Ucero, quien jugó hasta el final a favor" de Hugo Chávez. Explicando que "inició una batalla campal, gastando millones de dólares, no de bolívares, en mi contra, haciéndome ver como un candidato de la extrema derecha y tratando de subir a Alfaro".

Esa campaña destructiva e insana contra Salas Römer, presentándolo como un personaje rico, la contrastaron con la imagen de un hombre del pueblo con la que venía ascendiendo Hugo Chávez. El candidato de la democracia competía contra otro que tenía más de 25 años de experiencia como golpista, presentador, aclamador y folklorista ya convertido en el Hugo que después todos conocimos. Llegado el día 25, la debacle de los partidos tradicionales era total, entre ambos apenas contaban con el 10% de intención de voto, lo que para ellos representaba el final del camino, mientras la alta jerarquía de Acción Democrática le exigía a su "Gallo" que renunciara. Pero en la medida que estos se hundían, arreciaban los ataques demoledores y la inmensa guerra sucia desatada contra Salas Römer, hasta el punto que al hombre que había llegado a empatar con Chávez en algún momento lo hicieron descender nada menos que 12 puntos, que jamás pudo recuperar.

Por supuesto que la petición del comando del "Gallo" de que renunciara a su candidatura terminaría con la rotunda negativa de Alfaro de salir de la contienda. Así que sin previo aviso el anciano líder fue despojado de su candidatura por parte de su partido y de inmediato anunciarían su apoyo a Salas Römer.

Para el día primero de diciembre, a pocos días para las elecciones presidenciales, Venezuela aún no lo había visto todo por parte de los partidos tradicionales. Irene fue despedida por un sector de Copei que aún la apoyaba, mientras que "El Gallo" era sacado a patadas hasta del edificio de Acción Democrática. Aquellas últimas medidas desesperadas a la vista de todos causaron conmoción en las bases de ambos partidos, a tal punto que 563.197 votantes de Acción Democrática y 438.798 militantes de Copei, que habían votado por sus partidos apenas un mes atrás, se quedaron en sus casas indignados por los actos de barbarie cometidos por los dirigentes de sus partidos.

Epílogo del final de la democracia

Todo lo que llevó a esta nueva etapa de la historia de Venezuela fue consecuencia clara e indiscutible de la suma de tremendos e imperdonables errores cometidos por parte de los actores que tuvieron la responsabilidad de llevar adelante la democracia, defenderla y sembrarla en el corazón del pueblo de Venezuela, algo que jamás hicieron. Esto hay que decirlo, asumirlo y analizarlo para poder iniciar la loable tarea de construir de nuevo un país. Por respeto al futuro no podemos justificar de ninguna manera las conspiraciones que protagonizaron personajes de una izquierda radical y vetusta, que unida a las ambiciones militares que históricamente han pretendido ostentar el poder en nuestro país y de los nefastos "notables" que fueron una y otra vez eternos candidatos presidenciales fallidos, apenas dejaron respirar a la recién nacida democracia en 1960.

Para poder avanzar hacia delante como pueblo, debemos en principio revisar sin cortapisas situaciones y hechos que no podemos obviar por su trascendencia y por lo que ocasionaron a Venezuela en los últimos cincuenta años. Debe quedarnos claro que todas las conjuras concebidas por parte de militares y civiles para derrocar con golpes de Estado a la democracia venezolana, como se ha demostrado en los relatos de todos los involucrados, fueron cálculos políticos nefastos de una Venezuela que aún no entendió los beneficios del respeto a la Ley. Pero valga aclarar que todos los involucrados contaron con dos aliados indiscutibles. El primero fue el indolente proceder de una clase política ignorante de los asuntos de la nación; me refiero a esos conocimientos básicos que debe tener todo político para poder coadyuvar a la preservación de la estabilidad democrática, velar por el estricto desenvolvimiento del Estado de derecho y la protección del tejido institucional del Estado. El segundo gran aliado fue la ausencia absoluta de convicciones democráticas en una institución como las Fuerzas Armadas de Venezuela, a las que paradójicamente se les había concedido el mandato constitucional de salvaguardar la democracia en el país.

El penoso final de la democracia llegó cuando más de cuatro millones de venezolanos se quedaron asqueados en sus casas el día de la votación y, de ellos, cerca de un millón de simpatizantes de los partidos tradicionales. Hugo Chávez resultaría ganador de una manera insólitamente fácil. Irene Sáez obtendría el 2,8% de los votos, algo más del 2,15% que alcanzó el partido Copei, que fue el mayor perdedor de la contienda electoral, cuando el 90% de sus simpatizantes se quedaron en sus hogares. La alcaldesa se reincorporaría unos días más tarde a su despacho para nunca más volver a la política en Venezuela, mientras Salas Römer, quien había obtenido el 40% de los votos, solo alcanzó a decir: "Fue nefasta la guerra sucia de Alfaro Ucero".

No pasaría ni un mes para que Hugo Chávez se abrazara a Fidel Castro, reanudara plenas relaciones con Cuba y Fidel comenzara a inmiscuirse en la política local, hasta el punto en que terminaría prácticamente convertido en vocero del Gobierno, explicando que Chávez "no era de izquierda", ni pretendía "implantar el socialismo". Pero Hugo presentaría su Constitución, en la que ya sin tapujos acabaría con el Congreso bicameral asociado a las economías capitalistas y sustituido por una asamblea unicameral propia de los modelos comunistas, así como el fin de la propiedad privada.

En el momento en que Fidel Castro daba esas declaraciones, buena parte de Venezuela y no pocos "insignes demócratas" celebraban la eliminación del Congreso y la gente aplaudía a rabiar que los fundamentos de la "Asamblea del Poder Popular" y los "Órganos del Poder Popular" cubanos fueran copiados en la nueva Constitución, acabando con la democracia representativa, para dar paso a los fundamentos de "la democracia participativa" del *Libro verde* de Gadafi.

Súbitamente, una buena parte del país que se vestía tradicionalmente de verde o de blanco, los colores de los partidos tradicionales, cambió de color para disfrazarse masivamente de rojo, vociferando consignas marxistas de cuya existencia no se acordaban ni en la propia Cuba. Ese mismo montón de sinvergüenzas que se agolpaban a las puertas de Miraflores con Carlos Andrés salieron a fusilarse hasta los lemas soviéticos con tal de ser incluidos en la gran repartición de cargos vacantes. Y la gente comenzó a copiar todo lo que podía, desde el "Patria, socialismo o muerte, venceremos" hasta los grafitis y gigantografías de la Cuba de Fidel. Castro llegó a Caracas a darle la bendición a la nueva Constitución y luego del discurso propio de celebración partió hacia La Casona, la residencia privada del Presidente.

Fidel Castro se encontraba nervioso y emocionado mientras recorría apresurado los últimos metros que lo alejaban del salón de recepciones en la residencia presidencial de Venezuela...

REFERENCIAS

1 Discurso pronunciado por el presidente Fidel Castro Ruz en el acto por el aniversario 40 de la constitución de la Policía Nacional Revolucionaria, efectuado en el teatro Carlos Marx el día 5 de enero de 1999, año del 40 aniversario del triunfo de la Revolución.

2 FAO, estadísticas, en http://faostat.fao.org/site/339/default.aspx.

3 Tomado del libro *Cuba's Military 1990-2005: Revolutionary Soldiers During Counter-Revolutionary Times*, de Hal Klepak publicado por Palgrave Macmillan, 2005, págs. 71-74.

4 Encuesta Gallup, 01/05/1995.

5 "El diálogo recuperado de Fidel Castro y Salvador Allende", diario *El Mundo*, 12/09/2012.

6 *Aló Presidente* No. 321, El Viñedo, municipio Simón Bolívar, estado Anzoátegui, domingo 14 de septiembre de 2008.

7 Memoria del Ministerio de Hacienda 1914. Contiene la gestión del despacho en el año civil. pág. 332.

8 "Cost of Commission Including Pay to Officers, Cruiser Second Class. Congress Appropiation 1912 Report in Sea Monsters that Guard the Stars and the Stripes". *The Young Woman's Journal*, Volume 26, pág. 667.

9 Diario *ABC* de España, 14 de febrero de 1936, pág. 45.

10 Diario *ABC* de España, 16 de febrero de 1936, pág. 41.

11 United Press, 11 de junio de 1936.

12 La única acción de venezolanos que se recuerde de los cientos de ataques frente a nuestras costas ocurrió en 1942, cuando una manada de submarinos alemanes destruyó una substancial parte de buques petroleros, entre los que destacaba el tanquero venezolano Monagas. La única nave que estaba cercana era la cañonera Urdaneta, que vista la destrucción se limitó a rescatar a los náufragos y heridos. La desvencijada y atrasada nave se encontraría capitaneada por un joven Wolfgang Larrazábal quien en apenas 10 años se convertiría en ministro del deporte y 6 años más sería Presidente de la República.

13 *Antecedentes históricos de la insurrección militar del 27 de noviembre de 1992*, Hernán Grüber Odremán, Centauro, 1993, pág. 22.

14 Ley de Presupuesto Público de 1905, Congreso de Estados Unidos de Venezuela, pág. 6.

15 Ibíd.

16 *Apuntes para la historia militar de Venezuela: 1º. de enero de 1936, 18 de Octubre de 1945*, Roberto Pérez Lecuna, Editorial El Viaje de Pez, 1999, pág. 261.

17 Ministerio de la defensa Nacional de Venezuela, Memoria y Cuenta 1943-46. Presupuestos, págs. 57, 109-110.

18 *Discursos de Eleazar López Contreras, 1936-1941*, compilación, Editorial Arte, págs. 105-109.

19 *La segunda independencia de Venezuela*, compilación de la columna "Economía y finanzas" del diario *Ahora*, 1937-1939, de Rómulo Betancourt, Sosa Abascal, Fundación Rómulo Betancourt, 1992, pág. 167.

20 *Petroleum in Venezuela: A History*, Edwin Lieuwen, University of California Press, 1954, págs. 90-93.

21 Plan de Operaciones del Golpe de Estado de 1962 descrito por Víctor Hugo Morales en *Del Porteñazo al Perú*, Editorial Domingo Fuentes, pág. 45.

22 Ibíd., pág. 54.

23 Ibíd., pág. 134.

24 Tomado de *Así se rindió Chávez*, del general Fernando Ochoa, Editorial Libros de El Nacional, pág. 23.

25 decreto del 4 de junio de 1903 del presidente Cipriano Castro, artículo 1: "Se crea la Academia Militar, la cual se instalará en esta capital al estar concluido el edificio que para el efecto decreto por el departamento de Obras Públicas". El edificio de la academia sería inaugurado 7 años más tarde por el General Gómez.

26 *Militares y poder en Venezuela: ensayos históricos vinculados con las relaciones civiles y militares venezolanas*, Domingo Irwin G., Frédérique Langue, Universidad Católica Andrés Bello, 2005, pág. 131.

27 *Constituyente, Decreto del 13 de Octubre de 1830, Constitución y demás actos legislativos sancionados por el Congreso Constituyente de Venezuela en 1830*, 1832, pág. 377.

28 *Constituyente*, Ibíd., 13 de octubre, decreto de Sueldos.

29 *Pérez Jiménez y su tiempo: 1914-1945*, Carlos Capriles Ayala, Consorcio de Ediciones Capriles, 1988, pág. 264.

30 *Pérez Jiménez se confiesa, diálogos en el exilio*, de Marcos Pérez Jiménez y Joaquín Soler Serrano, José Ilario Editor 1983, págs. 21 y 36

31 *Aló Presidente* No. 45, desde el Palacio de Miraflores, Caracas, Venezuela, 01 de octubre de 2000.

32 Tomado del libro *Chávez nuestro*, de los escritores cubanos Rosa Miriam Elizalde y Luis Báez, así como del programa *Aló Presidente* No. 157, desde la urbanización Barinas, estado Barinas, domingo 27 de julio de 2003.

33 *Del proyecto al proceso*, Yoel Acosta Chirinos, UCV, 2006, pág. 30.

34 En 1973 estalló el primer caso de indignación de opinión pública por el caso de los aspirantes sin cupo. Se puede ver en toda la prensa de la época. Las referencias parten de las declaraciones de los ministros de aquel entonces y las máximas autoridades universitarias en "Diez mil preinscritos a riesgo de quedarse sin cupo", revista *Resumen*, números del 9 al 21 de 1974, pág. 73.

35 Discurso del Presidente de la República Bolivariana de Venezuela, Hugo Chávez Frías, con motivo de la inauguración de la Universidad Bolivariana de Venezuela (UBV), Caracas, 29 de julio de 2003.

36 *Aló Presidente* No. 262, Unidad de Producción Socialista Argimiro Gabaldón, Boconó, estado Trujillo, domingo 10 de septiembre de 2006.

37 *Aló Presidente* No. 186, 28 de marzo de 2004.

38 *Aló Presidente* No. 261, Academia Militar de Venezuela, Fuerte Tiuna, domingo 3 de septiembre de 2006.

39 Discurso del 28/12/2006.

40 *Aló Presidente* No. 99 desde el Fuerte Guaicaipuro, Valles del Tuy, estado Miranda, domingo 10 de marzo de 2002.

41 Memoria y Cuenta del Ministerio de la Defensa 1975, pág. 242.

42 "America's Top Colleges 2011", *Forbes*. West Point está de 3er. lugar, superando a Stanford en la quinta posición, Harvard en la sexta y el MIT en la 9na. posición.

43 Agustín Blanco Muñoz, *Habla el comandante: Hugo Chávez Frías*, Fundación Pío Tamayo, Caracas, 1998, p. 44.

44 *Aló Presidente* No. 356, desde la 91a Brigada de Caballería Motorizada e Hipomóvil Pedro Pérez Delgado, Mantecal, municipio Muñoz, estado Apure, domingo 25 de abril de 2010.

45 Ibíd.

46 Discurso del Presidente de la República Bolivariana de Venezuela, Hugo

Chávez Frías, con motivo de la Primera Promoción de Técnicos Superiores Universitarios "Simón Bolívar" de la Universidad Bolivariana de Venezuela (UBV). Poliedro de Caracas, 16 de agosto de 2006.

47 *Aló Presidente* No. 260, desde el Hospital Cardiológico Infantil Latinoamericano Gilberto Rodríguez Ochoa, Montalbán, Caracas, domingo 20 de agosto de 2006.

48 *Aló Presidente* No. 32, desde la sede de Radio Nacional de Venezuela, 5 de marzo de 2000.

49 *Aló Presidente* No. 377, Salón Néstor Kirchner del Palacio de Miraflores, domingo 22 de enero de 2012.

50 *Aló Presidente* No. 113, Sabaneta de Barinas, estado Barinas, domingo 28 de julio de 2002.

51 *Aló Presidente* No. 191, desde el Hospital Materno Infantil de Barinas, domingo 9 de mayo de 2004.

52 *Aló Presidente* No. 356, desde la 91a Brigada de Caballería Motorizada e Hipomóvil Pedro Pérez Delgado, Mantecal, municipio Muñoz, estado Apure, domingo 25 de abril de 2010.

53 *Aló Presidente* No. 030, desde la sede de Radio Nacional de Venezuela, 13 de febrero de 2000.

54 *Aló Presidente* No. 207, desde la refinería de Puerto La Cruz, estado Anzoátegui, domingo 10 de octubre de 2004.

55 Ibíd., *Aló Presidente* No. 207, pág. 51.

56 *Aló Presidente* No. 033, desde la sede de Radio Nacional de Venezuela, 12 de marzo de 2000.

57 Ibíd., *Aló Presidente* No. 033.

58 Ibíd., *Aló Presidente* No. 033.

59 *Aló Presidente* No. 326, Salón Ayacucho, Palacio de Miraflores, domingo 8 de marzo de 2009.

60 *Aló Presidente* No. 356.

61 *Aló Presidente* No. 246, Hospital Julio Rodríguez, Cumaná, estado Sucre, domingo 5 de febrero de 2006.

62 *Aló Presidente* No. 040, desde la sede de Radio Nacional de Venezuela, 27 de agosto de 2003.

63 *Aló Presidente* No. 294, Anaco, Edo. Anzoátegui, domingo 16 de septiembre de 2007.

64 *Aló Presidente* No. 93, desde el Observatorio Cajigal, Caracas, domingo 20 de enero de 2002.

65 *Aló Presidente* No. 323, inauguración de Clínica Popular El Valle, parroquia El Valle, municipio Libertador, Caracas. domingo 21 de diciembre de 2008.

66 *Aló Presidente* No. 302, desde Caicara de Maturín, municipio Cedeño, estado Monagas, domingo 27 de enero de 2008.

67 *Aló Presidente* No. 294, desde Anaco, Edo. Anzoátegui, domingo 16 de septiembre de 2007.

68 *Aló Presidente* 242, Hacienda La Elvira, municipio Monagas, estado Guárico, domingo 18 de diciembre de 2005.

69 *Aló Presidente* No. 257, Parque Nacional El Ávila, sector Los Venados, La Guaira, domingo 4 de junio de 2006.

70 *Aló Presidente* No. 312, desde la Planta Trituradora de Piedra "Chema Saher", Santa Ana de Coro, estado Falcón, domingo 8 de junio de 2008.

71 *Aló Presidente* No. 032, desde la sede de Radio Nacional de Venezuela, 05 de marzo de 2000.

72 *Aló Presidente* No. 5, desde la sede de Radio Nacional de Venezuela, domingo 27 de junio de 1999.

73 *Aló Presidente* No. 040, desde la sede de Radio Nacional de Venezuela, 27 de agosto de 2003.

74 *Aló Presidente* No. 323, inauguración de Clínica Popular El Valle, parroquia El Valle, municipio Libertador, Caracas, domingo 21 de diciembre de 2008.

75 *Aló Presidente* No. 264, Centro de Formación Socialista José Laurencio Silva, San Carlos, estado Cojedes, domingo 28 de enero de 2007.

76 *Aló Presidente* No. 93, desde el Observatorio Cajigal, Caracas, domingo 20 de enero de 2002,

77 Ibíd., No. 93,

78 Hugo Chávez relata que la juramentación fue el 25 de octubre y la reunión con la guerrilla para pasarse fue en esas semanas; la emboscada de la que fue culpado fue el 18 de noviembre, es decir 24 días después de ese plan.

79 *Aló Presidente* No. 94, desde Mérida, estado Mérida, domingo 27 de enero de 2002.

80 *Aló Presidente* No. 188, desde el Fuerte Mara, estado Zulia, 11 de abril de 2004.

81 El general Wilmer Moreno, en aquel tiempo subteniente, era graduado en la promoción General de Brigada Francisco Carabaño, de 1976, un año más

tarde que la de Hugo Chávez. Se graduó en el puesto 6 de su promoción, de un total de 84 graduados. En aquel tiempo era compañero de Chávez en el Batallón Cedeño y ambos fueron enviados a distintos destinos. Volvieron a coincidir en 1983, fecha en la que se comprometió en el golpe de Estado, siendo mayores. Alcanzando Chávez el poder, Moreno fue nombrado el primer director de Inteligencia del Ejército de su mandato, posteriormente relata el propio general que fue colocado por Chávez como segundo de la Inteligencia Militar y después fue transferido, pese a sus protestas, a la 22a Brigada en Mérida. "Prefiero irme de baja", llegó a decir, a lo que el Presidente le contestó que lo hacía para protegerlo.

82 De acuerdo al canal oficial de noticias y sus familiares, "varios sujetos se dirigieron al alto oficial y le preguntaron: ¿Tú te llamas Wilmer Moreno?' Cuando el general respondió afirmativamente, le dispararon al menos diez proyectiles, lo que le causó la muerte". Http://www.ultimasnoticias.com.ve/noticias/actualidad/sucesos/presuntos-sicarios-mataron-a-general-wilmer moreno.aspx#ixzz2x686esb1

83 *Aló Presidente* No. 163, desde el Palacio de Miraflores, Distrito Capital, domingo 7 de septiembre de 2003.

84 *Aló Presidente* No. 333, finca La Bandera, en La Fría, municipio García de Hevia, estado Táchira, domingo 14 de junio de 2009.

85 Discurso del Presidente de la República Bolivariana de Venezuela, Hugo Chávez Frías, con motivo de la Primera Promoción de Técnicos Superiores Universitarios "Simón Bolívar" de la Universidad Bolivariana de Venezuela (UBV), Poliedro de Caracas, 16 de agosto de 2006.

86 El cambio de batallón a otro en el que no tenía absolutamente ninguna experiencia era un castigo indirecto que, evidentemente, impactaría en su carrera, al verse obligado a competir con subtenientes preparados para tal fin. Además, vino subsecuentemente con una prohibición de que estuviera en comunicaciones, lo que representa una sospecha clara y evidente.

87 Evaluación de segundo semestre, cadete de segundo año Hugo Chávez Frías, en *Aló Presidente* No. 261, Academia Militar de Venezuela, Fuerte Tiuna, domingo 3 de septiembre de 2006.

88 *Aló Presidente* No. 355, Palacio de Miraflores, Caracas, domingo 11 de abril de 2010.

89 Tomado del libro *Comandantes del Ejército Venezolano, 1810-1985*, República

de Venezuela, Ministerio de la Defensa, Ejército, Dirección de Educación, 1985, pág. 35.

90 Tomado del libro *Un brazalete tricolor, Hugo Chávez Frías*, Vadell Hermanos Editores, 1992, pág. 13.

91 Ibíd., pág. 13.

92 Ibíd., *Aló Presidente* No. 333.

93 *Aló Presidente* No. 92, desde la Central Azucarera Pío Tamayo, El Tocuyo, estado Lara, domingo 13 de enero de 2002.

94 Pedro Alastre en realidad sí era un oficial de blindados, sumamente estudioso e inteligente, según nos refiere el propio Chávez (*Aló Presidente* No. 359 del 30 de mayo de 2010). Después se hicieron buenos amigos hasta la prisión de Yare, junto con Reyes Reyes.

95 *Aló Presidente* No. 173, desde el Palacio de Miraflores, Distrito Capital, domingo 7 de diciembre de 2003.

96 *Aló Presidente* No. 312, Planta Trituradora de Piedra "Chema Saher", Santa Ana de Coro, estado Falcón, domingo 8 de junio de 2008.

97 *Aló Presidente* No. 66, desde Puerto Ordaz, estado Bolívar, domingo 25 de marzo de 2001.

98 Hugo Chávez sobre sí mismo en el libro *Cuentos del Arañero*, compilado por Orlando Oramas León y Jorge Legañoa Alonso, Vadell Hermanos Editores, 2012, pág. 7.

99 *Aló Presidente* No. 296, sector Tierras Blancas, municipio Barinas, estado Barinas, domingo 30 de septiembre de 2007.

100 *Aló Presidente* No. 296, sector Tierras Blancas, municipio Barinas, estado Barinas, domingo 30 de septiembre de 2007.

101 Me refiero a los golpes de Estado militares del 18 de octubre de 1945, 24 de noviembre de 1948, 1º de enero de 1958, 26 de junio de 1961 (habría que colocar también el alzamiento de la Academia Militar el 20 de febrero de ese mismo año), así como los del 9 de febrero, 1º de abril, 5 de mayo y 1º de junio de 1962. Hay autores con los que concuerdo en que estos últimos 4 –Barcelonazo, Carupanazo, Guairazo y Porteñazo–, que tenían ramificaciones en Maturín y Ciudad Bolívar, fueron diferentes liderazgos de un solo modelo conspirativo masivo en la Fuerza Armada, muy parecido a lo ocurrido en 1992, y que, como en el caso del de Hugo, fue imposible ponerlos de acuerdo por intereses de cada logia.

102 El famoso juramento en el Samán de Güere fue el 17 de diciembre de 1982.

103 Banco Central de Venezuela, informe económico, varios años.

104 Estudio del Banco Central de Venezuela, Serie Documentos de Trabajo, Gerencia de Investigaciones Económicas, "La evolución de la pobreza en Venezuela, tasas de incidencia: pobreza general y pobreza extrema", de José Ignacio Silva y Reinier Schliesser, 1998, pág. 28.

105 La pobreza en los Estados Unidos era del 11% en promedio (Bureau of the Census) denavas-Walt C, Proctor BD, Smith JC. U.S. Census Bureau, Current Population Reports. Washington, DC: U.S. Government Printing Office; 2008. "Income, Poverty and Health Insurance Coverage in the United States: 2007", pp. 60–235.

106 Del libro del general Visconti *Del 4 de febrero al 27 de noviembre*.

107 *Todo Chávez: de Sabaneta al socialismo del siglo xxi*, Eleazar Díaz Rangel, Planeta, 2006, pág. 60.

108 Diario *El Universal*, Fernán Altuve Febres, "Aclaratoria a Alberto Garrido", 16/07/2005.

109 Declaraciones del propio general retirado Fernando Ochoa Antich en su libro *Así se rindió Hugo Chávez. La otra historia del 4 de Febrero*, Los Libros de El Nacional, 2006, pág. 23.

110 Ibíd., pág. 27.

111 Ibíd., pág. 36.

112 Ibíd.

113 *Habla el general Visconti*, de Enrique Contreras, Producciones Comuna 2000, pág. 68.

114 *Aló Presidente* No. 61, Caravana de la Rebelión, domingo 4 de febrero de 2001.

115 *Aló Presidente* No. 040, desde la sede de Radio Nacional de Venezuela, 27 de agosto de 2003.

116 *Aló Presidente* No. 288, parroquia San Diego de Cabrutica, municipio Monagas, estado Anzoátegui, domingo 29 de julio de 2007.

117 Del libro *Una segunda opinión. La Venezuela de Chávez*, Grijalbo-Mondadori, Caracas, 2000. Un libro hablado con Ibsen Martínez y Elías Pino Iturrieta. En http://www.analitica.com/bitblio/petkoff/chavismo.asp

118 *Aló Presidente* No. 57 y No. 102.

119 *Aló Presidente* No. 257, Parque Nacional El Ávila, sector Los Venados, La Guaira, domingo 4 de junio de 2006.

120 *Aló Presidente* No. 166, desde Valencia, estado Carabobo, domingo 5 de octubre de 2003.

121 Discurso del Presidente de la República Bolivariana de Venezuela, Hugo Chávez Frías, durante el inicio del Curso de Comando y Estado Mayor Conjunto e inicio de las actividades académicas militares, Sala Ríos Reyna, Teatro Teresa Carreño, Caracas 10 de enero de 2006.

122 *Aló Presidente* No. 333, finca La Bandera, La Fría, municipio García de Hevia, estado Táchira, domingo 14 de junio de 2009.

123 *Aló Presidente* No. 188, desde el Fuerte Mara, estado Zulia, 11 de abril de 2004.

124 Ibíd. *Aló Presidente* No. 188.

125 *Aló Presidente* No. 333, finca La Bandera, La Fría, municipio García de Hevia, estado Táchira, domingo 14 de junio de 2009.

126 Discurso del Presidente de la República Bolivariana de Venezuela, Hugo Chávez Frías, con motivo del acto de instalación del Foro Constituyente, Teatro de Corpoindustria, Maracay, estado Aragua, 23 de junio de 1999.

127 Ibíd., *Aló Presidente* No. 333.

128 Ibíd.

129 No. 228, desde el Complejo Cultural Cecilio Acosta, municipio Guaicaipuro, Los Teques, estado Miranda, domingo 10 de julio de 2005.

130 *Aló Presidente* No. 341, Centro Diagnóstico Integral Caucagua, municipio Acevedo, estado Miranda, domingo 4 de octubre de 2009.

131 *Aló Presidente* No. 372, Salón del Consejo de Ministros, Palacio de Miraflores, domingo 20 de marzo de 2011.

132 Alfredo Maneiro fue un conocido guerrillero comunista, célebre por haber incendiado el auto del embajador de los Estados Unidos en Venezuela el 14 de junio de 1961, mientras este visitaba una exposición de arquitectura en la Universidad Central de Venezuela. Maneiro era venezolano, militante del Partido Comunista y fundador del partido de izquierdas La Causa R.

133 *Aló Presidente* No. 341, Centro Diagnóstico Integral Caucagua, municipio Acevedo, estado Miranda, domingo 4 de octubre de 2009.

134 Diario *El Nacional* de República Dominicana: "Hugo Chávez conoció miseria en RD; vivió en Los Mina y Los Tres Ojos", Sudelka García, 9 marzo 2013.

135 Su nombre era Luisa Margarita Cabrera. Los amigos de Hugo Chávez en Los Mina hablan de sus vivencias, Noticias SIN, Santo Domingo, República Dominicana, Aris Beltre, 6 de marzo de 2013.

136 *Aló Presidente* No. 243, Núcleo de Desarrollo Endógeno José Félix Ribas, El Consejo, municipio Revenga, estado Aragua, domingo 8 de enero de 2006.

137 *Aló Presidente* No. 218, desde Las Puntitas de Yuma, en las riberas del Lago de Valencia, estado Carabobo, domingo 10 de abril de 2005.

138 *Aló Presidente* No. 1, desde la sede de Radio Nacional de Venezuela, domingo 23 de mayo de 1999.

139 Discurso del Presidente de la República Bolivariana de Venezuela, Hugo Chávez Frías, con motivo de la inauguración de Vive Televisión, Foro Libertador, Caracas, 11 de noviembre de 2003.

140 *Aló Presidente* No. 149, desde Uribante-Caparo, domingo 11 de mayo de 2003.

141 *Aló Presidente* No. 030, desde la sede de Radio Nacional de Venezuela, 13 de febrero de 2000.

142 *Aló Presidente* No. 181, desde la Universidad Bolivariana del estado Zulia, domingo 8 de febrero de 2004.

143 *Aló Presidente* No. 171, desde el Central Azucarero Ezequiel Zamora, domingo 28 de diciembre de 2003.

144 *Aló Presidente* No. 341, Centro Diagnóstico Integral Caucagua, municipio Acevedo, estado Miranda, domingo 4 de octubre de 2009.

145 *Aló Presidente* no 373, Salón de Consejo de Ministros del Palacio de Miraflores, domingo 27 de marzo de 2011.

146 Discurso del Presidente de La República Bolivariana de Venezuela, Hugo Chávez Frías, durante el inicio del Curso de Comando y estado Mayor Conjunto e inicio de las actividades académicas militares, Sala Ríos Reyna, Teatro Teresa Carreño, Caracas, 10 de enero de 2006.

147 Discurso del Presidente de La República Bolivariana de Venezuela, Hugo Chávez Frías, con motivo de la creación y activación de la Comandancia General de la Reserva Militar y Movilización Nacional, Patio de la Academia Militar, Fuerte Tiuna, Caracas, 13 de abril de 2005.

148 Tomado del libro con el que Chávez enseñó Historia Militar a sus alumnos, *Historia de la Rebelión Popular de 1814*, de Juan Uslar Pietri, Editorial Edime, 1962. Las referencias se encuentran de la pág. 83 a la 85 y de la 93 a la 96.

149 Despacho del general Wellington, agosto de 1810, hablando de sus generales.

150 Reyes Reyes en *Chávez Nuestro*, de Rosa Miriam Elizalde y Luis Báez, Casa Editora Abril, versión PDF, Minci, pág. 93.

151 *Piratas del Caribe: el eje de la esperanza*, de Tariq Ali, Ediciones AKAL, 2008, pág. 67.

152 Reyes Reyes en *Chávez Nuestro*, de Rosa Miriam Elizalde y Luis Báez, Casa Editora Abril, versión PDF, Minci, pág. 94.

153 *Aló Presidente* No. 323, inauguración de Clínica Popular El Valle, parroquia El Valle, municipio Libertador, Caracas, domingo 21 de diciembre de 2008.

154 Cepal/Naciones Unidas para la Pobreza, Proyecto RLA-77/018. "Poverty in Latin America: Situation, Evolution and Policy Guidelines", Sergio Kolina S. and Sebastián Piñera, 20 de junio de 1979, págs. 20-22 y 30-31.

155 Fecha en la que concuerdan Federico Ruiz Tirado y Hugo Chávez.

156 *Aló Presidente* No. 354, Biblioteca Nacional, Foro Libertador, avenida Panteón, Caracas, domingo 21 de marzo de 2010.

157 Reyes Reyes en *Chávez Nuestro*, de Rosa Miriam Elizalde y Luis Báez, Casa Editora Abril, versión PDF, Minci, pág. 94.

158 El experto sostiene que el objetivo de tomar Honduras, Nicaragua y Colombia era para hacer una maniobra de cerco sobre el objetivo primario que era el Canal de Panamá y que lo mismo ocurría en Venezuela, que también era objetivo primario, es decir que no importaban los otros países tanto como estos dos.

159 *Testimonios de la Revolución Bolivariana*, de Alberto Garrido, publicado por él mismo en 2002. Las referencias están en la pág. 56.

160 Ibíd., pág. 273.

161 *Encyclopedia of Terrorism*, de Cindy C. Combs, Martin W. Slann, Infobase Publishing, 2009, págs. 173-74.

162 Khalil al-Azzawi, la filtración ocurrió en 1979.

163 *Republic of Fear: The Politics of Modern Iraq*, de Kanan Makiya, publicado por California University Press. Las referencias están en las págs. 12 y 13.

164 Entrevista a William Izarra: "Muchos de nosotros viajábamos permanentemente al exterior, sin permiso del generalato, estableciendo relaciones con gobiernos revolucionarios entre los años 1980 y 1985. Nos vinculamos especialmente con Cuba, con el partido Baath de Saddam Hussein y con altos dirigentes del gobierno de Libia".

165 Declaraciones de Visconti en *Testimonios de la Revolución Bolivariana*,

de Alberto Garrido, publicado por él mismo en 2002. Las referencias están en la pág. 274.

166 *Habla el general Visconti*, de Enrique Contreras, Producciones Comuna, 2000, pág. 14.

167 Se refiere a S. Rashidov, en la conferencia de enero de 1966.

168 Ibíd., declaraciones de Izarra, pág. 58.

169 *Islam and Nation: Separatist Rebellion in Aceh, Indonesia*, Edward Aspinall, Stanford University Press, 2009.

170 *Warfare in Independent Africa*, William Reno, Cambridge University Press, 2011.

171 *El Palacio de Justicia y el derecho de gentes: la denuncia del Procurador ante la Cámara de Representantes y la reacción de la prensa*, Carlos Jiménez Gómez, Procuraduría General de la Nación, 1986. pág. 7.

172 Ibíd. del 4 de febrero al 27 de noviembre: *Habla el general Visconti*, pág. 32.

173 Declaraciones de William Izarra en *Testimonios de la Revolución Bolivariana*, de Alberto Garrido, publicado por él mismo en 2002. Las referencias están en la págs. 57-58.

174 Ibíd., declaraciones de Izarra, pág. 58.

175 Ibíd.

176 Ibíd., declaraciones de Visconti, pág. 274.

177 Ibíd., declaraciones de Izarra, pág. 61.

178 Ibíd., declaraciones de Izarra, pág. 61: "Chávez estaba totalmente de acuerdo con mi proyecto".

179 Declaraciones de Izarra el 25 de mayo de 2011: "La dirección nacional del PSUV, si tiene conciencia revolucionaria, debería renunciar". William Izarra sostiene también que: "Podía decirse que este grupo tenía una connotación marxista. Quizás sin manejar a Marx, como los marxistas puros, uno manejaba algunos elementos de esta teoría. De hecho, el método para la toma del poder estaba previsto por la vía de la acción violenta".

180 Diario de Ronald Reagan.

181 Era el "Jefe del Negociado de Potencial Humano, de la Dirección de Recursos Humanos, de la Primera División del Estado Mayor Conjunto, del Ministerio de la Defensa". Tomado del libro *En busca de la Revolución*, de William Izarra, pág. 76.

182 Declaraciones de Raúl Isaías Baduel, en "Isaías Baduel expone su visión

del 4-F a 20 años de la rebelión militar del 92", Noticias 24, 04 de febrero de 2012.

183 Tomado del libro *Del proyecto al proceso: habla Yoel Acosta Chirinos*, Agustín Blanco Muñoz, Cátedra Pío Tamayo, 2006, pág. 32.

184 Fragmentos del libro *Chávez Nuestro*, de los periodistas cubanos Rosa Miriam Elizalde y Luis Báez.

185 Tomado del libro *Habla Jesús Urdaneta Hernández: el comandante irreductible*, Agustín Blanco Muñoz, Universidad Central de Venezuela, 2003, pág. 56.

186 Declaraciones de uno de los juramentados, Jesús Urdaneta Hernández, en "La otra cara del 4-F contada por Jesús Urdaneta Hernández", programa de radio *Una sola Venezuela*, 31 de enero de 2012.

187 Declaraciones de Raúl Isaías Baduel, en: "Isaías Baduel expone su visión del 4-F a 20 años de la rebelión militar del 92", Noticias 24, 04 de febrero de 2012.

188 Universidad Central de Venezuela, curriculum vitae de profesores según normas del CNU, del general Oswaldo M. Contreras Maza.

189 *Aló Presidente* No. 40, desde el Palacio de Miraflores, 16 de octubre de 2000.

190 *Aló Presidente* No. 178, desde el Palacio de Miraflores, 18 de enero de 2004.

191 Ministerio de Defensa, Ejército de Venezuela, Ayudantía General, Comando General, comunicación del proceso de ascensos.

192 *Aló Presidente* No. 178, desde el Palacio de Miraflores, 18 de enero de 2004.

193 *Aló Presidente* No. 46, desde el Aeropuerto Antonio Nicolás Briceño, Valera, estado Trujillo, 08 de octubre de 2000.

194 *Aló Presidente* No. 178, desde el Palacio de Miraflores, 18 de enero de 2004.

195 *Aló Presidente* No. 188, desde el Fuerte Mara, estado Zulia, 11 de abril de 2004.

196 Exdirector de la Academia Militar de Venezuela (1984), revista *Zeta*, domingo 21 de noviembre de 2010.

197 *Aló Presidente* No. 188, desde el Fuerte Mara, estado Zulia, 11 de abril de 2004.

198 Ibíd.

199 Ibíd.

200 *Aló Presidente* No. 032, desde la sede de Radio Nacional de Venezuela, 05 de marzo de 2000.

201 *Aló Presidente* No. 94, desde Mérida, estado Mérida, domingo 27 de enero de 2002.

202 Florencio Porras, entrevista en el semanario *La Razón*.

203 *Correo del Orinoco*, entrevista a Rubén Ávila: "El 4-F fue una derrota militar pero 'desde el punto de vista político se lograron los objetivos'", 4 de febrero de 2012.

204 Diario *El País*, "Los golpes de Chávez", por el general de división Carlos Julio Peñaloza, director de la Academia Militar (1985), viernes 26 de noviembre de 2010.

205 Discurso del Presidente de la República Bolivariana de Venezuela, Hugo Chávez Frías, con motivo de la salutación de fin de año a la Fuerza Armada, Patio de Honor de la Academia Militar, Caracas, 28 de diciembre de 2006.

206 *Aló Presidente* No. 354, Biblioteca Nacional, Foro Libertador, avenida Panteón, Caracas, domingo 21 de marzo de 2010.

207 Discurso del Presidente de la República Bolivariana de Venezuela, Hugo Chávez Frías, con motivo de la celebración de los seis años del Gobierno Bolivariano, Balcón del Pueblo, Palacio de Miraflores, Caracas, 2 de febrero de 2005.

208 *Aló Presidente* No. 272 (radial), Sala de Prensa Simón Bolívar, Palacio de Miraflores, lunes, 5 de marzo de 2007.

209 Declaraciones de Ramón Carrizález en discurso de Nicolás Maduro, Presidente Encargado de la República Bolivariana de Venezuela, Elorza, comuna Cnel. Francisco Farfán, estado Apure, martes 19 de marzo de 2013.

210 "Hugo Chávez dejó en Elorza un recuerdo imborrable", diario *Correo del Orinoco*, 28 de abril de 2013.

211 *Aló Presidente* No. 34, desde Elorza, estado Apure, 19 de marzo de 2000.

212 *Aló Presidente* No. 188, desde el Fuerte Mara, estado Zulia, 11 de abril de 2004.

213 *Aló Presidente* No. 356, desde la 91a Brigada de Caballería Motorizada e Hipomóvil Pedro Pérez Delgado, Mantecal, municipio Muñoz, estado Apure, domingo 25 de abril de 2010.

214 "Pando", término para describir algo redondeado. En los llanos y el interior de Venezuela es un decir que "todos nacemos como Dios nos hizo, con la barriga panda y el culo liso", y es la mejor descripción llanera de un avión Hércules C-130. Tomado de *Venezuela en el corazón: P-Z*, de Juan Correa, Editorial Andrea, 2009, pág. 77.

215 Ibíd., *Aló Presidente* No. 356.

216 *Aló Presidente* No. 372, Salón del Consejo de Ministros, Palacio de Miraflores, domingo 20 de marzo de 2011.

217 *Aló Presidente* No. 332, Complejo Agroindustrial El Sombrero, municipio Julián Mellado, estado Guárico, domingo 7 de junio de 2009.

218 *Aló Presidente* No. 300, San Francisco de Tiznados, municipio Ortiz, estado Guárico, domingo 13 de enero de 2008.

219 *Aló Presidente* No. 285, desde El Cajón de Arauca, estado Apure, domingo 10 de junio de 2007.

220 *Aló Presidente* No. 217, desde Las Queseras del Medio, estado Apure, domingo 3 de abril de 2005.

221 *Aló Presidente* No. 234, desde el estado Barinas, Hacienda La Marqueseña, domingo 25 de septiembre de 2005.

222 El babo o *Caiman crocodilus*, como su nombre científico indica, es una especie de cocodrilo venezolano que en teoría puede alcanzar los 2,5 metros aproximadamente, pero que nunca lo logra porque lo cazan indiscriminadamente, no con fines comerciales sino para comer.

223 El chigüire o capibara, también llamado carpincho o capincho (*Hydrochoerus hydrochaeris*), es uno de los roedores más grandes de Suramérica y se encuentra mucho en las regiones del llano venezolano, en el que también forma parte de la dieta de sus habitantes.

224 Ibíd.

225 Ibíd.

226 *Aló Presidente* No. 332, Complejo Agroindustrial El Sombrero, municipio Julián Mellado, estado Guárico, domingo 7 de junio de 2009.

227 Ibíd.

228 *Aló Presidente* No. 261, Academia Militar de Venezuela, Fuerte Tiuna, domingo 3 de septiembre de 2006.

229 Ministerio de Agricultura y Cría, Dirección de Sanidad Animal, *Modelo de erradicación de la brucelosis*, pág. 110.

230 ibíd. pág. 108.

231 Ministerio de Agricultura y Cría, "Análisis del sector agropecuario de Venezuela, 1994", págs. 56-57.

232 Ministerio de Agricultura y Cría, Convenio IICA con el Banco Interamericano de Desarrollo, Informe 1986, págs. 72-73.

233 Ministerio de Agricultura de Colombia, Convenio IICA con el Banco Interamericano de Desarrollo, Informe 1992, págs. 19-20.

234 "Evolución reciente de la ganadería bovina de carne", por Álvaro Uribe, Instituto Interamericano de Cooperación Agrícola y Ministerio de Agricultura de Colombia.

235 *Aló Presidente* No. 278, Hato Calleja, municipios Pedraza y Barinas, estado Barinas, domingo 25 de marzo de 2007.

236 Ibíd., programa No. 278.

237 Las constantes peleas las relata en los *Aló Presidente* Nos. 249 del 19 de marzo de 2006, 278 del 25 de marzo de 2007 y 371 del 13 de marzo de 2013.

238 Ibíd., programa No. 249.

239 Ocurrió en la Primera División de Caballería, según nos relata el general Ochoa Antich: "Los subtenientes Ramón Valera Querales, Luis Eduardo Chacón Roa, Eduardo Adarmes Salas y Carlos Kancev, que habían sido designados a realizar distintos cursos de capacitación en el comando de la división, empezaron a reunirse de noche en las distintas habitaciones de oficiales a conversar sobre la situación política nacional y el fortalecimiento del movimiento conspirativo. Uno de los oficiales que realizaba dichos cursos, el subteniente Marcelino Pérez Díaz, fue contactado por el subteniente Valera Querales, quien le informó que el jefe del movimiento era el mayor Hugo Chávez. El subteniente Pérez Díaz, en cumplimiento de sus obligaciones militares, informó de dicha conversación al general Espinal Vásquez, quien a su vez comunicó la novedad al general Heliodoro Guerrero Gómez, Comandante del Ejército. A los pocos días fueron convocados al Comando de la Primera División el mayor Chávez Frías y los subtenientes Valera Querales, Kancev Desir, Chacón Roa y Adarmes Salas con la finalidad de ser interrogados por la Dirección de Inteligencia Militar". Tomado del libro del general Ochoa *Así se rindió Chávez*.

240 *Mi primera vida: conversaciones con Hugo Chávez*, de Ignacio Ramonet, Penguin Random House, Grupo Editorial España, 2014.

241 *Aló Presidente* No. 373, Salón del Consejo de Ministros del Palacio de Miraflores, domingo 27 de marzo de 2011.

242 *El Universal*, 18/02/1998, "Afinan plan contingente para cuibas y yaruros. Informe será presentado hoy por el ministro Márquez al presidente Caldera".

243 Informe de Provea 1998, situación de los derechos humanos, derechos indígenas.

244 Tomado de: *Situación de las lenguas indígenas de Venezuela*, Esteban Emilio Mosonyi, Arelis Barbella, Silvana Caula, Casa Nacional de las Letras Andrés Bello, 2003, pág. 49.

245 *Aló Presidente* No. 67, desde Zaraza, estado Guárico, 10 de junio de 2001.

246 *Aló Presidente* No. 163, desde el Palacio de Miraflores, Distrito Capital, domingo 7 de septiembre de 2003.

247 *Aló Presidente* No. 342, Centro Técnico Productivo Socialista Coronel Francisco Farfán, Elorza, estado Apure, domingo 25 de octubre de 2009.

248 *El Universal*, 18/02/1998, "Afinan plan contingente para cuibas y yaruros. Informe será presentado hoy por el ministro Márquez al presidente Caldera".

249 *Aló Presidente* No. 285, desde El Cajón de Arauca, estado Apure, domingo 10 de junio de 2007.

250 El antropólogo y director de Asuntos Indígenas de la CNF, Gerald Clarac, no estuvo de acuerdo en afirmar que en Apure se estuviera gestando una versión criolla del incidente de Chiapas. "Las recientes actuaciones de algunos cuibas, quienes supuestamente están armados y penetran algunos fundos de la zona, según el informe de Fundafronteras, puede ser la excusa para que algunos ganaderos emprendan acciones armadas contra ellos. Los cuibas y los yaruros no son beligerantes; en el primer caso se están defendiendo de una situación difícil, no son guerrilleros, protestan por hambre. Hace poco estuvieron armados, pero luego de una reunión con la Guardia Nacional, específicamente el comando 63 con sede en Elorza, accedieron a entregar las armas, productos de varios robos, con tal de que les dieran solución a su crítica situación". Diario *El Universal*, 16 y 18 de febrero, 1998.

251 *Aló Presidente* No. 99, desde el Fuerte Guaicaipuro, Valles del Tuy, estado Miranda, domingo 10 de marzo de 2002.

252 *Todo Chávez: de Sabaneta al golpe de abril*, de Eleazar Díaz Rangel, Planeta, 2002, pág. 46.

253 Ibíd. *Habla el comandante...*, págs. 280-281.

254 *Aló Presidente* No. 249, Núcleo Endógeno Francisco Farfán, Elorza, estado Apure, domingo 19 de marzo de 2006.

255 *Aló Presidente* No. 278, Hato Calleja, municipios Pedraza y Barinas, estado Barinas, domingo 25 de marzo de 2007.

256 *Aló Presidente* No. 373, Salón del Consejo de Ministros del Palacio de Miraflores, domingo 27 de marzo de 2011.

257 *Aló Presidente* No. 186, desde la planta de llenado de PDVSA en Guatire, 28 de marzo de 2005.

258 *Aló Presidente* No. 217, desde Las Queseras del Medio, estado Apure, domingo 3 de abril de 2005.

259 *Aló Presidente* No. 330, sector El Tigre, estado Barinas, domingo 10 de mayo de 2009.

260 *Aló Presidente* No. 356.

261 Mensaje Anual al Congreso, Palacio Federal Legislativo, 15 de enero de 2011.

262 *Aló Presidente* No. 186.

263 *Aló Presidente* No. 82, desde el Palacio de Miraflores, Caracas, Venezuela, sábado 22 de septiembre de 2001.

264 *Aló Presidente* No. 363, Salón Joaquín Crespo, Palacio de Miraflores, domingo 8 de agosto de 2010.

265 *Aló Presidente* No. 82, desde el Palacio de Miraflores, Caracas, sábado 22 de septiembre de 2001.

266 Memoria y Cuenta del Ministerio de la Defensa, 1988.

267 El horario de verano en la ciudad de Elorza, estado Apure, comienza a las 00:01 en domingo de la semana 5 en abril.

268 *Aló Presidente* No. 034, desde Elorza, estado Apure, 19 de marzo de 2000.

269 *Aló Presidente* No. 371, desde la Hacienda Bolívar Bolivariana, Km. 12, parroquia Santa Bárbara, municipio Colón, estado Zulia, domingo 13 de marzo de 2011.

270 *Aló Presidente* No. 326, Salón Ayacucho, Palacio de Miraflores, domingo 8 de marzo de 2009.

271 *Aló Presidente* No. 016, Radio Nacional de Venezuela, 26 de septiembre de 1999.

272 *Aló Presidente* No. 212, desde el Salón Ayacucho del Palacio de Miraflores, domingo 13 de febrero de 2005.

273 *Aló Presidente* No. 211, desde el Salón Ayacucho del Palacio de Miraflores, domingo 16 de enero de 2005.

274 *Aló Presidente* No. 275 (radial), Sala de Prensa Simón Bolívar, Palacio de Miraflores, miércoles 14 de marzo de 2007.

275 "Hugo Chávez escribe versos a Honduras", tomado del diario *La Tribuna*, 18 de mayo de 2013.

276 Diario *El País*, 12 de mayo de 1988, "Fracasa en Guatemala un golpe de Estado contra Vinicio Cerezo".

277 *La reforma del Derecho Penal Militar: doctrina, jurisprudencia, legislación, bibliografía*, de José Hurtado Pozo, Fondo Editorial PUCP, 2002, pág. 379.

278 "Security Assistance: Observations on the International Military Education and Training Program: Briefing Report to Congressional Requesters", United States, General Accounting Office, The Office, 1990.

279 *Aló Presidente* No. 188, desde el Fuerte Mara, estado Zulia, 11 de abril de 2004.

280 *Aló Presidente* No. 132, desde la planta de distribución de PDVSA en Carenero, estado Miranda, domingo 22 de diciembre de 2002.

281 El poema que le entrega a su novia Herma Marksman y las cartas están fechadas el 18 de septiembre. *Habla Herma Marksman: Hugo Chávez me utilizó*, Agustín Blanco Muñoz, Fundación Cátedra Pío Tamayo, 2004, pág. 290.

282 *Aló Presidente* Nro. 269 (radial), Sala de Prensa Simón Bolívar, Palacio de Miraflores, martes 27 de febrero de 2007.

283 El presidente Jaime Lusinchi y el canciller Germán Nava Carrillo viajaron a Punta del Este, Uruguay, a fin de asistir a la II Cumbre del Grupo de los Ocho. Este grupo realizó su primera cumbre presidencial a fines de 1987 en Acapulco, México, y en este caso el tema único de debate fue la deuda externa.

284 Informe de Inteligencia Disip, posterior al golpe de Estado de 1988, en *Los golpes de Estado desde Castro hasta Caldera*, de Iván Darío Jiménez Sánchez, BPR Publishers, 1996, pág. 202.

285 Discurso del Presidente de la República, Dr. Jaime Lusinchi, durante la ceremonia de entrega y recepción de mando del Ministerio de la Defensa, Fuerte Tiuna, El Valle, 29 de junio de 1988.

286 Discurso del Presidente de la República, Dr. Jaime Lusinchi, a las unidades acantonadas en Tumeremo, estado Bolívar, con motivo de la salutación de fin de año, 18 de noviembre de 1988.

287 *Aló Presidente* Nro. 269, 27 de febrero de 2007.

288 Yo sigo acusando: habla Carlos Andrés Pérez. de Carlos Andrés Pérez, Agustín Blanco Muñoz, Cátedra Pio Tamayo, 2010 pág. 14

289 Entrevista al general Manuel Heinz Azpúrua, encargado de la Investigación en el Libro: Así se rindió Hugo Chávez, La otra historia del 4 de febrero. pág. 63

290 *Aló Presidente* Nro. 269 (radial), Sala de Prensa Simón Bolívar, Palacio de Miraflores martes, 27 de febrero de 2007.

291 Ibíd., *Aló Presidente* Nro. 269.

292 Declaraciones del Presidente Encargado que sufrió el intento de golpe de Estado de 1988, Simón Alberto Consalvi, entrevistado por María Eugenia Morales y María Belén Otero en *Trincheras de papel: el periodismo venezolano del siglo xx en la voz de doce protagonistas*, Yohanna Molina, Carlos Delgado Flores, Universidad Católica Andrés, 2008, pág. 47.

293 El doctor Simón Alberto Consalvi era titular del Ministerio de Relaciones Interiores al momento de ser nombrado Presidente Encargado.

294 *Aló Presidente* No. 334, Campo Industrial Ana María Campos (Ciamca), ubicado en el Complejo Petroquímico El Tablazo, estado Zulia, domingo 21 de junio de 2009.

295 Ibíd. *Así se rindió Chávez*, pág. 79.

296 Declaraciones de Hugo Chávez a José Vicente Rangel, programa *José Vicente hoy*, en cadena nacional.

297 *Aló Presidente* No. 354, Biblioteca Nacional, Foro Libertador, avenida Panteón, Caracas, domingo 21 de marzo de 2010.

298 Pablo Medina, diputado, era una de las máximas autoridades del partido La Causa R, que de acuerdo a Hugo Chávez estaba involucrado en la conspiración. Esta afirmación se encuentra en *Chávez con uniforme*, de Alberto Garrido.

299 Diario *El País* de Madrid, "La coronación de Carlos Andrés Pérez", 05 de enero de 1989.

300 Diario *El País* de Madrid, "Venezuela solicitará una tercera renegociación de su deuda externa", 6/6/1988.

301 Diario *El País*, "Reunión Pérez-Salinas sobre deuda externa", 5-02-1989.

302 Diario *ABC* del 1º de febrero de 1989, "22 presidentes acudirán a la toma de posesión de Carlos Andrés Pérez".

303 Diario *El País* de Madrid, ""Cumbre" de presidentes latinoamericanos en Caracas, 12 de enero de 1989.

304 Diario *ABC* del 5 de febrero de 1989, "Cumbre hispano-alemana.

305 Diario *ABC* del 1º de febrero de 1989, "Un maratón de encuentros".

306 Diario *ABC*, "González reconoce que la deuda iberoamericana no se puede pagar, 2/2/1989.

307 *La rebelión de los náufragos*, de Mirtha Rivero, Editorial Alfa, 2010. pág. 33.

308 Carlos Andrés Pérez, discurso de toma de posesión, 2 de febrero de 1989.

309 Ibíd. *La rebelión de los náufragos*, págs. 53, 54.

310 Discurso del Presidente de la República Bolivariana de Venezuela, Hugo Chávez Frías, con motivo de la gran concentración "Día del Pueblo Soberano", avenida Bolívar, Caracas, 13 de abril de 2003.

311 *Aló Presidente* No. 31, desde la sede de Radio Nacional, Caracas, 27 de febrero de 2000.

312 Ibíd., *La rebelión de los náufragos*, pág. 108.

313 Ibíd., pág. 109.

314 Discurso pronunciado por el comandante en jefe Fidel Castro Ruz, primer secretario del Comité Central del Partido Comunista de Cuba y presidente de los consejos de Estado y de ministros, con delegados a la Conferencia Sindical de los Trabajadores de América Latina y el Caribe sobre la Deuda Externa, durante la sesión de clausura del evento, el día 18 de julio de 1985, "año del tercer congreso".

315 Fidel Castro más adelante admitiría que: "Primero cayó el campo socialista y casi de inmediato la URSS, desgajada pedazo a pedazo", "Reflexiones" del 17 de junio de 2007.

316 *Cuba: reestructuración económica y globalización*, de Mauricio de Miranda Parrondo, Pontificia Universidad Javeriana, 2003, pág. 158.

317 En 1965 se llevó a cabo un golpe de Estado procomunista. El presidente de Estados Unidos, L.B. Johnson, envió un contingente de 24.000 soldados a reestablecer el Gobierno en una operación militar que llevó el nombre de Power Pack. Hay autores que sostienen que Cuba y el partido comunista contra el cual fue la invasión establecieron como fecha el 25 de abril como venganza a esa invasión.

318 *Endless Cold War*, del teniente coronel (USMC) Dominik George Nargele, Authorhouse, 2009, págs. 178-79.

319 Artículo de Thays Peñalver "El paquetazo y el espontáneo Caracazo", en el diario *El Universal*, jueves 28 de febrero de 2013.

320 *Revista Nueva*, números 83-93, 1982, pág. 17.

321 Discurso de Carlos Andrés Pérez, 28 de febrero de 1989.

322 *Aló Presidente* Nro. 257, Parque Nacional El Ávila, sector Los Venados, La Guaira, domingo 4 de junio de 2006.

323 Ibíd.

324 Jaime Lusinchi fue el Presidente más votado en la historia electoral de Venezuela. Con una abstención de apenas el 12,25% obtuvo una votación de 3.773.731, equivalentes al 56,72% de la votación y el 48,51% del total de electores inscritos. Hugo Chávez en su primera votación alcanzó el 36% de los votantes y en su segunda bajó al 32%, muy por debajo del 43,33% que alcanzó Carlos Andrés Pérez y jamás alcanzaría el nivel de votación que tuvo el presidente Lusinchi.

325 *Aló Presidente* No. 353, Empresa Pescadora del Alba (Pescalba), Cumaná, estado Sucre, domingo 14 de marzo de 2010.

326 *Aló Presidente* No. 309, Hacienda Cacaotera de Chuao, municipio Santiago Mariño, estado Aragua, domingo 27 de abril de 2008.

327 *Aló Presidente* No. 354, Biblioteca Nacional, Foro Libertador, avenida Panteón, Caracas, domingo 21 de marzo de 2010.

328 Ibíd., *Aló Presidente* No. 354.

329 *Revista Venezolana de Sanidad y Asistencia Social* No. 42, 1977, Ministerio de Sanidad y Asistencia Social, pág. 146.

330 Memoria y Cuenta del Ministerio de Sanidad y Asistencia Social 1970, pág. 146.

331 *Aló Presidente* No. 309, Hacienda Cacaotera de Chuao, Municipio Santiago Mariño, estado Aragua, domingo 27 de abril de 2008.

332 Ibíd., *Aló Presidente* No. 309.

333 *Aló Presidente* No. 269 (radial), del 27 de febrero de 2007.

334 Discurso de la presidenta Cristina Fernández de Kirchner, viernes 28 de diciembre de 2012.

335 "Free Markets and Food Riots: The Politics of Global Adjustment", de John K. Walton, David Seddon, John Wiley & Sons, Aug. 10, 2011.

336 Alfonsín se refiere a este párrafo en sus memorias políticas (pág. 103), tomado de *El drama de la autonomía militar: Argentina bajo las juntas militares*, de Prudencio García, Alianza Editorial, S. A., 1995, pág. 277.

337 *Memoria política: transición a la democracia y derechos humanos*, de Raúl Alfonsín, Fondo de Cultura Económica de Argentina, 2004, pág. 146.

338 Diario Aporrea, "Memoria de aquel 27 de febrero de 1989 desde Guarenas, 22 años después", por Edgar Carmona Rodríguez, lunes 28 de febrero de 2011.

339 Edición Aniversaria del 27 de febrero del diario gubernamental *Correo del Orinoco*, entrevista a Eleazar Juárez, domingo 24 de febrero de 2013, pág. 6.

340 Prensa del Consejo Legislativo del Estado Miranda, "Afirmó diputado Miguel Mora al cumplirse 24 años del caracazo: 'Venezuela no vivirá otro 27 de febrero como el de 1989'", 28/02/2013.

341 *Endless Cold War*, del teniente coronel (USMC) Dominik George Nargele, Authorhouse, 2009, págs. 178-79.

342 Report on the Americas, Volumes 23-24, North American Congress on Latin America, 1989, pág. 7.

343 José Comas, enviado especial, "Venezuela se recupera lentamente de la revuelta", 03/03/1989.

344 http://www.counterpunch.org/ Weekend Edition March 3-5, 2007, "The Legacy of Caracazo, The Fourth World War Started in Venezuela", by George Ciccariello-Maher, Caracas.

345 Revista *Semana*, 3 de abril de 1989, "El Caracazo. Violentos disturbios, más de 700 muertos y 3.000 heridos son el resultado inmediato de la destorcida de la economía venezolana".

346 Venezolano, comunista, durante la Revolución Sandinista actuó como asesor del Ministerio de Planificación de Nicaragua. Durante 5 años (1980-1984) participó en la reforma administrativa pública y en la formación de funcionarios del nuevo Estado sandinista.

347 Venezolana de Televisión, diputado Fernando Soto Rojas, 27-F, Caracazo, paquetazos neoliberales, IV República, *Toda Venezuela*, VTV, 26/02/13.

348 De verde a Maduro: el sucesor de Hugo Chávez de Roger Santodomingo, Vintage Español, 2013 pags. 64-67

349 Ibíd. Págs., 53-56

350 F de Andrés, enviado especial del diario *ABC* de España, 04/03/1989.

351 Diario *El Nacional*, 1º de marzo de 1989.

352 Diario *El Nacional*, 2 de marzo de 1989.

353 Diario *El Universal*, pág. 4, cuerpo 4, 03/03/1989.

354 Diario *El Carabobeño*, 2 de marzo de 1989.

355 *El diablo paga con traición a quien le sirve con lealtad: anécdotas de mi vida como amigo de Hugo Chávez Frías*, Luis Pineda Castellanos, 2003, págs. 63-64.

356 Discurso de Nicolás Maduro, Presidente de la República Bolivariana de

Venezuela, Cuartel de la Montaña, 4F, Parroquia 23 de Enero, Caracas, jueves 8 de agosto de 2013.

357 Diario *El Nacional*, 3 de marzo de 1989.

358 "El Caracazo" contado desde el 23 de Enero: "Esto era el infierno en vivo y directo", diario *Panorama*, viernes 27/02/2009.

359 José Comas, domingo 5 de marzo de 1989, "Caracas recupera una precaria normalidad".

360 Entrevista publicada por *El Nuevo Herald* al general Carlos julio Peñaloza, 9 de mayo de 2011.

361 Discurso del Presidente de la República Bolivariana de Venezuela, Hugo Chávez Frías, con motivo de la instalación de la Segunda Comisión Mixta de Cooperación Venezuela-Cuba, Teatro de la Academia Militar de Venezuela, Caracas, 5 de septiembre de 2001.

362 *Estos hombres enterraron la democracia: páginas sobre la verdad*, de Herminio Fuenmayor, Ángel Garcia e Hijo, 2008, pág. 110.

363 Discurso del Presidente de la República Bolivariana de Venezuela, Hugo Chávez Frías, con motivo de la clausura del Primer Foro Nacional sobre Derechos Humanos, Teatro Teresa Carreño, Caracas, 28 de abril de 2004.

364 *Aló Presidente* No. 238, desde la sede de la Universidad Bolivariana, Maturín, estado Monagas, domingo 30 de octubre de 2005.

365 Norberto Ceresole, *La Tablada y la hipótesis de guerra*, Ed. del ILCTRI (Instituto Latinoamericano de Cooperación, Tecnológica y Relaciones Internacionales), 1989, pág. 17.

366 Report on the Americas, Volumes 23-24, North American Congress on Latin America, 1989, pág. 7.

367 Diario de sesiones de la Cámara de Diputados, Congreso de la Nación de Argentina. Cámara de Diputados de la Nación, Investigación sobre los sucesos de La Tablada, Imprenta del Porvenir, 1989.

368 Diario *El Nacional*, Primera Plana 01/02/1989.

369 Declaraciones de Hugo Chávez Frías en *Habla el comandante: Hugo Chávez Frías*, Agustín Blanco Muñoz, pág. 182.

370 Ibíd. Pág. 182.

371 "El enigma de los dos Chávez", entrevista con Gabriel García Márquez, en la revista colombiana *Cambio*, febrero de 1999.

372 Discurso del Presidente de La República Bolivariana de Venezuela, Hugo

Chávez Frías, con motivo de la concentración "Día de la Dignidad", Cuartel Cipriano Castro, 23 de Enero, Caracas, 4 de febrero de 2005.

373 Discurso de Orden del Gobernador Castro Soteldo, el 27-N en Maracay, estado Aragua.

374 *Todo Chávez: de Sabaneta al socialismo del siglo xxi*, de Eleazar Díaz Rangel, Planeta, 2006, pág. 62.

375 Diario *El Universal*, viernes 3 de marzo de 1989, "Ascendido a teniente coronel el mayor asesinado en emboscada", José Hurtado.

376 George Ciccariello-Maher es doctorando en Teoría Política en la Universidad de California, Berkeley. Vive en Caracas y trabaja para el Ministerio de Planificación. *El legado del Caracazo. La cuarta guerra mundial comenzó en Venezuela*, En Http://Www.Counterpunch.Org/Maher03032007.Html

377 General Manuel Heinz Azpúrua, graduado en la promoción 1961 Tomas de Heres, director de los Servicios de Inteligencia y Prevención (Disip) e investigador de los sucesos del Caracazo y golpes de Estado, en: Del 27 de febrero de 1989 al 27 de febrero de 2012: 23 años de investigaciones en el esclarecimiento de aquellos sucesos. Actuaciones de los órganos de justicia del Estado. Actuaciones de organizaciones no gubernamentales de protección de derechos humanos en la investigación.

378 Diario *El Universal*, viernes 3 de marzo de 1989, "Ascendido a teniente coronel el mayor asesinado en emboscada", José Hurtado.

379 *Cuentos del Arañero*, compilado por Orlando Oramas León y Jorge Legañoa, Vadell Hermanos, 2012, pág. 113.

380 "El enigma de los dos Chávez", entrevista con Gabriel García Márquez, en la revista colombiana *Cambio*, febrero de 1999.

381 Discurso de Hugo Chávez en la Plaza Bolívar de Caracas, "en conmemoración del 20 aniversario de la rebelión popular del pueblo venezolano contra el modelo neoliberal que condenaba al hambre, la exclusión y al olvido al 80 por ciento de la población el 27 de febrero de 2009".

382 *Aló Presidente* No. 341, en cadena nacional desde el Centro Diagnóstico Integral Caucagua, municipio Acevedo, estado Miranda, domingo 4 de octubre de 2009.

383 Informe de Inteligencia Militar Iracara 093/224 de noviembre de 1992.

384 Este informe confidencial fue expuesto por el rector de la Universidad Católica, SJ Luis Ugalde, en su libro *Cambio y sociedad en Venezuela*, Universidad Católica Andrés Bello, 1993, págs. 171-72.

385 Discurso del Presidente de la República Bolivariana de Venezuela, Hugo Chávez Frías, con motivo de la clausura de la Cumbre Social por la Integración de los Pueblos, Estadio Félix Capriles de Cochabamba, Bolivia, 9 de diciembre de 2006.

386 Ibíd.

387 Declaraciones de Hugo Chávez: "Carlos Andrés Pérez llamó al general Ochoa el día del golpe porque sabía que era amigo de su familia". *Habla el comandante: Hugo Chávez Frías*, Agustín Blanco Muñoz, pág. 268.

388 *Aló Presidente* No. 373, Salón de Consejo de Ministros del Palacio de Miraflores, domingo 27 de marzo de 2011.

389 Ibíd., *Aló Presidente* No. 373.

390 *Aló Presidente* No. 260, desde el Hospital Cardiológico Infantil Latinoamericano Gilberto Rodríguez Ochoa, Montalbán, Caracas, domingo 20 de agosto de 2006.

391 *Aló Presidente* No. 269 (radial), Sala de Prensa Simón Bolívar, Palacio de Miraflores, martes, 27 de febrero de 2007.

392 Revista *Zeta*, declaraciones del general Peñaloza: "Hugo Chávez fue detenido por golpista el 5 de diciembre de 1989", 20 noviembre de 2010.

393 *Aló Presidente* No. 262, Unidad de Producción Socialista Argimiro Gabaldón, Boconó, estado Trujillo, domingo 10 de septiembre de 2006.

394 Tomado del libro *Habla el comandante: Hugo Chávez Frías*, Agustín Blanco Muñoz, Cátedra Pío Tamayo, UCV, 1998, pág. 184.

395 Ibíd. pág. 134.

396 *Aló Presidente* No. 301, Finca Doña Carmen, municipio Machiques de Perijá, estado Zulia, domingo 20 de enero de 2008.

397 *Aló Presidente* No. 323, inauguración de Clínica Popular El Valle, parroquia El Valle, municipio Libertador, Caracas, domingo 21 de diciembre de 2008.

398 Ibíd., *Aló Presidente* No. 323.

399 *Aló Presidente* No. 163, desde el Palacio de Miraflores, Distrito Capital, domingo 7 de septiembre de 2003.

400 *Aló Presidente* No. 295, Complejo Petroquímico El Tablazo, Costa Oriental del Lago, estado Zulia, domingo 23 de septiembre de 2007.

401 *Aló Presidente* No. 238, desde la sede de la Universidad Bolivariana, Maturín, estado Monagas, domingo 30 de octubre de 2005.

402 Discurso del Presidente de la República Bolivariana de Venezuela, Hugo

Chávez Frías, con motivo del referéndum para convocar una asamblea nacional constituyente, Palacio de Miraflores, Caracas, 24 de abril de 1999.

403 Se pueden encontrar muchos ejemplos de "guacho" en el lenguaje presidencial. Los ejemplos más emblemáticos se encuentran en los *Aló Presidente* Nros. 100, 111, 172, 204, 220, 247, 255, 260, 264, 286, 294 y 296.

404 Discurso del Presidente de la República Bolivariana de Venezuela, Hugo Chávez Frías, durante el inicio del Curso de Comando y Estado Mayor Conjunto e inicio de las actividades académicas militares, Sala Ríos Reyna, Teatro Teresa Carreño, Caracas, 10 de enero de 2006.

405 Ibíd., Palacio de Miraflores, Caracas, 24 de abril de 1999.

406 Ibíd., discurso, Teatro Teresa Carreño, Caracas, 10 de enero de 2006.

407 Ibíd., discurso, Teatro Teresa Carreño, Caracas, 10 de enero de 2006.

408 "A la juventud militar", Fernando Ochoa Antich, *El Universal*, domingo 21 de noviembre de 2010.

409 "Los golpes de Chávez", Carlos Julio Peñaloza, *El Nuevo País*, viernes 26 de noviembre de 2010.

410 Discurso del Presidente de la República Bolivariana de Venezuela, Hugo Chávez Frías, con motivo del inicio de un nuevo curso de la Fuerza Aérea Venezolana, Base Aérea Francisco de Miranda, La Carlota, Caracas, 14 de septiembre de 2000.

411 *Aló Presidente* No. 027, desde el estado Vargas, 23 de enero de 2000.

412 Discurso del Presidente de la República Bolivariana de Venezuela, Hugo Chávez Frías, durante el inicio del Curso de Comando y Estado Mayor Conjunto e inicio de las actividades académicas militares, Sala Ríos Reyna, Teatro Teresa Carreño, Caracas, 10 de enero de 2006.

413 *Aló Presidente* No. 238, Maturín, estado Monagas, domingo 30 de octubre de 2005.

414 Cadena nacional del 12/04/12, Hugo Chávez en conmemoración del golpe de Estado del 11-A.

415 *Aló Presidente* No. 250, Ocumare del Tuy, domingo 26 de marzo de 2006.

416 Ibíd., domingo 26 de marzo de 2006.

417 Mamadera de gallo: Tomárselo a broma, a chiste, tomadura de pelo, algo no tomado en serio. En España sería equivalente a "se tomó a cachondeo el curso".

418 Ibíd.

419 Army Field Manual 9-6, 15 June 1944.

420 *Aló Presidente* Nro. 255, Ciudad Guayana, estado Bolívar, domingo 21 de mayo de 2006.

421 Tomado de http://www.globalsecurity.org/military/ops/desert_storm.htm

422 Cadena nacional del 12/04/12, Hugo Chávez en conmemoración del golpe de Estado del 11-A.

423 Se trata de Hugo Posey. En realidad su nombre es Gregory Posey H.G., graduado en la Academia de la Fuerza Aérea estadounidense en 1975. En la placa de la academia conserva los dos nombres, el primero y el de Hugo Posey. Comparte con Hugo Chávez, además del nombre, que entraron el mismo día y se graduaron el mismo año en las academias respectivas. Comandante de aviación de combate e instructor de combate desde 1976 a 1986, agregado de defensa en la embajada de EEUU en Venezuela desde 1988 hasta 1991, pasa al Pentágono como oficial jefe de control de exportaciones (SAF/IADM), encargado de velar porque la tecnología dual (aquella tecnología civil que puede ser empleada militarmente) no llegue a manos indeseables y en 1996 pasa a la industria privada.

424 *Aló Presidente* Nro. 269 (radial), Sala de Prensa Simón Bolívar, Palacio de Miraflores, martes 27 de febrero de 2007.

425 Ibíd.

426 Mensaje anual del ciudadano Hugo Chávez Frías, Presidente Constitucional de la República Bolivariana de Venezuela, presentado ante la Asamblea Nacional, de conformidad con lo establecido en el artículo 237 de la Constitución de la República Bolivariana de Venezuela, Palacio Federal Legislativo, viernes 13 de enero de 2012.

427 Cadena Nacional del 12/04/12, Hugo Chávez en conmemoración del golpe de Estado del 11-A.

428 Discurso del Presidente de la República Bolivariana de Venezuela, Hugo Chávez Frías, con motivo del Comunicado de Coro y sus implicaciones en la vida política del país, Palacio de Miraflores, Caracas, 11 de febrero de 2000.

429 *Aló Presidente* Nro. 269 (radial), Sala de Prensa Simón Bolívar, Palacio de Miraflores, martes 27 de febrero de 2007.

430 Ibíd., cadena nacional del 12/04/12.

431 *Aló Presidente* No. 269 (radial), Sala de Prensa Simón Bolívar, Palacio de Miraflores, martes 27 de febrero de 2007.

432 Ibíd.

433 *Aló Presidente* No. 269 (radial), Sala de Prensa Simón Bolívar, Palacio de Miraflores, martes 27 de febrero de 2007.

434 *Aló Presidente* No. 139, desde el campo petrolero Muscar, estado Monagas, 16/02/2003.

435 *Aló Presidente* No. 225, desde el Centro Diagnóstico Integral de la parroquia Los Godos y la Cruz, Maturín, estado Monagas, domingo 12 de junio de 2005.

436 *Habla el comandante: Hugo Chávez Frías*, Agustín Blanco Muñoz, Cátedra Pío Tamayo, CEHA/IIES/Faces/UCV, 1998, pág. 195.

437 Mensaje anual del ciudadano Hugo Chávez Frías, Presidente Constitucional de la República Bolivariana de Venezuela, presentado ante la Asamblea Nacional, de conformidad con lo establecido en el artículo 237 de la Constitución de la República Bolivariana de Venezuela, Palacio Federal Legislativo, viernes 13 de enero de 2012.

438 Ibíd., cadena nacional.

439 *Habla Jesús Urdaneta Hernández: el comandante irreductible*, Agustín Blanco Muñoz, Universidad Central de Venezuela, 2003, pág. 77.

440 Declaraciones de Iván Carratú Molina en el programa *Vox populi* (Venevisión), 1996, "Las verdades del 4 de febrero de 1992", vía Youtube.com.

441 Alberto Garrido, *Guerrilla y conspiración militar en Venezuela*, pág. 74.

442 Declaraciones del vicealmirante Iván Carratú Molina, programa *Vox populi* (Venevisión), de Nelson Bocaranda.

443 Ibíd., *Habla Jesús Urdaneta Hernández: el comandante irreductible*, pág. 71.

444 *Antecedentes históricos de la insurrección militar del 27-N 1992*, de Hernán Grüber Odremán, pág. 78. Aunque no se llevó a cabo su nombramiento, nos puede dar pistas del nivel de infiltración que había en los puestos claves.

445 *Todos los golpes a la democracia venezolana*, de Carlos Capriles Ayala, Rafael del Naranco, Consorcio de Ediciones Capriles, 1992, pág. 172.

446 Ibíd., *Antecedentes históricos...*, Odremán, pág. 127.

447 Discurso del Presidente de la República Bolivariana de Venezuela, Hugo Chávez, con motivo del II Aniversario del Gobierno Revolucionario, Plaza Bicentenaria, Palacio de Miraflores, Caracas, 19 de agosto de 2002.

448 *Aló Presidente* No. 163, desde el Palacio de Miraflores, Distrito Capital, domingo 7 de septiembre de 2003.

449 Discurso del Presidente de la República Bolivariana de Venezuela, Hugo Chávez Frías, con motivo de informarle al país sobre los logros y avances de la gestión del Gobierno, Palacio de Miraflores, Caracas, 22 de octubre de 2003.

450 *Aló Presidente* No. 155, desde la capilla de la Alcaldía del Municipio Libertador, domingo 6 de julio de 2003.

451 http://datos.bancomundial.org/indicador/FP.CPI.TOTL.ZG?Page=5

452 *World Hyperinflations*, de Steve H. Hanke y Nicholas Krus, Institute for Applied Economics, Global Health and the Study of Business Enterprise, The Johns Hopkins University. Cuadro de hiperinflación, págs. 11-14.

453 El índice alto era de 605, mientras que el de Venezuela era de 629. PNUD, índice de desarrollo Humano (IDH) http://hdrstats.undp.org/es/indicadores/103106.html

454 Cudington III (1986), 48.245 millones de dólares; Cline (1986), 64.237; Erbe (1985), 57.032; Morgan Guaranty Trust (1986), 109.034, y Banco Mundial (1985), 111.503 millones de dólares. Tomado del cuadro 15, "Activos de los venezolanos en el exterior, en millones de US\$", pág. 120 del estudio "La fuga de capitales en Venezuela, 1950-1999", de Emilio J. Medina Smith, Banco Central de Venezuela, 2005.

455 "La fuga de capitales en Venezuela, 1950-1999", de Emilio J. Medina Smith, Banco Central de Venezuela, 2005, pág. 67.

456 *Fuga de capitales: el caso de Argentina y Venezuela*, de Mercedes García Armenteros, publicaciones del BCC, 2010. En http://www.bc.gov.cu/Anteriores/revistabcc/2010/Nro4_2010/fuga%20de%20capitales.htm

457 "The Price of Offshore Revisited, New Estimates for Global Private Wealth, Income, Inequality and Lost Taxes", Tax Justice Network, 2012.

458 Ibíd., *Habla el comandante...*, pág. 465.

459 Video 4-F Historias Vivas-Capitulo 2/Celso Canelones, Enero 2014

460 Declaraciones al periódico *Listín Diario* de República Dominicana el 4 de febrero de 2013.

461 Declaraciones en el diario *Versión Final*, pág. 5, por Abraham Puche.

462 *Aló Presidente* No. 61, Caravana de la Rebelión, domingo 4 de febrero de 2001.

463 *Aló Presidente* No. 102, desde el Palacio de Miraflores, Caracas, domingo 28 de abril de 2002.

464 Freddy Yánez Méndez, declaración informativa que presentó ante el Consejo de Guerra Accidental como inspector general de la Aviación el 1º de diciembre de 1992. En el libro: *Así se rindió Hugo Chávez. La otra historia del 4 de Febrero*, de Fernando Ochoa Antich, pág. 180.

465 *Así paga el diablo... a quien bien le sirve. Una narración en primera persona del paso de Hugo Chávez por varias vidas y un sueño de nación*, Berenice Gómez Velásquez, 2003.

466 *Habla el comandante: Hugo Chávez Frías*, Agustín Blanco Muñoz, Cátedra Pío Tamayo, CEHA/IIES/Faces/UCV, 1998 pág. 209.

467 *Aló Presidente* No. 188, desde el Fuerte Mara, estado Zulia, 11 de abril de 2004.

468 Ibíd. *Aló Presidente* No. 188.

469 Ibíd.

470 Hugo Chávez sobre sí mismo en el libro *Cuentos del Arañero*, compilado por Orlando Oramas León y Jorge Legañoa Alonso, Vadell Hermanos, 2012, pág. 11.

471 *Del proyecto al proceso: habla Yoel Acosta Chirinos*, Agustín Blanco Muñoz, Cátedra Pío Tamayo, 2006, pág. 149.

472 José Sant Roz, *La rebelión al sur*, Comisión Presidencial para la Conmemoración del Vigésimo Aniversario de la Rebelión Cívico-Militar del 4 de febrero de 1992, 2012, pág. 206.

473 Ibíd. *Aló Presidente* No. 188.

474 Diario *ABC* de Madrid, jueves 10 de octubre de 1991.

475 *Silencing the Guns in Haiti: The Promise of Deliberative Democracy*, by Irwin P. Stotzky University of Chicago Press, 1999, pág. 30.

476 *The New York Times*, "Aristide Approves of Communist as Premier", Dec. 23, 1991.

477 *Aló Presidente* No. 226, desde Santa Ana de Coro, estado Falcón, domingo 26 de junio de 2005.

478 Ibíd., Agustín Blanco, *Habla el comandante...*, pág. 131.

479 *Aló Presidente* No. 258, Unidad de Producción Socialista Manuel Carlos Piar, estado Bolívar, domingo 6 de agosto de 2006.

480 Discurso del comandante Chávez en el Consejo de Ministros del jueves 23 de febrero de 2012.

481 Memoria y Cuenta del Presidente de la República Bolivariana de Venezuela, Hugo Chávez, ante la Asamblea Nacional, Palacio Federal Legislativo, Caracas, viernes 13 de enero de 2011.

482 *4-F: la rebelión del sur*, Comisión Presidencial para la Conmemoración del Vigésimo Aniversario de la Rebelión Cívico-Militar del 4 de febrero de 1992, 2012, pág. 313.

483 Declaraciones del propio general Ochoa Antich, *Así se rindió Chávez: la otra historia del 4 de Febrero*, de Fernando Ochoa Antich, Los Libros de El Nacional, 2007, pág. 36.

484 Hugo Chávez fue un buen estudiante, pero las evaluaciones constantes no solo tienen en cuenta los perfiles académicos sino el desempeño del oficial en su mando de tropas, los informes y problemas de conducta, etc. Un ejemplo de que Hugo Chávez fue ayudado fue en su ascenso a mayor. No había forma de que Hugo ascendiera como primero de su promoción con la cantidad de problemas que tuvo hasta ese momento.

485 Detalles del nombramiento expuestos por la propia Martha Colmenares en su blog en "Vivencias: la mira del golpe del 4F/92 tuvo sus alcances", junio 22, 2007.

486 *Los documentos del movimiento*, de Ángela Zago, Fuentes Editores, 1992, págs. 101-102.

487 Declaraciones del capitán Florencio Porras en: "Florencio Porras en sus cuarteles de invierno para siempre".

488 *Habla el comandante...*, pág. 243.

489 Condecoración de la Orden del Libertador en la clase de Caballero, martes 6 de julio de 1993, Gaceta Oficial No. 35.246. La Orden Presidencial del Libertador fue la máxima distinción de Venezuela desde el 14 de septiembre de 1880, destinada a premiar los servicios distinguidos a la patria.

490 Ibíd.

491 Declaraciones de Iván Carratú Molina en el programa *Vox populi* (Venevisión), 1996, "Las verdades del 4 de febrero de 1992", vía Youtube. com.

492 "El día que Chávez se rindió", por Iván Carratú Molina, publicado el 7/07/2012.

493 "El día que Chávez se rindió", por Iván Carratú Molina, publicado el 7/07/2012.

494 Ramón Hernández y Roberto Giusti, *Carlos Andrés Pérez: memorias proscritas*, Los Libros de El Nacional, 2006, pág. 365.

495 "El día que Chávez se rindió", por Iván Carratú Molina, publicado el 7/07/2012.

496 Ibíd., *Así se rindió Chávez*, Fernando Ochoa Antich, pág. 93.

497 *Habla el comandante: Hugo Chávez Frías*, Agustín Blanco Muñoz, Cátedra Pío Tamayo, CEHA/IIES/Faces/UCV, 1998, pág. 137.

498 Iván Carratú Molina, en *El Nacional*, 4/2/96, págs. D1 y D2.

499 *Yo sigo acusando, habla CAP*, Cátedra Pío Tamayo, pág. 638.

500 *Habla el comandante: Hugo Chávez Frías*, Agustín Blanco Muñoz, Cátedra Pío Tamayo, CEHA/IIES/Faces/UCV, 1998, pág. 232.

501 Ibíd., *Antecedentes históricos...*, Grüber Odremán, pág. 124.

502 Memoria y cuenta, Venezuela, Ministerio de la Secretaría de la Presidencia, La Secretaría, 1989-1995.

503 Ibíd., 1995, págs. 50-51.

504 Esta versión la cuentan por igual los dos bandos, el jefe de la Casa Militar Iván Carratú Molina y a quien el general Fuenmayor agarró el fusil: "(el) comandante Fuenmayor agarró la trompetilla del fusil de Díaz Reyes e intentó arrebatárselo. El revolucionario retrocedió con energía y un Disip disparó una ráfaga de balas con una subametralladora. No sé por dónde pasaron los proyectiles, pero gracias a Dios aquí estoy vivo", celebra. "Inmediatamente, Díaz Reyes disparó una carga de municiones de FAL. Los leales a Pérez, al constatar la resolución de los alzados, ingresaron en tropel al palacio. 'Tomamos posición alrededor de la sede gubernamental y comenzó un enfrentamiento entre las tropas de Pérez y nosotros'".

505 Ibíd., *Habla el comandante: Hugo Chávez Frías*, Agustín Blanco Muñoz, 1998, pág. 134.

506 Ibíd., pág. 138.

507 Ibíd., *Habla el comandante...*, pág. 133.

508 Del libro *Chávez nuestro*, de Rosa Miriam Elizalde y Luis Báez, pág. 32.

509 Diario *Granma* de Cuba, "Hugo Chávez Frías: 'Soy sencillamente un revolucionario'", 14 de diciembre de 2004.

510 *Aló Presidente* No. 208, desde el sector El Tirano, estado Nueva Esparta, domingo 17 de octubre de 2004.

511 Gaceta Oficial No. 34751 de fecha 09/07/1991, Ministerio de Relaciones

Interiores, resolución por la cual se designa Director General Sectorial de los Servicios de Inteligencia y Prevención del Ministerio de Relaciones Interiores al General de División (r) Manuel Antonio Heinz Azpúrua, pág. 2.

512 Fernando Ochoa Antich, *Así se rindió Chávez*, pág. 91.

513 *Habla el comandante...*, pág. 468

514 "Los medios de comunicación tienen una campaña contra las FAN", *El Nacional*, primera página, jueves 28 de enero de 1992.

515 Tomado de las propias palabras de Hugo Chávez en el libro *Habla el comandante: Hugo Chávez Frías*, Agustín Blanco Muñoz, Cátedra Pío Tamayo, UCV, 1998, pág. 184.

516 Declaraciones de Jesús Urdaneta Hernández en "La otra cara del 4F contada por Jesús Urdaneta Hernández" en *Una sola Venezuela*, Radio Noticias 24, 31 de enero de 2012.

517 Alberto Garrido, *Chávez con uniforme*, ediciones del autor, 2007, pág. 30 (versión PDF).

518 La Guardia Nacional de Venezuela es el cuarto cuerpo o componente militar que conforman las Fuerzas Armadas de Venezuela, creada a semejanza de los Carabineros de Chile o de la Guardia Civil Española, pero a diferencia de esta última es completamente militar y está bajo el mando del Ministerio de Defensa. Su fuerza oscila entre los 35 mil y 50 mil hombres.

519 Declaraciones del ministro Ochoa Antich en su libro *Así se rindió Chávez*, pág. 4.

520 Declaraciones del presidente Pérez en su libro *Yo sigo acusando*, pág. 632.

521 Esto parece evidente pues el vicealmirante Carratú sostiene que, en mayo de 1991, se presentaron al palacio los generales Carlos Julio Peñaloza, Fernando Ochoa Antich y Santeliz Ruiz con el objeto de interrumpir el nombramiento del general de brigada José de la Cruz Pineda como nuevo director de la DIM. Esto fue rechazado con mucho carácter por el Presidente". Por lo tanto este nombramiento afectaba a estos dos grupos por igual.

522 Íbid., *Así se rindió Chávez*, pág. 5.

523 Ibíd.

524 Información que le aportan los conjurados a Agustín Blanco Muñoz, pág. 636.

525 Declaraciones de Iván Carratú en "La otra cara del 4F: toda la historia del suceso que marcó la vida de Venezuela".

526 Declaraciones del presidente Pérez en *Yo sigo acusando*, pág. 631.

527 Declaraciones del ministro Ochoa en su libro *Así se rindió Chávez*, pág. 6.

528 Ibíd.

529 Declaración de Pérez en su libro *Yo sigo acusando*, págs. 306, 307 y 636.

530 Ramón Hernández y Roberto Giusti, *Carlos Andrés Pérez: memorias proscritas*, Los Libros de El Nacional, 2006, pág. 365., Los Libros de El Nacional, 2006, pág. 368.

531 Ibíd., declaración de Pérez, pág. 636.

532 Primera plana del diario *El Nacional* del 18 de noviembre de 1948: "Totalmente infundados los rumores alarmistas: En declaraciones suministradas anoche a nuestro redactor jefe Miguel Otero Silva, el presidente Rómulo Gallegos desvirtuó los insistentes rumores que desde la mañana de ayer circularon por la ciudad (...) El Presidente lo recibió inmediatamente, no obstante hallarse descansando, en pijama y pantuflas". Seis días más tarde, el 24 de noviembre, ocurrió lo que todo el mundo sabía y el Presidente se encontraba preso, rumbo al exilio.

533 Quizás el objetivo más difícil de todos, pues los servicios de inteligencia y prevención (Disip) están llenos de agresivos y muy entrenados comandos urbanos de fuerzas especiales.

534 Declaraciones del comandante Urdaneta en Radio Noticias 24: "La otra cara del 4F contada por Jesús Urdaneta Hernández", en *Una sola Venezuela*, 31 de enero de 2012.

535 Mayor Torres Numberg en "Memorias del 4 de febrero", en http://4f92.blogspot.com

536 De acuerdo a las afirmaciones de Hugo Chávez en *Habla el comandante...* Ibíd.

537 Entrevista al capitán Carlos Rodríguez Torres, en *Los documentos del movimiento*, de Ángela Zago, Fuentes Editores, 1992, pág. 111.

538 Iván Carratú en *El Nacional*.

539 Ibíd., *Yo sigo acusando*, pág. 637.

540 Ramón Hernández y Roberto Giusti, *Carlos Andrés Pérez: memorias proscritas*, Los Libros de El Nacional, 2006, pág. 365., pág. 365.

541 Psuv.org: "Líderes compatriotas revivieron aquel 4 de febrero", 22 de febrero de 2012.

542 Habla el mayor Rubén Ávila, el hombre que manejaba la tanqueta que

ingresó a Miraflores el 4-F. El mayor Rubén Ávila era teniente cuando a bordo de su Dragón 300 de combate abrió los accesos a Miraflores // Foto: Stevens Novsak.

543 Ibíd.

544 *Del proyecto al proceso: habla Yoel Acosta Chirinos*, Agustín Blanco Muñoz, Cátedra Pío Tamayo, 2006, pág. 92.

545 Ibíd., pág. 104.

546 Declaraciones de Hugo Chávez en *Habla el comandante: Hugo Chávez Frías*, Agustín Blanco Muñoz, Cátedra Pío Tamayo, CEHA/IIES/Faces/ UCV, 1998, pág. 243.

547 Carta de Hugo Chávez al teniente Luis Chacón Roa, fechada en Yare el 6 de febrero de 1993.

548 *Del proyecto al proceso: habla Yoel Acosta Chirinos*, Agustín Blanco Muñoz, Cátedra Pío Tamayo, 2006, pág. 244.

549 Carta de Hugo Chávez al teniente Luis Chacón Roa, fechada en Yare el 6 de febrero de 1993.

550 Entrevista al capitán Antonio Rojas Suárez, *Los documentos del movimiento*, de Ángela Zago, Fuentes Editores, 1992, pág. 102-103.

551 Director del Museo Histórico Militar, Marcos Yánez Fernández, entrevista a la junta de investigación, Caracas, 14 de abril de 2006.

552 Ibíd., director del Museo Histórico Militar.

553 Carta de Hugo Chávez al teniente Luis Chacón Roa, fechada en Yare el 6 de febrero de 1993.

554 Esto de que la escolta civil y los comandos de los Servicios de Inteligencia y Prevención se habían marchado es antagónico con la versión de todos los conjurados que sostienen que combatieron en todo momento contra al menos 6 de ellos. Es probable que el general hubiera visto los carnets y las radios, lo que no significa que abandonaran sus posiciones de defensa, afuera.

555 Declaraciones del contraalmirante Iván Carratú Molina en *El Nacional*, 4/2/96, págs. D1 y D2.

556 *Yo sigo acusando: habla Carlos Andrés Pérez*, Agustín Blanco Muñoz, Cátedra Pío Tamayo, 2010, pág. 319.

557 Altuve Febres en: "Estremecedoras revelaciones jamás narradas sobre el 4-F", José Sant Roz, Aporrea, 04/02/2011.

558 Ibíd.

559 Director del Museo Histórico Militar, Marcos Yánez Fernández, entrevista a la junta de investigación, Caracas, 14 de abril de 2006.

560 Entrevista al capitán Ronald Blanco La Cruz, *Los documentos del movimiento*, de Ángela Zago, Fuentes Editores, 1992, pág. 99.

561 Declaraciones del líder dominicano José Francisco Peña Gómez, quien se entrevistó con el presidente Pérez en *Internacional, socialdemócrata e inmortal: selección de discursos, alocuciones y cartas a propósito de la Reunión Mundial de la Internacional Socialista*, de José Francisco Peña Gómez, Editora Manatí, 2001, pág. 186.

562 Revista *Exceso*, Nos. 115-120, Editorial Exceso, 1999, pág. 52.

563 *Yo sigo acusando: habla Carlos Andrés Pérez*, Agustín Blanco Muñoz, Cátedra Pío Tamayo, 2010, pág. 638.

564 Altuve Febres en: "Estremecedoras revelaciones jamás narradas sobre el 4-F", José Sant Roz, Aporrea, 04/02/2011.

565 En el libro *Así se rindió Hugo Chávez. La otra historia del 4 de Febrero*, de Fernando Ochoa Antich, pág. 115.

566 Entrevista a Jesús Urdaneta Hernández en Noticias 24: "La otra cara del 4-F contada por Jesús Urdaneta Hernández" en *Una sola Venezuela*, 31 de enero de 2012.

567 Declaraciones de Hugo Chávez en *Memorias de un golpe de Estado*, Presidencia, 2012, pág. 56.

568 *Habla el general Visconti*, de Enrique Contreras, Producciones Comuna 2000, sin página.

569 Recuento de las unidades bajo control de los conjurados en el libro *Así se rindió Hugo Chávez. La otra historia del 4 de Febrero*, de Fernando Ochoa Antich, pág. 180.

570 Ibíd., capítulo "Visconti neutraliza la Fuerza Armada".

571 Ibíd., 101.

572 Entrevista al capitán Antonio Rojas Suárez, *Los documentos del movimiento*, de Ángela Zago, Fuentes Editores, 1992, pág. 102.

573 En el libro *Así se rindió Hugo Chávez. La otra historia del 4 de Febrero*, de Fernando Ochoa Antich, pág. 150.

574 Ibíd., pág. 115.

575 En el libro *Así se rindió Hugo Chávez. La otra historia del 4 de Febrero*, de Fernando Ochoa Antich, pág. 120.

576 Ibíd., págs. 6, 8, 108, 128, 123 y 125.

577 Agustín Blanco Muñoz, *Habla el comandante...*, p. 143.

578 Ibíd., pág. 144.

579 No vayan a creer que soy una gran conocedora de Napoleón, esto lo saqué de: "Law School Survival Manual: From Lsat to Bar Exam", Nancy B. Rapoport, Jeffrey D. Van Niel, Aspen Publishers, May 24, 2010.

580 *Herma Marksman: Hugo Chávez me utilizó*, Agustín Blanco Muñoz, Fundación Cátedra Pío Tamayo, 2004, pág. 109.

581 *Resumen de Historia de Venezuela*, Rafael María Baralt, Fournier, 1844, pág. 48.

582 Ibíd.

583 Ibíd., pág. 140.

584 Ibíd., pág. 144.

585 Altuve Febres en: "Estremecedoras revelaciones jamás narradas sobre el 4-F", José Sant Roz, Aporrea, 04/02/2011.

586 Entrevista al teniente Freddy Rodríguez, *Los documentos del movimiento*, de Ángela Zago, Fuentes Editores, 1992, pág. 130.

587 "Márquez Flores era sargento técnico (hoy es maestro técnico)", palabras de Chávez en *Aló Presidente* No. 61.

588 Entrevista al teniente Freddy Rodríguez, *Los documentos del movimiento*, de Ángela Zago, Fuentes Editores, 1992, pág. 130.

589 Altuve Febres en: "Estremecedoras revelaciones jamás narradas sobre el 4-F", José Sant Roz, Aporrea, 04/02/2011.

590 En el libro *Así se rindió Hugo Chávez. La otra historia del 4 de Febrero*, de Fernando Ochoa Antich, pág. 120.

591 No se toman en cuenta aquellas unidades que ni siquiera combatieron y se entregaron.

592 Altuve Febres en: "Estremecedoras revelaciones jamás narradas sobre el 4-F", José Sant Roz, Aporrea, 04/02/2011.

593 Diferentes escenas narradas por el ministro de la Defensa en su libro *Así se rindió...*

594 Declaraciones del mismo general Ochoa en su libro *Así se rindió...*, pág. 36.

595 Entrevista en *José Vicente hoy*, transmitido por Televén el domingo 7 de agosto de 2012.

596 Fernán Altuve Febres en el diario *La Razón* (19 de junio de 2005).

597 Discurso del Presidente de la República Bolivariana de Venezuela, Hugo Chávez Frías, con motivo del mensaje anual de rendición de cuentas ante la Asamblea Nacional, Palacio Legislativo, Caracas, 15 de enero de 2001.

598 Ibíd.

599 Ibíd., *Los golpes de Estado*, de Iván Darío Jiménez, pág. 220.

600 *Aló Presidente* No. 355, Palacio de Miraflores, Caracas, domingo 11 de abril de 2010.

601 *Aló Presidente* No. 371, Hacienda Bolívar Bolivariana, Km. 12, parroquia Santa Bárbara, municipio Colón, estado Zulia, domingo 13 de marzo de 2011.

602 Se refería a los reclamos de su jefe de la Casa Militar durante el golpe, que motivó su renuncia en 2001. Discurso del Presidente de la República Bolivariana de Venezuela, Hugo Chávez Frías, con motivo de la clausura del Consejo Federal de Gobierno, Palacio de Miraflores, Caracas, 18 de abril de 2002.

603 Partido Socialista Unido de Venezuela, Reflexiones de Wilmer Barrientos, "Chávez no buscó bates quebraos para el 4-F", 4 de febrero de 2013.

604 *Aló Presidente* No. 334, Campo Industrial Ana María Campos (Ciamca), ubicado en el Complejo Petroquímico El Tablazo, estado Zulia, domingo 21 de junio de 2009.

605 Declaraciones de Jesús Urdaneta Hernández en *El Tiempo*, "La rendición llegó con el miedo", 04/02/2012.

606 *Del proyecto al proceso: habla Yoel Acosta Chirinos*, Agustín Blanco Muñoz, Cátedra Pío Tamayo, 2006, pág. 151.

607 Declaraciones de Hugo Chávez Frías la madrugada del 4 de febrero de 1992.

608 Extra, cuarta edición, primera plana de *El Nacional*, 4 de febrero de 1992.

609 Cabrera Aguirre: Los cambios deseados con el 27-N se han logrado con la Revolución, Correo del Orinoco 27/11/2012

610 Titulares del diario *El Mundo*, portada, jueves 6 de febrero de 1992.

611 Artículos 560, 561 y 562 del Código de Justicia Militar, Capítulo VI, de la cobardía y otros delitos contra el decoro militar.

612 Carta de los oficiales, suboficiales y tropas profesionales que rindieron su vida por un mañana mejor para Venezuela, Caracas, 05 de febrero de 1992. Esta carta se puede leer en *Documentos de la Revolución Bolivariana*, de Alberto Garrido, 2002, págs. 294-296.

613 El Fuerte Tiuna es el principal fuerte de la ciudad de Caracas y asiento

del Ministerio de Defensa, por lo que su comando legalmente le pertenece al ministro de Defensa. En este caso el ministro, por disposición del Presidente, delegó tal responsabilidad en el general Oviedo. Gaceta Oficial 35.015 del miércoles 29 de julio de 1992.

614 Ibíd., *Así se rindió Chávez*, pág. 165.

615 Entre el 12 de mayo y el 18 de noviembre de 1992, un total de 67 oficiales fueron nombrados en Gaceta Oficial como agregados militares en distintas embajadas, la mayoría de ellos de la Armada y la Aviación. Varias gacetas oficiales en poder de la autora.

616 Del 15 de abril al 18 de noviembre al menos 21 zonas de seguridad fueron creadas en terrenos aledaños a los fuertes y bases aéreas. Varias gacetas oficiales en poder de la autora.

617 Frase que acuñaría el propio ministro de Defensa Iván Darío Jiménez.

618 Estas unidades de fuerzas especiales, similares a los Navy Seals de Estados Unidos, a las F.E.S de México, UOE de España o a las S.A.S británicas, pertenecen al Comando de Operaciones Especiales Generalísimo Francisco de Miranda (Copemi) y fueron desmanteladas a raíz del 27 de noviembre. Posteriormente se reorganizaron en 1998, formándose el Comando de Operaciones Especiales, adscrito a la Infantería de Marina y cuya sede se encuentra en la Base Naval Mariscal Juan Crisóstomo Falcón, en Punto Fijo.

619 Declaraciones del almirante retirado de la Armada Nacional Luis Cabrera Aguirre, en *Correo del Orinoco*: "Hoy se cumplen 20 años de la insurrección cívico-militar. Cabrera Aguirre: 'Los cambios deseados con el 27-N se han logrado con la Revolución'", martes 27 de noviembre de 2012.

620 Palabras textuales del almirante Cabrera Aguirre, Ibíd., *Correo del Orinoco*.

621 Ibíd., *Del 4 de febrero al 27 de noviembre*, de Francisco Visconti, pág. 36.

622 Ibíd., declaraciones de Luis Cabrera Aguirre en *Correo del Orinoco*, martes 27 de noviembre de 2012.

623 Ibíd., declaraciones de Luis Cabrera Aguirre en *Correo del Orinoco*, martes 27 de noviembre de 2012.

624 Entrevista de José Vicente Rangel en *Entrevistas al comandante Hugo Chávez Frías*, (1992-2012), Ediciones Correo del Orinoco, pág. 35.

625 "El teniente coronel asegura que volverá a alzarse en armas", diario *ABC* de España, miércoles 19/08/92.

626 Declaraciones del propio general retirado Fernando Ochoa Antich en su

libro *Así se rindió Hugo Chávez. La otra historia del 4 de Febrero*, Los Libros de El Nacional, 2006, pág. 174.

627 "Venezuela: denuncian nuevo plan golpista", diario *El Tiempo* de Bogotá, 15 de noviembre de 1992.

628 En enero de 1962, 30 años antes, el Batallón Bolívar se encargaría del mismo plan.

629 Serían enjuiciados en el golpe del 27 de noviembre los civiles Douglas Bravo, uno de los coordinadores civiles del levantamiento de 1962, y Manuel Quijada, uno de sus planificadores, quien sería liberado por el tribunal.

630 Informe de Inteligencia Militar No. 092/247 del 23 de noviembre de 1992, reseñado por el ministro de la Defensa Ochoa en su libro, pág. 173.

631 *Los golpes de estado desde Castro hasta Caldera*, Iván Darío Jiménez Sánchez, BPR Publishers, 1996, pág. 240.

36875483R00215

Made in the USA
Middletown, DE
19 February 2019